KB194061

해커스
회계사
IFRS
김원종 재무회계연습

2 고급회계

이 책의 저자

김원종

학력

연세대학교 경영학과(경영학사)

성균관대학교 경영대학원(석사과정 수료)

경력

현 | 해커스 경영아카데미 교수
해커스금융 교수

전 | 한화케미칼 회계팀
삼일회계법인
웅지세무대학교 교수(회계학)
웅지 경영아카데미 재무회계 강사(회계사, 세무사)
삼일아카데미 IFRS 실무 강사
송원세무회계 대표 회계사
경기도학교 안전공제회 감사

자격증

한국공인회계사, 세무사

저서

해커스 IFRS 김원종 중급회계 상/하
해커스 세무사 IFRS 元고급회계
해커스 회계사 IFRS 김원종 고급회계
해커스 IFRS 김원종 POINT 중급회계
해커스 IFRS 김원종 POINT 고급회계
해커스 IFRS 김원종 객관식 중급회계
해커스 IFRS 김원종 객관식 고급회계
해커스 회계사 IFRS 김원종 재무회계 1차 기출문제집
해커스 세무사 IFRS 김원종 재무회계연습
해커스 회계사 IFRS 김원종 재무회계연습 1/2
IFRS 회계원리

머리말

본서는 공인회계사 2차 시험을 준비하는 수험생들이 효율적이고 효과적으로 시험에 대비할 수 있도록 쓰여진 주관식 고급회계 연습서이다. 회계학은 기본개념을 정립하고 이를 통한 끊임없는 연습과정이 수반되어야 하는 실천적 학문으로써, 짧은 시간에 주어진 문제를 해결하기 위해서는 고급회계에서 다루는 각 주제의 핵심내용을 명확하게 이해하고 이를 토대로 다양한 응용문제에 대한 해결능력을 구비해야만 한다. 따라서 본서의 가장 큰 목적은 회계학 기본서를 학습한 수험생들이 짧은 시간 내에 기본서의 핵심개념을 정리하는 동시에 연습문제풀이를 통하여 공인회계사 2차 시험을 위한 실전대비능력을 키우는 데 있다. 이러한 본서의 특징은 다음과 같다.

첫째, 각 주제별 핵심내용을 정리하고 응용능력을 키울 수 있도록 엄선하여 문제를 구성하였다. 따라서 본서의 문제들은 출제가능성이 매우 높은 문제들이라 할 수 있으며 본서의 내용만 이해하여도 목적하는 결과를 충분히 얻을 수 있을 것으로 확신한다.

둘째, 시험에 출제될 가능성이 높은 한국채택국제회계기준의 내용을 모두 문제에 반영하여 방대한 한국채택국제회계기준의 내용을 주제별로 짧은 시간에 체계적으로 정리할 수 있도록 하였다. 특히, 각 챕터별로 문제를 [기본문제]와 [고급문제]로 구분하여 효율적으로 준비할 수 있도록 구성하였다. 따라서 동차생들은 자신의 수험 기간과 실력에 따라 [기본문제]와 [고급문제]의 일부를 대비하고, 유예생들은 [기본문제]와 [고급문제]의 전부를 반복 학습하는 것이 효율적일 것이다.

셋째, 본서는 주제별로 일관된 접근방법과 문제풀이방법을 제시하여 수험생들의 혼란을 최소화하고자 노력하였다. 본서의 풀이방법은 기본서 예제의 풀이방법과 일치하도록 제시하였다.

넷째, 국제회계기준이 도입된 이후에 중요한 기출문제를 엄선하여 주제별로 수록하였다.

본서가 완성되어 출간되기까지 많은 분들의 도움을 받았다. 교재의 출간을 허락하시고 많은 격려를 보내주신 (주)챔프스터디의 전재윤 대표님과 책의 완성도를 높이기 위해 최선을 다해 노력하시는 해커스 경영아카데미에도 감사의 뜻을 전한다. 마지막으로 본서가 완성되기까지 항상 옆에서 자리를 지키며 기다려준 가족들에게도 감사의 마음을 전하고 싶다.

본서는 저자의 16년간의 공인회계사 강의경험과 16년간의 출제경향 분석을 통하여 저술되었다. 회계법인에서의 실무경험과 대학 등에서의 강의경험을 이 책에 담기 위해 부단한 노력으로 달려왔지만, 여전히 아쉬움이 많이 남는 책이다. 본서에 포함된 어떠한 오류도 저자의 책임이며 본서와 관련된 독자 여러분들의 비평과 건설적인 의견에 항상 귀를 기울일 것이다. 또한 사랑받는 교재가 되기 위하여 개정판마다 더욱 발전할 수 있도록 최선을 다할 것을 약속드린다.

공인회계사 김원종

목차

Chapter 01 사업결합

Chapter 02 연결회계

Chapter 03 연결회계 특수주제

Chapter 04 관계기업과 공동기업에 대한 투자

목차 해커스 회계사 IFRS 김원종 재무회계연습 2

Chapter 05 환율변동효과

Chapter 06 파생상품

공인회계사 2차 시험 출제경향 분석

구분		2024	2023	2022	2021
중급회계	Ch 01 재무회계의 일반론				
	Ch 02 재무보고를 위한 개념체계				
	Ch 03 재무제표 표시와 공정가치 측정				
	Ch 04 현금및현금성자산과 현재가치평가				
	Ch 05 재고자산	14	13	12	
	Ch 06 유형자산		10	14	15
	Ch 07 무형자산	10			
	Ch 08 투자부동산				
	Ch 09 금융자산	16	13	13	14
	Ch 10 자산손상과 매각예정비유동자산				
	Ch 11 금융부채	16			10
	Ch 12 충당부채	4			
	Ch 13 자본	10	8	10	
	Ch 14 복합금융상품			15	
	Ch 15 리스	10			10
	Ch 16 수익(1): 고객과의 계약에서 생기는 수익	15			16
	Ch 17 수익(2): 건설계약				
	Ch 18 종업원급여	5	6		12
	Ch 19 주식기준보상			13	13
	Ch 20 법인세회계		12	12	
	Ch 21 주당이익		15		10
	Ch 22 회계변경과 오류수정		11	11	
	Ch 23 현금흐름표		11		
	Ch 24 중간재무보고와 재무비율분석				
고급회계	Ch 01 사업결합	8	9	9	13
	Ch 02 연결회계		10	16	18
	Ch 03 연결회계 특수주제	17	8		
	Ch 04 관계기업과 공동기업에 대한 투자	13	8	12	10
	Ch 05 환율변동효과		5		9
	Ch 06 파생상품	12	11	13	
합계		150	150	150	150

2020	2019	2018	2017	2016	2015	합계
		4	8	6	7	64
	10	24	21	26		120
12			12			34
		4				4
6	15	13		9	25	124
					5	5
	10					36
						4
6	11		6			51
18	8			15	12	68
16	11		13	6	10	76
13	20	16	13	10	10	113
	10				13	23
				10		33
9	5				8	48
			15			39
				5	10	40
6		11				39
14		14	12			51
		14		13		27
17	10	15	13		12	106
					12	56
8	20	16	16	25		110
13		12	7	13		88
	15		10		16	55
12	5	7	4	12	10	86
150	150	150	150	150	150	1,500

해커스 회계사 IFRS 김원종 재무회계연습 2

회계사 · 세무사 · 경영지도사 단번에 합격!
해커스 경영아카데미 cpa.Hackers.com

출제경향

주요 주제	중요도
1. 합병 종합형	★★★★★
2. 단계적 취득	★★★
3. 측정기간	★★★★★
4. 후속측정(조건부대가)	★★★★★
5. 사업결합거래 시 법인세기간배분	★★
6. 역취득	★★
7. 신설합병	★
8. 취득법을 적용하지 않는 거래	★★★★★

필수문제 리스트

구분		필수문제 번호
동차생	기본문제	1, 2, 3, 4, 5, 6, 7, 9, 11
	고급문제	1, 2, 3, 5
유예생	기본문제	1, 2, 3, 4, 5, 6, 7, 9, 10, 11
	고급문제	1, 2, 3, 4, 5, 6

* 주관식 문제풀이에 앞서 각 Chapter의 주요 주제별 중요도를 파악해볼 수 있습니다.
* 시험 대비를 위해 꼭 풀어보아야 하는 필수문제를 정리하여 효율적으로 학습할 수 있습니다.

Chapter 01

사업결합

기본문제 01 사업결합과 합병회계(1)

20×1년 6월 30일에 A회사는 B회사를 흡수합병하였다. 다음은 합병 직전 B회사의 잔액시산표와 합병과 관련된 자료이다.

잔액시산표

B회사 20×1년 6월 30일 (단위: ₩)

차변항목	장부금액	공정가치	대변항목	장부금액	공정가치
유동자산	20,000	25,000	유동부채	15,000	15,000
A회사투자주식	3,000	4,000	비유동부채	40,000	50,000
유형자산	70,000	75,000	납입자본	32,000	
매출원가	6,000		이익잉여금	5,000	
기타비용	3,000		매출액	8,000	
			기타수익	2,000	
	102,000			102,000	

[추가자료 1 – 취득자산, 인수부채에 관한 자료]

1. B회사가 관련원가를 비용으로 처리하였기 때문에 B회사의 재무제표에 자산으로 인식되지 않은 항목에 관한 자료는 다음과 같다.
   (1) 진행 중인 연구개발 프로젝트(A)와 관련하여 ₩2,000을 지출하였는데, 취득일 현재 프로젝트(A)의 공정가치는 ₩3,000으로 측정되었다.
   (2) B회사는 고객명단과 계약정보를 데이터베이스의 형태로 관리하고 있다. 관련원가로 ₩1,500을 지출하였으며 이의 공정가치는 ₩1,000이다.
   (3) 생산공정과 관련된 비밀로서 특허를 받지 않았지만 미래경제적효익을 기대할 수 있으며, 이의 공정가치는 ₩1,000이다.
   (4) B회사는 연구·개발부서에 우수한 인적자원을 보유하고 있으며, 이러한 인적자원이 미래경제적효익을 가져다 줄 것으로 기대하고 있다. B회사가 측정한 인적자원의 공정가치는 ₩1,800이다.
2. B회사는 과거에 영업실적이 좋지 않아 세무상 결손금 ₩4,000이 있으며, 이에 대한 세금효과는 ₩1,000으로 예상된다. A회사는 수년 전부터 계속 영업이익을 보고해 왔으며 미래에도 세무상 이익을 발생시킬 가능성이 높지만 잔액시산표상에는 이에 대한 공정가치가 반영되어 있지 않다.
3. B회사는 취득일 현재 계류 중인 손해배상소송사건과 관련하여 패소할 가능성이 높지 않아 충당부채를 인식하지 않았으나 이의 공정가치는 ₩10,000으로 측정되었다. B회사는 이 사건과 관련하여 손해배상액이 ₩10,000을 초과할 경우 차액을 A회사에 보상해주기로 하였는데, 보상대상부채와 동일한 근거로 측정한 보상자산의 공정가치는 ₩1,000으로 측정되었다.
4. B회사의 비유동부채 중 장부금액 ₩10,000은 현금결제형 주식선택권과 관련된 금액인데, A회사는 B회사의 주식기준보상을 자신의 현금결제형 주식기준보상으로 대체하기로 하였으며, 기업회계기준서에 의하여 측정한 금액은 ₩12,000이다.
5. B회사는 자신이 소유하고 있는 부동산을 시장조건보다 유리한 조건으로 운용리스하였다. 시장조건보다 유리한 금액의 공정가치는 ₩2,800이다.

[추가자료 2 – 이전대가에 관한 자료]

1. A회사는 이전대가로 B회사의 주주에게 A회사의 신주 210주와 공정가치 ₩10,000의 토지(장부금액 ₩8,000) 및 액면금액 ₩10,000의 사채를 교부하기로 하였다. A회사주식의 1주당 액면금액은 ₩100이고, 합병시점에서 1주당 공정가치는 ₩200이며, 사채의 공정가치는 ₩9,000이다.
2. A회사는 합병과 관련하여 다음과 같은 비용을 지출하였다.

유형자산의 소유권이전비용	₩200
변호사수수료	500
신주발행비	600
사채발행비	300
내부취득부서 일반관리비용	400

3. 합병계약서에는 다음과 같은 내용이 포함되어 있다.
   (1) A회사는 합병 이후 6개월간의 사업성과에 따라 B회사의 주주들에게 추가로 일정금액을 지급하기로 약정하였는데, 합병 시 A회사가 예측한 금액은 ₩1,500이었다.
   (2) A회사는 20×2년 초 현재 주식가격이 합병시점의 A회사주식의 공정가치에 미달할 경우, 미달액에 해당하는 만큼의 A회사주식을 추가로 발행하기로 약정하였는데, 취득일에 측정한 조건부대가의 공정가치는 ₩4,000이었다.

물음 1

A회사가 B회사를 흡수합병함에 따라 인식할 영업권을 측정하시오.

물음 2

합병 시 A회사가 행할 회계처리를 나타내시오.

물음 3

A회사가 20×2년 초에 사업성과에 따라 지급한 성과보상금이 ₩2,000이며, 이전대가를 보전해 줄 목적으로 20주를 추가로 발행한 경우 행할 회계처리를 나타내시오.

해답

물음 1

1. 식별할 수 있는 순자산 공정가치

취득자산		
유동자산	₩25,000	
자기주식[*1]	4,000	
유형자산	75,000	
무형자산[*2]	5,000	
이연법인세자산[*3]	1,000	
미수금(보상자산)[*4]	1,000	₩111,000
인수부채		
유동부채	₩15,000	
비유동부채	50,000	
손해배상손실충당부채[*5]	10,000	
미지급급여(주식기준보상)[*6]	2,000	(77,000)
식별할 수 있는 순자산 공정가치		₩34,000

*1 피취득자가 소유한 취득자주식은 공정가치로 측정하고 자기주식으로 처리한다.

*2 ① 진행 중인 연구개발 프로젝트는 분리가능성기준을 충족하는 무형자산이다.
② 고객목록은 분리가능성기준을 충족하는 무형자산이다.
③ 특허받지 않은 기술은 분리가능성을 충족하는 무형자산이다.
④ 집합적 노동력은 식별가능한 자산이 아니므로 별도의 자산으로 인식하지 않는다.

*3 이월액(이월결손금, 이월세액공제)의 세금효과는 취득자산에 포함되며, 기업회계기준서(법인세)에 의한 방법으로 측정한다.

*4 보상자산은 취득자산에 포함되며, 보상대상항목과 일관성 있는 기준에 따라 측정한다.

*5 현재의무이고 공정가치를 신뢰성 있게 측정할 수 있는 우발부채는 인수부채에 포함된다.

*6 주식기준보상은 기업회계기준서(주식기준보상)에 의한 방법으로 측정한다.

2. 이전대가

보통주[*1]: 210주 × ₩200 =	₩42,000
토지[*1]	10,000
사채[*1]	9,000
조건부대가(자본)[*2]	4,000
조건부대가(부채)[*2]	1,500
계	₩66,500

*1 공정가치로 측정함

*2 조건부대가 약정으로 인한 자산이나 부채를 포함함

3. **영업권**: ₩66,500 − ₩34,000 = ₩32,500

물음 2

구분	회계처리					
20×1. 6. 30.	(차)	유동자산	25,000	(대)	유동부채	15,000
		자기주식	4,000		비유동부채	50,000
		유형자산	75,000		손해배상손실충당부채	10,000
		이연법인세자산	1,000		미지급급여	2,000
		무형자산(연구개발)	3,000		자본금	21,000
		무형자산(고객명단)	1,000		주식발행초과금	21,000
		무형자산(특허받지 않은 기술)	1,000		토지	8,000
		미수금(보상자산)	1,000		유형자산처분이익	2,000
		영업권	32,500		사채(순액)	9,000
					조건부대가(부채)	1,500
					조건부대가(자본)	4,000
	(차)	유형자산	200	(대)	현금	200[*1]
	*1 유형자산의 소유권이전비용은 당해 유형자산의 자본적 지출로 처리한다.					
	(차)	기타비용	900	(대)	현금	900[*2]
	*2 취득 관련 원가(중개수수료, 내부취득부서의 일반관리원가 등)는 당기비용으로 처리한다.					
	(차)	주식발행초과금	600	(대)	현금	900[*3]
		사채(순액)	300			
	*3 채무증권 및 지분증권의 등록 · 발행원가는 발행금액에서 직접 차감한다.					

물음 3

구분	회계처리					
20×2년 초	(차)	조건부대가(부채)	1,500	(대)	현금	2,000
		부채상환손실(NI)	500[*1]			
	*1 조건부대가가 부채인 경우, 공정가치로 측정하며, 공정가치의 변동은 당기손익으로 인식한다.					
	(차)	조건부대가(자본)	4,000	(대)	자본금	2,000[*2]
					주식발행초과금	2,000
	*2 20주 × ₩100 = ₩2,000 ✪ 자본으로 분류된 조건부대가는 재측정하지 않으며, 그 후속 정산은 자본 내에서 회계처리한다.					

기본문제 02 사업결합과 합병회계(2)

20×1년 6월 30일에 A회사는 B회사를 흡수합병하였다. 다음은 합병 직전 B회사의 잔액시산표와 합병과 관련된 자료이다.

잔액시산표

B회사 (단위: ₩)

차변항목	장부금액	공정가치	대변항목	장부금액	공정가치
유동자산	100,000	120,000	유동부채	100,000	100,000
투자부동산	50,000	60,000	비유동부채	200,000	200,000
유형자산	700,000	800,000	납입자본	400,000	
무형자산	150,000	100,000	이익잉여금	100,000	
매출원가	500,000		매출액	700,000	
기타비용	200,000		기타수익	200,000	
	1,700,000			1,700,000	

[추가자료 1 – 취득자산, 인수부채에 관한 자료]

1. B회사는 다음의 자산을 리스계약을 체결하여 이용하고 있다.
   (1) 기계 A: 리스의 조건이 시장조건보다 유리하며, 시장조건보다 유리한 금액의 공정가치는 ₩5,000이다.
   (2) 기계 B: 리스의 조건이 시장조건보다 불리하며, 시장조건보다 불리한 금액의 공정가치는 ₩1,000이다.
2. B회사의 무형자산에 관한 자료는 다음과 같다.
   (1) B회사의 무형자산 중 장부금액 ₩10,000은 기술라이선스 약정에 따라 A회사의 기술을 사용할 수 있는 권리이며, 관련 계약의 잔여계약기간에 기초하여 측정한 권리의 가치는 ₩8,000이다. 잔액시산표상의 공정가치는 동 금액이 반영되어 있지 않다.
   (2) B회사의 무형자산 중 ₩20,000은 등록상표, 인터넷 도메인 명 등 마케팅 관련 무형자산이다. A회사는 B회사의 마케팅 관련 무형자산을 사용하지 않을 계획이므로 취득일의 무형자산 공정가치에 이를 반영하지 않았다. 그러나 시장참여자의 사용에 따라 결정된 공정가치는 ₩5,000이다.
3. B회사의 유동부채(매입채무) 중 ₩30,000은 A회사에 대한 것이다. 그리고 B회사는 A회사와 합병이 이루어질 경우 B회사의 종업원들에게 ₩15,000을 지급하기로 약속하였는데, 이 금액은 취득일의 순자산장부금액에 반영되어 있지 않다.
4. 사업결합으로 인한 취득자산과 인수부채의 일시적차이로 발생한 이연법인세부채는 ₩2,000이며, 동 금액은 취득일의 순자산장부금액에 반영되어 있지 않다.
5. A회사는 B회사를 합병한 후 B회사의 일부 사업부를 폐쇄할 계획을 하고 있으며, 이와 관련한 구조조정비용으로 ₩3,000을 예상하고 있다.
6. 취득일 현재 B회사의 고객 관련 계약과 관련된 자료는 다음과 같다.
   (1) B회사는 취득일 현재 반복 구매 고객의 50%로부터 고객 매입 주문잔고가 있으며, 이의 공정가치는 ₩4,000이다.
   (2) B회사는 고객에게 제품을 5년 동안 공급하는 계약을 가지고 있다. A회사는 동 계약의 만료시점에 고객이 이 계약을 갱신할 것이라고 생각하며, 동 계약의 공정가치를 ₩6,000으로 측정하고 있다.
   (3) B회사는 취득일 현재 새로운 고객과 제품을 3년 동안 공급하는 계약을 협상하고 있다. 동 계약의 성사가능성은 매우 높으며, 이의 공정가치는 ₩5,000이다.

[추가자료 2 – 이전대가에 관한 자료]

1. A회사는 취득일 이전에 B회사주식 40주를 ₩70,000에 취득하고 이를 기타포괄손익공정가치측정금융자산으로 분류하여 공정가치법으로 평가하고 있는데, 취득일의 B회사주식의 1주당 공정가치는 ₩2,500이었다.
2. A회사는 이전대가로 B회사의 주주(A회사소유 B회사주식 포함)에게 A회사의 신주 400주를 교부하기로 하였다. A회사주식의 1주당 액면금액은 ₩1,000이고 취득일의 1주당 공정가치는 ₩2,500이었다.
3. A회사는 B회사의 주식기준보상(주식결제형)을 자신의 주식기준보상(주식결제형)으로 대체하기로 하였으며, 기업회계기준서(주식기준보상)에 의하여 측정한 금액은 ₩20,000이다.
4. A회사는 합병과 관련하여 다음과 같은 비용을 지출하였다.

신주발행비	₩20,000
유형자산의 소유권이전비용	30,000
중개수수료	40,000

물음 1

A회사가 B회사를 흡수합병함에 따라 인식할 영업권을 측정하시오.

물음 2

합병 시 A회사가 행할 회계처리를 나타내시오.

해답

물음 1

1. 식별할 수 있는 순자산 공정가치

취득자산		
유동자산	₩120,000	
투자부동산	60,000	
유형자산	800,000	
사용권자산*1	4,000	
무형자산*2	123,000	₩1,107,000
인수부채		
유동부채*3	₩100,000	
비유동부채	200,000	
미지급급여*4	15,000	
이연법인세부채*5	2,000	(317,000)
식별할 수 있는 순자산 공정가치		₩790,000

*1 유리한 조건의 리스는 사용권자산에 가산하며, 불리한 조건의 리스는 사용권자산에 차감함

*2 ① 다시 취득한 권리는 관련 계약의 잔여계약기간에 기초하여 측정함

② 취득자가 사용하지 않거나 다른 방법으로 사용할 의도가 있는 자산은 시장참여자의 사용에 따라 결정된 공정가치로 측정함

③ 주문잔고 또는 생산잔고는 계약적 · 법적 기준을 충족하는 무형자산임

④ 기업이 계약을 통해 고객과의 관계를 형성하는 경우 고객계약 및 고객관계는 계약적·법적 기준을 충족하는 무형자산임

⑤ 잠재적 계약은 그 자체로 자산이 아니기 때문에 별도의 자산으로 인식하지 않음

∴ 무형자산

잔액시산표상의 공정가치	₩100,000
다시 취득한 권리	8,000
마케팅 관련 무형자산	5,000
주문잔고	4,000
고객계약	6,000
계	₩123,000

*3 결합참여자 상호 간의 채권·채무는 영업권 계산 시 이를 고려하지 않아도 됨

*4 피취득자의 종업원급여약정과 관련된 부채는 인수부채에 포함되며, 기업회계기준서(종업원급여)에 의한 방법으로 측정함

*5 일시적차이로 인한 이연법인세자산(부채)은 취득자산과 인수부채에 포함되며, 기업회계기준서(법인세)에 의한 방법으로 측정함

2. 이전대가

보통주*1: 400주 × ₩2,500 =	₩1,000,000
주식선택권*2	20,000
계	₩1,020,000

*1 공정가치로 측정함

*2 주식기준보상은 기업회계기준서(주식기준보상)에 따라 측정함

3. 영업권: ₩1,020,000 − ₩790,000 = ₩230,000

물음 2

구분	회계처리					
20×1. 6. 30.	(차)	기타포괄손익공정가치측정금융자산	30,000	(대)	기타포괄손익공정가치측정금융자산평가이익(OCI)	30,000
	(차)	유동자산	120,000	(대)	유동부채	100,000
		투자부동산	60,000		비유동부채	200,000
		유형자산	800,000		미지급급여	15,000
		사용권자산	4,000		이연법인세부채	2,000
		무형자산	123,000		자본금	400,000
		영업권	230,000		주식발행초과금	600,000
					주식선택권	20,000
	(차)	자기주식	100,000*1	(대)	기타포괄손익공정가치측정금융자산	100,000
	*1 이전대가로 취득자의 신주교부 시 피취득자주식에 신주를 교부한 경우 자기주식으로 대체함					
	(차)	유동부채(매입채무)	30,000*2	(대)	유동자산(매출채권)	30,000
	*2 결합참여자 상호 간의 채권·채무는 상계 제거함					
	(차)	주식발행초과금	20,000	(대)	현금	20,000*3
	*3 신주발행비는 발행금액에서 직접 차감함					
	(차)	유형자산	30,000	(대)	현금	30,000*4
	*4 유형자산의 소유권이전비용은 당해 유형자산의 자본적 지출로 처리함					
	(차)	기타비용	40,000	(대)	현금	40,000*5
	*5 중개수수료 등의 취득 관련 원가는 당기비용으로 처리함					

기본문제 03 단계적으로 이루어지는 사업결합

A회사는 20×0년 중 B회사의 보통주 1,000주를 ₩10,000(10%)에 취득하여 이를 기타포괄손익공정가치측정금융자산으로 분류하고 있다. 20×0년 말 A회사가 보유한 B회사 보통주의 공정가치는 ₩15,000이며, 20×1년 초의 공정가치는 ₩20,000으로 상승하였다.
B회사의 20×1년 초 현재 식별할 수 있는 취득자산과 인수부채의 장부금액과 공정가치는 다음과 같다.

재무상태표

B회사 20×1년 1월 1일 현재

	장부금액	공정가치		장부금액	공정가치
유동자산	₩20,000	₩22,000	부채	₩25,000	₩25,000
유형자산	30,000	35,000	자본금	10,000	
무형자산	10,000	13,000	이익잉여금	25,000	
합계	₩60,000		합계	₩60,000	

[추가자료]
A회사 보통주의 20×1년 초 주당 공정가치는 ₩20이며, 액면금액은 주당 ₩10이다.

물음 1

A회사가 20×1년 초에 B회사의 나머지 주주(90%)에게 현금 ₩180,000을 지급하고 흡수합병을 하였다. A회사가 20×1년 초에 인식할 영업권을 계산하시오.

물음 2

A회사가 20×1년 초에 A회사가 소유한 B회사 보통주에는 신주를 교부하지 않고, B회사의 나머지 주주(90%)에게 A회사 주식 9,000주를 발행하여 흡수합병을 하였다. A회사가 20×1년 초에 인식할 영업권을 계산하시오.

물음 3

A회사가 20×1년 초에 A회사가 소유한 B회사 보통주에는 신주를 교부하고, 총 A회사 주식 10,000주를 발행하여 흡수합병을 하였다. A회사가 20×1년 초에 인식할 영업권을 계산하시오.

해답

물음 1

1. 영업권

(1) 이전대가:	₩20,000 + ₩180,000 =	₩200,000
(2) 식별할 수 있는 순자산 공정가치:	₩70,000 − ₩25,000 =	(45,000)
(3) 영업권		₩155,000

2. 회계처리

구분	회계처리					
20×0년 중	(차)	기타포괄손익공정가치측정금융자산	10,000	(대)	현금	10,000
20×0년 말	(차)	기타포괄손익공정가치측정금융자산	5,000	(대)	기타포괄손익공정가치측정금융자산평가이익(OCI)	5,000
20×1년 초	(차)	기타포괄손익공정가치측정금융자산	5,000	(대)	기타포괄손익공정가치측정금융자산평가이익(OCI)	5,000
	(차)	유동자산	22,000	(대)	부채	25,000
		유형자산	35,000		현금	180,000
		무형자산	13,000		기타포괄손익공정가치측정금융자산	20,000
		영업권	155,000			

물음 2

1. 영업권

(1) 이전대가:	₩20,000 + 9,000주 × ₩20 =	₩200,000
(2) 식별할 수 있는 순자산 공정가치:	₩70,000 − ₩25,000 =	(45,000)
(3) 영업권		₩155,000

2. 회계처리

구분	회계처리					
20×0년 중	(차)	기타포괄손익공정가치측정금융자산	10,000	(대)	현금	10,000
20×0년 말	(차)	기타포괄손익공정가치측정금융자산	5,000	(대)	기타포괄손익공정가치측정금융자산평가이익(OCI)	5,000
20×1년 초	(차)	기타포괄손익공정가치측정금융자산	5,000	(대)	기타포괄손익공정가치측정금융자산평가이익(OCI)	5,000
	(차)	유동자산	22,000	(대)	부채	25,000
		유형자산	35,000		자본금	90,000*1
		무형자산	13,000		주식발행초과금	90,000*2
		영업권	155,000		기타포괄손익공정가치측정금융자산	20,000
	*1 9,000주 × ₩10 = ₩90,000 *2 9,000주 × (₩20 − ₩10) = ₩90,000					

물음 3

1. 영업권

(1) 이전대가:	10,000주 × ₩20 =	₩200,000
(2) 식별할 수 있는 순자산 공정가치:	₩70,000 − ₩25,000 =	(45,000)
(3) 영업권		₩155,000

2. 회계처리

구분	회계처리					
20×0년 중	(차)	기타포괄손익공정가치측정금융자산	10,000	(대)	현금	10,000
20×0년 말	(차)	기타포괄손익공정가치측정금융자산	5,000	(대)	기타포괄손익공정가치측정금융자산평가이익(OCI)	5,000
20×1년 초	(차)	기타포괄손익공정가치측정금융자산	5,000	(대)	기타포괄손익공정가치측정금융자산평가이익(OCI)	5,000
	(차)	유동자산	22,000	(대)	부채	25,000
		유형자산	35,000		자본금	100,000*1
		무형자산	13,000		주식발행초과금	100,000*2
		영업권	155,000			
	*1 10,000주 × ₩10 = ₩100,000 *2 10,000주 × (₩20 − ₩10) = ₩100,000					
	(차)	자기주식	20,000	(대)	기타포괄손익공정가치측정금융자산	20,000

기본문제 04 사업결합과 영업권

공인회계사 11

(주)대한은 20×1년 1월 1일에 현금 ₩10,000,000을 지급하고 (주)민국의 자산과 부채를 모두 취득·인수하였으며, 이는 사업결합에 해당한다. 두 회사는 모두 12월 말 결산법인이다. 취득일 현재 (주)민국의 자산 및 부채의 장부금액과 공정가치는 다음과 같다.

과목	장부금액	공정가치
현금	₩900,000	₩900,000
매출채권	1,200,000	1,100,000
재고자산	1,000,000	2,000,000
유형자산	1,500,000	2,200,000
자산 총계	₩4,600,000	
매입채무	₩1,850,000	₩2,300,000
충당부채	150,000	?
자본	2,600,000	
부채와 자본 총계	₩4,600,000	

(주)대한은 취득일 현재 (주)민국에 대해 다음과 같은 사실을 추가로 확인하였다.

1. (주)민국의 자산으로 인식하지 않았던 고객목록과 브랜드를 파악하였으며, 각각의 공정가치는 ₩1,000,000과 ₩2,500,000이다. (주)대한은 동 고객목록과 브랜드가 무형자산의 정의를 충족한다고 판단하였다.
2. (주)민국은 차세대 통신기술을 연구·개발하기 위하여 다음과 같이 지출하였다. (주)대한은 이러한 지출이 식별가능하고 신뢰성 있게 측정가능하다고 판단하였다.

항목	지출금액	공정가치
연구원 교육비	₩400,000	
외부전문가 수수료	200,000	
부품 검사비용	300,000	
원재료 사용액	500,000	
합계	₩1,400,000	₩1,500,000

3. (주)대한은 (주)민국의 충당부채의 공정가치를 잠정금액 ₩200,000으로 추정하였다.

물음 1

사업결합을 통하여 취득일에 (주)대한이 인식해야 할 ① 무형자산과 ② 영업권을 각각 계산하시오.

물음 2

20×1년 8월 1일에 (주)대한은 사업결합 시 잠정금액으로 인식했던 충당부채의 공정가치가 ₩300,000임을 확인하였다. 또한, 20×1년 말 (주)대한은 영업권의 회수가능액을 ₩1,300,000으로 추정하였다.

(1) (주)대한이 20×1년 말에 인식할 영업권의 손상차손을 계산하시오.

(2) (주)대한은 20×2년 말에 영업권의 회수가능액을 ₩1,600,000으로 추정하였다. 20×2년 말에 인식해야 할 영업권의 손상차손환입액을 계산하시오.

해답

물음 1

1. **무형자산**: (1) + (2) + (3) = ₩5,000,000
   (1) 고객목록: ₩1,000,000
   (2) 브랜드: ₩2,500,000
   (3) 식별가능한 연구개발비: ₩1,500,000
2. **영업권**: (1) − (2) = ₩1,300,000
   (1) 이전대가: ₩10,000,000
   (2) 순자산공정가치: ① − ② = ₩8,700,000
      ① 자산: ₩900,000 + ₩1,100,000 + ₩2,000,000 + ₩2,200,000 + ₩5,000,000 = ₩11,200,000
      ② 부채: ₩2,300,000 + ₩200,000 = ₩2,500,000
3. **회계처리**

구분	회계처리					
20×1. 1. 1.	(차)	현금	900,000	(대)	매입채무	2,300,000
		매출채권	1,100,000		충당부채	200,000
		재고자산	2,000,000		현금	10,000,000
		유형자산	2,200,000			
		무형자산(고객목록)	1,000,000			
		무형자산(브랜드)	2,500,000			
		무형자산(연구비)	1,500,000			
		영업권	1,300,000			

물음 2

1. **회계처리**

구분	회계처리			
20×1. 8. 1.	(차) 영업권	100,000	(대) 충당부채	100,000
20×1. 12. 31.	(차) 영업권손상차손	100,000	(대) 영업권	100,000

2. **20×1년 말 영업권 손상차손**: (₩1,300,000 + ₩100,000) − ₩1,300,000 = ₩100,000
3. **20×2년 말 영업권 손상차손환입액**: ₩0(∵ 영업권은 손상차손환입을 인정하지 않음)

해설

1. 사업결합에 대한 첫 회계처리를 사업결합이 생긴 보고기간 말까지 완료하지 못한다면, 취득자는 회계처리를 완료하지 못한 항목의 잠정금액을 재무제표에 보고한다. 측정기간에, 취득일 현재 존재하던 사실과 상황에 대하여 새롭게 입수한 정보가 있는 경우에 취득자는 취득일에 이미 알고 있었다면 취득일에 인식한 금액의 측정에 영향을 주었을 그 정보를 반영하기 위하여 취득일에 인식한 잠정금액을 소급하여 조정한다. 측정기간에, 취득일 현재 존재하던 사실과 상황에 대해 새로 입수한 정보가 있는 경우에 취득자는 취득일에 이미 알고 있었다면 인식하였을 추가 자산과 부채를 인식한다. 그러나 측정기간은 취득한 날부터 1년을 초과할 수 없다.
2. 측정기간에, 취득일 현재 존재하던 사실과 상황에 대해 새로 입수한 정보가 있는 경우에 취득자는 식별할 수 있는 자산(부채)으로 인식한 잠정금액의 증감을 영업권의 증감으로 인식한다. 측정기간에 취득자는 마치 사업결합의 회계처리가 취득일에 완료된 것처럼 잠정금액의 조정을 인식한다. 그러므로 취득자는 재무제표에 표시한 과거 기간의 비교 정보를 필요한 경우에 수정하며, 이러한 수정에는 처음 회계처리를 완료하면서 이미 인식한 감가상각, 상각, 그 밖의 수익 영향의 변경을 포함한다.
3. 사업결합으로 취득한 영업권은 상각하지 않는다. 그 대신 K-IFRS 제1036호 '자산손상'에 따라 매 보고기간마다 손상검사를 해야 한다.
4. 영업권에 대해 인식한 손상차손은 후속기간에 환입할 수 없다. 왜냐하면, 영업권에 대해 손상차손을 인식하고 난 후속기간에 증가된 회수가능액은 사업결합으로 취득한 영업권의 손상차손환입액이 아니라 내부적으로 창출된 영업권으로 간주하기 때문이다.

기본문제 05 사업결합 종합

공인회계사 18 수정

(주)대한은 20×1년 7월 1일에 (주)민국의 발행주식 중 10%(100주, 주당 액면금액 ₩1,000)를 ₩120,000에 취득하였다. (주)대한은 매입한 주식을 기타포괄손익-공정가치 측정 금융자산으로 지정하였다. (주)대한은 20×2년 2월 1일에 (주)민국의 자산과 부채를 모두 인수하는 사업결합을 하기로 결정하였다. 사업결합을 진행하기 위해 (주)대한은 (주)민국의 자산과 부채에 대해 2차례의 실사(예비실사와 추가실사, 총 ₩600,000 지출)를 수행하였다. 다음의 사업결합 관련 자료를 이용하여 물음에 답하시오. 단, (주)대한과 (주)민국은 동일지배하의 기업이 아니며 별도의 언급이 없는 사항에 대한 세금효과는 고려하지 않는다.

다음은 20×2년 2월 1일 현재 양사의 재무상태표와 (주)민국의 예비실사 결과를 반영한 공정가치 자료이다.

<(주)대한 재무상태표>
(20×2년 2월 1일 현재)

계정	장부금액
유동자산	₩400,000
유형자산	500,000
무형자산	50,000
기타자산	150,000
자산 총계	₩1,100,000
부채	450,000
자본금	400,000
기타자본	250,000
부채와 자본 총계	₩1,100,000

<(주)민국의 자산, 부채 예비실사 결과>
(20×2년 2월 1일 현재)

계정	장부금액	공정가치
유동자산	₩750,000	₩750,000
유형자산	350,000	500,000
무형자산	100,000	100,000
기타자산	100,000	100,000
자산 총계	₩1,300,000	
부채	700,000	700,000
자본금	400,000	
기타자본	200,000	
부채와 자본 총계	₩1,300,000	

<관련 자료>

세법상 자산의 임의적인 평가증은 인정되지 않는다. (주)대한과 (주)민국의 평균예상세율은 각각 25%와 20%이다. (주)민국의 주당 공정가치는 다음과 같다.

일자	20×1. 7. 1.	20×1. 12. 31.	20×2. 2. 1.
금액	₩1,200	₩1,400	₩1,500

예비실사를 토대로 (주)대한과 (주)민국은 다음과 같이 사업결합대가를 결정하였다.

(1) (주)대한은 자사 주식 200주(주당 액면금액 ₩1,000, 교부일의 주당 시가 ₩1,600)와 현금 ₩300,000을 지급하기로 한다.

(2) 합병 후 1년이 되는 시점인 20×3년 1월 31일에 (주)대한의 시장점유율이 10%를 초과하면 초과 달성하는 1% 당 10주를 추가로 교부하기로 한다. 20×2년 2월 1일(사업결합일)에 예상되는 20×3년 1월 31일의 시장점유율은 15%이다. 따라서 추가 발행될 것으로 예상되는 주식수는 총 50주(주당 액면금액 ₩1,000, 총 공정가치 ₩90,000)이다.

물음 1

(주)대한이 20×1년 7월 1일에 취득한 (주)민국의 주식은 사업결합 회계처리에 어떻게 반영되는지 간략하게 설명하시오.

물음 2

20×2년 2월 1일에 (주)대한과 (주)민국의 사업결합 직후 다음의 각 항목별 금액을 계산하시오.

계정	금액
영업권	①
부채	②
기타자본	③

물음 3

다음은 취득일 이후 새롭게 입수한 정보에 기초하여 확인된, 예비실사 시에 반영되지 못한 (주)민국에 대한 추가실사 내용이다.

① 유동자산 중 재고자산 진부화로 인한 손상차손을 반영해야 하는 금액은 ₩80,000이며, 회수가 어려울 것으로 판단되는 거래처의 매출채권 금액은 ₩20,000이다. 그러나 동 자산들에 대한 손상차손은 세법상 인정되지 않는다.

② (주)민국은 사업결합 이전 회계기간을 대상으로 세무조사를 받을 것으로 예상된다. 세무조사가 실시될 경우 예상되는 추징세액은 ₩70,000으로 파악되었으나, 추징세액이 확정될 경우 (주)민국의 기존 주주는 최대 ₩50,000까지만 보상하기로 하였다.

위의 추가실사 결과가 예비실사 후 계산된 영업권에 미치는 영향을 계산하시오. 단, 영향이 없는 경우에는 '0'으로 표시하고, 감소하는 경우에는 (-)를 숫자 앞에 표시하시오.

추가실사 내용	영업권조정금액
재고자산 및 매출채권	①
세무조사	②

해답

물음 1

취득자는 이전에 보유하고 있던 피취득자에 대한 지분을 취득일의 공정가치로 재측정하고 그 결과 차손익이 있다면 당기손익 또는 기타포괄손익으로 인식해야 한다. 만일 이전의 보고기간에 취득자가 피취득자 지분의 가치변동을 기타포괄손익으로 인식하였다면, 기타포괄손익으로 인식한 금액은 취득자가 이전에 보유하던 지분을 직접 처분하였다면 적용할 기준과 동일하게 인식한다. 또한 단계적으로 이루어지는 사업결합의 이전대가는 ① 취득자가 이전에 보유하고 있던 피취득자에 대한 지분의 취득일의 공정가치와 ② 취득일에 추가로 지분을 취득하기 위한 이전대가의 취득일의 공정가치의 합계액으로 측정된다.

물음 2

1. 정답

계정	금액
영업권	① ₩147,500
부채	② ₩1,277,500
기타자본	③ (-)₩220,000

2. 회계처리

<table>
<tr><th>일자</th><th colspan="4">회계처리</th></tr>
<tr><td>20×1. 7. 1.</td><td>(차) 기타포괄손익공정가치측정금융자산</td><td>120,000</td><td>(대) 현금</td><td>120,000</td></tr>
<tr><td>20×1. 12. 31.</td><td>(차) 기타포괄손익공정가치측정금융자산</td><td>20,000</td><td>(대) 기타포괄손익공정가치측정금융자산평가이익(OCI)</td><td>20,000*1</td></tr>
<tr><td></td><td colspan="4">*1 100주 × ₩1,400 - ₩120,000 = ₩20,000</td></tr>
<tr><td>20×2. 2. 1.</td><td>(차) 기타포괄손익공정가치측정금융자산</td><td>10,000</td><td>(대) 기타포괄손익공정가치측정금융자산평가이익(OCI)</td><td>10,000*2</td></tr>
<tr><td></td><td colspan="4">*2 100주 × ₩1,500 - ₩140,000 = ₩10,000</td></tr>
<tr><td></td><td>(차) 유동자산</td><td>750,000</td><td>(대) 부채</td><td>700,000</td></tr>
<tr><td></td><td>유형자산</td><td>500,000</td><td>이연법인세부채</td><td>37,500*3</td></tr>
<tr><td></td><td>무형자산</td><td>100,000</td><td>자본금</td><td>200,000*4</td></tr>
<tr><td></td><td>기타자산</td><td>100,000</td><td>주식발행초과금</td><td>120,000*5</td></tr>
<tr><td></td><td>영업권</td><td>147,500</td><td>현금</td><td>300,000</td></tr>
<tr><td></td><td></td><td></td><td>조건부대가(부채)</td><td>90,000*6</td></tr>
<tr><td></td><td></td><td></td><td>기타포괄손익공정가치측정금융자산</td><td>150,000</td></tr>
<tr><td></td><td colspan="4">*3 유형자산의 공정가치와 장부금액의 차이 × 취득자의 법인세율: (₩500,000 - ₩350,000) × 25% = ₩37,500
*4 200주 × ₩1,000 = ₩200,000
*5 200주 × (₩1,600 - ₩1,000) = ₩120,000
*6 자기지분상품관련 계약에서 수량이 변동가능하므로 조건부대가(부채)로 분류함</td></tr>
<tr><td></td><td>(차) 기타비용</td><td>600,000</td><td>(대) 현금</td><td>600,000</td></tr>
</table>

① 영업권: ₩147,500

② 부채: ₩450,000 + ₩700,000 + ₩90,000(조건부대가) + ₩37,500(이연법인세부채) = ₩1,277,500

③ 기타자본: ₩250,000(취득자의 기타자본) + ₩10,000(기타포괄손익공정가치측정금융자산평가이익) + ₩120,000(주식발행초과금) - ₩600,000(기타비용) = (-)₩220,000

3. 제시된 재무상태표에 자본금 이외의 자본을 기타자본으로 분류하고 있으므로 주식발행초과금과 기타비용(이익잉여금)도 기타자본으로 분류해서 답안을 제시하였다.

물음 3

추가실사 내용	영업권조정금액
재고자산 및 매출채권	① ₩75,000
세무조사	② ₩20,000

① 재고자산 및 매출채권 회계처리

구분	회계처리				
추가실사	(차) 영업권	100,000	(대)	재고자산	80,000
				매출채권	20,000
	(차) 이연법인세자산	25,000	(대)	영업권	25,000*
	* 유보(₩80,000 + ₩20,000) × 25%(취득자의 평균세율) = ₩25,000				

② 보상자산 회계처리

구분	회계처리				
추가실사	(차) 미수금(보상자산)	50,000	(대)	충당부채	70,000
	영업권	20,000			
	* 세무조사가 실시될 경우 예상되는 추징세액 ₩70,000은 충당부채로 인식하며, (주)민국이 기존 주주가 보상하기로 한 금액 ₩50,000은 보상자산으로 인식함				

해설

1. 취득자가 취득일 후에 인식하는 조건부 대가의 공정가치 변동 중 취득일에 존재한 사실과 상황에 대하여 취득일 후에 추가로 입수한 정보일 경우에는 측정기간의 조정 사항으로 보고 회계처리한다.
2. 목표수익을 달성하거나, 특정 주가에 도달하거나, 연구개발 프로젝트의 주요 과제를 완료하는 등 취득일 이후에 발생한 사건에서 발생한 변동은 측정기간의 조정 사항이 아니다. 취득자는 측정기간의 조정 사항이 아닌 조건부 대가의 공정가치 변동을 다음과 같이 회계처리한다.
   ① 자본으로 분류한 조건부 대가: 재측정하지 않으며, 그 후속 정산은 자본 내에서 회계처리한다.
   ② 부채 또는 자산으로 분류한 조건부 대가: 각 보고기간 말에 공정가치로 재측정하며, 공정가치의 변동은 당기손익으로 인식한다.
3. 취득자는 금융상품의 정의를 충족하는 조건부 대가의 지급 의무를 K-IFRS 제1032호 '금융상품 표시'의 지분상품과 금융부채의 정의에 기초하여 금융부채 또는 자본으로 분류한다.
   (1) 합병 후 1년이 되는 시점인 20×3년 1월 31일에 (주)대한의 시장점유율이 10%를 초과하면 현금 ₩100,000을 교부하기로 한 조건부 대가의 경우 현금 등 금융자산을 지급할 계약상의 의무가 있으므로 금융부채로 분류한다.
   (2) 합병 후 1년이 되는 시점인 20×3년 1월 31일에 (주)대한의 시장점유율이 10%를 초과하면 초과 달성하는 1%당 10주를 추가로 교부하기로 한 조건부 대가의 경우 수량이 확정되지 않은 자기지분상품관련계약이므로 이는 금융부채로 분류한다.
   (3) 합병 후 1년이 되는 시점인 20×3년 1월 31일에 (주)대한의 시장점유율이 10%를 초과하면 10주를 추가로 교부하기로 한 조건부 대가의 경우 수량이 확정된 자기지분상품관련계약이므로 이는 자본으로 분류한다.

기본문제 06 사업결합과 후속측정

20×1년 7월 1일 A회사는 B회사를 흡수합병하였다. 취득일의 B회사 순자산 공정가치는 ₩800,000(자산 ₩2,000,000, 부채 ₩1,200,000)으로 평가되었으며, 관련자료는 다음과 같다.

(1) A회사는 B회사를 합병하기 위하여 B회사의 주주에게 A회사의 신주 500주와 합병교부금으로 ₩180,000을 지급하였다. 합병 당시 A회사 주식의 1주당 액면금액은 ₩1,000, 공정가치는 ₩2,000이었다.

(2) 이전대가로 A회사는 B회사가 사업결합 전에 B회사의 종업원에게 부여했던 주식결제형 주식보상거래를 대체하기로 하였다. 사업결합 전에 근무용역에 귀속하는 대체보상 부분의 시장기준측정치가 ₩40,000이고 사업결합 후에 제공할 근무용역에 귀속하는 대체보상 부분의 시장기준측정치는 ₩30,000이다. A회사는 대체보상의 50%가 가득될 것으로 추정하고 있다.

(3) 취득일에 B회사 종합원에게 부여했던 주식결제형 주식기준보상거래는 20×2년 중에 가득되었으며, 가득된 시점 누적금액은 ₩25,000이다.

(4) 합병계약서에 약정된 조건부대가와 관련된 내용은 다음과 같다.

① A회사는 20×2년 말에 시장점유율이 15%를 초과하면 B회사의 기존 주주들에게 추가로 ₩100,000을 지급하기로 하였다. 20×1년 7월 1일 현재 이러한 조건부대가의 공정가치는 ₩50,000으로 추정되었다. 그러나 B회사는 20×1년 12월 31일에 동 조건부대가의 추정된 공정가치를 ₩80,000으로 변경하였다. 이러한 공정가치 변동은 20×1년 7월 1일에 존재한 사실과 상황에 대하여 추가로 입수한 정보에 기초한 것이다. 20×2년 말 A회사의 시장점유율이 18%가 되어 B회사의 기존 주주들에게 ₩100,000을 지급하였다.

② A회사는 합병 이후 순이익의 달성정도에 따라 B회사의 주주들에게 추가로 일정 금액을 지급하기로 약정하였는데, 취득일에 A회사가 예측한 금액은 ₩80,000이었으나, 20×1년 말에 A회사가 B회사의 주주들에게 지급한 금액은 ₩100,000이었다. 이 조건부대가의 변동은 취득일 이후에 발생한 사건으로 인한 사항이다.

③ 20×1년 말에 A회사주식이 취득일의 공정가치에 미달할 경우 이전대가를 보전할 목적으로 추가로 주식을 교부하기로 되어 있는데, A회사는 20×1년 말 주식가격이 ₩1,500으로 하락함에 따라 B회사의 주주들에게 추가로 150주를 교부하였다. 취득일에 A회사가 측정한 조건부대가의 공정가치는 ₩160,000이었다. 이 조건부대가의 변동은 취득일 이후에 발생한 사건으로 인한 사항이다.

물음 1

A회사가 20×2년 초 재무상태표에 계상할 영업권은 각각 얼마인가? 단, 합병 이후 영업권은 손상되지 않았다.

물음 2

A회사가 사업결합과 관련하여 수행할 일련의 회계처리를 나타내시오.

해답

물음 1

1. 취득일에 인식할 영업권

(1) 이전대가		₩1,490,000
보통주: 500주 × ₩2,000 =	₩1,000,000	
현금	180,000	
조건부대가(부채)	50,000	
조건부대가(부채)	80,000	
조건부대가(자본)	160,000	
주식선택권: ₩40,000 × 50% =	20,000	
(2) 취득 자산과 인수 부채의 순액		(800,000)
(3) 영업권		₩690,000

2. 20×2년 초 영업권

(1) 취득일에 인식한 영업권	₩690,000
(2) 조건부대가(부채) 잠정금액의 수정	30,000
(3) 영업권	₩720,000

물음 2

1. 회계처리

일자	회계처리				
20×1. 7. 1.	(차) 자산	2,000,000	(대)	부채	1,200,000
	영업권	690,000		현금	180,000
				자본금	500,000*1
				주식발행초과금	500,000*2
				주식선택권	20,000*3
				조건부대가(부채)	50,000
				조건부대가(부채)	80,000
				조건부대가(자본)	160,000
	*1 500주 × ₩1,000 = ₩500,000 *2 500주 × (₩2,000 − ₩1,000) = ₩500,000 *3 ₩40,000 × 50% = ₩20,000				
20×1년 말	(차) 영업권	30,000	(대)	조건부대가(부채)	30,000*4
	*4 ₩80,000 − ₩50,000 = ₩30,000(측정기간 동안의 조정이므로 영업권 수정)				
	(차) 조건부대가(부채)	80,000	(대)	현금	100,000
	부채상환손실(NI)	20,000			
	(차) 조건부대가(자본)	160,000	(대)	자본금	150,000*5
				주식발행초과금	10,000
	*5 150주 × ₩1,000 = ₩150,000				
20×2년 말	(차) 조건부대가(부채)	80,000	(대)	현금	100,000
	부채상환손실(NI)	20,000			

2. 이전대가에 포함된 주식선택권이 사업결합 후에 가득되면 가득된 기간에 주식보상비용을 인식한다. 20×2년에 주식보상비용 ₩5,000(= ₩25,000 - ₩40,000 × 50%)을 인식하므로 영업권에 미치는 영향이 없다.

해설

1. 취득자가 취득일 후에 인식하는 조건부 대가의 공정가치 변동 중 취득일에 존재한 사실과 상황에 대하여 취득일 후에 추가로 입수한 정보일 경우에는 측정기간의 조정 사항으로 보고 회계처리한다.
2. 목표수익을 달성하거나, 특정 주가에 도달하거나, 연구개발 프로젝트의 주요 과제를 완료하는 등 취득일 이후에 발생한 사건에서 발생한 변동은 측정기간의 조정 사항이 아니다. 취득자는 측정기간의 조정 사항이 아닌 조건부 대가의 공정가치 변동을 다음과 같이 회계처리한다.
   (1) 자본으로 분류한 조건부 대가: 재측정하지 않으며, 그 후속 정산은 자본 내에서 회계처리한다.
   (2) 부채 또는 자산으로 분류한 조건부 대가: 각 보고기간 말에 공정가치로 재측정하며, 공정가치의 변동은 당기손익으로 인식한다.
3. 취득자는 피취득자의 주식기준보상거래와 관련한 또는 피취득자의 주식기준보상을 취득자 자신의 주식기준보상으로 대체하는 경우와 관련한 부채나 지분상품을 취득일에 K-IFRS 제1102호 '주식기준보상'의 방법에 따라 측정한다. (그 기준서는 이러한 방법의 결과를 주식기준보상거래의 '시장기준측정치'라고 한다)
   (1) 사업결합 후 근무용역에 귀속될 수 있는 부분과 마찬가지로 사업결합 전 근무용역에 귀속될 수 있는 가득되지 않은 대체보상 부분은 가득될 것으로 기대하는, 대체보상의 수의 사용할 수 있는 최선의 추정치를 반영한다. 예를 들어 사업결합 전 근무용역에 귀속하는 대체보상 부분의 시장기준측정치가 ₩100이고 취득자가 보상의 95%만 가득될 것이라고 기대하는 경우에 사업결합에서 이전대가에 포함할 금액은 ₩95이다.
   (2) 가득될 것으로 기대하는 대체보상의 추정수치 변동은 사업결합의 이전대가에서 조정하지 않고 그러한 변동이나 상실이 생긴 기간의 보수원가에 반영한다.

기본문제 07 사업결합과 측정기간

공인회계사 10

20×1년 1월 1일 (주)갑은 (주)을과 사업결합을 하였으며, 취득자는 (주)갑이다. 취득일 현재 (주)을의 자산과 부채의 장부금액과 공정가치가 다음과 같을 때, 아래의 독립적인 각각의 물음에 답하시오.

재무상태표

20×1년 1월 1일 현재

과목	장부금액	공정가치
유동자산	₩30,000	₩35,000
유형자산	50,000	56,000
무형자산	20,000	23,000
기타자산	20,000	25,000
자산 총계	₩120,000	
부채	₩40,000	₩43,000
자본금	50,000	
자본잉여금	10,000	
이익잉여금	20,000	
부채·자본 총계	₩120,000	

물음 1

사업결합과 관련하여 (주)갑은 상기 (주)을의 자산과 부채의 공정가치 결정에서 고려되지 않은 아래의 추가항목들을 발견하였다. 이러한 추가항목들 중 인식가능 항목을 사업결합에 반영할 경우 (주)을의 공정가치에 미치는 영향을 평가하시오. 단, 추가항목들의 장부금액은 세무기준액과 동일하다고 가정하고, 아래의 영향평가에서 과목(항목)은 유동자산, 유형자산, 무형자산, 기타자산, 부채 및 영향 없음으로 구분하며, 해당 금액 감소 시 금액 앞에 (−)표시할 것

추가항목	영향평가
예 무형자산의 정의를 충족시키는 (주)을의 취득일 현재 진행 중인 고객관계 개선 프로젝트는 ₩1,000임	무형자산 ₩1,000
무형자산의 정의를 충족시키는 (주)을의 취득일 현재 진행 중인 연구개발 프로젝트는 ₩2,000임	①
이연법인세자산으로 인식하지 않은 (주)을의 세무상 결손금 ₩15,000에 대하여 (주)갑은 법인세효익을 얻을 수 있음. (주)갑의 당기 및 차기 이후 법인세율은 20%임	②
(주)을이 리스이용자인 리스계약에서 리스의 조건이 시장조건에 비하여 불리한 금액은 ₩1,000임	③
(주)을이 리스이용자인 리스계약에서 리스의 조건이 시장조건에 비하여 유리한 금액은 ₩3,000임	④
(주)을이 충당부채로 인식하지 않고 주석으로 공시한 우발채무의 신뢰성 있는 공정가치는 ₩4,000임	⑤
(주)을이 취득일 현재 미래의 새로운 고객과 협상 중인 잠재적 계약의 가치는 ₩4,000임	⑥
사업결합의 결과 미래에 발생할 것으로 예상되는 손실은 ₩9,000임	⑦
(주)갑이 (주)을로부터 재취득한 기술라이선스의 권리는 잔여계약기간에 기초하여 ₩5,000으로 추정됨	⑧

물음 2

20×1년 1월 1일 (주)을의 취득일 현재 공정가치는 물음 1 의 추가 정보를 반영한 후의 금액으로 가정한다. 20×1년 1월 1일의 사업결합에서 (주)갑은 (주)을의 지분 100%에 대한 취득대가로 (주)갑의 주식 100주(액면총액 ₩20,000, 공정가치 ₩40,000)를 발행·교부하였다. 또한, (주)갑은 조건부대가로 20×1년 12월 31일에 시장점유율이 특정 비율을 초과하면 (주)갑의 10주를 발행·교부하며, (주)을이 취득일 전부터 진행해 온 신제품개발을 완료하면 ₩30,000을 지급하기로 약정하였다. 지분발행·교부(시장점유율조건)와 현금지급(신제품개발조건) 약정의 취득일 현재 공정가치가 각각 ₩10,000과 ₩20,000일 때, (주)갑이 사업결합에서 인식할 자본과 영업권(또는 염가매수차익)을 각각 계산하시오.

물음 3

20×1년 1월 1일 (주)을의 취득일 현재 공정가치는 물음 1 의 추가 정보를 반영한 후의 금액으로 가정한다. (주)갑은 20×1년 1월 1일의 사업결합에서 (주)을의 지분 100%에 대한 취득대가로 현금 ₩100,000을 지급하였고, (주)을의 부채의 공정가치는 충당부채의 잠정금액 ₩2,000을 포함하고 있다. 20×1년 9월 30일(3분기 보고기간 말)에 취득일 현재 존재했던 상황에 대해 추가정보가 입수됨에 따라 (주)갑은 사업결합 시 인식하였던 충당부채의 잠정금액 ₩2,000을 ₩3,000으로 조정하였다. 20×1년 9월 30일에 (주)갑이 잠정금액의 조정과 관련하여 행할 회계처리를 제시하시오. 단, 사업결합 후 잠정금액을 조정할 수 있는 측정기간은 20×1년 9월 30일까지 종료하지 않았음

물음 4

물음 3 에서 (주)갑은 사업결합 시 인식하였던 충당부채의 잠정금액 ₩2,000을 20×2년 3월 31일(차년도 1분기 보고기간 말)에 ₩1,000으로 조정하였다. 이러한 조정이 오류수정에 해당한다면, (주)갑이 20×2년 3월 31일에 잠정금액의 조정과 관련하여 행할 회계처리를 제시하시오. 단, 사업결합 후부터 20×2년 3월 30일까지 충당부채의 잠정금액 ₩2,000의 조정이나 영업권의 변동은 없다고 가정할 것

해답

물음 1

추가항목	영향평가
무형자산의 정의를 충족시키는 (주)을의 취득일 현재 진행 중인 연구개발 프로젝트는 ₩2,000임	① 무형자산: ₩2,000
이연법인세자산으로 인식하지 않은 (주)을의 세무상 결손금 ₩15,000에 대하여 (주)갑은 법인세효익을 얻을 수 있음. (주)갑의 당기 및 차기 이후 법인세율은 20%임	② 기타자산: ₩3,000*1
(주)을이 리스이용자인 리스계약에서 리스의 조건이 시장조건에 비하여 불리한 금액은 ₩1,000임	③ 유형자산: (−)₩1,000*2
(주)을이 리스이용자인 리스계약에서 리스의 조건이 시장조건에 비하여 유리한 금액은 ₩3,000임	④ 유형자산: ₩3,000*2
(주)을이 충당부채로 인식하지 않고 주석으로 공시한 우발채무의 신뢰성 있는 공정가치는 ₩4,000임	⑤ 부채: ₩4,000
(주)을이 취득일 현재 미래의 새로운 고객과 협상 중인 잠재적 계약의 가치는 ₩4,000임	⑥ 영향 없음
사업결합의 결과 미래에 발생할 것으로 예상되는 손실은 ₩9,000임	⑦ 영향 없음
(주)갑이 (주)을로부터 재취득한 기술라이선스의 권리는 잔여계약기간에 기초하여 ₩5,000으로 추정됨	⑧ 무형자산: ₩5,000

*1 ₩15,000 × 20% = ₩3,000

*2 운용리스의 조건이 시장조건보다 유리하다면 유형자산(사용권자산)에 가산하며, 운용리스의 조건이 시장조건보다 불리하다면 이를 반영하여 유형자산(사용권자산)의 금액을 차감하여 조정한다.

물음 2

1. **순자산공정가치**: ₩139,000 − ₩43,000 = ₩96,000
2. **이전대가**: ₩40,000(= 100주 × ₩400) + ₩10,000(조건부대가 자본) + ₩20,000(조건부대가 부채) = ₩70,000
3. **사업결합에서 인식할 자본**: ₩40,000(= 100주 × ₩400) + ₩10,000(조건부대가 자본) + ₩26,000(염가매수차익)
   = ₩76,000
4. **염가매수차익**: ₩96,000 − ₩70,000 = ₩26,000
5. **회계처리**

구분	회계처리					
20×1. 1. 1.	(차)	유동자산	35,000	(대)	부채	43,000
		유형자산	56,000		자본금	20,000
		무형자산	23,000		주식발행초과금	20,000
		기타자산	25,000		조건부대가(자본)	10,000
					조건부대가(부채)	20,000
					염가매수차익	26,000

저자견해

사업결합에서 인식할 자본에 대한 출제의도

사업결합에서 인식할 자본은 위의 회계처리에서 자본으로 분류된 자본금과 주식발행초과금 및 조건부대가(자본)의 합계액인 ₩50,000으로 생각할 수 있다. 그러나 염가매수차익은 당기이익으로 이익잉여금을 증가시키므로 자본을 ₩26,000만큼 증가시키게 되어 해답을 ₩76,000으로 제시하였다. 출제자의 정확한 출제의도는 파악할 수 없으나 당기손익은 언제나 이익잉여금의 증감을 동반하므로 사업결합에서 인식된 자본의 증가액은 ₩76,000이 정확한 해답이라 판단된다.

물음 3

1. **취득일의 영업권**: ₩100,000 − ₩96,000 = ₩4,000
2. **측정기간 내의 충당부채 조정금액**: ₩1,000
3. **수정된 영업권**: ₩4,000 + ₩1,000 = ₩5,000
4. **회계처리**

구분	회계처리					
20×1. 9. 30.	(차)	영업권	1,000	(대)	충당부채	1,000

물음 4

구분	회계처리					
20×2. 3. 31.	(차)	충당부채	1,000*	(대)	영업권	1,000
	* 측정기간이 종료된 후의 오류수정에 해당하는 경우에는 영업권을 수정한다.					

해설

1. 측정기간은 사업결합에서 인식한 잠정금액을 사업결합 후 조정할 수 있는 기간을 말한다. 측정기간은 취득일로부터 1년을 초과할 수 없다.
2. 측정기간이 종료된 후에는 기업회계기준서(회계정책, 회계추정치 변경과 오류)에 따른 오류수정의 경우에만 사업결합의 회계처리를 소급수정한다.

기본문제 08 합병회계와 자산손상

공인회계사 12 수정

(주)갑은 20×1년 12월 31일에 (주)을의 주식 90%를 추가로 취득함으로써 (주)을을 흡수합병하였다. 취득일까지 합병 관련 거래를 제외한 모든 거래를 반영하여 작성된 (주)갑과 (주)을의 시산표는 다음과 같다. 단, 양사의 결산일은 모두 12월 31일이고, (주)갑과 (주)을은 동일지배하에 있는 기업이 아니다.

<합병 직전 양사의 시산표>

차변항목	(주)갑	(주)을	
	장부금액	장부금액	공정가치
현금	₩200,000	₩55,000	₩55,000
기타포괄손익공정가치측정금융자산	35,000	45,000	45,000
건물(순액)	400,000	200,000	250,000
토지	250,000	100,000	150,000
매출원가	300,000	200,000	
기타비용	80,000	130,000	
합계	₩1,265,000	₩730,000	

대변항목	(주)갑	(주)을	
	장부금액	장부금액	공정가치
자본금	₩250,000	₩200,000	–
자본잉여금	310,000	80,000	–
이익잉여금	200,000	50,000	–
기타포괄손익누계액	5,000	–	–
매출	500,000	400,000	
합계	₩1,265,000	₩730,000	

[주] (주)을이 보유한 기타포괄손익공정가치측정금융자산은 전액 (주)갑의 주식을 취득하여 보유하고 있는 것이다.

[합병과 관련한 추가자료]

1. 이전대가에 대한 자료
   (1) (주)갑은 추가 취득의 대가로 자사 보통주 250주(1주당 액면금액 ₩1,000, 1주당 공정가치 ₩1,500)를 신규로 발행하였으며, 현금 ₩150,000을 함께 교부하였다.
   (2) 합병을 위한 추가 취득 이전에 (주)갑은 (주)을의 주식 10주(총발행주식 중 10%, 취득 시 1주당 공정가치 ₩3,000)를 보유하고 있었으며, 이를 기타포괄손익공정가치측정금융자산으로 분류하고 있다. (주)갑의 기타포괄손익누계액은 전액 (주)을의 주식을 공정가치로 평가한 데 따른 것이며, 합병일 현재 (주)을 주식의 공정가치는 합병 직전일과 동일하다.
2. 합병과 관련한 (주)갑의 지출 내역
   (1) 법률자문 수수료: ₩4,500
   (2) 주식발행비용: ₩5,000
   (3) 건물 소유권 등기비용: ₩7,000

3. 취득 자산 및 부채에 대한 추가자료

(1) (주)을은 생산부문, 영업부문, 관리부문으로 사업이 구성되어 있다.

(2) (주)갑은 합병 직후 (주)갑의 종업원과 업무가 중복되는 (주)을의 관리부문 종업원에 대한 구조조정을 단행할 계획이며, 합병일 현재 (주)을과 해당 종업원에게 이러한 사실을 통지하였다. 구조조정 대상 종업원에게는 통상적인 퇴직금 이외에 추가적인 보상을 해주는 내용을 합병계약에 포함하였으며, 이는 구속력이 있는 계약이다. (주)갑은 추가 보상액이 총 ₩30,000 발생할 것으로 추정하고 있다.

(3) (주)갑은 (주)을의 사업을 지속적으로 영위하기 위해서는 (주)을의 영업부서 종업원이 반드시 필요한 것으로 판단하였다. 합병일 현재 (주)갑은 이러한 '집합적 노동력'의 가치가 ₩15,000 정도일 것으로 추정하고 있다.

(4) (주)갑은 (주)을이 경쟁업체와 차별화된 제품을 생산할 수 있는 이유가 (주)을의 생산부문이 갖는 독특한 '공정 비밀'에 기인한 것으로 판단하고 있다. (주)갑은 합병 후에도 제품 경쟁력을 유지할 수 있도록 이러한 '공정 비밀'에 대한 보안을 강화할 계획이다. 동 '공정 비밀'을 경쟁기업에 판매할 수도 있으며, 이의 경제적 가치는 ₩20,000으로 추정된다.

물음 1

합병일에 (주)갑이 위 합병 거래를 반영하여 작성하는 재무제표상 다음 항목의 금액을 계산하시오. 단, 자본금, 자본잉여금, 이익잉여금을 제외한 자본 요소는 '기타자본'으로 한다. 항목별로 해당하는 금액이 없는 경우에는 "0"으로 표시하고, 자본 항목 중 자본을 감소시키는 경우에는 금액 앞에 (-)를 표시한다. 단, 기타포괄손익공정가치측정금융자산의 기타포괄손익누계액은 처분 시 이익잉여금으로 대체하지 아니한다.

① 매출 ② 현금 ③ 기타포괄손익공정가치측정금융자산
④ 건물(순액) ⑤ 무형자산(영업권 제외)
⑥ 충당부채 ⑦ 자본금 ⑧ 자본잉여금
⑨ 이익잉여금 ⑩ 기타자본 ⑪ 영업권

물음 2

사업결합 이후 (주)갑은 (주)을을 독립된 영업부문(을사업부)으로 운영하고 있다. (주)갑은 (주)을과의 합병 시 인식한 영업권을 현금창출단위에 배분하여 매년 해당 현금창출단위에 대한 손상검사를 하고 있다. 20×2년 1월 1일 현재 을사업부는 국내영업부문과 해외영업부문이라는 두 개의 현금창출단위로 구성되어 있으며, 이 중 국내영업부문과 관련하여 식별가능한 자산과 배분된 영업권은 다음과 같다.

항목	장부금액	비고
건물	₩150,000	잔존 내용연수 5년, 정액법 상각, 잔존가치는 없음
토지	60,000	
영업권	30,000	

20×2년 말에 내수침체로 인해 국내영업부문의 회수가능액이 ₩150,000으로 추정됨에 따라 손상에 대한 회계처리를 적정하게 수행하였다. 20×3년 말에 국내영업부문의 회수가능액이 ₩180,000으로 회복되었다. 이 경우 ① 20×2년 말에 인식할 손상차손 중 건물에 배분될 금액과 ② 20×3년 말에 인식할 건물의 손상차손환입액, ③ 20×3년 말 손상차손환입을 인식한 후 영업권의 장부금액을 제시하시오. 단, 감가상각비와 손상차손 및 손상차손환입은 개별 자산별로 구분하여 회계처리한다. 항목별로 해당 금액이 없는 경우에는 "0"으로 표시한다.

해답

물음 1

① 매출: ₩500,000
② 현금: ₩200,000 + ₩55,000 − ₩150,000 − ₩16,500 = ₩88,500
③ 기타포괄손익공정가치측정금융자산: ₩35,000 − ₩35,000 = ₩0
④ 건물(순액): ₩400,000 + ₩250,000 + ₩7,000 = ₩657,000
⑤ 무형자산(영업권 제외): ₩20,000
⑥ 충당부채: ₩30,000
⑦ 자본금: ₩250,000 + ₩250,000 = ₩500,000
⑧ 자본잉여금: ₩310,000 + ₩125,000 − ₩5,000 = ₩430,000
⑨ 이익잉여금: ₩200,000 + ₩500,000 − ₩380,000 − ₩4,500(수수료비용) = ₩315,500
⑩ 기타자본: ₩5,000(기타포괄손익누계액) − ₩45,000(자기주식) = (−)₩40,000
⑪ 영업권: ₩70,000

구분	회계처리					
20×1. 12. 31.	(차)	기타포괄손익공정가치측정금융자산	5,000	(대)	기타포괄손익공정가치측정금융자산평가이익(OCI)	5,000
	(차)	현금	55,000	(대)	구조조정충당부채	30,000
		자기주식	45,000[*1]		현금	150,000
		건물(순액)	250,000		자본금	250,000[*2]
		토지	150,000		주식발행초과금	125,000[*3]
		무형자산	20,000		기타포괄손익공정가치측정금융자산	35,000
		영업권	70,000			
	*1 (주)을이 보유한 (주)갑의 주식은 자기주식으로 계정대체함 *2 250주 × ₩1,000 = ₩250,000 *3 250주 × (₩1,500 − ₩1,000) = ₩125,000					
	(차)	수수료비용	4,500	(대)	현금	16,500
		주식발행초과금	5,000			
		건물(순액)	7,000			

물음 2

1. **20×2년 말 건물에 배분될 손상차손**

(1) 현금창출단위의 손상차손

① 현금창출단위의 장부금액

건물: ₩150,000 − ₩150,000 × 1/5 =	₩120,000	
토지	60,000	
영업권	30,000	₩210,000
② 현금창출단위 회수가능액		(150,000)
③ 현금창출단위의 손상차손		₩60,000

(2) 현금창출단위의 손상차손 배분

구분	20×2년 말 장부금액	손상차손의 배분	배분 후 장부금액
영업권	₩30,000	₩(30,000)	₩0[*1]
건물	120,000	(20,000)	100,000[*2]
토지	60,000	(10,000)	50,000[*3]
계	₩210,000	₩(60,000)	₩150,000

*1 영업권: ₩30,000 − ₩30,000 = ₩0

*2 건물: ₩120,000 − ₩30,000 × ₩120,000/(₩120,000 + ₩60,000) = ₩100,000

*3 토지: ₩60,000 − ₩30,000 × ₩60,000/(₩120,000 + ₩60,000) = ₩50,000

∴ 20×2년 말 건물에 배분될 손상차손: ₩20,000

2. **20×3년 말 건물의 손상차손환입액**

(1) 현금창출단위의 손상차손환입

① 현금창출단위 회수가능액: Min[₩180,000, ₩150,000*] =		₩150,000
② 현금창출단위의 장부금액		
건물: ₩100,000 − ₩100,000 × 1/4 =	₩75,000	
토지	50,000	
영업권	0	(125,000)
③ 현금창출단위의 손상차손환입		₩25,000

* 손상차손 인식 전 자산의 감가상각 후 장부금액: ₩90,000(건물) + ₩60,000(토지) = ₩150,000
건물: ₩150,000 − ₩150,000 × 2/5 = ₩90,000

(2) 현금창출단위의 손상차손환입액 배분

구분	장부금액	손상차손환입	배분 후 장부금액
영업권	₩0	₩0	₩0
건물	75,000	15,000	90,000
토지	50,000	10,000	60,000
계	₩125,000	₩25,000	₩150,000

∴ 20×3년 말에 인식할 건물의 손상차손환입액: ₩15,000

3. **20×3년 말 손상차손환입을 인식한 후 영업권의 장부금액**: ₩0(∵ 영업권은 손상차손환입을 인정하지 아니함)

기본문제 09 사업결합 및 기존계약관계의 정산

공인회계사 15

<공통자료>를 이용하여 다음의 독립된 두 가지 물음에 대해 답하시오.

> <공통자료>
>
> (주)대한은 20×1년 1월 1일에 (주)민국의 주식 100%를 취득함으로써 (주)민국을 흡수합병하였다. (주)대한은 합병대가로 (주)민국의 주주에게 자사 보통주 500주(1주당 액면금액 ₩100, 1주당 공정가치 ₩1,000)를 발행·교부하였다. (주)대한과 (주)민국은 동일지배하에 있는 기업이 아니다. 취득일 현재 (주)민국의 순자산 장부금액과 공정가치는 각각 ₩350,000과 ₩420,000이다. 따라서 합병일에 각 (물음)의 상황을 반영하지 않을 경우 (주)대한의 재무상태표에 보고될 영업권의 장부금액은 ₩80,000이다.

물음 1

(주)대한은 5년 공급계약에 따라 (주)민국으로부터 고정요율로 전자부품을 매입하고 있다. 현재 이 고정요율은 (주)대한이 다른 공급자로부터 이와 유사한 전자부품을 매입할 수 있는 요율보다 높다. (주)대한은 최초 5년 계약기간의 만료 전에 ₩60,000의 위약금을 지급하면 이 계약을 종료시킬 수 있다.
위 공급계약의 공정가치는 ₩80,000이며, 이는 <공통자료>에 주어진 (주)민국의 순자산 공정가치 ₩420,000에 포함되어 있지 않다. 이 ₩80,000 중 ₩30,000은 이와 동일하거나 유사한 항목(판매노력, 고객관계 등)의 현행시장거래가격에 상당하는 가격이기 때문에 '시가'를 나타내며, 나머지 ₩50,000은 이와 유사한 항목의 현행 시장거래가격을 초과하기 때문에 (주)대한에게 불리하다. (주)민국에게 이 공급계약과 관련된 그 밖의 식별가능한 자산과 부채는 없으며, (주)대한이 사업결합 전에 공급계약 위약금과 관련된 부채 ₩60,000을 인식하였다고 가정한다.
합병일에 (주)대한의 ① 재무상태표에 보고될 영업권의 장부금액과 ② 당기순이익에 영향을 미치는 금액을 각각 제시하시오. 단, 영업권 금액이 없는 경우에는 '0'으로 표시하고, 당기순이익 감소의 경우에는 금액 앞에 '(−)'를 표시하시오.

영업권의 장부금액	①
당기순이익에 영향을 미치는 금액	②

물음 2

앞의 물음 1 에서와는 달리, 합병일을 20×1년 7월 1일로 가정하자. 다른 정보는 <공통자료>에 주어진 바와 같다. 합병일인 20×1년 7월 1일에 (주)대한은 합병에서 취득한 유형자산의 항목에 대해 독립적인 가치평가를 하고자 하였으나, (주)대한이 20×1년 12월 31일에 종료하는 회계연도의 재무제표 발행을 승인할 때까지 그 가치평가를 완료하지 못했다. (주)대한은 20×1년 재무제표에서 자산의 잠정적인 공정가치 ₩30,000을 인식하였다. 취득일에 동 유형자산 항목의 잔여 내용연수는 5년이며, 잔존가치는 없고, 정액법으로 감가상각한다. 또한 기중취득 유형자산의 감가상각비는 월할계산하는 방식을 취하고 있다. 20×2년 3월 31일에 (주)대한은 동 유형자산 항목의 취득일의 공정가치를 ₩40,000으로 추정한 독립된 가치평가결과를 받았다.

(주)대한이 20×2년 12월 31일에 종료하는 회계연도의 비교재무상태표에서 20×1년 12월 31일 현재 보고할 ① 영업권의 장부금액과 ② 유형자산의 장부금액을 각각 제시하시오. 단, 금액이 없는 경우에는 '0'으로 표시하시오.

영업권의 장부금액	①
유형자산의 장부금액	②

해답

물음 1

1. 정답

영업권의 장부금액	① ₩30,000
당기순이익에 영향을 미치는 금액	② ₩10,000

① 영업권의 장부금액: ₩80,000 − ₩50,000 = ₩30,000
② 당기순이익 효과: ₩10,000

2. 합병일 전 회계처리

일자	회계처리					
합병일 전	(차)	손실부담계약손실	60,000	(대)	손실부담계약충당부채	60,000

3. 회계처리

일자	회계처리					
20×1. 1. 1.	(차)	손실부담계약충당부채	10,000	(대)	정산이익(NI)	10,000
	(차)	순자산	420,000	(대)	자본금	50,000
		손실부담계약충당부채	50,000		주식발행초과금	450,000
		영업권	30,000			

물음 2

1. 정답

영업권의 장부금액	① ₩70,000
유형자산의 장부금액	② ₩36,000

① 영업권: ₩80,000 − ₩10,000 = ₩70,000
② 20×1년 말 유형자산 장부금액: ₩40,000 − ₩40,000 ÷ 5년 × 6/12 = ₩36,000

2. 회계처리

일자	회계처리					
20×1. 7. 1.	(차)	순자산	420,000	(대)	자본금	50,000
		영업권	80,000		주식발행초과금	450,000
20×1. 12. 31.	(차)	감가상각비	3,000[*1]	(대)	감가상각누계액	3,000
	*1 ₩30,000 ÷ 5년 × 6/12 = ₩3,000					
20×2. 3. 31.	(차)	유형자산	10,000	(대)	영업권	10,000
	(차)	이익잉여금	1,000[*2]	(대)	감가상각누계액	1,000
	*2 (₩40,000 − ₩30,000) ÷ 5년 × 6/12 = ₩1,000					

해설

1. 사업결합 전에 취득자나 취득자의 대리인이 체결하거나 피취득자(또는 피취득자의 이전 소유주)의 효익보다는 주로 취득자나 결합기업의 효익을 위하여 체결한 거래는 별도 거래일 가능성이 높다. 다음은 취득법을 적용하지 않는 별도 거래의 예이다.
   (1) 취득자와 피취득자 사이의 기존 관계를 사실상 정산하는 거래
   (2) 미래 용역에 대하여 종업원이나 피취득자의 이전 소유주에게 보상하는 거래
   (3) 피취득자나 피취득자의 이전 소유주가 대신 지급한 취득자의 취득 관련 원가를 피취득자나 피취득자의 이전 소유주에게 변제하는 거래
2. 사업결합으로 기존 관계를 사실상 정산하는 경우에 취득자는 다음과 같이 측정한 차손익을 인식한다.
   (1) 기존의 비계약관계(예 소송)는 공정가치
   (2) 기존의 계약관계는 다음 ①과 ② 중 적은 금액
      ① 계약이 같거나 비슷한 항목의 현행 시장거래조건과 비교하여 취득자의 관점에서 유리하거나 불리한 경우에 그 금액(불리한 계약은 현행 시장 조건에서 불리한 계약이다. 이 계약은 계약상의 의무 이행에서 생기는 회피불가능한 원가가 그 계약에서 받을 것으로 기대하는 경제적효익을 초과하는 손실부담계약일 필요는 없다)
      ② 거래상대방에게 불리한 조건으로 사용될 수 있는 계약에서 거래상대방에게 정산 규정을 분명하게 밝힌 경우의 그 금액

      만약 ①이 ②보다 적을 경우, 그 차이는 사업결합 회계처리의 일부로 포함한다.

기본문제 10 신설합병

다음은 A회사와 B회사의 20×1년 7월 1일 현재 잔액시산표와 자본금 및 자산·부채와 관련된 자료이다.

	A회사	B회사
<차변항목>		
유동자산	₩300,000	₩200,000
투자부동산	400,000	400,000
유형자산	1,800,000	1,500,000
무형자산	200,000	300,000
매출원가	700,000	500,000
기타비용	100,000	100,000
	₩3,500,000	₩3,000,000
<대변항목>		
유동부채	₩400,000	₩100,000
비유동부채	600,000	200,000
납입자본	1,400,000	1,000,000
이익잉여금	100,000	500,000
매출액	800,000	1,000,000
기타수익	200,000	200,000
	₩3,500,000	₩3,000,000

[추가자료]

1. 20×1년 7월 1일 현재 A회사와 B회사의 자본금내역은 다음과 같다.

A회사		B회사	
발행주식수	1,000주	발행주식수	600주
1주당 액면금액	₩1,000	1주당 액면금액	₩1,000
1주당 공정가치	2,000	1주당 공정가치	5,500

2. 20×1년 7월 1일 현재 A회사와 B회사의 장부금액과 공정가치가 다른 자산·부채는 다음과 같다.

(1) A회사의 장부금액과 공정가치가 다른 자산·부채의 내역

	장부금액	공정가치
유형자산	₩1,800,000	₩2,000,000
무형자산	200,000	250,000
비유동부채	600,000	550,000

(2) B회사의 장부금액과 공정가치가 다른 자산·부채의 내역

	장부금액	공정가치
유형자산	₩1,500,000	₩2,000,000
무형자산	300,000	650,000
비유동부채	200,000	150,000

물음 1

A회사와 B회사는 20×1년 7월 1일에 합병하여 새로운 기업인 甲회사를 설립하기로 합의하였다. A회사와 B회사는 신설기업인 甲회사에 대한 지분을 각각 40%와 60%로 합의하고, 甲회사가 발행할 주식 1,000주 중 400주는 A회사주주에게, 600주는 B회사주주에게 교부한 경우 다음 요구사항에 답하시오. 단, 甲회사주식의 1주당 액면금액은 ₩1,000, 1주당 공정가치는 ₩6,000이다.

(1) 합병 시 행할 회계처리를 나타내시오.

(2) 합병 후 재무상태표와 포괄손익계산서를 작성하시오.

물음 2

신설기업인 甲회사가 주식 1,000주를 발행하여 조달한 자금으로 A회사와 B회사의 주주들에게 이전대가를 지불하기로 하였다. 甲회사주식의 1주당 액면금액은 ₩1,000이고, 1주당 공정가치는 ₩6,000이며, A회사 및 B회사의 주주에게 지불한 이전대가는 ₩2,400,000과 ₩3,600,000이다. 다음 요구사항에 답하시오.

(1) 합병 시 행할 회계처리를 나타내시오.

(2) 합병 후 재무상태표와 포괄손익계산서를 작성하시오.

해답

물음 1 새로운 기업이 지분을 발행한 경우

(1) 합병 시 회계처리

①
(차)	유동자산	300,000	(대) 유동부채	400,000
	투자부동산	400,000	비유동부채	550,000
	유형자산	2,000,000	납입자본(자본금)	400,000
	무형자산	250,000	납입자본(주식발행초과금)	2,000,000
	영업권	400,000		

* A회사의 자산·부채 이전에 관한 회계처리임. A회사는 피취득자이므로 식별가능한 자산·부채는 취득일의 공정가치로 신설기업에 이전되며, 신설기업이 발행한 주식의 공정가치(이전대가)의 차액을 영업권으로 계상함

②
(차)	유동자산	200,000	(대) 유동부채	100,000
	투자부동산	400,000	비유동부채	200,000
	유형자산	1,500,000	납입자본(자본금)	600,000
	무형자산	300,000	납입자본(주식발행초과금)	400,000
	매출원가	500,000	이익잉여금	500,000
	기타비용	100,000	매출액	1,000,000
			기타수익	200,000

* B회사의 자산·부채 이전에 관한 회계처리임. B회사는 취득자이므로 자산·부채 및 이익잉여금과 취득일까지 발생한 수익·비용은 장부금액으로 신설기업에 이전되며, 취득자의 납입자본과 신설기업이 발행한 주식의 액면금액과의 차액은 주식발행초과금으로 처리함

(2) 합병 후 재무상태표와 포괄손익계산서

재무상태표

甲회사 20×1년 7월 1일

유동자산	500,000	유동부채	500,000
투자부동산	800,000	비유동부채	750,000
유형자산	3,500,000	납입자본	3,400,000
무형자산	550,000	이익잉여금	1,100,000*
영업권	400,000		
	5,750,000		5,750,000

* B회사의 기초이익잉여금 ₩500,000과 B회사의 20×1년 7월 1일까지 발생한 당기이익 ₩600,000(수익 ₩1,200,000 – 비용 ₩600,000)을 합한 금액임

포괄손익계산서

甲회사 20×1년 1월 1일부터 20×1년 6월 30일까지

매출액	1,000,000
매출원가	(500,000)
매출총이익	500,000
기타수익	200,000
기타비용	(100,000)
당기순이익	600,000

물음 2 새로운 기업이 지분을 발행하지 않는 경우

(1) 합병 시 회계처리

① (차) 현금 6,000,000 (대) 납입자본(자본금) 1,000,000
납입자본(주식발행초과금) 5,000,000

* 甲회사의 주식발행에 관한 회계처리임

② (차)	유동자산	300,000	(대) 유동부채	400,000
	투자부동산	400,000	비유동부채	550,000
	유형자산	2,000,000	현금	2,400,000
	무형자산	250,000		
	영업권	400,000		

* A회사의 자산·부채 이전에 관한 회계처리임

③ (차)	유동자산	200,000	(대) 유동부채	100,000
	투자부동산	400,000	비유동부채	150,000
	유형자산	2,000,000	현금	3,600,000
	무형자산	650,000		
	영업권	600,000		

* B회사의 자산·부채 이전에 관한 회계처리임

(2) 합병 후 재무상태표(포괄손익계산서는 작성되지 않음)

재무상태표

甲회사 20×1년 7월 1일

유동자산	500,000	유동부채	500,000
투자부동산	800,000	비유동부채	700,000
유형자산	4,000,000	납입자본	6,000,000
무형자산	900,000		
영업권	1,000,000		
	7,200,000		7,200,000

해설

신설합병의 경우 새로운 기업이 지분을 발행하는지의 여부에 따라 다음과 같이 회계처리한다.

(1) 새로운 기업이 지분을 발행하는 경우
- ① 새로운 기업을 설립하고 이 기업이 지분을 발행하여 사업결합을 하는 경우 사업결합 전에 존재하였던 결합참여기업 중 한 기업을 취득자로 식별한다.
- ② 피취득자의 식별가능한 취득자산과 인수부채 및 이전대가는 취득일의 공정가치로 측정하고, 이전대가가 취득자산과 인수부채의 순액을 초과하는 금액을 영업권으로 계상한다.
- ③ 취득자의 자산, 부채 및 이익잉여금과 취득일까지 발생한 수익, 비용은 장부금액으로 신설기업에 이전된다. 그리고 취득자의 납입자본과 신설기업이 발행한 주식의 액면금액과의 차액은 주식발행초과금으로 처리한다.

(2) 새로운 기업이 지분을 발행하지 않는 경우
- ① 새로운 기업을 설립하고, 이 기업이 사업결합을 위해 현금이나 그 밖의 자산을 이전하거나 부채를 부담한다면 새로운 기업이 취득자이므로 신설합병 시 소멸기업은 피취득자가 된다.
- ② 새로운 기업은 피취득자인 소멸기업의 식별가능한 취득자산과 인수부채 및 이전대가를 공정가치로 측정하고, 이전대가가 취득자산과 인수부채의 순액을 초과하는 금액을 영업권으로 계상한다.

기본문제 11 사업결합과 자산손상

공인회계사 20

(주)대한은 20×1년 1월 1일에 (주)민국의 보통주 90%를 취득함으로써 (주)민국을 흡수합병하였다. (주)대한과 (주)민국은 동일지배하에 있는 기업이 아니다. 합병과 관련된 다음 자료를 이용하여 물음에 답하시오.

<자료>

1. 취득 자산과 인수 부채에 관한 자료
   - 아래의 요소를 제외한 취득일 현재 (주)민국의 순자산 공정가치는 ₩540,000이다.
   - 취득일 현재 (주)민국이 진행하고 있는 연구개발프로젝트가 (주)민국의 장부에 인식되어 있지 않다. (주)대한은 동 프로젝트가 식별가능한 자산에 해당한다고 판단한다. 취득일 현재 (주)대한은 동 프로젝트에 대한 공정가치를 ₩50,000으로 측정하였다.
   - (주)대한은 (주)민국의 사업을 지속적으로 영위하기 위해 (주)민국의 핵심 종업원이 반드시 필요한 것으로 판단하였다. 취득일 현재 (주)대한은 이러한 집합적 노동력에 대한 가치를 ₩200,000으로 추정하고 있다.
   - (주)민국은 리스이용자로 취득일 현재 잔여리스기간이 3년인 리스계약에 따라 매년 말 ₩83,271을 지급하고 있다. 이러한 리스계약은 시장조건에 비해 매년 말 ₩3,331을 더 지급하는 것이다. 리스계약 체결일에 적용된 내재이자율은 연 10%이며, 취득일에 재측정한 내재이자율은 연 12%이다. 동 리스는 취득일 현재 소액기초자산 리스에 해당하지 않는다.
2. 이전대가에 관한 자료
   - (주)대한은 추가 취득의 대가로 취득일에 자사 보통주 200주(1주당 액면금액 ₩1,000, 1주당 공정가치 ₩3,000)를 신규로 발행·교부하고, 추가로 (주)대한의 보유 토지(장부금액 ₩200,000, 공정가치 ₩250,000)를 이전하였다. 단, 이전한 토지는 사업결합 후 (주)대한에 계속 남아 있으며, (주)대한은 동 토지에 대한 통제를 계속 보유한다.
   - (주)대한은 합병을 위한 추가 취득 이전에 취득한 (주)민국의 보통주 10주(발행주식 중 10%, 취득 시 1주당 공정가치 ₩1,000)를 보유하고 있으며, 이를 기타포괄손익-공정가치 측정 금융자산으로 분류하고 있다. 취득일 현재 (주)민국의 보통주 1주당 공정가치는 ₩2,500이다. (주)대한은 보유 중인 (주)민국의 보통주에 대해 신주를 교부하지 않았으며, 합병(취득)일에 소각하였다.
   - (주)대한은 20×1년 시장점유율이 특정 비율을 초과하게 되면, (주)대한의 보통주 30주를 추가로 발행하기로 약정하였으며, 이러한 조건부대가의 취득일 현재 공정가치는 ₩10,000이다.
3. 합병과 관련한 (주)대한의 추가 지출 내역
   - 법률자문 수수료: ₩50,000
   - 주식발행비용: ₩10,000
   - 건물 소유권 이전비용: ₩15,000

물음 1

(주)대한이 20×1년 1월 1일 지출한 취득관련원가(법률자문 수수료, 주식발행비용, 건물 소유권 이전비용)가 각각 사업결합 회계처리에 어떻게 반영(예 부채인식 등)되는지 간략히 서술하시오.

항목	회계처리방법
법률자문 수수료	①
주식발행비용	②
건물 소유권 이전비용	③

물음 2

사업결합을 통하여 취득일에 (주)대한이 인식할 영업권을 계산하시오. 단, 3기간, 연 이자율 10%와 연 이자율 12%에 대한 정상연금 ₩1의 현가계수는 각각 2.4869와 2.4018이며, 답안 작성 시 원 이하는 반올림한다.

영업권	①

물음 3

다른 모든 상황은 상기와 같으나 만약 (주)대한이 취득일 이전에 보유하고 있던 (주)민국의 보통주 10주에 대하여 취득일에 (주)대한의 보통주 10주를 발행·교부하였다고 할 경우, 사업결합을 통하여 취득일에 (주)대한이 인식할 영업권을 계산하시오. 단, 답안 작성 시 원 이하는 반올림한다.

영업권	①

물음 4

다음의 <추가 자료>를 이용하여 <요구사항>에 답하시오.

<추가 자료>

1. (주)대한은 합병 후 (주)민국을 독립된 사업부(민국사업부)로 운영하고 있다.
2. (주)대한은 (주)민국과의 합병 시 인식한 영업권을 현금창출단위에 배분하여 매년 해당 현금창출단위에 대한 손상검사를 하고 있다.
3. 20×1년 말 현재 민국사업부는 A사업부문과 B사업부문이라는 두 개의 현금창출단위로 구성되어 있으며, B사업부문의 20×1년 말 감가상각을 완료한 후 손상차손 인식 전 식별가능한 자산과 배분된 영업권의 장부금액 등에 대한 정보는 다음과 같다.

계정	장부금액	순공정가치	비고
건물 (순액)	₩50,000	₩30,000	잔존내용연수: 5년 잔존가치: ₩0 정액법 상각
토지	100,000	105,000	
기계장치 (순액)	30,000	알 수 없음	잔존내용연수: 5년 잔존가치: ₩0 정액법 상각
개발비 (순액)	20,000	알 수 없음	잔존내용연수: 5년 잔존가치: ₩0 정액법 상각
영업권	20,000	알 수 없음	

4. 20×1년 말 현재 B사업부문 내의 개별 자산에 대해 손상을 시사하는 징후는 없었으나, 경기 침체로 인해 B사업부문의 사용가치에 근거한 회수가능액이 ₩140,000으로 추정됨에 따라 동 현금창출단위의 손상에 대한 회계처리를 적정하게 수행하였다.
5. 20×2년 경기가 빠르게 회복되어 B사업부문의 상황이 크게 호전되었으며, 그 결과 20×2년 말 현재 B사업부문의 회수가능액이 ₩160,000으로 회복된 것으로 나타났다.

<요구사항>
B사업부문의 손상회계처리와 관련하여 다음 양식에 제시된 항목의 금액을 각각 계산하시오. 단, 20×2년 중 <추가 자료>의 표에 제시된 자산 외에 B사업부문에서 추가 취득한 자산은 없으며, 감가상각비와 손상차손 및 손상차손환입은 개별자산별로 구분하여 회계처리한다. (주)대한은 모든 유·무형자산에 대해 원가모형을 적용한다.

20×1년 기계장치에 배분된 손상차손	①
20×2년 기계장치의 손상차손환입	②
20×2년 말 개발비의 장부금액(순액)	③

해답

물음 1

1. 정답

항목	회계처리방법
법률자문 수수료	① 당기비용으로 인식
주식발행비용	② 주식발행가액에서 차감
건물 소유권 이전비용	③ 건물 취득원가에 가산

2. 취득관련원가

취득관련원가의 회계처리	내용
비용으로 인식	① 중개수수료 ② 자문·법률·회계·가치평가·그 밖의 전문가나 컨설팅 수수료 ③ 일반관리원가(예 내부 취득 부서의 유지 원가)
발행금액 차감	채무증권과 지분증권의 등록·발행 원가
자산의 취득원가에 가산	유형자산 소유권이전비용

물음 2

1. 정답

영업권	① ₩53,000

2. 회계처리

일자	회계처리					
20×1. 1. 1.	(차)	기타포괄손익공정가치측정금융자산	15,000	(대)	기타포괄손익공정가치측정금융자산평가이익	15,000
	(차)	순자산	540,000	(대)	리스부채	200,000*1
		무형자산(연구개발프로젝트)	50,000		자본금	200,000*4
		사용권자산	200,000*1		주식발행초과금	400,000*5
		사용권자산(불리한조건)	(8,000)*2		토지	200,000*3
		토지	200,000*3		조건부대가(자본)	10,000
		영업권	53,000		기타포괄손익공정가치측정금융자산	25,000

*1 ₩83,271 × 2.4018(12%) = ₩200,000
*2 ₩3,331 × 2.4018(12%) = ₩(8,000)
*3 이전한 자산이나 부채가 사업결합을 한 후에도 결합기업에 여전히 남아 있고, 취득자가 그 자산이나 부채를 계속 통제하는 경우에는, 취득자는 그 자산과 부채를 취득일의 장부금액으로 측정하고, 사업결합 전과 후에 여전히 통제하고 있는 자산과 부채에 대한 차손익을 당기손익으로 인식하지 않는다.
*4 200주 × ₩1,000 = ₩200,000
*5 200주 × (₩3,000 − ₩1,000) = ₩400,000

3. 취득자는 취득한 사업의 운영을 취득한 날부터 계속할 수 있게 해주는 현존하는 집합적 노동력인, 종업원 집단의 존재에 가치가 존재한다고 볼 수 있다. 집합적 노동력은 숙련된 종업원의 지적 자본, 즉 피취득자의 종업원이 자신의 업무에서 보유하고 있는 지식과 경험을 나타내지는 않는다. 집합적 노동력은 영업권과 분리하여 인식하는 식별할 수 있는 자산이 아니기 때문에 그에 귀속될 만한 가치가 있다면 그 가치를 영업권에 포함한다.

물음 3

1. 정답

영업권	① ₩58,000

2. 회계처리

일자	회계처리
20×1. 1. 1.	(차) 기타포괄손익공정가치측정금융자산 15,000 (대) 기타포괄손익공정가치측정금융자산평가이익 15,000
	(차) 순자산 540,000 (대) 리스부채 200,000*1
	무형자산(연구개발프로젝트) 50,000 자본금 210,000*4
	사용권자산 200,000*1 주식발행초과금 420,000*5
	사용권자산(불리한조건) (8,000)*2 토지 200,000*3
	토지 200,000*3 조건부대가(자본) 10,000
	영업권 58,000
	(차) 자기주식 25,000 (대) 기타포괄손익공정가치측정금융자산 25,000
	*1 ₩83,271 × 2.4018(12%) = ₩200,000 *2 ₩3,331 × 2.4018(12%) = ₩(8,000) *3 이전한 자산이나 부채가 사업결합을 한 후에도 결합기업에 여전히 남아 있고, 취득자가 그 자산이나 부채를 계속 통제하는 경우에는, 취득자는 그 자산과 부채를 취득일의 장부금액으로 측정하고, 사업결합 전과 후에 여전히 통제하고 있는 자산과 부채에 대한 차손익을 당기손익으로 인식하지 않는다. *4 210주 × ₩1,000 = ₩210,000 *5 210주 × (₩3,000 − ₩1,000) = ₩420,000

물음 4

1. 정답

20×1년 기계장치에 배분된 손상차손	① ₩24,000
20×2년 기계장치의 손상차손환입	② ₩7,200
20×2년 말 개발비의 장부금액(순액)	③ ₩8,000

2. 20×1년 손상차손의 배분

구분	장부금액	1차배분		1차배분 후 장부금액	2차배분	2차배분 후 장부금액
영업권	₩20,000	<1순위>	₩(20,000)	–	–	–
건물	50,000	<2순위>	(30,000)*1	₩20,000	₩10,000	₩30,000
토지	100,000	<2순위>	0*2	100,000		100,000
기계장치	30,000	<2순위>	(18,000)*3	12,000	(6,000)*5	6,000
개발비	20,000	<2순위>	(12,000)*4	8,000	(4,000)*6	4,000
합계	₩220,000		₩(80,000)	₩140,000	-	₩140,000

*1 ₩(60,000) × ₩50,000/₩100,000 = ₩(30,000)
*2 현금창출단위(현금창출단위집단)의 손상차손을 배분할 때 개별 자산의 장부금액은 순공정가치, 사용가치, 영(0) 중 가장 큰 금액 이하로 감액할 수 없다. 위의 제약 때문에 특정 자산에 배분하지 않은 손상차손은 현금창출단위(현금창출단위집단) 내의 다른 자산에 각각의 장부금액에 비례하여 배분한다.
*3 ₩(60,000) × ₩30,000/₩100,000 = ₩(18,000)
*4 ₩(60,000) × ₩20,000/₩100,000 = ₩(12,000)
*5 ₩(10,000) × ₩12,000/₩20,000 = ₩(6,000)
*6 ₩(10,000) × ₩8,000/₩20,000 = ₩(4,000)

∴ 20×1년 기계장치에 배분된 손상차손: ₩(18,000) + ₩(6,000) = ₩(24,000)

3. 20×2년 손상차손환입의 배분

구분	장부금액	1차배분		1차배분 후 장부금액	한도	2차배분	2차배분 후 장부금액
영업권	₩0	<1순위>	–	–	–	–	–
건물	24,000[*1]	<2순위>	₩21,000[*4]	₩45,000	₩40,000	₩(5,000)	₩40,000
토지	100,000	<2순위>	0	100,000	100,000	–	100,000
기계장치	4,800[*2]	<2순위>	4,200[*5]	9,000	24,000	3,000[*7]	12,000
개발비	3,200[*3]	<2순위>	2,800[*6]	6,000	16,000	2,000[*8]	8,000
합계	₩132,000		₩28,000	₩160,000	₩180,000	-	₩160,000

*1 ₩30,000 × 4/5 = ₩24,000
*2 ₩6,000 × 4/5 = ₩4,800
*3 ₩4,000 × 4/5 = ₩3,200
*4 ₩28,000 × ₩24,000/₩32,000 = ₩21,000
*5 ₩28,000 × ₩4,800/₩32,000 = ₩4,200
*6 ₩28,000 × ₩3,200/₩32,000 = ₩2,800
*7 ₩5,000 × ₩24,000/₩40,000 = ₩3,000
*8 ₩5,000 × ₩16,000/₩40,000 = ₩2,000

∴ 20×2년 기계장치의 손상차손환입: ₩4,200 + ₩3,000 = ₩7,200

∴ 20×2년 말 개발비의 장부금액(순액): ₩6,000 + ₩2,000 = ₩8,000

고급문제 01 사업결합과 이전대가

공인회계사 17

20×1년 7월 1일에 (주)대한은 (주)민국의 주식 100%를 취득하여 사업결합하고, 다음과 같은 대가를 지급하였다.

- (주)대한은 (주)민국의 기존 주주들에게 보통주 100주(주당 액면가액 ₩1,000, 주당 공정가치 ₩2,000)를 발행·교부하였으며, 주식발행비용으로 ₩4,000을 지출하였다.
- (주)대한은 (주)민국의 기존 주주들에게 장부금액 ₩50,000(공정가치 ₩60,000)인 토지를 이전하였다.
- (주)대한은 (주)민국의 주식기준보상(주식결제형)을 자신의 주식기준보상(주식결제형)으로 대체하기로 하였다. (주)민국이 종업원에게 주식기준보상을 부여한 시점에서의 공정가치는 ₩25,000이며, 취득일에 기업회계기준서(주식기준보상)에 의하여 측정한 금액은 ₩30,000이다.
- (주)대한은 20×2년 초에 시장점유율이 특정비율을 초과하게 되면 (주)민국의 기존 주주들에게 보통주 10주를 추가 발행·교부하기로 하였으며, 취득일 현재 이러한 대가의 공정가치는 ₩18,000으로 추정된다.

취득일 현재, (주)민국 자산의 공정가치는 ₩300,000, 부채의 공정가치는 ₩100,000이다. 취득한 자산과 인수한 부채의 공정가치와 관련된 <추가자료>는 다음과 같다.

<추가자료>

1. (주)민국은 취득일 현재 새로운 고객과 제품공급계약을 협상하고 있는데, 동 계약의 체결가능성은 매우 높다. 동 계약의 공정가치는 ₩5,000으로 추정된다.
2. (주)민국의 무형자산 중에는 인터넷 도메인 등 홈페이지와 관련된 무형자산이 ₩50,000 계상되어 있다. 그러나 (주)대한은 자체적인 홈페이지를 운영하고 있으므로, (주)민국의 홈페이지를 폐쇄하기로 결정하고 사업결합 시 (주)민국의 순자산 공정가치에 포함시키지 않았다. 이러한 인터넷 도메인 등의 홈페이지와 관련된 공정가치는 ₩25,000이다. 또한 (주)민국은 고객목록 정보를 데이터베이스 형태로 관리하고 있다. (주)민국은 이러한 데이터베이스를 구축하는 데 ₩40,000을 지출하였으며, 이를 경상개발비로 처리하였다. 동 고객목록 정보의 공정가치는 ₩20,000이다.
3. 사업결합 후 (주)민국의 일부 사업 중단계획에 따라 취득일에 매각예정비유동자산으로 분류한 처분자산집단의 장부금액은 ₩2,000이지만, 동 자산집단의 공정가치는 ₩3,000이고, 처분부대원가는 ₩500이다. 매각예정비유동자산은 취득일의 (주)민국의 순자산에 포함되지 않았다.
4. (주)민국은 취득일 현재 소송의 피고로 계류 중인 사건과 관련하여 패소할 가능성이 높지 않아 충당부채를 인식하지 않았으나, 이의 공정가치는 ₩13,000으로 측정되었다. (주)민국은 이 소송에 패소하여 손해배상액이 ₩13,000을 초과할 경우 차액을 (주)대한에게 보상해주기로 하였는데, 보상대상 부채와 동일한 근거로 측정한 보상금액의 공정가치는 ₩2,000으로 측정되었다.
5. (주)대한은 취득일에 인수한 (주)민국의 금융부채 공정가치가 확실하지 않아, 잠정적으로 ₩15,000으로 측정하였으나, 20×2년 중에 동 금융부채의 공정가치가 ₩12,000인 것으로 확인되었다.

물음 1

(주)대한이 (주)민국에게 지급한 이전대가 중 (주)민국에게 이전한 토지를 (주)대한이 사업결합 후에도 ① 계속 통제하고 있는 경우와 ② 통제하지 못하는 경우로 나누어 (주)대한이 취득일에 사업결합과 관련하여 지급한 이전대가를 계산하시오.

물음 2

(주)대한이 취득일에 사업결합과 관련한 회계처리를 할 때, <추가자료> 1. ~ 4. 항목들이 (주)대한이 취득한 순자산 공정가치에 미치는 영향을 계산하시오. 단, 영향이 없는 경우에는 '0'으로 표시하고, 순자산 공정가치가 감소하는 경우에는 금액 앞에 '(−)'를 표시하시오.

항목	순자산 공정가치에 미치는 영향
추가자료 1	①
추가자료 2	②
추가자료 3	③
추가자료 4	④

물음 3

<추가자료> 5.와 같이 잠정금액의 수정이 이루어지는 경우 수정이 이루어지는 시기에 따라 회계처리가 어떻게 달라지는지 간략히 설명하시오.

해답

물음 1

① 계속 통제하고 있는 경우: 100주 × ₩2,000 + ₩50,000(장부금액) + ₩30,000 + ₩18,000 = ₩298,000
② 통제하지 못하는 경우: 100주 × ₩2,000 + ₩60,000(공정가치) + ₩30,000 + ₩18,000 = ₩308,000

물음 2

항목	순자산 공정가치에 미치는 영향
추가자료 1	① ₩0
추가자료 2	② ₩45,000
추가자료 3	③ ₩2,500
추가자료 4	④ (−)₩11,000

① 추가자료 1: ₩0*

* 취득자는 취득일에 피취득자가 미래의 새로운 고객과 협상 중인 잠재적 계약의 가치를 귀속시킬 수 있다. 그러나 취득일에 그러한 잠재적 계약은 그 자체로 자산이 아니기 때문에 별도의 자산으로 인식하지 않고 영업권에 포함한다. 그러한 계약의 가치는 취득일 후에 발생하는 사건에 따라 후속적으로 영업권에서 재분류하지 않는다.

② 추가자료 2: ₩25,000 + ₩20,000 = ₩45,000
③ 추가자료 3: ₩3,000 − ₩500 = ₩2,500
④ 추가자료 4: (−)₩13,000(충당부채) + ₩2,000(보상자산) = (−)₩11,000

물음 3

취득일로부터 1년 이내 잠정금액이 조정되는 경우에는 취득자는 식별할 수 있는 자산(부채)으로 인식한 잠정금액의 증가(감소)를 영업권의 감소(증가)로 인식한다. 그러나 측정기간이 종료된 후, 기업회계기준서 제1008호 '회계정책, 회계추정치 변경과 오류'에 따른 오류수정의 경우에만 사업결합의 회계처리를 수정한다.

해설

1. 취득일에 공정가치와 장부금액이 다른 취득자의 자산과 부채(예 취득자의 비화폐성자산 또는 사업)를 이전대가에 포함할 수 있다. 이 경우, 취득자는 이전한 자산이나 부채를 취득일 현재 공정가치로 재측정하고, 그 결과 차손익이 있다면 당기손익으로 인식한다.
2. 때로는 이전한 자산이나 부채가 사업결합을 한 후에도 결합기업에 여전히 남아 있고(예 자산이나 부채가 피취득자의 이전 소유주가 아니라 피취득자에게 이전됨), 따라서 취득자가 그 자산이나 부채를 계속 통제하는 경우가 있다. 이러한 상황에서 취득자는 그 자산과 부채를 취득일 직전의 장부금액으로 측정하고, 사업결합 전이나 후에도 여전히 통제하고 있는 자산과 부채에 대한 차손익을 당기손익으로 인식하지 않는다.

고급문제 02 역취득

공인회계사 11

갑회사(상장기업)는 20×1년 4월 1일에 을회사(비상장기업) 주식과 교환하여 갑회사 주식을 발행함으로써 을회사를 취득하였다. 이와 같은 사업결합을 통하여 갑회사와 을회사는 각각 법적 지배기업과 법적 종속기업이 되었다. 취득일 현재 갑회사와 을회사의 재무상태표 및 추가 정보는 다음과 같다.

<재무상태표>

과목	갑회사	을회사
자산총계	₩55,000	₩110,000
부채총계	30,000	60,000
자본총계	25,000	50,000
납입자본(보통주)	10,000	30,000
이익잉여금	15,000	20,000

<추가 정보>

1. 취득 직전일 현재 두 회사의 발행주식은 다음과 같다.

구분	갑회사	을회사
발행주식수	100주	150주
주당 액면금액	₩100	₩200
주당 공정가치	₩200	₩800

2. 취득일 현재 두 회사의 자산 및 부채의 공정가치는 다음과 같다.

구분	갑회사	을회사
자산의 공정가치	₩70,000	₩120,000
부채의 공정가치	₩33,000	₩70,000

3. 갑회사는 사업결합 과정에서 을회사 주식 1주와 교환하여 갑회사 주식 2주를 발행하기로 하고 총 300주를 발행하였다.
4. 관련 회계처리에서 법인세효과는 고려하지 않는다.

물음 1

갑회사의 경영자는 갑회사가 취득자라고 주장하는 데 반해, 회계전문가는 이를 역취득으로 보고 을회사가 회계상 취득자라고 판단하고 있다. 역취득이라고 판단하는 이유를 제시하시오.

물음 2

상기 사업결합에서 회계상 취득자가 갑회사인 경우와 회계상 취득자가 을회사인 경우(역취득)로 구분하여 사업결합 직후 다음과 같이 연결재무상태표를 작성하였다. 공란에 들어갈 금액(①부터 ⑧까지)을 모두 계산하시오.

과목	회계상 취득자가 갑회사인 경우	회계상 취득자가 을회사인 경우
자산총계(영업권 포함)	①	⑤
부채총계	②	⑥
자본총계		
납입자본	③	⑦
이익잉여금	④	⑧

물음 3

갑회사가 사업결합 과정에서 을회사의 발행주식 150주 중 135주와 교환하여 갑회사의 주식을 발행하기로 하고 총 270주를 발행하였으며, 이를 제외한 다른 모든 사실은 위와 동일하다고 가정한다. 이러한 사업결합이 역취득에 해당될 때 사업결합 직후 연결재무상태표에 표시될 비지배지분을 계산하시오.

해답

물음 1

1. 역취득의 판단

갑회사(법적 지배기업)가 300주를 발행한 결과 을회사(법적 종속기업)의 주주는 갑회사 주식의 75%[$= \frac{300주}{(100주 + 300주)}$]를 소유하게 된다. 나머지 25%는 갑회사의 기존주주가 소유하고 있다. 따라서 지분을 교환하여 이루어지는 사업결합의 경우 취득자는 사업결합 후 결합기업에 대한 상대적인 의결권에 의하여 결정되므로 을회사의 주주가 상대적인 의결권이 크기 때문에 법적 지배기업인 갑회사가 피취득자이며, 법적 종속기업인 을회사가 취득자인 역취득으로 판단한다. 이를 요약하면 다음과 같다.

구분	갑회사	을회사
법률적 관점	법적 지배기업	법적 종속기업
사업결합 후 결합기업에 대한 상대적인 의결권	갑회사 주주: 25% 100주/(100주 + 300주) = 25%	을회사 주주: 75% 300주/(100주 + 300주) = 75%
회계적 실질에 의한 취득자의 판단	피취득자 (∵ 사업결합 후 상대적인 의결권이 적음)	취득자 (∵ 사업결합 후 상대적인 의결권이 큼)

2. 이전대가의 측정

역취득의 경우 이전대가는 법적 지배기업의 소유주가 역취득의 결과로 결합기업에 대하여 보유하는 지분과 같은 비율이 유지되도록, 법적 종속기업(을회사)이 법적 지배기업(갑회사)의 소유주에게 교부하였어야 할 법적 종속기업(을회사) 지분의 수량에 기초하여야 한다. 따라서 다음과 같이 계산할 수 있다.

구분	갑회사가 주식을 발행하였을 경우(법적 형식)				을회사가 주식을 발행하였을 경우(경제적 실질)		
	갑회사 주주		을회사 주주		갑회사 주주		을회사 주주
발행주식수	100주	:	300주	=	x주	:	150주
지분율	25%	:	75%	=	25%	:	75%

(1) 을회사가 주식을 발행하였을 경우 주식수: (150주 × 100주) ÷ 300주 = 50주

(2) 이전대가: 50주 × ₩800 = ₩40,000

3. 영업권의 측정

(1) 이전대가:	50주 × ₩800 =	₩40,000
(2) 갑회사의 순자산공정가치:	(₩70,000 − ₩33,000) =	(37,000)
(3) 영업권		₩3,000

물음 2

과목	회계상 취득자가 갑회사인 경우	회계상 취득자가 을회사인 경우
자산총계(영업권 포함)	① ₩185,000	⑤ ₩183,000
부채총계	② ₩100,000	⑥ ₩93,000
자본총계		
납입자본	③ ₩70,000	⑦ ₩70,000
이익잉여금	④ ₩15,000	⑧ ₩20,000

① ₩55,000 + ₩120,000 + ₩10,000 = ₩185,000

② ₩30,000 + ₩70,000 = ₩100,000

③ ₩10,000 + ₩60,000 = ₩70,000

④ ₩15,000

⑤ ₩110,000 + ₩70,000 + ₩3,000 = ₩183,000

⑥ ₩60,000 + ₩33,000 = ₩93,000

⑦ ₩30,000 + ₩40,000 = ₩70,000

⑧ ₩20,000

1. **회계상 취득자가 갑회사인 경우 회계처리**

(1) 을회사 주식취득 회계처리

구분	회계처리					
20×1. 4. 1.	(차)	투자주식(을)	60,000	(대)	자본금(갑)	30,000
					주식발행초과금	30,000

(2) 연결조정분개

구분	회계처리					
20×1. 4. 1.	(차)	자본금(을)	30,000	(대)	투자주식(을)	60,000
		이익잉여금(을)	20,000		부채(을)	10,000
		자산(을)	10,000			
		영업권	10,000			

2. **회계상 취득자가 을회사인 경우 회계처리**

(1) 갑회사 주식취득 회계처리

구분	회계처리					
20×1. 4. 1.	(차)	투자주식(갑)	40,000	(대)	자본금(을)	10,000
					주식발행초과금	30,000

(2) 연결조정분개

구분	회계처리					
20×1. 4. 1.	(차)	자본금(갑)	10,000	(대)	투자주식(갑)	40,000
		이익잉여금(갑)	15,000		부채(갑)	3,000
		자산(갑)	15,000			
		영업권	3,000			

물음 3

1. 갑회사의 주식과 교환되지 않은 을회사의 주식 15주는 비지배지분이다.
2. **비지배지분의 지분율**: 15주 ÷ 150주 = 10%
3. **비지배지분**: ₩50,000(을회사 순자산 장부금액) × 10% = ₩5,000

해설

1. 이전대가는 법적 종속기업(취득자)이 법적 지배기업(피취득자)의 소유주에게 지분상품을 발행하는 것으로 간주하여 이전대가를 측정한다.
2. 역취득의 비지배지분은 사업결합 직전 법적 종속기업의 순자산장부금액에 대한 비지배주주의 비례적 지분이다.

고급문제 03 사업결합거래 시 법인세기간배분

공인회계사 13 수정

A회사는 20×1년 초에 B회사의 모든 자산과 부채를 취득·인수하는 사업결합을 하였으며, 관련 자료는 다음과 같다.

(1) 취득일 현재 B회사 자산의 장부금액 ₩400,000(공정가치 ₩450,000)
(2) 취득일 현재 B회사 부채의 장부금액 ₩320,000(공정가치 ₩320,000)
(3) A회사는 취득일에 이전대가로 지분 100%에 대하여 현금 ₩200,000을 지급하였다.
(4) 20×1년 및 20×2년 이후 A회사에 적용할 법인세율은 모두 20%이다.
(5) B회사의 자산 및 부채의 세무기준액은 장부금액과 동일하다.

물음 1

법인세효과를 고려하지 않고 사업결합 회계처리를 할 때, A회사가 취득일에 인식할 영업권은 얼마인가?

물음 2

법인세효과를 고려하여 사업결합 회계처리를 할 때, A회사가 취득일에 인식할 영업권은 얼마인가?

물음 3

위의 물음 2 에서 취득일 현재 B회사는 세무상 결손금 ₩10,000이 있으며, 동 사업결합은 법인세법상 적격합병에 해당하여 A회사가 B회사의 세무상 결손금을 전액 승계하였다면, A회사가 취득일에 인식할 영업권은 얼마인가?

물음 4

위의 물음 3 에서 취득일 현재 A회사는 미래 실현가능성이 높지 않다는 판단하에 이연법인세자산을 인식하지 않은 세무상 결손금 ₩70,000을 가지고 있는데, 사업결합으로 인하여 세무상 결손금의 미래 실현가능성이 높아졌다고 판단하였다면 A회사가 수행할 회계처리에 대해서 서술하시오.

해답

물음 1

1. 이전대가: ₩200,000
2. 순자산 공정가치: ₩450,000 − ₩320,000 = ₩130,000
3. 영업권: ₩200,000 − ₩130,000 = ₩70,000
4. 회계처리

구분	회계처리					
20×1. 1. 1.	(차)	자산	450,000	(대)	부채	320,000
		영업권	70,000		현금	200,000

물음 2

1. 이전대가: ₩200,000
2. 순자산 공정가치: ₩450,000 − ₩320,000 − ₩10,000*(이연법인세부채) = ₩120,000
   * (₩450,000 − ₩400,000) × 20% = ₩10,000
3. 영업권: ₩200,000 − ₩120,000 = ₩80,000
4. 회계처리

구분	회계처리					
20×1. 1. 1.	(차)	자산	450,000	(대)	부채	320,000
		영업권	80,000		이연법인세부채	10,000*
					자본	200,000
	* (₩450,000 − ₩400,000) × 20% = ₩10,000					

물음 3

1. 이전대가: ₩200,000
2. 순자산 공정가치: ₩450,000 + ₩2,000*1(이연법인세자산) − ₩320,000 − ₩10,000*2(이연법인세부채) = ₩122,000
   *1 ₩10,000 × 20% = ₩2,000
   *2 (₩450,000 − ₩400,000) × 20% = ₩10,000
3. 영업권: ₩200,000 − ₩122,000 = ₩78,000
4. 회계처리

구분	회계처리					
20×1. 1. 1.	(차)	자산	450,000	(대)	부채	320,000
		이연법인세자산	2,000*1		이연법인세부채	10,000*2
		영업권	78,000		자본	200,000
	*1 ₩10,000 × 20% = ₩2,000 *2 (₩450,000 − ₩400,000) × 20% = ₩10,000					

물음 4

1. 취득자의 세무상 결손금은 피취득자의 취득자산을 구성하지 않으므로 사업결합 거래의 일부로 회계처리하지 않고 취득자의 재무제표에 별도로 반영하여야 한다.

2. **회계처리**

구분	회계처리			
20×1년	(차) 이연법인세자산	14,000*	(대) 법인세비용	14,000
	* ₩70,000 × 20% = ₩14,000			

해설

1. 사업결합을 하는 과정에서 식별할 수 있는 취득자산과 인수부채의 일시적차이는 영업권 또는 염가매수차익에 반영하여 회계처리한다.
2. 사업결합을 하는 과정에서 영업권의 일시적차이로 인한 이연법인세부채는 인식하지 않는다.
3. 취득자의 세무상 결손금은 피취득자의 취득자산을 구성하지 않으므로 사업결합 거래의 일부로 회계처리하지 않고 취득자의 재무제표에 별도로 반영하여야 한다.
4. 법인세법상 적격합병에 해당하는 경우에는 피취득자의 세무상 결손금이 승계되는 등의 세제지원 혜택을 받을 수 있다. 따라서 이러한 결손금의 경우에는 피취득자의 식별할 수 있는 취득자산에 해당하므로 이연법인세자산을 인식하고 영업권 또는 염가매수차익에 반영하여 회계처리한다.
5. 사업결합에서 발생한 일시적차이에 대한 이연법인세자산·부채를 측정할 때 취득자와 피취득자의 과세당국이 상이한 경우에는 이연법인세자산·부채와 관련된 자산과 부채를 보유하고 있는 기업에 적용할 세율로 이연법인세자산·부채를 측정한다.

고급문제 04 역취득과 주당이익

공인회계사 22

(주)대한은 20×1년 4월 1일에 (주)민국의 주식과 교환하여 (주)대한의 주식을 발행함으로써 (주)민국을 취득하였다. 하지만 동 사업결합은 (주)민국(법적 피취득자, 회계상 취득자)이 (주)대한(법적 취득자, 회계상 피취득자)을 취득한 역취득에 해당한다. 아래 <자료>를 이용하여 물음에 답하시오.

<자료>

1. 사업결합 직전 (주)대한과 (주)민국의 재무상태표는 다음과 같다. (주)대한의 납입자본은 보통주 60주(액면금액: 1주당 ₩100)로 구성되어 있으며, (주)민국의 납입자본은 보통주 40주(액면금액: 1주당 ₩500)로 구성되어 있다.

재무상태표

20×1년 4월 1일 (단위: ₩)

	(주)대한	(주)민국
유동자산	10,000	30,000
비유동자산	25,000	45,000
자산총계	35,000	75,000
유동부채	7,000	5,000
비유동부채	13,000	10,000
납입자본	6,000	20,000
이익잉여금	9,000	40,000
부채 및 자본총계	35,000	75,000

2. 20×1년 4월 1일에 (주)대한은 (주)민국의 보통주 각 1주와 교환하여 보통주 6주를 발행하고, (주)민국의 주주는 자신들이 보유하고 있는 (주)민국의 주식을 모두 (주)대한의 주식으로 교환한다. 이에 따라 (주)대한은 (주)민국의 보통주 40주 모두에 대해 보통주 240주를 발행한다.
3. 20×1년 4월 1일 현재 (주)대한과 (주)민국의 보통주 1주당 공정가치는 각각 ₩200과 ₩3,000이다.
4. 20×1년 4월 1일 현재 (주)대한이 보유한 비유동자산의 공정가치는 ₩30,000이며, 이를 제외한 (주)대한의 식별가능한 자산과 부채의 공정가치는 장부금액과 동일하다.

물음 1

사업결합 직후 연결재무상태표에 표시될 다음의 금액을 계산하시오.

영업권	①
납입자본	②
이익잉여금	③

물음 2

(주)민국의 20×0년도 당기순이익과 20×1년도의 연결당기순이익이 각각 ₩7,200과 ₩14,250이라고 할 때, ① 20×1년도 주당이익과 ② 비교목적 공시를 위해 재작성된 20×0년도 주당이익을 각각 계산하시오. 단, 20×1년 기초부터 역취득 직전까지 (주)민국의 유통보통주식수에 변동은 없으며, 가중평균유통보통주식수는 월할계산한다.

20×1년도 주당이익	①
20×0년도에 대해 재작성된 주당이익	②

해답

물음 1

1. 정답

영업권	① ₩10,000
납입자본	② ₩50,000
이익잉여금	③ ₩40,000

① 영업권: ₩10,000
② 납입자본: ₩20,000[(주)민국의 납입자본] + ₩30,000(사업결합 증가분) = ₩50,000
③ 이익잉여금: ₩40,000[(주)민국의 납입자본]

2. 역취득의 판단

(주)대한(법적 지배기업)이 240주를 발행한 결과 (주)민국(법적 종속기업)의 주주는 (주)대한의 주식 80%[$=\frac{240주}{(60주+240주)}$]를 소유하게 된다. 나머지 20%는 (주)대한의 기존주주가 소유하고 있다. 따라서 지분을 교환하여 이루어지는 사업결합의 경우 취득자는 사업결합 후 결합기업에 대한 상대적인 의결권에 의하여 결정되므로 (주)민국의 주주가 상대적인 의결권이 크기 때문에 법적 지배기업인 (주)대한이 피취득자이며, 법적 종속기업인 (주)민국이 취득자인 역취득으로 판단한다. 이를 요약하면 다음과 같다.

구분	(주)대한	(주)민국
법률적 관점	법적 지배기업	법적 종속기업
사업결합 후 결합기업에 대한 상대적인 의결권	(주)대한 주주: 20% 60주/(60주 + 240주) = 20%	(주)민국 주주: 80% 240주/(60주 +240주) = 80%
회계적 실질에 의한 취득자의 판단	피취득자 (∵ 사업결합 후 상대적인 의결권이 적음)	취득자 (∵ 사업결합 후 상대적인 의결권이 큼)

3. 이전대가의 측정

역취득의 경우 이전대가는 법적 지배기업의 소유주가 역취득의 결과로 결합기업에 대하여 보유하는 지분과 같은 비율이 유지되도록, 법적 종속기업[(주)민국]이 법적 지배기업[(주)대한]의 소유주에게 교부하였어야 할 법적 종속기업[(주)민국] 지분의 수량에 기초하여야 한다. 따라서 다음과 같이 계산할 수 있다.

구분	(주)대한이 주식을 발행하였을 경우(법적 형식)				(주)민국이 주식을 발행하였을 경우(경제적 실질)		
	(주)대한 주주		(주)민국 주주		(주)대한 주주		(주)민국 주주
발행주식수	60주	:	240주	=	x주	:	40주
지분율	20%	:	80%	=	20%	:	80%

① (주)민국이 주식을 발행하였을 경우 주식수: (60주 × 40주) ÷ 240주 = 10주
② 이전대가: 10주 × ₩3,000 = ₩30,000

4. 영업권의 측정

① 이전대가:	10주 × ₩3,000 =	₩30,000
② (주)대한의 순자산공정가치:	(₩10,000 + ₩30,000 − ₩7,000 − ₩13,000) =	(20,000)
③ 영업권		₩10,000

5. 회계처리

(1) (주)대한 주식취득 회계처리

일자	회계처리				
20×1. 4. 1.	(차)	투자주식	30,000	(대) 납입자본	30,000

(2) 연결조정분개

일자	회계처리				
20×1. 4. 1.	(차)	납입자본	6,000	(대) 투자주식	30,000
		이익잉여금	9,000		
		비유동자산	5,000		
		영업권	10,000		

물음 2

1. 정답

20×1년도 주당이익	① ₩50
20×0년도에 대해 재작성된 주당이익	② ₩30

2. 20×1년도 주당이익: $\frac{₩14,250}{(240주 \times 12/12 + 60주 \times 9/12)} = ₩50$

3. 20×0년도에 대해 재작성된 주당이익: $\frac{₩7,200}{240주} = ₩30$

해설

1. 역취득에 따른 연결재무제표상 자본구조는 사업결합을 이루기 위해 법적 취득자(회계상 피취득자)가 발행한 지분을 포함하여 법적 취득자의 자본구조를 반영한다.
2. 역취득이 생긴 회계기간의 가중평균 유통보통주식수(주당이익을 계산할 때의 분모)는 다음과 같이 산정한다.
   (1) 해당 회계기간의 시작일부터 취득일까지의 유통보통주식수는 그 기간의 법적 피취득자(회계상 취득자)의 가중평균유통보통주식수에 기초하여 합병 약정에서 정한 교환비율을 곱하여 산정한다.
   (2) 취득일부터 해당 회계기간의 종료일까지 유통보통주식수는 그 기간에 유통되는 법적 취득자(회계상 피취득자)의 실제 보통주식수로 한다.
3. 역취득에 따른 연결재무제표에 표시되는 취득일 전 각 비교기간의 기본주당순이익은 다음의 (1)을 (2)로 나누어 계산한다.
   (1) 해당 각 기간의 보통주주에게 귀속하는 법적 피취득자의 당기순손익
   (2) 취득 약정에서 정한 교환비율을 곱한 법적 피취득자의 역사적 가중평균유통보통주식수

고급문제 05 단계적 취득 및 취득법을 적용하지 않는 거래

공인회계사 23

아래의 <공통자료>를 이용하여 각 물음에 답하시오.

<공통자료>

1. 20×1년 1월 1일에 (주)대한은 (주)민국의 발행 주식 중 15%(1,500주)를 ₩2,250,000에 취득하고, 이를 FVOCI 금융자산으로 분류하였다. 20×1년 12월 31일 현재 (주)민국의 발행 주식의 공정가치는 주당 ₩1,700이다.
2. (주)대한은 20×2년 3월 1일에 (주)민국의 나머지 주식(총 발행주식 중 85%, 8,500주)을 취득하여 (주)민국을 흡수합병하였다. 20×2년 3월 1일 현재 (주)민국의 발행 주식의 공정가치는 주당 ₩1,800이다.
3. (주)대한은 인수대가로 (주)대한을 제외한 나머지 (주)민국의 주주들에게 현금 ₩3,000,000과 보유하고 있던 (주)서울의 주식 3,000주(FVPL금융자산으로 분류, 장부가액 ₩2,000,000, 공정가치 ₩2,500,000)를 지급하고, (주)대한의 주식 800주(액면총액 ₩4,000,000, 공정가치 ₩5,000,000)를 발행·교부하였다.

물음 1

사업결합에서 영업권이 발생한다고 가정할 때, <공통자료> 및 <추가자료>를 이용하여 각 <요구사항>에 답하시오. 단, <요구사항>은 독립적이다.

<추가자료 1>

(주)대한이 인수한 (주)민국의 토지는 사업결합 시 매각예정으로 분류되었다. 20×2년 1월 1일 및 3월 1일 현재 이 토지의 장부금액 및 순공정가치는 다음과 같다. 이 금액은 (주)민국의 자산 및 부채 금액에 포함되어 있지 않다.

(단위: ₩)

일자	장부금액	순공정가치
20×2년 1월 1일	2,000,000	3,000,000
20×2년 3월 1일	2,000,000	2,500,000

<요구사항 1>

상기 <추가자료 1>의 사항이 20×2년 사업결합 시 (주)대한의 당기순이익에 미치는 영향을 계산하고, 그 이유를 기술하시오. 단, 영향이 없는 경우에는 '0'으로 표시하고 감소하는 경우 금액 앞에 (-)를 표시하시오.

당기순이익에 미치는 영향	①
이유	②

<추가자료 2>

(주)민국은 20×1년 1월 1일에 개발부서 담당 임원 A를 외부에서 영입하였다. 해당 임원 A 영입 당시 사업결합에 대한 협상은 시작되지 않았으며, 고용계약에 따르면 총 계약기간은 3년이고 계약기간 중 회사가 매각되는 경우 ₩200,000을 임원 A가 지급받기로 되어 있다. 이 금액은 (주)민국의 자산 및 부채 금액에 포함되어 있지 않다.

<요구사항 2>

상기 <추가자료 2>의 사항이 20×2년 사업결합 시 (주)대한의 당기순이익에 미치는 영향을 계산하고, 그 이유를 기술하시오. 단, 영향이 없는 경우에는 '0'으로 표시하고 감소하는 경우 금액 앞에 (-)를 표시하시오.

당기순이익에 미치는 영향	①
이유	②

<추가자료 3>

(주)대한이 인수대가로 지급한 현금 중 ₩1,875,000은 사업결합 과정에서 (주)민국의 자산과 부채를 실사한 회계법인에게 지급할 수수료를 (주)민국에서 대신 지급한 것을 (주)대한이 변제한 것이다.

<요구사항 3>

상기 <추가자료 3>의 사항이 20×2년 사업결합 시 (주)대한의 당기순이익에 미치는 영향을 계산하고, 그 이유를 기술하시오. 단, 영향이 없는 경우에는 '0'으로 표시하고 감소하는 경우 금액 앞에 (-)를 표시하시오.

당기순이익에 미치는 영향	①
이유	②

물음 2

20×2년 1월 1일 및 3월 1일 현재 (주)민국의 식별할 수 있는 자산과 부채의 장부금액 및 공정가치는 다음과 같다. 단, 상기 <추가자료 1, 2, 3>에서 제시된 자료는 포함되어 있지 않다.

<20×2년 1월 1일> (단위: ₩)

항목	장부금액	공정가치
유동자산	2,000,000	2,000,000
비유동자산	3,000,000	4,500,000
유동부채	1,500,000	1,500,000
비유동부채	2,000,000	2,000,000

<20×2년 3월 1일> (단위: ₩)

항목	장부금액	공정가치
유동자산	3,000,000	3,000,000
비유동자산	2,500,000	4,000,000
유동부채	1,200,000	1,200,000
비유동부채	2,500,000	2,500,000

상기 <공통자료> 및 <추가자료 1, 2, 3>의 영향을 고려할 때, 사업결합으로 (주)대한이 인식할 영업권 또는 염가매수차익을 계산하시오. 단, 영업권이 발생하는 경우에는 '영업권'을, 염가매수차익이 발생하는 경우에는 '염가매수차익'을 금액 앞에 표시하시오.

영업권(또는 염가매수차익)	①

해답

물음 1

<요구사항 1>

당기순이익에 미치는 영향	① ₩0
이유	② 취득자는 기업회계기준서 제1105호 '매각예정비유동자산과 중단영업'에 따라 취득일에 매각예정자산으로 분류한 비유동자산을 순공정가치로 측정하므로 당기순이익에 미치는 영향은 없다.

<요구사항 2>

당기순이익에 미치는 영향	① ₩0
이유	② 취득자는 피취득자의 종업원 급여 약정과 관련된 부채를 기업회계기준서 제1019호 '종업원급여'에 따라 인식하고 측정하여 추가적인 부채(미지급급여)를 인식해야 하므로 당기순이익에 미치는 영향은 없다.

<요구사항 3>

당기순이익에 미치는 영향	① (-)₩1,875,000
이유	② 피취득자나 피취득자의 이전 소유주가 대신 지급한 취득자의 취득관련 원가를 피취득자나 피취득자의 이전 소유주에게 변제하는 거래는 취득법을 적용하지 않는 별도 거래의 예이므로 해당 금액을 비용(수수료비용)으로 회계처리한다.

물음 2

1. 정답

영업권(또는 염가매수차익)	① ₩5,725,000

2. 회계처리

일자		회계처리				
20×1. 1. 1.	(차)	기타포괄손익공정가치측정금융자산	2,250,000	(대)	현금	2,250,000
20×1년 말	(차)	기타포괄손익공정가치측정금융자산	300,000	(대)	기타포괄손익공정가치측정금융자산평가이익(OCI)	300,000
20×2. 3. 1.	(차)	기타포괄손익공정가치측정금융자산	150,000	(대)	기타포괄손익공정가치측정금융자산평가이익(OCI)	150,000
	(차)	유동자산	3,000,000	(대)	유동부채	1,200,000
		비유동자산	4,000,000		비유동부채	2,500,000
		매각예정비유동자산	2,500,000		미지급급여	200,000
		영업권	5,725,000		기타포괄손익공정가치측정금융자산	2,700,000
					당기손익공정가치측정금융자산	2,000,000
					금융자산처분이익	500,000
					현금	1,125,000
					자본금	4,000,000
					주식발행초과금	1,000,000
	(차)	수수료비용	1,875,000	(대)	현금	1,875,000

해설

사업결합 전에 취득자나 취득자의 대리인이 체결하거나 피취득자(또는 피취득자의 이전 소유주)의 효익보다는 주로 취득자나 결합기업의 효익을 위하여 체결한 거래는 별도 거래일 가능성이 높다. 다음은 취득법을 적용하지 않는 별도 거래의 예이다.

(1) 취득자와 피취득자 사이의 기존 관계를 사실상 정산하는 거래
(2) 미래 용역에 대하여 종업원이나 피취득자의 이전 소유주에게 보상하는 거래
(3) 피취득자나 피취득자의 이전 소유주가 대신 지급한 취득자의 취득 관련 원가를 피취득자나 피취득자의 이전 소유주에게 변제하는 거래

고급문제 06 계약관계의 정산이 존재하는 사업결합

공인회계사 24

(주)대한은 20×1년 7월 1일을 취득일로 하여 (주)민국을 흡수합병하였다. (주)대한과 (주)민국은 동일 지배하에 있는 기업이 아니다. 아래의 <자료>를 이용하여 각 물음에 답하시오.

<자료>

1. 합병 직전 작성된 (주)민국의 20×1년 7월 1일 현재 요약재무상태표는 다음과 같다.

<요약재무상태표>

	장부금액	공정가치
현금	₩92,000	₩92,000
재고자산	150,000	160,000
사용권자산(순액)	8,000	?
건물(순액)	360,000	?
무형자산(순액)	90,000	100,000
자산	₩700,000	
유동부채	₩198,000	₩198,000
리스부채	12,000	?
기타비유동부채	120,000	120,000
자본금	150,000	
주식발행초과금	100,000	
이익잉여금	120,000	
부채와 자본	₩700,000	

2. (주)대한은 합병대가로 (주)민국의 기존주주에게 (주)민국의 보통주 3주당 (주)대한의 보통주 1주를 교부하였으며, 추가로 현금 ₩300,000을 지급하였다. 주식교부 시 (주)대한은 신주발행비로 ₩5,000을 지출하였다. 취득일 현재 (주)민국과 (주)대한의 1주당 액면금액과 공정가치는 다음과 같다.

구분	(주)민국	(주)대한
액면금액	₩500	₩1,000
공정가치	700	1,200

3. (주)대한은 취득일 현재 공급계약에 따라 (주)민국으로부터 고정요율로 원재료를 매입하고 있으며, 남아 있는 공급계약은 3년이다. (주)대한이 공급계약을 중도에 해지하려면 ₩50,000의 위약금을 지급해야 한다. (주)대한과 (주)민국 간에 맺은 원재료 공급계약의 공정가치는 ₩20,000이며, 공정가치 중 ₩40,000은 이와 같거나 비슷한 항목(판매노력, 고객관계 등)의 현행 시장거래 가격에 상당하는 가격으로서 시가를 나타낸다. 나머지 (−)₩20,000은 이와 비슷한 항목의 현행시장거래 가격에 미달하므로 (주)대한에게 유리하다. 이러한 원재료 공급계약의 공정가치는 (주)대한이 현금으로 지급한 이전대가에 반영되었다.
4. (주)대한은 20×1년 말 시장점유율이 10%를 초과하게 되면 초과하는 시장점유율 1%마다 (주)민국의 주주에게 보통주 5주를 추가로 발행하기로 약정하였다. (주)대한은 취득일 현재 20×1년 말 추가 발행할 주식 수를 30주로 예상하였으며, 1주당 공정가치는 ₩1,200으로 추정하였다.
5. 취득일 현재 (주)민국은 기계장치를 기초자산으로 하는 리스계약의 리스이용자이며, (주)대한은 (주)민국의 잔여리스료에 대해 현재가치를 ₩15,000으로 측정하였다. 리스조건은 시장조건에 비하여 불리하며, 불리한 금액의 현재가치는 취득일 현재 ₩5,000으로 추정된다. 동 리스는 취득일 현재 단기리스나 소액 기초자산 리스에 해당하지 않는다.

6. (주)대한은 (주)민국의 건물에 대해 독립적인 가치평가를 진행하려 하였으나, 20×1년 재무제표 발행이 승인되기 전까지 불가피한 사유로 인해 완료하지 못하였다. 이에 (주)대한은 (주)민국의 건물을 잠정적 공정가치인 ₩400,000으로 인식하였다.
7. (주)민국은 취득일 현재 소송의 피고로 계류 중인 사건이 존재하며, 소송의 원고는 ₩20,000의 피해보상을 주장하였다. 만약 (주)민국이 패소할 경우 (주)민국의 이전 주주는 (주)대한에게 ₩10,000을 한도로 보상을 해주는 약정을 하였다. (주)대한은 소송에 따른 우발부채의 공정가치를 ₩8,000으로 결정하였으며, 보상받을 금액의 공정가치도 ₩8,000으로 판단하였다. 보상받을 금액의 공정가치는 (주)민국의 주주가 현금으로 지불할 수 있는 능력을 고려하여 판단하였다.

물음 1

취득일 현재 (주)대한이 사업결합으로 인식할 이전대가와 영업권을 각각 계산하시오.

이전대가	①
영업권	②

물음 2

취득일 현재 사업결합과 관련한 회계처리가 (주)대한의 부채와 자본에 미치는 영향을 각각 계산하시오. 단, 부채와 자본이 감소하는 경우 금액 앞에 (−)를 표시하시오.

부채	①
자본	②

해답

물음 1

1. 정답

이전대가	① ₩476,000
영업권	② ₩47,000

2. 회계처리

일자		회계처리				
20×1. 7. 1.	(차)	현금	92,000	(대)	유동부채	198,000
		재고자산	160,000		리스부채	15,000
		사용권자산	10,000*1		기타비유동부채	120,000
		건물	400,000		손해배상손실충당부채	8,000
		무형자산	100,000		현금	320,000*2
		미수금(보상자산)	8,000		자본금	100,000*3
		영업권	47,000		주식발행초과금	20,000*4
					조건부대가(부채)	36,000*5
	(차)	현금	20,000	(대)	정산이익(NI)	20,000
	(차)	주식발행초과금	5,000	(대)	현금	5,000
	*1 ₩15,000 − ₩5,000(불리한조건) = ₩10,000 *2 ₩300,000 + Min[₩40,000, ₩20,000] = ₩320,000 *3 (₩150,000 ÷ ₩500) ÷ 3주 × ₩1,000 = ₩100,000 *4 100주 × ₩1,200 − ₩100,000 = ₩20,000 *5 30주 × ₩1,200 = ₩36,000[자기지분상품관련 계약에서 수량이 변동가능하므로 조건부대가(부채)로 분류함]					

3. **이전대가:** ₩300,000 + Min[₩40,000, ₩20,000] + 100주 × ₩1,200 + ₩36,000 = ₩476,000

4. **영업권:** ₩47,000

물음 2

부채	① ₩377,000
자본	② ₩135,000

① 부채: ₩198,000 + ₩15,000 + ₩120,000 + ₩8,000 + ₩36,000 = 377,000

② 자본: ₩100,000 + ₩20,000 + ₩20,000 − ₩5,000 = ₩135,000

해설

1. 사업결합 전에 취득자나 취득자의 대리인이 체결하거나 피취득자(또는 피취득자의 이전 소유주)의 효익보다는 주로 취득자나 결합기업의 효익을 위하여 체결한 거래는 별도 거래일 가능성이 높다. 다음은 취득법을 적용하지 않는 별도 거래의 예이다.
   (1) 취득자와 피취득자 사이의 기존 관계를 사실상 정산하는 거래
   (2) 미래 용역에 대하여 종업원이나 피취득자의 이전 소유주에게 보상하는 거래
   (3) 피취득자나 피취득자의 이전 소유주가 대신 지급한 취득자의 취득 관련 원가를 피취득자나 피취득자의 이전 소유주에게 변제하는 거래
2. 사업결합으로 기존 관계를 사실상 정산하는 경우에 취득자는 다음과 같이 측정한 차손익을 인식한다.
   (1) 기존의 비계약관계(예 소송)는 공정가치
   (2) 기존의 계약관계는 다음 ①과 ② 중 적은 금액
      ① 계약이 같거나 비슷한 항목의 현행 시장거래조건과 비교하여 취득자의 관점에서 유리하거나 불리한 경우에 그 금액(불리한 계약은 현행 시장 조건에서 불리한 계약이다. 이 계약은 계약상의 의무 이행에서 생기는 회피불가능한 원가가 그 계약에서 받을 것으로 기대하는 경제적효익을 초과하는 손실부담계약일 필요는 없다)
      ② 거래상대방에게 불리한 조건으로 사용될 수 있는 계약에서 거래상대방에게 정산 규정을 분명하게 밝힌 경우의 그 금액(만약 ②가 ①보다 적을 경우, 그 차이는 사업결합 회계처리의 일부로 포함한다)

해커스 회계사 IFRS 김원종 재무회계연습 2

회계사 · 세무사 · 경영지도사 단번에 합격!
해커스 경영아카데미 cpa.Hackers.com

출제경향

주요 주제	중요도
1. 연결 기본형	★★★★★
2. 부분영업권과 전부영업권	★★★★★
3. 부(-)의 비지배지분	★★
4. 기타포괄손익이 존재하는 경우의 연결	★★★★
5. 채권·채무 상계제거	★★★
6. 재평가모형의 유형자산(투자차액 및 내부거래)	★★★★★

필수문제 리스트

구분		필수문제 번호
동차생	기본문제	1, 2, 3, 4, 5, 6, 7, 8, 9, 10, 12
	고급문제	2, 3, 4
유예생	기본문제	11, 12, 13
	고급문제	1, 2, 3, 4

* 주관식 문제풀이에 앞서 각 Chapter의 주요 주제별 중요도를 파악해볼 수 있습니다.
* 시험 대비를 위해 꼭 풀어보아야 하는 필수문제를 정리하여 효율적으로 학습할 수 있습니다.

Chapter 02

연결회계

기본문제 01 투자주식과 자본계정의 상계제거(1)

20×1년 초에 A회사는 B회사의 보통주 60%를 ₩1,500,000에 취득하여 지배력을 획득하였다. 20×1년 초 현재 B회사의 순자산은 ₩1,500,000(자본금 ₩1,000,000, 자본잉여금 ₩300,000, 이익잉여금 ₩200,000)이었다.

(1) 20×1년 초에 A회사와 B회사의 재무상태표는 다음과 같다.

재무상태표

20×1년 1월 1일 현재 (단위: 원)

	A회사	B회사		A회사	B회사
현금및현금성자산	1,000,000	500,000	차입금	1,000,000	1,000,000
투자주식(B회사)	1,500,000	–	사채	1,000,000	500,000
재고자산	500,000	500,000	자본금	2,000,000	1,000,000
토지	1,000,000	1,000,000	자본잉여금	1,000,000	300,000
건물(순액)	2,000,000	1,000,000	이익잉여금	1,000,000	200,000
	6,000,000	3,000,000		6,000,000	3,000,000

(2) 20×1년 초 현재 B회사의 장부금액과 공정가치가 다른 자산과 부채는 다음과 같다.

구분	장부금액	공정가치
재고자산	₩500,000	₩600,000
토지	1,000,000	1,100,000
건물	1,000,000	1,200,000
사채	500,000	400,000

(3) A회사는 B회사의 투자주식을 원가법으로 회계처리하고 있다.

(4) A회사는 비지배지분을 종속기업의 식별할 수 있는 순자산의 비례적인 지분(몫)으로 측정하고 있다.

물음 1

A회사는 비지배지분을 종속기업의 식별할 수 있는 순자산의 비례적인 지분(몫)으로 측정하고 있다고 가정한다면, 20×1년 초에 연결재무제표를 작성하는 경우 연결재무상태표에 계상될 (1) 영업권과 (2) 비지배지분은 얼마인가?

물음 2

A회사가 비지배지분을 공정가치로 측정하고 있다고 가정한다면, 20×1년 초 지배력획득일 현재 비지배지분의 공정가치가 ₩1,000,000인 경우에 20×1년 초 연결재무제표에 계상될 (1) 영업권과 (2) 비지배지분은 얼마인가?

해답

물음 1

1. 영업권

투자주식의 취득원가		₩1,500,000
B회사의 순자산장부금액	₩1,500,000	
재고자산 과소평가	100,000	
토지 과소평가	100,000	
건물 과소평가	200,000	
사채 과대평가	100,000	
계	₩2,000,000	
지배기업지분율	× 60%	(1,200,000)
영업권		₩300,000

2. 비지배지분

20×1년 초 B회사 순자산장부금액: ₩1,000,000 + ₩300,000 + ₩200,000 =	₩1,500,000
20×1년 초 투자차액 미상각잔액	
재고자산	100,000
토지	100,000
건물	200,000
사채	100,000
20×1년 초 B회사 순자산공정가치	₩2,000,000
비지배지분율	× 40%
20×1년 초 비지배지분	₩800,000

3. 20×1. 1. 1. 연결조정분개

구분	회계처리					
① 투자주식과 자본계정의 상계	(차)	자본금(B)	1,000,000	(대)	투자주식	1,500,000
		자본잉여금(B)	300,000		비지배지분	800,000
		이익잉여금(B)	200,000			
		재고자산	100,000			
		토지	100,000			
		건물	200,000			
		사채할인발행차금(사채)	100,000			
		영업권	300,000			

4. 연결정산표

연결정산표

구분	A회사	B회사	합계	연결조정분개		연결 재무제표
				차변	대변	
<차변: 자산, 비용>						
현금및현금성자산	1,000,000	500,000	1,500,000			1,500,000
투자주식	1,500,000	–	1,500,000		① 1,500,000	0
재고자산	500,000	500,000	1,000,000	① 100,000		1,100,000
토지	1,000,000	1,000,000	2,000,000	① 100,000		2,100,000
건물(순액)	2,000,000	1,000,000	3,000,000	① 200,000		3,200,000
영업권	–	–	–	① 300,000		300,000
차변 합계	6,000,000	3,000,000	9,000,000			8,200,000
<대변: 부채, 자본, 수익>						
차입금	1,000,000	1,000,000	2,000,000			2,000,000
사채	1,000,000	500,000	1,500,000			1,500,000
사채할인발행차금	–	–	–	① 100,000		(100,000)
자본금	2,000,000	1,000,000	3,000,000	① 1,000,000		2,000,000
자본잉여금	1,000,000	300,000	1,300,000	① 300,000		1,000,000
이익잉여금	1,000,000	200,000	1,200,000	① 200,000		1,000,000
비지배지분	–	–	–		① 800,000	800,000
대변 합계	6,000,000	3,000,000	9,000,000	2,300,000	2,300,000	8,200,000

5. 연결재무상태표

연결재무상태표

20×1년 1월 1일 현재

현금및현금성자산	1,500,000	차입금	2,000,000
재고자산	1,100,000	사채	1,500,000
토지	2,100,000	사채할인발행차금	(100,000)
건물(순액)	3,200,000	자본	
영업권	300,000	지배기업소유주지분	
		자본금	2,000,000
		자본잉여금	1,000,000
		이익잉여금	1,000,000
		비지배지분	800,000
	8,200,000		8,200,000

물음 2

1. **영업권**: (1) + (2) = ₩300,000 + ₩200,000 = ₩500,000

(1) 지배기업지분에 대한 영업권

투자주식의 취득원가		₩1,500,000
B회사의 순자산장부금액	₩1,500,000	
재고자산 과소평가	100,000	
토지 과소평가	100,000	
건물 과소평가	200,000	
사채 과대평가	100,000	
계	₩2,000,000	
지배기업지분율	× 60%	(1,200,000)
영업권		₩300,000

(2) 비지배지분에 대한 영업권: ₩1,000,000 − ₩2,000,000 × 40% = ₩200,000

2. **비지배지분**: (1) + (2) = ₩800,000 + ₩200,000 = ₩1,000,000

(1) 종속기업의 순자산공정가치 × 비지배지분율

20×1년 초 B회사 순자산장부금액: ₩1,000,000 + ₩300,000 + ₩200,000 =	₩1,500,000
20×1년 초 투자차액 미상각잔액	
재고자산	100,000
토지	100,000
건물	200,000
사채	100,000
20×1년 말 B회사 순자산공정가치	₩2,000,000
비지배지분율	× 40%
20×1년 말 비지배지분	₩800,000

(2) 비지배지분에 대한 영업권: ₩1,000,000 − ₩2,000,000 × 40% = ₩200,000

해설

비지배지분의 측정(전부영업권과 부분영업권)

구분	순자산공정가치의 비례적인 지분(몫)으로 측정	공정가치로 측정
방법	부분영업권	전부영업권
영업권의 인식	① 지배기업지분에 대한 영업권을 인식함 ② 비지배지분에 대한 영업권을 인식하지 않음	① 지배기업지분에 대한 영업권을 인식함 ② 비지배지분에 대한 영업권을 인식함
영업권의 측정	① 영업권 = 투자주식의 취득원가 − 종속기업의 순자산공정가치 × 지배기업지분율	① 영업권 = ㉠ + ㉡ ㉠ 지배기업지분에 대한 영업권 = 투자주식의 취득원가 − 종속기업의 순자산공정가치 × 지배기업지분율 ㉡ 비지배지분에 대한 영업권 = 비지배지분(공정가치) − 종속기업의 순자산공정가치 × 비지배지분율
비지배지분의 측정	② 비지배지분 = 종속기업의 순자산공정가치 × 비지배지분율	② 비지배지분 = 종속기업의 순자산공정가치 × 비지배지분율 + 비지배지분에 대한 영업권
연결회계이론	지배기업이론	실체이론

기본문제 02 투자주식과 자본계정의 상계제거(2)

20×1년 초에 A회사는 B회사의 보통주 60%를 ₩1,500,000에 취득하여 지배력을 획득하였다. 20×1년 초 현재 B회사의 순자산은 ₩1,500,000(자본금 ₩1,000,000, 자본잉여금 ₩300,000, 이익잉여금 ₩200,000)이었다.

(1) 20×1년 말에 A회사와 B회사의 재무상태표와 20×1년의 포괄손익계산서는 다음과 같다.

재무상태표

20×1년 12월 31일 현재 (단위: 원)

	A회사	B회사		A회사	B회사
현금및현금성자산	1,400,000	700,000	차입금	1,200,000	1,100,000
투자주식(B회사)	1,500,000	–	사채	1,000,000	500,000
재고자산	800,000	700,000	자본금	2,000,000	1,000,000
토지	1,000,000	1,000,000	자본잉여금	1,000,000	300,000
건물(순액)	1,800,000	900,000	이익잉여금	1,300,000	400,000
	6,500,000	3,300,000		6,500,000	3,300,000

포괄손익계산서

20×1년 1월 1일부터 20×1년 12월 31일까지 (단위: 원)

	A회사	B회사
매출액	1,000,000	500,000
매출원가	(400,000)	(150,000)
매출총이익	600,000	350,000
감가상각비	(200,000)	(100,000)
이자비용	(100,000)	(50,000)
당기순이익	300,000	200,000

(2) 20×1년 초 현재 B회사의 장부금액과 공정가치가 다른 자산과 부채는 다음과 같다.

구분	장부금액	공정가치
재고자산	₩500,000	₩600,000
토지	1,000,000	1,100,000
건물	1,000,000	1,200,000
사채	500,000	400,000

재고자산은 선입선출법을 적용하여 20×1년 중 전액 외부로 판매되었으며, 토지는 20×1년 말 현재 보유 중이다. 건물은 20×1년 초 현재 잔존내용연수는 10년이며, 잔존가치는 없고 정액법으로 감가상각한다. 사채의 액면금액은 ₩500,000이고 만기는 20×5년 말이며, 사채할인발행차금은 정액법으로 상각한다.

(3) A회사는 B회사의 투자주식을 원가법으로 회계처리하고 있으며, 20×1년 말의 영업권의 회수가능액은 ₩200,000으로 하락하였다.

(4) A회사는 비지배지분을 종속기업의 식별가능한 순자산의 비례적인 지분(몫)으로 측정하고 있다.

(5) 20×1년 초 현재 A회사의 순자산은 ₩4,000,000(자본금 ₩2,000,000, 자본잉여금 ₩1,000,000, 이익잉여금 ₩1,000,000)이었다.

물음 1

20×1년 말에 연결재무제표를 작성하는 경우 연결재무상태표에 계상될 영업권은 얼마인가?

물음 2

20×1년 말에 연결재무제표를 작성하는 경우 연결포괄손익계산서에 계상될 (1) 연결당기순이익, (2) 지배기업소유주 귀속 당기순이익, (3) 비지배분순이익은 얼마인가?

물음 3

20×1년 말에 연결재무제표를 작성하는 경우 연결재무상태표에 계상될 비지배지분은 얼마인가?

해답

물음 1

1. 20×1년 초 영업권

투자주식의 취득원가		₩1,500,000
B회사의 순자산장부금액	₩1,500,000	
재고자산 과소평가	100,000	
토지 과소평가	100,000	
건물 과소평가	200,000	
사채 과대평가	100,000	
계	₩2,000,000	
지배기업지분율	× 60%	(1,200,000)
영업권		₩300,000

2. 20×1년 말 영업권: Min[₩300,000 장부금액, ₩200,000 회수가능액] = ₩200,000

▶ 영업권의 손상차손

손상차손 인식 전 영업권	₩300,000
회수가능액	(200,000)
영업권손상차손	₩100,000

물음 2

	A회사	B회사	합계
보고된 당기순이익	₩300,000	₩200,000	₩500,000
투자차액의 상각			
재고자산	-	(100,000)	(100,000)
건물	-	(20,000)	(20,000)
사채	-	(20,000)	(20,000)
영업권손상차손	(100,000)	-	(100,000)
연결조정 후 당기순이익	₩200,000	₩60,000	₩260,000

∴ 연결당기순이익:	₩200,000	+	₩60,000	=	₩260,000
지배기업소유주 귀속 당기순이익:	₩200,000	+	₩60,000 × 60%	=	₩236,000
비지배지분순이익:			₩60,000 × 40%	=	₩24,000

물음 3

1. 20×1년 말 B회사 순자산장부금액: ₩1,500,000 + ₩200,000 =	₩1,700,000
20×1년 말 투자차액 미상각잔액	
토지	100,000
건물: ₩200,000 × 9년/10년 =	180,000
사채: ₩100,000 × 4년/5년 =	80,000
2. 20×1년 말 B회사 순자산공정가치	₩2,060,000
3. 비지배지분율	× 40%
4. 20×1년 말 비지배지분	₩824,000

해설

1. 20×1. 12. 31. 연결조정분개

(1) 투자주식과 자본계정의 상계제거

구분	회계처리
① 취득시점의 투자·자본 상계	(차) 자본금(B) 1,000,000 (대) 투자주식 1,500,000 자본잉여금(B) 300,000 비지배지분 800,000*3 이익잉여금(B) 200,000*1 재고자산 100,000 토지 100,000 건물 200,000 사채할인발행차금(사채) 100,000 영업권 300,000*2 *1 20×1년 초 이익잉여금 *2 영업권: ₩1,500,000 − (₩1,500,000 + ₩500,000) × 60% = ₩300,000 *3 비지배지분: (₩1,500,000 + ₩500,000) × 40% = ₩800,000
② 투자차액의 상각	(차) 매출원가 100,000*4 (대) 재고자산 100,000 *4 장부금액과 공정가치가 다른 재고자산은 외부로 판매된 경우 매출원가에 재고자산에 대한 장부금액과 공정가치의 차액을 추가로 조정해주어야 한다. (차) 감가상각비 20,000*5 (대) 감가상각누계액(건물) 20,000 *5 종속기업의 장부금액과 공정가치가 다른 감가성 유형자산인 건물은 이 차액 ₩20,000(=$\frac{₩200,000}{10년}$)에 대한 추가적인 감가상각 효과를 인식해야 한다. (차) 이자비용 20,000*6 (대) 사채할인발행차금(사채) 20,000 *6 종속기업의 장부금액과 공정가치가 다른 사채는 이 차액 ₩20,000(=$\frac{₩100,000}{5년}$)에 대한 추가적인 이자비용 효과를 인식해야 한다.
③ 영업권의 손상차손	(차) 영업권손상차손 100,000*7 (대) 영업권 100,000 *7 영업권손상차손 손상차손 인식 전 영업권 ₩300,000 회수가능액 (200,000) 영업권손상차손 ₩100,000

(2) 비지배지분순이익 계상

구분	회계처리
④ 비지배지분 순이익 계상	(차) 이익잉여금 24,000 (대) 비지배지분 24,000* * B회사 보고된 당기순이익 ₩200,000 매출원가 (100,000) 감가상각비 (20,000) 이자비용 (20,000) B회사 연결조정 후 당기순이익 ₩60,000 비지배지분율 × 40% 비지배지분순이익 ₩24,000

2. 연결정산표

연결정산표

구분	A회사	B회사	합계	연결조정분개		연결 재무제표
				차변	대변	
<차변: 자산, 비용>						
현금및현금성자산	1,400,000	700,000	2,100,000			2,100,000
투자주식	1,500,000	–	1,500,000		① 1,500,000	0
재고자산	800,000	700,000	1,500,000	① 100,000	② 100,000	1,500,000
토지	1,000,000	1,000,000	2,000,000	① 100,000		2,100,000
건물(순액)	1,800,000	900,000	2,700,000	① 200,000	② 20,000	2,880,000
영업권	–	–	–	① 300,000	③ 100,000	200,000
매출원가	400,000	150,000	550,000	② 100,000		650,000
감가상각비	200,000	100,000	300,000	② 20,000		320,000
이자비용	100,000	50,000	150,000	② 20,000		170,000
영업권손상차손	–	–	–	③ 100,000		100,000
차변 합계	7,200,000	3,600,000	10,800,000			10,020,000
<대변: 부채, 자본, 수익>						
차입금	1,200,000	1,100,000	2,300,000			2,300,000
사채	1,000,000	500,000	1,500,000			1,500,000
사채할인발행차금	–	–	–	① 100,000	② 20,000	(80,000)
자본금	2,000,000	1,000,000	3,000,000	① 1,000,000		2,000,000
자본잉여금	1,000,000	300,000	1,300,000	① 300,000		1,000,000
이익잉여금	1,000,000*	200,000*	1,200,000	① 200,000 ④ 24,000		976,000
비지배지분	–	–	–		① 800,000 ④ 24,000	824,000
매출액	1,000,000	500,000	1,500,000			1,500,000
대변 합계	7,200,000	3,600,000	10,800,000	2,564,000	2,564,000	10,020,000

* 재무상태표에 이익잉여금은 기말이익잉여금 잔액으로 표시되어 있기 때문에 수익과 비용을 추가로 반영하면 잔액시산표의 차변과 대변 합계가 일치하지 않는 문제가 발생하므로 잔액시산표에 이익잉여금은 당기순이익을 제외한 금액으로 표시해야 한다.

3. 연결재무상태표

연결재무상태표

20×1년 12월 31일 현재

현금및현금성자산	2,100,000	차입금	2,300,000
재고자산	1,500,000	사채	1,500,000
토지	2,100,000	사채할인발행차금	(80,000)
건물(순액)	2,880,000	자본	
영업권	200,000	지배기업소유주지분	
		자본금	2,000,000
		자본잉여금	1,000,000
		이익잉여금	1,236,000*
		비지배지분	824,000
	8,780,000		8,780,000

* 정산표상 이익잉여금 ₩976,000 + 연결당기순이익 ₩260,000 = ₩1,236,000

4. 연결포괄손익계산서

포괄손익계산서

20×1년 1월 1일부터 20×1년 12월 31일까지

매출액	1,500,000
매출원가	(650,000)
매출총이익	850,000
감가상각비	(320,000)
이자비용	(170,000)
영업권손상차손	(100,000)
당기순이익	260,000
당기순이익의 귀속	
지배기업소유주	236,000
비지배지분	24,000

기본문제 03 투자주식과 자본계정의 상계제거(3)

20×1년 초에 A회사는 B회사의 보통주 60%를 ₩1,500,000에 취득하여 지배력을 획득하였다. 20×1년 초 현재 B회사의 순자산은 ₩1,500,000(자본금 ₩1,000,000, 자본잉여금 ₩300,000, 이익잉여금 ₩200,000)이었다.

(1) 20×2년 말에 A회사와 B회사의 재무상태표와 20×2년의 포괄손익계산서는 다음과 같다.

재무상태표

20×2년 12월 31일 현재 (단위: 원)

	A회사	B회사		A회사	B회사
현금및현금성자산	1,600,000	800,000	차입금	1,400,000	1,200,000
투자주식(B회사)	1,500,000	-	사채	1,000,000	500,000
재고자산	1,300,000	900,000	자본금	2,000,000	1,000,000
토지	1,000,000	1,000,000	자본잉여금	1,000,000	300,000
건물(순액)	1,600,000	800,000	이익잉여금	1,600,000	500,000
	7,000,000	3,500,000		7,000,000	3,500,000

포괄손익계산서

20×2년 1월 1일부터 20×2년 12월 31일까지 (단위: 원)

	A회사	B회사
매출액	940,000	700,000
매출원가	(400,000)	(350,000)
매출총이익	540,000	350,000
배당금수익	60,000	-
감가상각비	(200,000)	(100,000)
이자비용	(100,000)	(50,000)
당기순이익	300,000	200,000

(2) 20×1년 초 현재 B회사의 장부금액과 공정가치가 다른 자산과 부채는 다음과 같다.

구분	장부금액	공정가치
재고자산	₩500,000	₩600,000
토지	1,000,000	1,100,000
건물	1,000,000	1,200,000
사채	500,000	400,000

재고자산은 선입선출법을 적용하여 20×1년 중 전액 외부로 판매되었으며, 토지는 20×2년 말 현재 보유 중이다. 건물은 20×1년 초 현재 잔존내용연수는 10년이며, 잔존가치는 없고 정액법으로 감가상각한다. 사채의 액면금액은 ₩500,000이고 만기는 20×5년 말이며, 사채할인발행차금은 정액법으로 상각한다.

(3) A회사는 B회사의 투자주식을 원가법으로 회계처리하고 있으며, 20×1년 말의 영업권의 회수가능액은 ₩200,000으로 하락하였으나 20×2년 말에는 영업권의 회수가능액이 ₩250,000으로 상승하였다.
(4) B회사는 20×1년에 ₩200,000의 당기순이익을 보고하였으며, 20×2년에 ₩100,000의 현금배당을 실시하여 A회사가 수령한 금액은 ₩60,000이다.
(5) A회사는 비지배지분을 종속기업의 식별할 수 있는 순자산의 비례적인 지분(몫)으로 측정하고 있다.
(6) 20×1년 초 현재 A회사의 순자산은 ₩4,000,000(자본금 ₩2,000,000, 자본잉여금 ₩1,000,000, 이익잉여금 ₩1,000,000)이었으며, 20×1년에 ₩300,000에 당기순이익을 보고하였다.

물음 1

20×2년 말에 연결재무제표를 작성하는 경우 연결재무상태표에 계상될 영업권은 얼마인가?

물음 2

20×2년 말에 연결재무제표를 작성하는 경우 연결포괄손익계산서에 계상될 (1) 연결당기순이익, (2) 지배기업소유주 귀속 당기순이익, (3) 비지배지분순이익은 얼마인가?

물음 3

20×2년 말에 연결재무제표를 작성하는 경우 연결재무상태표에 계상될 비지배지분은 얼마인가?

해답

물음 1

1. 20×1년 초 영업권

투자주식의 취득원가		₩1,500,000
B회사의 순자산장부금액	₩1,500,000	
재고자산 과소평가	100,000	
토지 과소평가	100,000	
건물 과소평가	200,000	
사채 과대평가	100,000	
계	₩2,000,000	
지배기업지분율	× 60%	(1,200,000)
영업권		₩300,000

2. 20×1년 말 영업권: Min[₩300,000 장부금액, ₩200,000 회수가능액] = ₩200,000

▶ 영업권의 손상차손

손상차손 인식 전 영업권	₩300,000
회수가능액	(200,000)
영업권손상차손	₩100,000

3. 20×2년 말 영업권: ₩200,000(영업권은 손상차손 환입을 인정하지 아니함)

물음 2

	A회사	B회사	합계
보고된 당기순이익	₩300,000	₩200,000	₩500,000
투자차액의 상각			
건물	−	(20,000)	(20,000)
사채	−	(20,000)	(20,000)
내부거래제거			
배당금수익	(60,000)	−	(60,000)
연결조정 후 당기순이익	₩240,000	₩160,000	₩400,000

∴ 연결당기순이익:	₩240,000	+	₩160,000	=	₩400,000
지배기업소유주 귀속 당기순이익:	₩240,000	+	₩160,000 × 60%	=	₩336,000
비지배지분순이익:			₩160,000 × 40%	=	₩64,000

물음 3

1. 20×2년 말 B회사 순자산장부금액: ₩1,500,000 + ₩200,000 + ₩200,000 − ₩100,000 =	₩1,800,000
20×2년 말 투자차액 미상각잔액	
토지	100,000
건물: ₩200,000 × 8년/10년 =	160,000
사채: ₩100,000 × 3년/5년 =	60,000
2. 20×2년 말 B회사 순자산공정가치	₩2,120,000
3. 비지배지분율	× 40%
4. 20×2년 말 비지배지분	₩848,000

해설

1. 20×2. 12. 31. 연결조정분개

(1) 배당금수익 취소분개

구분	회계처리					
① 배당금수익 취소분개	(차)	배당금수익	60,000	(대)	이익잉여금(B)	100,000
		비지배지분	40,000			

(2) 투자주식과 자본계정의 상계제거

구분	회계처리					
② 취득시점의 투자·자본 상계	(차)	자본금(B)	1,000,000	(대)	투자주식	1,500,000
		자본잉여금(B)	300,000		비지배지분	800,000*3
		이익잉여금(B)	200,000*1			
		재고자산	100,000			
		토지	100,000			
		건물	200,000			
		사채할인발행차금(사채)	100,000			
		영업권	300,000*2			
	*1 20×1년 초 이익잉여금 *2 영업권: ₩1,500,000 − (₩1,500,000 + ₩500,000) × 60% = ₩300,000 *3 비지배지분: (₩1,500,000 + ₩500,000) × 40% = ₩800,000					
③ 취득시점 이후 자본변동	(차)	이익잉여금(B)	200,000*4	(대)	이익잉여금(A)	120,000
					비지배지분	80,000
	*4 20×1년 이익잉여금의 증가분(당기순이익)					
④ 전기 투자차액의 상각	(차)	이익잉여금(A)	84,000	(대)	재고자산	100,000
		비지배지분	56,000		감가상각누계액(건물)	20,000
					사채할인발행차금(사채)	20,000
⑤ 전기 영업권손상차손	(차)	이익잉여금(A)	100,000	(대)	영업권	100,000
⑥ 당기 투자차액의 상각	(차)	감가상각비	20,000*5	(대)	감가상각누계액(건물)	20,000
	*5 종속기업의 장부금액과 공정가치가 다른 감가성 유형자산인 건물은 이 차액 ₩20,000(= ₩200,000/10년)에 대한 추가적인 당기 감가상각 효과를 인식해야 함					
	(차)	이자비용	20,000*6	(대)	사채할인발행차금(사채)	20,000
	*6 종속기업의 장부금액과 공정가치가 다른 사채는 이 차액 ₩20,000(= ₩100,000/5년)에 대한 추가적인 당기 이자비용 효과를 인식해야 함					

(3) 비지배지분순이익 계상

구분	회계처리
⑦ 비지배지분 순이익 계상	(차) 이익잉여금 64,000 (대) 비지배지분 64,000* * B회사 보고된 당기순이익 ₩200,000 감가상각비 (20,000) 이자비용 (20,000) B회사 연결조정 후 당기순이익 ₩160,000 비지배지분율 × 40% 비지배지분순이익 ₩64,000

2. 연결정산표

연결정산표

구분	A회사	B회사	합계	연결조정분개		연결 재무제표
				차변	대변	
<차변: 자산, 비용>						
현금및현금성자산	1,600,000	800,000	2,400,000			2,400,000
투자주식	1,500,000	–	1,500,000		② 1,500,000	0
재고자산	1,300,000	900,000	2,200,000	② 100,000	④ 100,000	2,200,000
토지	1,000,000	1,000,000	2,000,000	② 100,000		2,100,000
건물(순액)	1,600,000	800,000	2,400,000	② 200,000	④ 20,000 ⑥ 20,000	2,560,000
영업권	–	–	–	② 300,000	⑤ 100,000	200,000
매출원가	400,000	350,000	750,000			750,000
감가상각비	200,000	100,000	300,000	⑥ 20,000		320,000
이자비용	100,000	50,000	150,000	⑥ 20,000		170,000
차변 합계	7,700,000	4,000,000	11,700,000			10,700,000
<대변: 부채, 자본, 수익>						
차입금	1,400,000	1,200,000	2,600,000			2,600,000
사채	1,000,000	500,000	1,500,000			1,500,000
사채할인발행차금	–	–	–	② 100,000	④ 20,000 ⑥ 20,000	(60,000)
자본금	2,000,000	1,000,000	3,000,000	② 1,000,000		2,000,000
자본잉여금	1,000,000	300,000	1,300,000	② 300,000		1,000,000
이익잉여금	1,300,000*	300,000*	1,600,000	② 200,000 ③ 200,000 ④ 84,000 ⑤ 100,000 ⑦ 64,000	① 100,000 ③ 120,000	1,172,000
비지배지분	–	–	–	① 40,000 ④ 56,000	② 800,000 ③ 80,000 ⑦ 64,000	848,000
매출액	940,000	700,000	1,640,000			1,640,000
배당금수익	60,000	–	60,000	① 60,000		0
대변 합계	7,700,000	4,000,000	11,700,000	2,944,000	2,944,000	10,700,000

* 재무상태표에 이익잉여금은 기말이익잉여금 잔액으로 표시되어 있기 때문에 수익과 비용을 추가로 반영하면 잔액시산표의 차변과 대변 합계가 일치하지 않는 문제가 발생하므로 잔액시산표에 이익잉여금은 당기순이익을 제외한 금액으로 표시해야 한다.

3. 연결재무상태표

연결재무상태표

20×2년 12월 31일 현재

현금및현금성자산	2,400,000	차입금	2,600,000
재고자산	2,200,000	사채	1,500,000
토지	2,100,000	사채할인발행차금	(60,000)
건물(순액)	2,560,000	자본	
영업권	200,000	지배기업소유주귀속	
		자본금	2,000,000
		자본잉여금	1,000,000
		이익잉여금	1,572,000*
		비지배지분	848,000
	9,460,000		9,460,000

* 정산표상 이익잉여금 ₩1,172,000 + 연결당기순이익 ₩400,000 = ₩1,572,000

4. 연결포괄손익계산서

포괄손익계산서

20×2년 1월 1일부터 20×2년 12월 31일까지

매출액	1,640,000
매출원가	(750,000)
매출총이익	890,000
배당금수익	–
감가상각비	(320,000)
이자비용	(170,000)
당기순이익	400,000
당기순이익의 귀속	
지배기업소유주	336,000
비지배지분	64,000

기본문제 04 부(-)의 비지배지분

20×1년 초에 A회사는 B회사의 보통주 80%를 ₩400,000에 취득하여 지배력을 획득하였다. 20×1년 초 현재 B회사의 순자산은 ₩300,000(자본금 ₩200,000, 자본잉여금 ₩50,000, 이익잉여금 ₩50,000)이었다.

(1) 20×1년 말에 A회사와 B회사의 재무상태표와 20×1년의 포괄손익계산서는 다음과 같다.

재무상태표

20×1년 12월 31일 현재 (단위: 원)

	A회사	B회사		A회사	B회사
현금및현금성자산	3,500,000	300,000	부채	2,200,000	2,000,000
투자주식(B회사)	400,000	-	자본금	2,000,000	200,000
재고자산	800,000	600,000	자본잉여금	1,000,000	50,000
건물(순액)	1,800,000	900,000	이익잉여금	1,300,000	(450,000)
	6,500,000	1,800,000		6,500,000	1,800,000

포괄손익계산서

20×1년 1월 1일부터 20×1년 12월 31일까지 (단위: 원)

	A회사	B회사
매출액	1,000,000	500,000
매출원가	(500,000)	(900,000)
매출총이익	500,000	(400,000)
감가상각비	(200,000)	(100,000)
당기순이익	300,000	(500,000)

(2) 20×1년 초 현재 B회사의 장부금액과 공정가치가 다른 자산과 부채는 다음과 같다.

구분	장부금액	공정가치
건물	1,000,000	1,100,000

건물은 20×1년 초 현재 잔존내용연수는 10년이며, 잔존가치는 없고 정액법으로 감가상각한다.

(3) A회사는 B회사의 투자주식을 원가법으로 회계처리하고 있으며, 20×1년 말에 영업권의 손상차손이 ₩10,000만큼 발생하였다.

(4) A회사는 비지배지분을 종속기업의 식별가능한 순자산의 비례적인 지분(몫)으로 측정하고 있다.

(5) 20×1년 초 현재 A회사의 순자산은 ₩4,000,000(자본금 ₩2,000,000, 자본잉여금 ₩1,000,000, 이익잉여금 ₩1,000,000)이었다.

물음 1

20×1년 말에 연결재무제표를 작성하는 경우 연결포괄손익계산서에 계상될 (1) 연결당기순이익, (2) 지배기업소유주 귀속 당기순이익, (3) 비지배지분순이익은 얼마인가?

물음 2

20×1년 말에 연결재무제표를 작성하는 경우 연결재무상태표에 계상될 비지배지분은 얼마인가?

물음 3

종속기업의 영업활동이 악화되어 결손이 누적되어 종속기업의 순자산공정가치의 부(－)의 금액이 되는 경우에 발생하는 비지배지분의 차변잔액을 한국채택국제회계기준에 의하면 어떻게 회계처리해야 하는지 설명하고, 관련 연결회계이론(실체이론 또는 지배기업이론)과 관련하여 5줄 이내로 서술하시오.

해답

물음 1

	A회사	B회사	합계
보고된 당기순이익	₩300,000	₩(500,000)	₩(200,000)
투자차액의 상각			
건물	-	(10,000)	(10,000)
영업권손상차손	(10,000)	-	(10,000)
연결조정 후 당기순이익	₩290,000	₩(510,000)	₩(220,000)

∴ 연결당기순이익:	₩290,000	+	₩(510,000)	=	₩(220,000)
지배기업소유주 귀속 당기순이익:	₩290,000	+	₩(510,000) × 80%	=	₩(118,000)
비지배지분순이익:			₩(510,000) × 20%	=	₩(102,000)

물음 2

1. 20×1년 말 B회사 순자산장부금액: ₩300,000 - ₩500,000 =	₩(200,000)
20×1년 말 투자차액 미상각잔액	
건물: ₩100,000 × 9년/10년 =	90,000
2. 20×1년 말 B회사 순자산공정가치	₩(110,000)
3. 비지배지분율	× 20%
4. 20×1년 말 비지배지분	₩(22,000)

물음 3

부(-)의 비지배지분은 연결재무상태표에서 자본에 포함하되 지배기업 소유주지분과는 구분하여 표시하며, 연결재무상태표의 자본에 차감하여 표시한다. 이는 연결실체이론에 입각한 회계처리로서 비지배지분을 연결실체의 주주로 간주하므로 부(-)의 비지배지분을 연결재무상태표의 자본에서 차감하는 형식으로 표시하는 것이다.

해설

1. 20×1. 12. 31. 연결조정분개

(1) 투자주식과 자본계정의 상계제거

구분	회계처리					
① 취득시점의 투자·자본 상계	(차)	자본금(B)	200,000	(대)	투자주식	400,000
		자본잉여금(B)	50,000		비지배지분	80,000*3
		이익잉여금(B)	50,000*1			
		건물	100,000			
		영업권	80,000*2			
	*1 20×1년 초 이익잉여금 *2 영업권: ₩400,000 − (₩300,000 + ₩100,000) × 80% = ₩80,000 *3 비지배지분: (₩300,000 + ₩100,000) × 20% = ₩80,000					
② 투자차액의 상각	(차)	감가상각비	10,000*4	(대)	감가상각누계액(건물)	10,000
	*4 종속기업의 장부금액과 공정가치가 다른 감가성 유형자산인 건물은 이 차액 ₩10,000(= ₩100,000/10년)에 대한 추가적인 감가상각 효과를 인식해야 함					
③ 영업권손상차손	(차)	영업권손상차손	10,000	(대)	영업권	10,000

(2) 비지배지분순이익 계상

구분	회계처리					
④ 비지배지분 순이익 계상	(차)	비지배지분	102,000	(대)	이익잉여금	102,000*
	* B회사 보고된 당기순손실		₩(500,000)			
	감가상각비		(10,000)			
	B회사 연결조정 후 당기순손실		₩(510,000)			
	비지배지분율		× 20%			
	비지배지분순손실		₩(102,000)			

2. 연결정산표

연결정산표

구분	A회사	B회사	합계	연결조정분개		연결 재무제표
				차변	대변	
<차변: 자산, 비용>						
현금및현금성자산	3,500,000	300,000	3,800,000			3,800,000
투자주식	400,000	-	400,000		① 400,000	0
재고자산	800,000	600,000	1,400,000			1,400,000
건물(순액)	1,800,000	900,000	2,700,000	① 100,000	② 10,000	2,790,000
영업권	-	-	-	① 80,000	③ 10,000	70,000
매출원가	500,000	900,000	1,400,000			1,400,000
감가상각비	200,000	100,000	300,000	② 10,000		310,000
영업권손상차손	-	-	-	③ 10,000		10,000
차변 합계	7,200,000	2,800,000	10,000,000			9,780,000
<대변: 부채, 자본, 수익>						
부채	2,200,000	2,000,000	4,200,000			4,200,000
자본금	2,000,000	200,000	2,200,000	① 200,000		2,000,000
자본잉여금	1,000,000	50,000	1,050,000	① 50,000		1,000,000
이익잉여금	1,000,000*	50,000*	1,050,000	① 50,000	④ 102,000	1,102,000
비지배지분	-	-	-	④ 102,000	① 80,000	(22,000)
매출액	1,000,000	500,000	1,500,000			1,500,000
대변 합계	7,200,000	2,800,000	10,000,000	602,000	602,000	9,780,000

* 재무상태표에 이익잉여금은 기말이익잉여금 잔액으로 표시되어 있기 때문에 수익과 비용을 추가로 반영하면 잔액시산표의 차변과 대변 합계가 일치하지 않는 문제가 발생하므로 잔액시산표에 이익잉여금은 당기순이익을 제외한 금액으로 표시해야 한다.

3. 연결재무상태표

연결재무상태표

20×1년 12월 31일 현재

자산	금액	부채및자본	금액
현금및현금성자산	3,800,000	부채	4,200,000
재고자산	1,400,000	자본	
건물(순액)	2,790,000	지배기업소유주지분	
영업권	70,000	자본금	2,000,000
		자본잉여금	1,000,000
		이익잉여금	882,000*
		비지배지분	(22,000)
	8,060,000		8,060,000

* 정산표상 이익잉여금 ₩1,102,000 + 연결당기순손실 ₩(220,000) = ₩882,000

4. 연결포괄손익계산서

포괄손익계산서

20×1년 1월 1일부터 20×1년 12월 31일까지

매출액	1,500,000
매출원가	(1,400,000)
매출총이익	100,000
감가상각비	(310,000)
영업권손상차손	(10,000)
당기순이익	(220,000)
당기순이익의 귀속	
지배기업소유주	(118,000)
비지배지분	(102,000)

5. 20×1년 말 연결재무상태표에 계상될 비지배지분은 종속기업의 기말 순자산공정가치가 ₩(110,000)으로 부(-)의 잔액이므로 이 중 비지배주주의 지분(20%) ₩(22,000)의 부(-)의 금액이 산출된다. 이러한 경우 비지배지분의 차변잔액 ₩22,000을 연결재무상태표에서 자본에 포함하되 지배기업의 소유주 지분과는 구분하여 표시하며, 연결재무상태표의 자본에 차감하여 표시한다.

기본문제 05 기타포괄손익이 존재하는 경우의 연결

20×1년 초에 A회사는 B회사의 보통주 60%를 ₩1,300,000에 취득하여 지배력을 획득하였다. 20×1년 초 현재 B회사의 순자산은 ₩1,500,000(자본금 ₩1,000,000, 자본잉여금 ₩300,000, 이익잉여금 ₩200,000)이었다.

(1) 20×1년 말에 A회사와 B회사의 재무상태표와 20×1년의 포괄손익계산서는 다음과 같다.

재무상태표

20×1년 12월 31일 현재 (단위: 원)

	A회사	B회사		A회사	B회사
현금및현금성자산	400,000	600,000	부채	2,000,000	800,000
투자주식(B회사)	1,300,000	-	자본금	1,400,000	1,000,000
기타포괄손익공정가치측정금융자산	400,000	200,000	자본잉여금	600,000	300,000
재고자산	800,000	600,000	이익잉여금	500,000	400,000
토지	1,000,000	800,000	기타포괄손익공정가치측정금융자산평가이익	200,000	100,000
건물(순액)	800,000	400,000			
	4,700,000	2,600,000		4,700,000	2,600,000

포괄손익계산서

20×1년 1월 1일부터 20×1년 12월 31일까지 (단위: 원)

	A회사	B회사
매출액	1,000,000	500,000
매출원가	(500,000)	(200,000)
매출총이익	500,000	300,000
감가상각비	(200,000)	(100,000)
당기순이익	300,000	200,000
기타포괄이익	200,000	100,000
총포괄이익	500,000	300,000

(2) 20×1년 초 현재 B회사의 장부금액과 공정가치가 다른 자산과 부채는 다음과 같다.

구분	장부금액	공정가치
재고자산	₩600,000	₩700,000
토지	800,000	1,000,000
건물	500,000	700,000

재고자산은 선입선출법을 적용하여 20×1년 중 전액 외부로 판매되었으며, 토지는 20×1년 말 현재 보유 중이다. 건물은 20×1년 초 현재 잔존내용연수는 10년이며, 잔존가치는 없고 정액법으로 감가상각한다.

(3) A회사는 B회사의 투자주식을 원가법으로 회계처리하고 있으며, 영업권은 20×1년 말까지 손상되지 않았다.

(4) A회사는 비지배지분을 종속기업의 식별할 수 있는 순자산의 비례적인 지분(몫)으로 측정하고 있다.

물음 1

20×1년 말에 연결재무제표를 작성하는 경우 아래 양식의 연결포괄손익계산서에 금액들을 계산하시오.

포괄손익계산서

20×1년 1월 1일부터 20×1년 12월 31일까지

매출액	1,500,000
매출원가	(800,000)
매출총이익	700,000
감가상각비	(320,000)
당기순이익	380,000
기타포괄이익	300,000
총포괄이익	680,000
당기순이익의 귀속	
지배기업소유주	①
비지배지분	②
총포괄이익의 귀속	
지배기업소유주	③
비지배지분	④

물음 2

연결재무제표 작성 시 연결포괄손익계산서에 당기순손익과 총포괄손익을 어떻게 표시해야 하는지 3줄 이내로 설명하시오.

해답

물음 1

① 지배기업소유주 귀속 당기순이익: ₩348,000
② 비지배지분 귀속 당기순이익: ₩32,000
③ 지배기업소유주 귀속 총포괄이익: ₩608,000
④ 비지배지분 귀속 총포괄이익: ₩72,000

1. 당기순이익의 귀속

	A회사	B회사	합계
보고된 당기순이익	₩300,000	₩200,000	₩500,000
투자차액의 상각			
재고자산	–	(100,000)	(100,000)
건물	–	(20,000)	(20,000)
연결조정 후 당기순이익	₩300,000	₩80,000	₩380,000

∴ 연결당기순이익:	₩300,000	+	₩80,000	=	₩380,000
지배기업소유주 귀속 당기순이익:	₩300,000	+	₩80,000 × 60%	=	₩348,000
비지배지분순이익:			₩80,000 × 40%	=	₩32,000

2. 총포괄이익의 귀속

(1) 비지배지분 귀속분: ₩80,000 × 40% + ₩100,000 × 40% = ₩72,000
(2) 지배기업소유주 귀속분: ₩680,000 − ₩72,000 = ₩608,000

물음 2

보고기업은 당기순손익과 기타포괄손익의 각 구성요소를 지배기업의 소유주와 비지배지분에 귀속시킨다. 또한, 연결포괄손익계산서에 당기순손익과 총포괄손익을 지배기업 소유주와 비지배지분에 각각 귀속시킬 금액을 구분하여 총포괄손익 하단에 표시해야 한다.

해설

1. 20×1. 12. 31. 연결조정분개

(1) 투자주식과 자본계정의 상계제거

구분	회계처리					
① 취득시점의 투자·자본 상계	(차)	자본금(B)	1,000,000	(대)	투자주식	1,300,000
		자본잉여금(B)	300,000		비지배지분	800,000*3
		이익잉여금(B)	200,000*1			
		재고자산	100,000			
		토지	200,000			
		건물	200,000			
		영업권	100,000*2			

*1 20×1년 초 이익잉여금
*2 영업권: ₩1,300,000 − (₩1,500,000 + ₩500,000) × 60% = ₩100,000
*3 비지배지분: (₩1,500,000 + ₩500,000) × 40% = ₩800,000

② 투자차액의 상각	(차) 매출원가 100,000[*4] (대) 재고자산 100,000 *4 장부금액과 공정가치가 다른 재고자산은 외부로 판매된 경우 매출원가에 재고자산에 대한 장부금액과 공정가치의 차액을 추가로 조정해주어야 함 (차) 감가상각비 20,000[*5] (대) 감가상각누계액(건물) 20,000 *5 종속기업의 장부금액과 공정가치가 다른 감가성 유형자산인 건물은 이 차액 ₩20,000(=₩200,000/10년)에 대한 추가적인 감가상각 효과를 인식해야 함

(2) 비지배지분순이익 계상

구분	회계처리
③ 비지배지분 순이익 계상	(차) 이익잉여금 32,000 (대) 비지배지분 32,000[*1] *1 B회사 보고된 당기순이익 ₩200,000 매출원가 (100,000) 감가상각비 (20,000) B회사 연결조정 후 당기순이익 ₩80,000 비지배지분율 × 40% 비지배지분순이익 ₩32,000
④ 비지배기타 포괄손익 계상	(차) 기타포괄손익공정가치측정금융자산평가이익 40,000 (대) 비지배지분 40,000[*2] *2 ₩100,000 × 40% = ₩40,000

2. 연결정산표

연결정산표

구분	A회사	B회사	합계	연결조정분개		연결 재무제표
				차변	대변	
<차변: 자산, 비용>						
현금및현금성자산	400,000	600,000	1,000,000			1,000,000
투자주식	1,300,000	–	1,300,000		① 1,300,000	0
기타포괄손익공정가치측정금융자산	400,000	200,000	600,000			600,000
재고자산	800,000	600,000	1,400,000	① 100,000	② 100,000	1,400,000
토지	1,000,000	800,000	1,800,000	① 200,000		2,000,000
건물(순액)	800,000	400,000	1,200,000	① 200,000	② 20,000	1,380,000
영업권	–	–	–	① 100,000		100,000
매출원가	500,000	200,000	700,000	② 100,000		800,000
감가상각비	200,000	100,000	300,000	② 20,000		320,000
차변 합계	5,400,000	2,900,000	8,300,000			7,600,000
<대변: 부채, 자본, 수익>						
부채	2,000,000	800,000	2,800,000			2,800,000
자본금	1,400,000	1,000,000	2,400,000	① 1,000,000		1,400,000
자본잉여금	600,000	300,000	900,000	① 300,000		600,000
이익잉여금	200,000*	200,000*	400,000	① 200,000 ③ 32,000		168,000
기타포괄손익공정가치측정금융자산평가이익	200,000	100,000	300,000	④ 40,000		260,000
비지배지분	–	–	–		① 800,000 ③ 32,000 ④ 40,000	872,000
매출액	1,000,000	500,000	1,500,000			1,500,000
대변 합계	5,400,000	2,900,000	8,300,000	2,292,000	2,292,000	7,600,000

* 재무상태표에 이익잉여금은 기말이익잉여금 잔액으로 표시되어 있기 때문에 수익과 비용을 추가로 반영하면 잔액시산표의 차변과 대변 합계가 일치하지 않는 문제가 발생하므로 잔액시산표에 이익잉여금은 당기순이익을 제외한 금액으로 표시해야 한다.

3. 연결재무상태표

연결재무상태표

20×1년 12월 31일 현재

현금및현금성자산	1,000,000	부채	2,800,000
기타포괄손익공정가치측정금융자산	600,000	자본	
재고자산	1,400,000	지배기업소유주지분	
토지	2,000,000	자본금	1,400,000
건물(순액)	1,380,000	자본잉여금	600,000
영업권	100,000	이익잉여금	548,000*
		기타포괄손익공정가치측정금융자산평가이익	260,000
		비지배지분	872,000
	6,480,000		6,480,000

* 정산표상 이익잉여금 ₩168,000 + 연결당기순이익 ₩380,000 = ₩548,000

4. 연결포괄손익계산서

포괄손익계산서

20×1년 1월 1일부터 20×1년 12월 31일까지

매출액	1,500,000
매출원가	(800,000)
매출총이익	700,000
감가상각비	(320,000)
당기순이익	380,000
기타포괄이익	300,000
총포괄이익	680,000
당기순이익의 귀속	
지배기업소유주	348,000
비지배지분	32,000
총포괄이익의 귀속	
지배기업소유주	608,000
비지배지분	72,000

5. 보고기업은 당기순손익과 기타포괄손익의 각 구성요소를 지배기업의 소유주와 비지배지분에 귀속시킨다.
6. 연결포괄손익계산서에 당기순손익과 총포괄손익을 지배기업 소유주와 비지배지분에 각각 귀속시킬 금액을 구분하여 총포괄손익 하단에 표시해야 한다.

기본문제 06 채권·채무 상계제거

20×1년 초에 A회사는 B회사의 의결권이 있는 보통주 60%를 취득하여 지배력을 획득하였다. 다음은 A회사와 그 종속기업인 B회사의 20×2년 12월 31일 연결재무제표를 작성하기 위한 자료 중 일부이다.

(1) 20×2년 12월 31일 현재 A회사와 B회사의 별도재무제표에서 발췌한 자료는 다음과 같다.

구분	A회사	B회사
매출채권	₩4,000,000	₩600,000
차입금	7,500,000	3,400,000
미수이자	150,000	80,000
이자비용	800,000	400,000

(2) A회사의 20×2년 매출액 중 ₩1,000,000은 B회사에 대한 것이며, 20×2년 말 A회사의 매출채권 중 B회사에 대한 것은 ₩300,000이다.

(3) 20×2년 말 B회사의 매입채무 중 ₩400,000은 A회사에 대한 것이며, A회사는 당기 중 B회사가 발행한 어음 ₩100,000을 은행에서 할인받았는데, 금융자산의 제거요건을 충족하였다.

(4) A회사는 20×2년 7월 초에 B회사에 ₩1,000,000을 연 10% 이자율(매년 6월 30일 지급조건)로 대여해 주었다.

A회사의 20×2년 말 연결재무상태표에 표시될 (1) 매출채권, (2) 차입금, (3) 미수이자, (4) 이자비용은 각각 얼마인가?

해답

(1) 매출채권: ₩4,000,000 + ₩600,000 − ₩300,000 = ₩4,300,000

(2) 차입금: ₩7,500,000 + ₩3,400,000 + ₩100,000 − ₩1,000,000 = ₩10,000,000

(3) 미수이자: ₩150,000 + ₩80,000 − ₩50,000 = ₩180,000

(4) 이자비용: ₩800,000 + ₩400,000 − ₩50,000 = ₩1,150,000

[연결조정분개]

구분	회계처리					
채권·채무 상계제거	(차)	매출	1,000,000	(대)	매출원가	1,000,000
	(차)	매입채무	400,000	(대)	매출채권	300,000
					차입금	100,000
	(차)	차입금	1,000,000	(대)	대여금	1,000,000
	(차)	미지급이자	50,000*	(대)	미수이자	50,000
	(차)	이자수익	50,000*	(대)	이자비용	50,000
	* ₩1,000,000 × 10% × 6/12 = ₩50,000					

해설

1. 연결대상기업에 대한 매출채권의 양도가 제거요건을 충족한 경우에는 연결재무제표에는 이를 차입금으로 계상해야 한다.
2. 연결실체 간의 채권·채무가 있을 경우에는 연결조정 시 이를 상계제거해야 한다. 이때 유의할 점은 연결실체 간의 채권·채무와 관련된 이자수익과 이자비용도 상계제거해야 하며, 미수이자와 미지급이자를 계상한 경우라면 미수이자와 미지급이자도 상계제거해야 한다는 것이다.

기본문제 07 재고자산 내부거래제거(1)

다음은 A회사와 그 종속기업인 B회사의 20×1년 12월 31일 현재 재무상태표와 20×1년의 포괄손익계산서이다.

재무상태표

20×1년 12월 31일 현재 (단위: 원)

	A회사	B회사		A회사	B회사
현금및현금성자산	700,000	300,000	매입채무	500,000	200,000
매출채권	700,000	400,000	차입금	1,600,000	600,000
재고자산	800,000	400,000	자본금	1,000,000	500,000
투자주식(B회사)	1,000,000	–	자본잉여금	500,000	300,000
토지	1,000,000	500,000	이익잉여금	1,400,000	400,000
건물(순액)	800,000	400,000			
	5,000,000	2,000,000		5,000,000	2,000,000

포괄손익계산서

20×1년 1월 1일부터 20×1년 12월 31일까지 (단위: 원)

	A회사	B회사
매출액	5,000,000	2,000,000
매출원가	(4,400,000)	(1,700,000)
매출총이익	600,000	300,000
감가상각비	(200,000)	(100,000)
당기순이익	400,000	200,000

[추가자료]

(1) A회사는 20×1년 1월 1일 B회사의 보통주 60%를 취득하고 그 대가로 ₩1,000,000을 지급하였으며 동일 A회사와 B회사의 주주지분은 다음과 같다.

구분	A회사	B회사
자본금	₩1,000,000	₩500,000
자본잉여금	500,000	300,000
이익잉여금	1,000,000	200,000

(2) 주식취득일 현재 B회사의 장부금액과 공정가치가 다른 자산은 다음과 같다.

구분	장부금액	공정가치
재고자산	₩250,000	₩300,000
토지	500,000	700,000
건물(순액)	500,000	750,000

재고자산은 20×1년 중 전액 매출되었으며, 건물은 20×1년 1월 1일부터 5년의 내용연수를 가지며 잔존가치는 없고 정액법으로 감가상각한다.

(3) 20×1년과 20×2년의 내부거래(재고자산)는 다음과 같다. 단, 양사의 매출총이익률은 모두 20%이다.

판매회사	내부거래		매입회사 기말재고에 남아 있는 상품	
	20×1년	20×2년	20×1년	20×2년
A회사	₩300,000	₩600,000	₩50,000	₩100,000
B회사	200,000	400,000	25,000	50,000

(4) A회사는 B회사의 투자주식을 원가법으로 회계처리하고 있다.

(5) A회사는 비지배지분을 종속기업의 식별할 수 있는 순자산의 비례적인 지분(몫)으로 측정하고 있다.

물음 1

20×1년 초 지배력 획득 시 영업권을 계산하시오.

물음 2

20×1년 말에 연결재무제표를 작성하는 경우 연결포괄손익계산서에 계상될 다음 금액들을 계산하시오.

구분	20×1년
(1) 연결당기순이익	×××
(2) 지배기업소유주 귀속 당기순이익	×××
(3) 비지배지분순이익	×××

물음 3

20×1년 말에 연결재무제표를 작성하는 경우 연결재무상태표에 계상될 다음 금액들을 계산하시오.

구분	20×1년
(1) 자본금	×××
(2) 자본잉여금	×××
(3) 이익잉여금	×××
(4) 비지배지분	×××

해답

물음 1 20×1년 초 영업권

투자주식의 취득원가		₩1,000,000
B회사의 순자산장부금액	₩1,000,000	
재고자산 과소평가	50,000	
토지 과소평가	200,000	
건물 과소평가	250,000	
계	₩1,500,000	
지배기업지분율	× 60%	(900,000)
영업권		₩100,000

물음 2

구분	20×1년
(1) 연결당기순이익	₩485,000
(2) 지배기업소유주 귀속 당기순이익	₩447,000
(3) 비지배지분순이익	₩38,000

	A회사	B회사	합계
보고된 당기순이익	₩400,000	₩200,000	₩600,000
투자차액의 상각			
재고자산	–	(50,000)	(50,000)
건물	–	(50,000)	(50,000)
내부거래제거			
재고자산 미실현손익	(10,000)	(5,000)	(15,000)
연결조정 후 당기순이익	₩390,000	₩95,000	₩485,000

∴ 연결당기순이익:	₩390,000	+	₩95,000	=	₩485,000
지배기업소유주 귀속 당기순이익:	₩390,000	+	₩95,000 × 60%	=	₩447,000
비지배지분순이익:			₩95,000 × 40%	=	₩38,000

물음 3

구분	20×1년
(1) 자본금	₩1,000,000
(2) 자본잉여금	₩500,000
(3) 이익잉여금	₩1,447,000
(4) 비지배지분	₩638,000

연결자본: 1. + 2. = ₩2,947,000 + ₩638,000 = ₩3,585,000

1. **지배기업소유주지분**: (1) + (2) + (3) = ₩2,947,000
   (1) 자본금: 지배기업 자본금 ₩1,000,000
   (2) 자본잉여금: 지배기업 자본잉여금 ₩500,000
   (3) 이익잉여금: 지배력 획득 시 지배기업 이익잉여금 ₩1,000,000 + 20×1년 지배기업소유주 귀속 당기순이익 ₩447,000 = ₩1,447,000

2. 비지배지분

(1) 20×1년 말 B회사 순자산장부금액: ₩1,000,000 + ₩200,000 =	₩1,200,000
20×1년 말 투자차액 미상각잔액	
토지	200,000
건물: ₩250,000 × 4년/5년 =	200,000
20×1년 말 내부거래 상향 미실현손익 잔액	
재고자산: ₩25,000 × 20% =	(5,000)
(2) 20×1년 말 B회사 순자산공정가치	₩1,595,000
(3) 비지배지분율	× 40%
(4) 20×1년 말 비지배지분	₩638,000

해설

1. 20×1. 12. 31. 연결조정분개

(1) 투자주식과 자본계정의 상계제거

구분	회계처리				
① 취득시점의 투자·자본 상계	(차)	자본금(B)	500,000	(대) 투자주식	1,000,000
		자본잉여금(B)	300,000	비지배지분	600,000*3
		이익잉여금(B)	200,000*1		
		재고자산	50,000		
		토지	200,000		
		건물	250,000		
		영업권	100,000*2		
	*1 20×1년 초 이익잉여금 *2 영업권: ₩1,000,000 − (₩1,000,000 + ₩500,000) × 60% = ₩100,000 *3 비지배지분: (₩1,000,000 + ₩500,000) × 40% = ₩600,000				
② 투자차액의 상각	(차)	매출원가	50,000*4	(대) 재고자산	50,000
	*4 장부금액과 공정가치가 다른 재고자산은 외부로 판매된 경우 매출원가에 재고자산에 대한 장부금액과 공정가치의 차액을 추가로 조정해주어야 함				
	(차)	감가상각비	50,000*5	(대) 감가상각누계액(건물)	50,000
	*5 종속기업의 장부금액과 공정가치가 다른 감가성 유형자산인 건물은 이 차액 ₩50,000(= ₩250,000/5년)에 대한 추가적인 감가상각 효과를 인식해야 함				

(2) 내부거래제거

구분	회계처리				
③ 당기 미실현손익 제거(하향)	(차)	매출	300,000	(대) 매출원가	300,000
	(차)	매출원가	10,000*1	(대) 재고자산	10,000
	*1 ₩50,000 × 20% = ₩10,000(하향거래)				
④ 당기 미실현손익 제거(상향)	(차)	매출	200,000	(대) 매출원가	200,000
	(차)	매출원가	5,000*2	(대) 재고자산	5,000
	*2 ₩25,000 × 20% = ₩5,000(상향거래)				

(3) 비지배지분순이익 계상

구분	회계처리				
⑤ 비지배지분 순이익 계상	(차) 이익잉여금	38,000	(대) 비지배지분		38,000*
	* B회사 보고된 당기순이익	₩200,000			
	매출원가	(50,000)			
	감가상각비	(50,000)			
	재고자산 미실현이익	(5,000)			
	B회사 연결조정 후 당기순이익	₩95,000			
	비지배지분율	× 40%			
	비지배지분순이익	₩38,000			

2. 연결정산표

연결정산표

구분	A회사	B회사	합계	연결조정분개		연결 재무제표
				차변	대변	
<차변: 자산, 비용>						
현금및현금성자산	700,000	300,000	1,000,000			1,000,000
매출채권	700,000	400,000	1,100,000			1,100,000
재고자산	800,000	400,000	1,200,000	① 50,000	② 50,000 ③ 10,000 ④ 5,000	1,185,000
투자주식	1,000,000	–	1,000,000		① 1,000,000	0
토지	1,000,000	500,000	1,500,000	① 200,000		1,700,000
건물(순액)	800,000	400,000	1,200,000	① 250,000	② 50,000	1,400,000
영업권	–	–	–	① 100,000		100,000
매출원가	4,400,000	1,700,000	6,100,000	② 50,000 ③ 10,000 ④ 5,000	③ 300,000 ④ 200,000	5,665,000
감가상각비	200,000	100,000	300,000	② 50,000		350,000
차변 합계	9,600,000	3,800,000	13,400,000			12,500,000
<대변: 부채, 자본, 수익>						
매입채무	500,000	200,000	700,000			700,000
차입금	1,600,000	600,000	2,200,000			2,200,000
자본금	1,000,000	500,000	1,500,000	① 500,000		1,000,000
자본잉여금	500,000	300,000	800,000	① 300,000		500,000
이익잉여금	1,000,000*	200,000*	1,200,000	① 200,000 ⑤ 38,000		962,000
비지배지분	–	–	–		① 600,000 ⑤ 38,000	638,000
매출액	5,000,000	2,000,000	7,000,000	③ 300,000 ④ 200,000		6,500,000
대변 합계	9,600,000	3,800,000	13,400,000	2,253,000	2,253,000	12,500,000

* 재무상태표에 이익잉여금은 기말이익잉여금 잔액으로 표시되어 있기 때문에 수익과 비용을 추가로 반영하면 잔액시산표의 차변과 대변 합계가 일치하지 않는 문제가 발생하므로 잔액시산표에 이익잉여금은 당기순이익을 제외한 금액으로 표시해야 한다.

3. 연결재무상태표

연결재무상태표

20×1년 12월 31일 현재

현금및현금성자산	1,000,000	매입채무	700,000
매출채권	1,100,000	차입금	2,200,000
재고자산	1,185,000	자본	
토지	1,700,000	지배기업소유주귀속	
건물(순액)	1,400,000	자본금	1,000,000
영업권	100,000	자본잉여금	500,000
		이익잉여금	1,447,000*
		비지배지분	638,000
	6,485,000		6,485,000

* 정산표상 이익잉여금 ₩962,000 + 연결당기순이익 ₩485,000 = ₩1,447,000

4. 연결포괄손익계산서

포괄손익계산서

20×1년 1월 1일부터 20×1년 12월 31일까지

매출액	6,500,000
매출원가	(5,665,000)
매출총이익	835,000
감가상각비	(350,000)
당기순이익	485,000
당기순이익의 귀속	
지배기업소유주	447,000
비지배지분	38,000

기본문제 08 재고자산 내부거래제거(2)

다음은 A회사와 그 종속기업인 B회사의 20×2년 12월 31일 현재 재무상태표와 20×2년의 포괄손익계산서이다.

재무상태표

20×2년 12월 31일 현재 (단위: 원)

	A회사	B회사		A회사	B회사
현금및현금성자산	1,500,000	700,000	매입채무	1,000,000	400,000
매출채권	900,000	500,000	차입금	1,500,000	600,000
재고자산	1,000,000	500,000	자본금	1,000,000	500,000
투자주식(B회사)	1,000,000	-	자본잉여금	500,000	300,000
토지	1,000,000	500,000	이익잉여금	2,000,000	700,000
건물(순액)	600,000	300,000			
	6,000,000	2,500,000		6,000,000	2,500,000

포괄손익계산서

20×2년 1월 1일부터 20×2년 12월 31일까지 (단위: 원)

	A회사	B회사
매출액	6,000,000	3,000,000
매출원가	(5,200,000)	(2,600,000)
매출총이익	800,000	400,000
감가상각비	(200,000)	(100,000)
당기순이익	600,000	300,000

[추가자료]

(1) A회사는 20×1년 1월 1일 B회사의 보통주 60%를 취득하고 그 대가로 ₩1,000,000을 지급하였으며 동일 A회사와 B회사의 주주지분은 다음과 같다.

구분	A회사	B회사
자본금	₩1,000,000	₩500,000
자본잉여금	500,000	300,000
이익잉여금	1,000,000	200,000

(2) 주식취득일 현재 B회사의 장부금액과 공정가치가 다른 자산은 다음과 같다.

구분	장부금액	공정가치
재고자산	₩250,000	₩300,000
토지	500,000	700,000
건물(순액)	500,000	750,000

재고자산은 20×1년 중 전액 매출되었으며, 건물은 20×1년 1월 1일부터 5년의 내용연수를 가지며 잔존가치는 없고 정액법으로 감가상각한다.

(3) 20×1년과 20×2년의 내부거래(재고자산)는 다음과 같다. 단, 양사의 매출총이익률은 모두 20%이다.

판매회사	내부거래		매입회사 기말재고에 남아 있는 상품	
	20×1년	20×2년	20×1년	20×2년
A회사	₩300,000	₩600,000	₩50,000	₩100,000
B회사	200,000	400,000	25,000	50,000

(4) A회사는 20×1년에 ₩400,000의 당기순이익을 보고하였으며, B회사는 20×1년에 ₩200,000 당기순이익을 보고하였다.

(5) A회사는 B회사의 투자주식을 원가법으로 회계처리하고 있다.

(6) A회사는 비지배지분을 종속기업의 식별할 수 있는 순자산의 비례적인 지분(몫)으로 측정하고 있다.

물음 1

20×1년 초 지배력 획득 시 영업권을 계산하시오.

물음 2

20×2년 말에 연결재무제표를 작성하는 경우 연결포괄손익계산서에 계상될 다음 금액을 계산하시오.

구분	20×2년
(1) 연결당기순이익	×××
(2) 지배기업소유주 귀속 당기순이익	×××
(3) 비지배지분 순이익	×××

물음 3

20×2년 말에 연결재무제표를 작성하는 경우 연결재무상태표에 계상될 다음 금액을 계산하시오.

구분	20×2년
(1) 자본금	×××
(2) 자본잉여금	×××
(3) 이익잉여금	×××
(4) 비지배지분	×××

해답

물음 1 20×1년 초 영업권

투자주식의 취득원가		₩1,000,000
B회사의 순자산장부금액	₩1,000,000	
재고자산 과소평가	50,000	
토지 과소평가	200,000	
건물 과소평가	250,000	
계	₩1,500,000	
지배기업지분율	× 60%	(900,000)
영업권		₩100,000

물음 2

구분	20×2년
(1) 연결당기순이익	₩835,000
(2) 지배기업소유주 귀속 당기순이익	₩737,000
(3) 비지배지분 순이익	₩98,000

	A회사	B회사	합계
보고된 당기순이익	₩600,000	₩300,000	₩900,000
투자차액의 상각			
건물	-	(50,000)	(50,000)
내부거래제거			
재고자산 실현손익	10,000	5,000	15,000
재고자산 미실현손익	(20,000)	(10,000)	(30,000)
연결조정 후 당기순이익	₩590,000	₩245,000	₩835,000

∴ 연결당기순이익:	₩590,000	+	₩245,000	=	₩835,000
지배기업소유주 귀속 당기순이익:	₩590,000	+	₩245,000 × 60%	=	₩737,000
비지배지분순이익:			₩245,000 × 40%	=	₩98,000

물음 3

구분	20×2년
(1) 자본금	₩1,000,000
(2) 자본잉여금	₩500,000
(3) 이익잉여금	₩2,184,000
(4) 비지배지분	₩736,000

연결자본: 1. + 2. = ₩3,684,000 + ₩736,000 = ₩4,420,000

1. **지배기업소유주지분**: (1) + (2) + (3) = ₩3,684,000
   (1) 자본금: 지배기업 자본금 ₩1,000,000
   (2) 자본잉여금: 지배기업 자본잉여금 ₩500,000
   (3) 이익잉여금: 지배력 획득 시 지배기업 이익잉여금 ₩1,000,000 + 20×1년 지배기업소유주 귀속 당기순이익 ₩447,000 + 20×2년 지배기업소유주 귀속 당기순이익 ₩737,000 = ₩2,184,000
2. **비지배지분**

(1) 20×2년 말 B회사 순자산장부금액: ₩1,000,000 + ₩200,000 + ₩300,000 =	₩1,500,000
20×2년 말 투자차액 미상각잔액	
토지	200,000
건물: ₩250,000 × 3년/5년 =	150,000
20×2년 말 내부거래 상향 미실현손익 잔액	
재고자산: ₩50,000 × 20% =	(10,000)
(2) 20×2년 말 B회사 순자산공정가치	₩1,840,000
(3) 비지배지분율	× 40%
(4) 20×2년 말 비지배지분	₩736,000

해설

1. 20×2. 12. 31. 연결조정분개
   (1) 투자주식과 자본계정의 상계제거

구분	회계처리					
① 취득시점의 투자·자본 상계	(차)	자본금(B)	500,000	(대)	투자주식	1,000,000
		자본잉여금(B)	300,000		비지배지분	600,000*3
		이익잉여금(B)	200,000*1			
		재고자산	50,000			
		토지	200,000			
		건물	250,000			
		영업권	100,000*2			
	*1 20×1년 초 이익잉여금 *2 영업권: ₩1,000,000 − (₩1,000,000 + ₩500,000) × 60% = ₩100,000 *3 비지배지분: (₩1,000,000 + ₩500,000) × 40% = ₩600,000					
② 취득시점 이후 자본변동	(차)	이익잉여금(B)	200,000*4	(대)	이익잉여금(A)	120,000
					비지배지분	80,000
	*4 20×1년 이익잉여금의 증가분(당기순이익)					
③ 전기 투자차액의 상각	(차)	이익잉여금(A)	60,000	(대)	재고자산	50,000
		비지배지분	40,000		감가상각누계액(건물)	50,000
④ 당기 투자차액의 상각	(차)	감가상각비	50,000*5	(대)	감가상각누계액(건물)	50,000
	*5 종속기업의 장부금액과 공정가치가 다른 감가성 유형자산인 건물은 이 차액 ₩50,000(= $\frac{₩250,000}{5년}$) 에 대한 추가적인 당기 감가상각 효과를 인식해야 함					

(2) 내부거래제거

구분	회계처리
⑤ 당기 실현손익의 인식(하향)	(차) 이익잉여금(A) 10,000[*1] (대) 매출원가 10,000 *1 ₩50,000 × 20% = ₩10,000 ✪ 내부거래제거 시 전기 이전에 발생한 하향거래로 인하여 발생한 미실현손익은 지배기업 이익잉여금에서 조정함
⑥ 당기 실현손익의 인식(상향)	(차) 이익잉여금(A) 3,000 (대) 매출원가 5,000[*2] 비지배지분 2,000 *2 ₩25,000 × 20% = ₩5,000 ✪ 내부거래제거 시 전기 이전에 발생한 상향거래로 인하여 발생한 미실현손익은 지배기업 이익잉여금과 비지배지분에 배분하여 조정함
⑦ 당기 미실현손익 제거(하향)	(차) 매출 600,000 (대) 매출원가 600,000 (차) 매출원가 20,000[*3] (대) 재고자산 20,000 *3 ₩100,000 × 20% = ₩20,000(하향거래)
⑧ 당기 미실현손익 제거(상향)	(차) 매출 400,000 (대) 매출원가 400,000 (차) 매출원가 10,000[*4] (대) 재고자산 10,000 *4 ₩50,000 × 20% = ₩10,000(상향거래)

(3) 비지배지분순이익 계상

구분	회계처리
⑨ 비지배지분 순이익 계상	(차) 이익잉여금 98,000 (대) 비지배지분 98,000[*] * B회사 보고된 당기순이익 ₩300,000 감가상각비 (50,000) 재고자산 실현이익 5,000 재고자산 미실현이익 (10,000) B회사 연결조정 후 당기순이익 ₩245,000 비지배지분율 × 40% 비지배지분순이익 ₩98,000

2. 연결정산표

연결정산표

구분	A회사	B회사	합계	연결조정분개		연결 재무제표
				차변	대변	
<차변: 자산, 비용>						
현금및현금성자산	1,500,000	700,000	2,200,000			2,200,000
매출채권	900,000	500,000	1,400,000			1,400,000
재고자산	1,000,000	500,000	1,500,000	① 50,000	③ 50,000 ⑦ 20,000 ⑧ 10,000	1,470,000
투자주식	1,000,000	-	1,000,000		① 1,000,000	0
토지	1,000,000	500,000	1,500,000	① 200,000		1,700,000
건물(순액)	600,000	300,000	900,000	① 250,000	③ 50,000 ④ 50,000	1,050,000
영업권	-	-	-	① 100,000		100,000
매출원가	5,200,000	2,600,000	7,800,000	⑦ 20,000 ⑧ 10,000	⑤ 10,000 ⑥ 5,000 ⑦ 600,000 ⑧ 400,000	6,815,000
감가상각비	200,000	100,000	300,000	④ 50,000		350,000
차변 합계	11,400,000	5,200,000	16,600,000			15,085,000
<대변: 부채, 자본, 수익>						
매입채무	1,000,000	400,000	1,400,000			1,400,000
차입금	1,500,000	600,000	2,100,000			2,100,000
자본금	1,000,000	500,000	1,500,000	① 500,000		1,000,000
자본잉여금	500,000	300,000	800,000	① 300,000		500,000
이익잉여금	1,400,000*	400,000*	1,800,000	① 200,000 ② 200,000 ③ 60,000 ⑤ 10,000 ⑥ 3,000 ⑨ 98,000	② 120,000	1,349,000
비지배지분	-	-	-	③ 40,000 ⑥ 2,000	① 600,000 ② 80,000 ⑨ 98,000	736,000
매출액	6,000,000	3,000,000	9,000,000	⑦ 600,000 ⑧ 400,000		8,000,000
대변 합계	11,400,000	5,200,000	16,600,000	3,093,000	3,093,000	15,085,000

* 재무상태표에 이익잉여금은 기말이익잉여금 잔액으로 표시되어 있기 때문에 수익과 비용을 추가로 반영하면 잔액시산표의 차변과 대변 합계가 일치하지 않는 문제가 발생하므로 잔액시산표에 이익잉여금은 당기순이익을 제외한 금액으로 표시해야 한다.

3. 연결재무상태표

연결재무상태표

20×2년 12월 31일 현재

현금및현금성자산	2,200,000	매입채무	1,400,000
매출채권	1,400,000	차입금	2,100,000
재고자산	1,470,000	자본	
토지	1,700,000	지배기업소유주귀속	
건물(순액)	1,050,000	자본금	1,000,000
영업권	100,000	자본잉여금	500,000
		이익잉여금	2,184,000*
		비지배지분	736,000
	7,920,000		7,920,000

* 정산표상 이익잉여금 ₩1,349,000 + 연결당기순이익 ₩835,000 = ₩2,184,000

4. 연결포괄손익계산서

포괄손익계산서

20×2년 1월 1일부터 20×2년 12월 31일까지

매출액	8,000,000
매출원가	(6,815,000)
매출총이익	1,185,000
감가상각비	(350,000)
당기순이익	835,000
당기순이익의 귀속	
지배기업소유주	737,000
비지배지분	98,000

기본문제 09 유형자산 내부거래제거

다음은 A회사와 그 종속기업인 B회사의 20×2년 12월 31일 현재 재무상태표와 20×2년의 포괄손익계산서이다.

재무상태표

20×2년 12월 31일 현재 (단위: 원)

	A회사	B회사		A회사	B회사
현금및현금성자산	1,500,000	700,000	매입채무	1,000,000	400,000
매출채권	900,000	500,000	차입금	1,500,000	600,000
재고자산	1,000,000	500,000	자본금	1,000,000	500,000
투자주식(B회사)	1,000,000	-	자본잉여금	500,000	300,000
토지	1,000,000	500,000	이익잉여금	2,000,000	700,000
건물(순액)	600,000	300,000			
	6,000,000	2,500,000		6,000,000	2,500,000

포괄손익계산서

20×2년 1월 1일부터 20×2년 12월 31일까지 (단위: 원)

	A회사	B회사
매출액	6,000,000	3,000,000
매출원가	(5,200,000)	(2,620,000)
매출총이익	800,000	380,000
유형자산처분이익	-	20,000
감가상각비	(200,000)	(100,000)
당기순이익	600,000	300,000

[추가자료]

(1) A회사는 20×1년 1월 1일 B회사의 보통주 60%를 취득하고 그 대가로 ₩1,000,000을 지급하였으며 동일 A회사와 B회사의 주주지분은 다음과 같다.

구분	A회사	B회사
자본금	₩1,000,000	₩500,000
자본잉여금	500,000	300,000
이익잉여금	1,000,000	200,000

(2) 주식취득일 현재 B회사의 장부금액과 공정가치가 다른 자산은 다음과 같다.

구분	장부금액	공정가치
재고자산	₩250,000	₩300,000
토지	500,000	700,000
건물(순액)	500,000	750,000

재고자산은 20×1년 중 전액 매출되었으며, 건물은 20×1년 1월 1일부터 5년의 내용연수를 가지며 잔존가치는 없고 정액법으로 감가상각한다.

(3) 20×2년 초에 B회사는 A회사에 장부금액 ₩80,000의 토지를 ₩100,000에 처분하였으며, A회사는 20×2년 말 현재 동 토지를 보유 중이다.
(4) 20×1년 초에 B회사는 A회사에 장부금액 ₩80,000(취득원가 ₩100,000, 감가상각누계액 ₩20,000)의 건물을 ₩120,000에 처분하였다. 건물은 A회사와 B회사는 모두 잔존내용연수 10년, 잔존가치는 없고 정액법으로 감가상각하고 있다.
(5) A회사는 20×1년에 ₩400,000의 당기순이익을 보고하였으며, B회사는 20×1년에 ₩200,000 당기순이익을 보고하였다.
(6) A회사는 B회사의 투자주식을 원가법으로 회계처리하고 있다.
(7) A회사는 비지배지분을 종속기업의 식별할 수 있는 순자산의 비례적인 지분(몫)으로 측정하고 있다.

물음 1

20×2년 말에 연결재무제표를 작성하는 경우 연결포괄손익계산서에 계상될 (1) 연결당기순이익, (2) 지배기업소유주 귀속 당기순이익, (3) 비지배지분순이익은 얼마인가?

물음 2

20×2년 말에 연결재무제표를 작성하는 경우 연결재무상태표에 계상될 비지배지분은 얼마인가?

해답

물음 1

	A회사	B회사	합계
보고된 당기순이익	₩600,000	₩300,000	₩900,000
투자차액의 상각			
건물	–	(50,000)	(50,000)
내부거래제거			
토지 미실현손익	–	(20,000)	(20,000)
건물 실현손익	–	4,000	4,000
연결조정 후 당기순이익	₩600,000	₩234,000	₩834,000

∴ 연결당기순이익:	₩600,000	+	₩234,000	=	₩834,000
지배기업소유주 귀속 당기순이익:	₩600,000	+	₩234,000 × 60%	=	₩740,400
비지배지분순이익:			₩234,000 × 40%	=	₩93,600

물음 2

1. 20×2년 말 B회사 순자산장부금액: ₩1,000,000 + ₩200,000 + ₩300,000 =	₩1,500,000
20×2년 말 투자차액 미상각잔액	
토지	200,000
건물: ₩250,000 × 3년/5년 =	150,000
20×2년 말 내부거래 상향 미실현손익 잔액	
토지: ₩100,000 – ₩80,000 =	(20,000)
건물: ₩40,000 × 8년/10년 =	(32,000)
2. 20×2년 말 B회사 순자산공정가치	₩1,798,000
3. 비지배지분율	× 40%
4. 20×2년 말 비지배지분	₩719,200

해설

20×2. 12. 31. 연결조정분개

1. 투자주식과 자본계정의 상계제거

구분	회계처리					
취득시점의 투자·자본 상계	(차)	자본금(B)	500,000	(대)	투자주식	1,000,000
		자본잉여금(B)	300,000		비지배지분	600,000*3
		이익잉여금(B)	200,000*1			
		재고자산	50,000			
		토지	200,000			
		건물	250,000			
		영업권	100,000*2			
	*1 20×1년 초 이익잉여금 *2 영업권: ₩1,000,000 − (₩1,000,000 + ₩500,000) × 60% = ₩100,000 *3 비지배지분: (₩1,000,000 + ₩500,000) × 40% = ₩600,000					
취득시점 이후 자본변동	(차)	이익잉여금(B)	200,000*4	(대)	이익잉여금(A)	120,000
					비지배지분	80,000
	*4 20×1년의 이익잉여금의 증가분(당기순이익)					
전기 투자차액의 상각	(차)	이익잉여금(A)	60,000	(대)	재고자산	50,000
		비지배지분	40,000		감가상각누계액(건물)	50,000
당기 투자차액의 상각	(차)	감가상각비	50,000*5	(대)	감가상각누계액(건물)	50,000
	*5 종속기업의 장부금액과 공정가치가 다른 감가성 유형자산인 건물은 이 차액 ₩50,000(= ₩250,000/5년)에 대한 추가적인 당기 감가상각 효과를 인식해야 함					

2. 내부거래제거

구분	회계처리					
당기 미실현손익 제거(상향)	(차)	유형자산처분이익	20,000*1	(대)	토지	20,000
	*1 ₩100,000 − ₩80,000 = ₩20,000					
전기 미실현손익의 인식(상향)	(차)	이익잉여금(A)	21,600	(대)	건물	20,000
		비지배지분	14,400		감가상각누계액(건물)	16,000
	(차)	감가상각누계액(건물)	4,000	(대)	감가상각비	4,000*2
	*2 ₩40,000/10년 = ₩4,000					

3. 비지배지분순이익 계상

구분	회계처리					
비지배지분순이익 계상	(차)	이익잉여금	93,600	(대)	비지배지분	93,600*
	* B회사 보고된 당기순이익		₩300,000			
	감가상각비		(50,000)			
	토지 미실현이익		(20,000)			
	건물 실현이익		4,000			
	B회사 연결조정 후 당기순이익		₩234,000			
	비지배지분율		× 40%			
	비지배지분순이익		₩93,600			

기본문제 10 사채 내부거래제거

A회사는 20×1년 1월 1일 B회사의 보통주 60%를 ₩700,000에 취득하여 지배력을 획득하였다. 관련 자료는 다음과 같다.

(1) 주식취득일 현재 B회사의 순자산장부금액은 ₩1,000,000(자본금: ₩500,000, 자본잉여금: ₩300,000, 이익잉여금: ₩200,000)이었으며, 자산·부채의 장부금액과 공정가치는 일치하였다. 영업권은 20×2년 말까지 손상되지 않았다.

(2) A회사는 20×1년 1월 1일 B회사가 20×0년 1월 1일에 발행한 사채(액면 ₩100,000, 액면이자율 10%, 발행가액 ₩90,000, 5년 만기) 중 50%를 ₩44,000에 취득하여 상각후원가측정금융자산으로 분류하였다. A회사와 B회사는 사채 관련 차금을 정액법으로 상각한다.

(3) B회사는 20×2년 1월 1일 A회사가 20×0년 1월 1일에 발행한 사채(액면 ₩100,000, 액면이자율 8%, 발행가액 ₩106,000, 5년 만기)를 ₩97,000에 취득하여 상각후원가측정금융자산으로 분류하였다.

(4) A회사는 20×1년과 20×2년에 각각 ₩300,000과 ₩500,000의 당기순이익을 보고하였다. 그리고 B회사는 20×1년과 20×2년에 각각 ₩100,000과 ₩200,000의 당기순이익을 보고하였으며, 이 기간 중 이익처분 및 기타의 순자산변동은 없었다. 20×2년 A회사와 B회사의 부분재무제표는 다음과 같다.

구분	A회사	B회사
상각후원가측정금융자산	₩47,000	₩98,000
사채(순액)	102,400	96,000
이자수익	6,500	9,000
이자비용	6,800	12,000

20×2년 A회사와 B회사의 연결재무제표에 계상될 ① 상각후원가측정금융자산, ② 사채(순액), ③ 이자수익, ④ 이자비용, ⑤ 사채상환이익은 각각 얼마인가?

해답

① 상각후원가측정금융자산: (₩47,000 + ₩98,000) – ₩47,000 – ₩98,000 = ₩0
② 사채(순액): (₩102,400 + ₩96,000) – ₩102,400 – ₩96,000 × 50% = ₩48,000
③ 이자수익: (₩6,500 + ₩9,000) – ₩6,500 – ₩9,000 = ₩0
④ 이자비용: (₩6,800 + ₩12,000) – ₩6,800 – ₩12,000 × 50% = ₩6,000
⑤ 사채상환이익: (₩100,000 + ₩6,000 ÷ 5년 × 3년) – ₩97,000 = ₩6,600

해설

1. 연결조정분개(20×2년)

(1) 사채 내부거래제거(상향거래)

구분	A회사		B회사	
20×1년 초	상각후원가측정금융자산	₩44,000	사채	₩100,000
			사채할인발행차금	(8,000)
			계	₩92,000
이자지급(수취) 시	(차) 현금	5,000	(차) 이자비용	12,000
	상각후원가측정금융자산	1,500	(대) 현금	10,000
	(대) 이자수익	6,500	사채할인발행차금	2,000
20×1년 말	상각후원가측정금융자산	₩45,500	사채	₩100,000
			사채할인발행차금	(6,000)
			계	₩94,000
이자지급(수취) 시	(차) 현금	5,000	(차) 이자비용	12,000
	상각후원가측정금융자산	1,500	(대) 현금	10,000
	(대) 이자수익	6,500	사채할인발행차금	2,000
20×2년 말	상각후원가측정금융자산	₩47,000	사채	₩100,000
			사채할인발행차금	(4,000)
			계	₩96,000

구분	회계처리			
전기 미실현손익의 인식	(차) 사채	50,000	(대) 사채할인발행차금	3,000
			상각후원가측정금융자산	45,500
			이익잉여금(A)	900
			비지배지분	600
	(차) 이자수익	6,500	(대) 이자비용	6,000
	사채할인발행차금	1,000	상각후원가측정금융자산	1,500

(2) 사채 내부거래제거(하향거래)

구분	A회사	B회사
20×2년 초	사채 ₩100,000 사채할증발행차금 3,600 계 ₩103,600	상각후원가측정금융자산 ₩97,000
이자지급(수취) 시	(차) 이자비용 6,800 사채할증발행차금 1,200 (대) 현금 8,000	(차) 현금 8,000 상각후원가측정금융자산 1,000 (대) 이자수익 9,000
20×2년 말	사채 ₩100,000 사채할증발행차금 2,400 계 ₩102,400	상각후원가측정금융자산 ₩98,000

구분	회계처리					
당기 미실현손익 제거	(차)	사채	100,000	(대)	상각후원가측정금융자산	97,000
		사채할증발행차금	3,600		사채상환이익	6,600
	(차)	이자수익	9,000	(대)	이자비용	6,800
					상각후원가측정금융자산	1,000
					사채할증발행차금	1,200

2. 연결당기순이익

(1) 20×1년

	A회사	B회사	합계
보고된 당기순이익	₩300,000	₩100,000	₩400,000
투자차액의 상각	–	–	–
내부거래제거			
사채 미실현손익	–	1,500	1,500
연결조정 후 당기순이익	₩300,000	₩101,500	₩401,500

∴ 연결당기순이익: ₩300,000 + ₩101,500 = ₩401,500

지배기업소유주 귀속 당기순이익: ₩300,000 + ₩101,500 × 60% = ₩360,900

비지배지분순이익: ₩101,500 × 40% = ₩40,600

(2) 20×2년

	A회사	B회사	합계
보고된 당기순이익	₩500,000	₩200,000	₩700,000
투자차액의 상각	–	–	–
내부거래제거			
사채 실현손익	–	(500)	(500)
사채 미실현손익	4,400	–	4,400
연결조정 후 당기순이익	₩504,400	₩199,500	₩703,900

∴ 연결당기순이익: ₩504,400 + ₩199,500 = ₩703,900

지배기업소유주 귀속 당기순이익: ₩504,400 + ₩199,500 × 60% = ₩624,100

비지배지분순이익: ₩199,500 × 40% = ₩79,800

3. 비지배지분

(1) 20×1년 말

① 20×1년 말 B회사 순자산장부금액: ₩1,000,000 + ₩100,000 =	₩1,100,000
20×1년 말 투자차액 미상각잔액	–
20×1년 말 상향내부거래 미실현손익 잔액: ₩2,000 × 3년/4년 =	1,500
② 20×1년 말 B회사 순자산공정가치	₩1,101,500
③ 비지배지분율	× 40%
④ 20×1년 말 비지배지분	₩440,600

(2) 20×2년 말

① 20×2년 말 B회사 순자산장부금액: ₩1,000,000 + ₩100,000 + ₩200,000 =	₩1,300,000
20×2년 말 투자차액 미상각잔액	–
20×2년 말 상향내부거래 미실현손익 잔액: ₩2,000 × 2년/4년 =	1,000
② 20×2년 말 B회사 순자산공정가치	₩1,301,000
③ 비지배지분율	× 40%
④ 20×2년 말 비지배지분	₩520,400

기본문제 11 재고자산과 기계장치의 내부거래제거

공인회계사 09

(주)지배는 20×1년 1월 1일에 (주)종속의 발행주식 70%를 ₩800,000에 취득하여 지배력을 획득하였다. 지배력획득일 현재 (주)종속의 순자산의 장부금액은 ₩1,000,000이고 공정가치는 ₩1,100,000이며, 양자의 차이는 건물(잔존내용연수 10년, 잔존가치 없이 정액법 상각)의 공정가치가 장부금액을 ₩100,000 초과하기 때문이다. (주)종속의 20×1년도와 20×2년도 당기순이익 각각 ₩80,000과 ₩90,000이다. 두 회사 간에 발생한 내부거래는 다음과 같다.

(1) 20×1년 7월 1일에 (주)지배는 사용하고 있던 기계장치(장부금액 ₩400,000, 잔존내용연수 4년, 잔존가치 없이 정액법 상각)를 (주)종속에게 ₩420,000에 매각하였으며, (주)종속은 동 기계장치를 20×2년 말 현재 계속 사용하고 있다.

(2) 20×1년 중에 발생한 상품내부거래와 관련된 자료는 다음과 같다.

판매회사	매출액	매출원가
(주)지배	₩600,000	₩420,000
(주)종속	100,000	60,000

20×1년 말 현재 (주)종속은 (주)지배로부터 매입한 상품 중 10%를 보유하고 있으며, (주)지배는 (주)종속으로부터 매입한 상품 중 20%를 보유하고 있다. 20×1년 말 현재 상품의 미실현이익은 20×2년도에 모두 실현되었다.

(3) 두 회사의 결산일은 모두 12월 31일이며, 모든 상각은 월할 계산한다. 또한, 20×2년 말까지 영업권은 손상되지 않았으며 비지배지분에 대한 영업권은 인식하지 않는다. A회사는 B회사의 투자주식을 별도재무제표에서 원가법으로 평가하고 있다.

물음 1

(주)지배가 작성한 20×1년 12월 31일 현재 연결재무상태표와 20×1년도 연결포괄손익계산서의 일부는 다음과 같다. 공란(①부터 ⑥까지)에 들어갈 금액을 계산하시오.

과목	(주)지배	(주)종속	연결재무제표
재고자산	₩300,000	₩100,000	①
건물(순액)	950,000	520,000	②
기계장치(순액)	740,000	650,000	③
비지배지분	–	–	④
매출액	2,420,000	1,230,000	⑤
매출원가	1,690,000	740,000	⑥

물음 2

(주)지배가 기업실체이론에 따라 연결포괄손익계산서를 작성하면 지배기업이론에 따라 연결포괄손익계산서를 작성한 경우에 비해 20×1년도 연결당기순이익은 얼마나 증가 또는 감소하는지 계산하고 그 이유를 설명하시오.

물음 3

(주)지배가 20×2년 12월 31일 현재 연결재무상태표를 작성할 경우에 인식할 비지배지분을 계산하시오. 단, 20×2년 중에 추가로 발생한 내부거래는 없다.

물음 4

연결재무제표 작성과정에서 내부거래미실현이익은 항상 제거하지만, 내부거래미실현손실은 항상 제거하지는 않는다. 내부거래미실현손실은 자산손상에 관한 한국채택국제회계기준에 따른 손상차손에 해당할 경우에 연결재무제표 작성 시 당기손실로 인식한다. 그 이유를 3줄 이내로 서술하시오.

해답

물음 1

① 재고자산: ₩300,000 + ₩100,000 − ₩600,000 × 10% × 30%*1 − ₩100,000 × 20% × 40%*2 = ₩374,000

*1 (주)지배의 매출총이익률: (₩600,000 − ₩420,000) ÷ ₩600,000 = 30%

*2 (주)종속의 매출총이익률: (₩100,000 − ₩60,000) ÷ ₩100,000 = 40%

② 건물(순액): ₩950,000 + ₩520,000 + ₩100,000 × 9년/10년 = ₩1,560,000

③ 기계장치(순액): ₩740,000 + ₩650,000 − ₩20,000 + ₩20,000 ÷ 4년 × 6/12 = ₩1,372,500

④ 비지배지분

20×1년 말 (주)종속의 순자산장부금액: ₩1,000,000 + ₩80,000 =	₩1,080,000
20×1년 말 투자차액 미상각잔액	
건물: ₩100,000 × 9년/10년 =	90,000
20×1년 말 내부거래 상향 미실현손익 잔액	
재고자산: ₩100,000 × 20% × 40% =	(8,000)
20×1년 말 (주)종속의 순자산공정가치	₩1,162,000
비지배지분율	× 30%
20×1년 말 비지배지분	₩348,600

⑤ 매출액: ₩2,420,000 + ₩1,230,000 − ₩600,000 − ₩100,000 = ₩2,950,000

⑥ 매출원가: ₩1,690,000 + ₩740,000 − ₩600,000 − ₩100,000 + ₩600,000 × 10% × 30% + ₩100,000 × 20% × 40%
= ₩1,756,000

물음 2

1. 기업실체이론에서는 비지배지분순이익을 연결당기순이익에 포함시키지만, 지배기업이론에서는 비지배지분순이익을 연결당기순이익에서 제외한다. 따라서 20×1년의 경우 비지배지분순이익만큼 기업실체이론의 연결당기순이익이 더 크다.

2. **비지배지분순이익**

(주)종속의 보고된 당기순이익	₩80,000
투자제거차액상각	
건물: ₩100,000 ÷ 10년 =	(10,000)
내부거래제거	
재고자산: ₩100,000 × 20% × 40% =	(8,000)
(주)종속의 연결조정 후 당기순이익	₩62,000
비지배지분율	× 30%
비지배지분순이익	₩18,600

물음 3

20×2년 말 (주)종속의 순자산장부금액: ₩1,000,000 + ₩80,000 + ₩90,000 =	₩1,170,000
20×2년 말 투자제거차액	
건물: ₩100,000 × 8년/10년 =	80,000
20×2년 말 (주)종속의 순자산공정가치	₩1,250,000
비지배지분율	× 30%
20×2년 말 비지배지분	₩375,000

물음 4

K-IFRS 제1110호 '연결재무제표'에서는 연결실체 내의 거래에서 발생한 손실은 연결재무제표에 인식해야 하는 자산손상의 징후일 수 있다고 규정하고 있다. 따라서 연결재무제표에 손상차손이 표시되어야 하므로 손상차손을 제거하지 않아도 된다.

해설

20×1년 말 연결조정분개

1. 투자주식과 자본계정의 상계제거

구분	회계처리				
취득시점의 투자·자본 상계	(차) 순자산	1,000,000	(대) 투자주식	800,000
	건물(순액)	100,000	비지배지분	330,000*2
	영업권	30,000*1		
	*1 영업권: ₩800,000 − (₩1,000,000 + ₩100,000) × 70% = ₩30,000 *2 비지배지분: (₩1,000,000 + ₩100,000) × 30% = ₩330,000			
당기 투자차액의 상각	(차) 감가상각비	10,000*3	(대) 건물(순액)	10,000
	*3 $\frac{₩100,000}{10년}$ = ₩10,000			

2. 내부거래제거

구분	회계처리			
당기 미실현손익 제거(하향)	(차) 유형자산처분이익	20,000*1	(대) 기계장치(순액)	20,000
	(차) 기계장치(순액)	2,500	(대) 감가상각비	2,500*2
	*1 ₩420,000 − ₩400,000 = ₩20,000 *2 ₩20,000 × $\frac{1년}{4년}$ × $\frac{6}{12}$ = ₩2,500			
당기 미실현손익 제거(하향)	(차) 매출	600,000	(대) 매출원가	600,000
	(차) 매출원가	18,000*3	(대) 재고자산	18,000
	*3 ₩600,000 × 10% × 30% = ₩18,000(하향거래)			
당기 미실현손익 제거(상향)	(차) 매출	100,000	(대) 매출원가	100,000
	(차) 매출원가	8,000*4	(대) 재고자산	8,000
	*4 ₩100,000 × 20% × 40% = ₩8,000(상향거래)			

3. 비지배지분순이익 계상

구분	회계처리			
비지배지분순이익 계상	(차) 이익잉여금	18,600	(대) 비지배지분	18,600*
	* (₩80,000 − ₩10,000 − ₩8,000) × 30% = ₩18,600			

기본문제 12　내부거래제거 종합(1)

공인회계사 15

(주)지배는 20×1년 1월 1일에 (주)종속의 보통주 60%를 취득하여 지배력을 획득하였다. 다음의 독립된 세 가지 물음에 대해 답하시오.

물음 1

20×1년 1월 1일에 (주)지배는 (주)종속에게 원가 ₩100,000의 상품을 ₩120,000에 판매하였다. 동 상품의 80%는 20×1년 중에 외부로 판매되었으며, 나머지 20%는 20×1년 12월 31일 현재 (주)종속의 기말재고자산으로 남아 있다. 기말에 (주)종속은 저가법에 따라 동 기말재고자산을 시가인 ₩18,000으로 평가하고 재고자산평가손실 ₩6,000을 인식하였다.

위 거래의 영향을 반영한 후 (주)지배와 (주)종속의 20×1년도 별도(개별)재무제표상 일부항목이 다음과 같다고 할 때, 연결재무제표의 빈칸(① ~ ②)에 계상될 금액을 제시하시오.

계정과목	(주)지배	(주)종속	연결재무제표
재무상태표 항목			
재고자산(순액)	₩45,000	₩25,000	①
포괄손익계산서 항목			
매출원가	₩700,000	₩200,000	②

물음 2

20×1년 1월 1일에 (주)종속은 (주)지배에게 장부금액이 ₩50,000(취득원가 ₩80,000, 감가상각누계액 ₩30,000)인 기계장치를 ₩60,000에 판매하였다. 판매시점에 이 기계장치의 잔여내용연수는 5년이고, 추정잔존가치는 없으며, 두 회사 모두 기계장치를 정액법으로 상각한다. 20×2년 12월 31일에 (주)지배는 이 기계장치를 ₩32,000에 외부로 판매하였다.

위 거래의 영향을 반영한 후 (주)지배와 (주)종속의 20×2년도 별도(개별)재무제표상 일부항목이 다음과 같다고 할 때, 연결재무제표의 빈칸(① ~ ②)에 계상될 금액을 제시하시오. 단, 유형자산처분손실이 계상될 경우 금액 앞에 '(−)'를 표시하시오.

계정과목	(주)지배	(주)종속	연결재무제표
포괄손익계산서 항목			
감가상각비	₩80,000	₩50,000	①
유형자산처분이익(손실)	(7,000)	15,000	②

물음 3

> 20×1년 1월 1일에 (주)지배는 (주)종속에게 원가 ₩65,000의 상품을 ₩90,000에 외상매출하였으며, 이 중 ₩60,000을 현금회수하였다. 20×1년 말 현재 동 매출채권 잔액 중 ₩18,000은 은행에서 할인한 상태이며, 동 할인거래 중 ₩10,000은 매출채권의 제거조건을 만족하였으나, 나머지 ₩8,000은 매출채권의 제거조건을 만족하지 못하였다. (주)지배와 (주)종속의 대손설정률은 각각 기말 매출채권 잔액의 5%, 3%이다. (주)종속은 (주)지배로부터 매입한 상품을 20×1년 중에 전액 외부로 판매하였다.

위 거래의 영향을 반영한 후 (주)지배와 (주)종속의 20×1년도 별도(개별)재무제표상 일부항목이 다음과 같다고 할 때, 연결재무제표의 빈칸(① ~ ②)에 계상될 금액을 제시하시오.

계정과목	(주)지배	(주)종속	연결재무제표
재무상태표 항목			
매입채무	₩150,000	₩135,000	①
포괄손익계산서 항목			
대손상각비	₩18,000	₩12,000	②

해답

물음 1

계정과목	(주)지배	(주)종속	연결재무제표
재무상태표 항목			
재고자산(순액)	₩45,000	₩25,000	① ₩70,000
포괄손익계산서 항목			
매출원가	₩700,000	₩200,000	② ₩780,000

① 재고자산(순액): ₩45,000 + ₩25,000 − ₩4,000 + ₩4,000 = ₩70,000

② 매출원가: ₩700,000 + ₩200,000 − ₩120,000 + ₩4,000 − ₩4,000 = ₩780,000

[20×1년 연결조정분개 중 내부거래제거]

구분	회계처리					
당기 미실현손익 제거(하향)	(차)	매출	120,000	(대)	매출원가	120,000
	(차)	매출원가	4,000[*1]	(대)	재고자산	4,000
	*1 (₩120,000 − ₩100,000) × 20% = ₩4,000					
	(차)	재고자산(순액)	4,000	(대)	매출원가	4,000[*2]
	*2 ₩6,000[*3] − ₩2,000[*4] = ₩4,000 *3 (주)종속의 재무제표상 재고자산평가충당금: ₩120,000 × 20% − ₩18,000 = ₩6,000 *4 연결회계상 재고자산평가충당금: ₩100,000 × 20% − ₩18,000 = ₩2,000					

물음 2

계정과목	(주)지배	(주)종속	연결재무제표
포괄손익계산서 항목			
감가상각비	₩80,000	₩50,000	① ₩128,000
유형자산처분이익(손실)	(7,000)	15,000	② ₩14,000

① 감가상각비: ₩80,000 + ₩50,000 − ₩2,000 = ₩128,000

② 유형자산처분이익(손실): ₩(7,000) + ₩15,000 + ₩6,000 = ₩14,000

[20×2년 연결조정분개 중 내부거래제거]

구분	회계처리					
전기 미실현손익의 실현(상향)	(차)	이익잉여금	4,800	(대)	감가상각비	2,000
		비지배지분	3,200		유형자산처분이익	6,000

물음 3

계정과목	(주)지배	(주)종속	연결재무제표
재무상태표 항목			
매입채무	₩150,000	₩135,000	① ₩255,000
포괄손익계산서 항목			
대손상각비	₩18,000	₩12,000	② ₩29,000

① 매입채무: ₩150,000 + ₩135,000 − ₩10,000 − ₩20,000 = ₩255,000

② 대손상각비: ₩18,000 + ₩12,000 − ₩1,000 = ₩29,000

[20×1년 연결조정분개 중 채권·채무 상계제거]

구분	회계처리
채권·채무 상계제거	(차) 매출 90,000 (대) 매출원가 90,000 (차) 매입채무 10,000 (대) 차입금 10,000[*1] *1 연결대상기업에 대한 매출채권의 양도가 제거요건을 충족한 경우에는 연결재무제표에는 이를 차입금으로 계상함 (차) 매입채무 20,000 (대) 매출채권 20,000 (차) 대손충당금 1,000 (대) 대손상각비 1,000[*2] *2 ₩20,000 × 5% = ₩1,000 ✪ 연결실체 간의 내부거래로 인하여 매출채권과 매입채무가 발생하였는데, 매출채권을 인식한 기업이 대손충당금과 대손상각비를 계상한 경우에는 매출채권과 매입채무는 채권·채무 상계제거를 통하여 제거되므로, 관련된 대손충당금과 대손상각비도 함께 제거함

기본문제 13 내부거래제거와 전부영업권

공인회계사 14

(주)지배는 20×1년 1월 1일에 (주)종속의 보통주 80%(80주, 주당 액면금액 ₩5,000)를 ₩680,000에 취득하고 지배력을 획득하였다. 주식취득일 현재 (주)종속의 자본계정은 자본금 ₩500,000과 이익잉여금 ₩200,000으로 구성되어 있으며, 보통주 1주당 공정가치는 ₩8,200이다.

<추가자료>

1. 20×1년 1월 1일 현재 (주)종속의 자산과 부채 중에서 장부금액과 공정가치가 일치하지 않는 항목은 다음과 같다.

구분	장부금액	공정가치
상품	₩70,000	₩84,000
토지	300,000	350,000
건물(순액)	180,000	216,000

위 상품 중 80%는 20×1년 중에 외부로 판매되었으며, 나머지 20%는 20×2년 중에 외부로 판매되었다. 토지와 건물은 (주)종속이 20×0년 초에 현금 ₩500,000을 지급하고 일괄취득한 자산이며, 건물은 정액법(내용연수 10년, 잔존가치 ₩0)에 따라 감가상각하고 있다.

2. 20×1년 중에 (주)지배는 (주)종속에 원가 ₩12,000인 제품을 ₩15,000에 현금 판매하였으며, (주)종속은 동 상품 전액을 20×2년 중에 외부로 판매하였다.
3. 20×2년 1월 1일에 (주)종속은 사용하던 비품(장부금액 ₩30,000)을 ₩36,000에 (주)지배에 현금 매각하였다. 비품 매각일 현재 잔존내용연수는 3년, 잔존가치는 ₩0, 감가상각방법은 정액법이다. (주)지배는 동 자산을 20×2년 말 현재 사용하고 있다.
4. 20×2년 1월 1일 (주)종속은 신규시설투자와 관련하여 (주)지배로부터 현금 ₩200,000을 차입하였다. 동 차입금은 약정이자(연 이자율 5%)와 함께 20×3년 12월 31일에 상환할 예정이다.
5. 20×1년과 20×2년에 대한 (주)지배와 (주)종속의 별도(개별)재무제표상 당기순이익은 아래와 같으며, 동 기간 중에 양사는 배당을 선언한 바가 없다.

구분	20×1년	20×2년
(주)지배	₩55,000	₩75,000
(주)종속	20,000	25,000

6. (주)지배는 (주)종속의 주식을 원가법으로 회계처리하고 있으며, 연결재무제표 작성 시 비지배지분은 공정가치로 평가한다.
7. (주)지배와 (주)종속이 작성한 별도(개별)재무제표는 한국채택국제회계기준에 따라 적정하게 작성되었다.

물음 1

(주)지배와 (주)종속의 20×1년도 별도(개별)재무제표상 일부항목이 다음과 같다고 할 때, 연결재무제표의 빈칸(① ~ ⑤)에 계상될 금액을 구하시오. 단, 20×1년 말 현재 영업권에 대한 손상은 발생하지 않은 것으로 가정하며, 해당 금액이 없는 경우에는 "0"으로 표시하시오.

계정과목	(주)지배	(주)종속	연결재무제표
포괄손익계산서 항목			
매출원가	₩650,000	₩280,000	①
당기순이익	55,000	20,000	②
재무상태표 항목			
상품	₩240,000	₩90,000	③
건물(순액)	380,000	160,000	④
영업권	0	0	⑤

물음 2

20×2년도에 (주)지배가 작성하는 연결재무제표에 계상될 ① 비지배지분순이익과 ② 비지배지분 금액을 각각 구하시오.

해답

물음 1

계정과목	(주)지배	(주)종속	연결재무제표
포괄손익계산서 항목			
매출원가	₩650,000	₩280,000	① ₩929,200
당기순이익	55,000	20,000	② ₩56,800
재무상태표 항목			
상품	₩240,000	₩90,000	③ ₩329,800
건물(순액)	380,000	160,000	④ ₩572,000
영업권	0	0	⑤ ₩44,000

① 매출원가: ₩650,000 + ₩280,000 + ₩11,200 − ₩15,000 + ₩3,000 = ₩929,200
② 당기순이익: ₩55,000 + ₩20,000 − ₩11,200 − ₩4,000 − ₩3,000 = ₩56,800
③ 상품: ₩240,000 + ₩90,000 + ₩14,000 − ₩11,200 − ₩3,000 = ₩329,800
④ 건물(순액): ₩380,000 + ₩160,000 + ₩36,000 − ₩4,000 = ₩572,000
⑤ 영업권: (₩680,000 − ₩800,000 × 80%) + (₩164,000 − ₩800,000 × 20%) = ₩44,000

물음 2

① 20×2년 비지배지분순이익

(주)종속의 보고된 당기순이익	₩25,000
투자차액의 상각	
재고자산: ₩14,000 × 20% =	(2,800)
건물: ₩36,000 ÷ 9년 =	(4,000)
내부거래제거(상향)	
비품 미실현손익: ₩36,000 − ₩30,000 =	(6,000)
비품 실현손익: ₩6,000 ÷ 3년 =	2,000
(주)종속의 연결조정 후 당기순이익	₩14,200
비지배지분율	× 20%
비지배지분순이익	₩2,840

② 20×2년 말 비지배지분: ㉠ + ㉡ = ₩163,800 + ₩4,000 = ₩167,800

㉠ 종속기업의 순자산공정가치 × 비지배지분율

20×2년 말 (주)종속의 순자산장부금액: ₩700,000 + ₩20,000 + ₩25,000 =	₩745,000
20×2년 말 투자차액 미상각잔액	
토지	50,000
건물: ₩36,000 × 7년/9년 =	28,000
20×2년 말 내부거래(상향) 미실현손익 잔액	
비품: ₩(6,000) × 2년/3년 =	(4,000)
20×2년 말 (주)종속의 순자산공정가치	₩819,000
비지배지분율	× 20%
20×1년 말 비지배지분	₩163,800

㉡ 비지배지분에 대한 영업권: 20주 × ₩8,200 − (₩700,000 + ₩100,000) × 20% = ₩4,000

해설

1. 20×1년 말 연결조정분개

(1) 투자주식과 자본계정의 상계제거

구분	회계처리				
취득시점의 투자·자본 상계	(차)	자본금	500,000	(대) 투자주식	680,000
		이익잉여금	200,000*1	비지배지분	164,000*3
		상품	14,000		
		토지	50,000		
		건물(순액)	36,000		
		영업권	44,000*2		
	*1 20×1년 초 이익잉여금 *2 영업권: (₩680,000 − ₩800,000 × 80%) + (₩164,000 − ₩800,000 × 20%) = ₩44,000 *3 비지배지분: 20주 × ₩8,200 = ₩164,000				
투자차액의 상각	(차)	매출원가	11,200*4	(대) 상품	11,200
	*4 ₩14,000 × 80% = ₩11,200				
	(차)	감가상각비	4,000*5	(대) 건물(순액)	4,000
	*5 ₩36,000 × $\frac{1년}{9년}$(잔존내용연수) = ₩4,000				

(2) 내부거래제거

구분	회계처리				
당기 미실현손익 제거(하향)	(차)	매출	15,000	(대) 매출원가	15,000
	(차)	매출원가	3,000*	(대) 상품	3,000
	* ₩15,000 − ₩12,000 = ₩3,000				

(3) 비지배지분순이익 계상

구분	회계처리				
비지배지분순이익 계상	(차)	이익잉여금	960	(대) 비지배지분	960*
	* (₩20,000 − ₩11,200 − ₩4,000) × 20% = ₩960				

2. 20×2년 말 연결조정분개

(1) 투자주식과 자본계정의 상계제거

구분	회계처리					
취득시점의 투자·자본 상계	(차)	자본금	500,000	(대)	투자주식	680,000
		이익잉여금	200,000*1		비지배지분	164,000*3
		상품	14,000			
		토지	50,000			
		건물(순액)	36,000			
		영업권	44,000*2			
	*1 20×1년 초 이익잉여금 *2 영업권: (₩680,000 − ₩800,000 × 80%) + (₩164,000 − ₩800,000 × 20%) = ₩44,000 *3 비지배지분: 20주 × ₩8,200 = ₩164,000					
취득시점 이후 자본변동	(차)	이익잉여금	20,000*4	(대)	이익잉여금	16,000
					비지배지분	4,000
	*4 20×1년 이익잉여금의 증가분(당기순이익)					
전기 투자차액의 상각	(차)	이익잉여금	12,160	(대)	상품	11,200
		비지배지분	3,040		건물(순액)	4,000
당기 투자차액의 상각	(차)	매출원가	2,800*5	(대)	상품	2,800
	*5 ₩14,000 × 20% = ₩2,800					
	(차)	감가상각비	4,000*6	(대)	건물(순액)	4,000
	*6 ₩36,000 × $\frac{1년}{9년}$(잔존내용연수) = ₩4,000					

(2) 채권·채무 상계제거

구분	회계처리					
채권·채무 상계제거	(차)	차입금	200,000	(대)	대여금	200,000
	(차)	이자수익	10,000*	(대)	이자비용	10,000
	* ₩200,000 × 5% = ₩10,000					

(3) 내부거래제거

구분	회계처리					
당기 실현손익의 인식(하향)	(차)	이익잉여금	3,000	(대)	매출원가	3,000
당기 미실현손익 제거(상향)	(차)	유형자산처분이익	6,000*1	(대)	비품(순액)	6,000
	*1 ₩36,000 − ₩30,000 = ₩6,000					
	(차)	비품(순액)	2,000	(대)	감가상각비	2,000*2
	*2 ₩6,000 ÷ 3년 = ₩2,000					

(4) 비지배지분순이익 계상

구분	회계처리					
비지배지분순이익 계상	(차)	이익잉여금	2,840	(대)	비지배지분	2,840*
	* (₩25,000 − ₩2,800 − ₩4,000 − ₩6,000 + ₩2,000) × 20% = ₩2,840					

기본문제 14 재평가모형을 선택한 유형자산의 투자주식과 자본계정의 상계제거

20×1년 초에 A회사는 B회사의 보통주 60%를 ₩1,500,000에 취득하여 지배력을 획득하였다. 20×1년 초 현재 B회사의 순자산은 ₩1,500,000(자본금 ₩1,000,000, 자본잉여금 ₩300,000, 이익잉여금 ₩200,000)이었다.

(1) 20×1년 초에 A회사와 B회사의 재무상태표는 다음과 같다.

재무상태표

20×1년 1월 1일 현재 (단위: 원)

	A회사	B회사		A회사	B회사
현금및현금성자산	1,000,000	500,000	차입금	1,000,000	1,000,000
투자주식(B회사)	1,500,000	-	사채	1,000,000	500,000
재고자산	500,000	500,000	자본금	2,000,000	1,000,000
토지	1,000,000	1,000,000	자본잉여금	1,000,000	300,000
건물(순액)	2,000,000	1,000,000	이익잉여금	1,000,000	200,000
	6,000,000	3,000,000		6,000,000	3,000,000

(2) 20×1년 초 현재 B회사의 장부금액과 공정가치가 다른 자산과 부채는 다음과 같다.

구분	장부금액	공정가치
건물	1,000,000	1,500,000

건물은 20×1년 초 현재 잔존내용연수는 10년이며, 잔존가치는 없고 정액법으로 감가상각한다. B회사는 20×1년 말 건물에 대하여 재평가를 실시하였으며 재평가된 금액은 ₩1,800,000이다.

(3) A회사와 B회사의 20×1년 당기순이익은 각각 ₩300,000과 ₩200,000이다.

(4) A회사와 B회사의 20×2년 당기순이익은 각각 ₩300,000과 ₩200,000이다.

(5) A회사는 B회사의 투자주식을 원가법으로 회계처리하고 있다. 또한, 영업권의 손상은 발생하지 않았다.

(6) A회사는 비지배지분을 종속기업의 식별할 수 있는 순자산의 비례적인 지분(몫)으로 측정하고 있다.

물음 1

20×1년 말에 연결재무제표를 작성하는 경우 연결포괄손익계산서에 계상될 (1) 연결당기순이익, (2) 지배기업소유주 귀속 당기순이익, (3) 비지배지분순이익은 얼마인가?

물음 2

20×2년 말에 연결재무제표를 작성하는 경우 20×2년 말 연결재무상태표에 계상될 (1) 영업권은 얼마인가?

물음 3

20×1년 말 연결조정분개를 수행하시오.

물음 4

20×2년 말 연결조정분개를 수행하시오.

해답

물음 1 연결당기순이익

	A회사		B회사		합계
보고된 당기순이익	₩300,000		₩200,000		₩500,000
투자차액의 상각					
건물	-		(50,000)		(50,000)
연결조정 후 당기순이익	₩300,000		₩150,000		₩450,000
∴ 연결당기순이익:	₩300,000	+	₩150,000	=	₩450,000
지배기업소유주 귀속 당기순이익:	₩300,000	+	₩150,000 × 60%	=	₩390,000
비지배지분순이익:			₩150,000 × 40%	=	₩60,000

물음 2 영업권

투자주식의 취득원가		₩1,500,000
B회사의 순자산장부금액	₩1,500,000	
건물 과소평가	500,000	
계	₩2,000,000	
지배기업지분율	× 60%	(1,200,000)
영업권		₩300,000

물음 3 20×1. 12. 31. 연결조정분개

[투자주식과 자본계정의 상계제거]

<table>
<tr><td>① 취득시점의 투자·자본 상계</td><td>(차) 자본금(B) 1,000,000 (대) 투자주식 1,500,000
자본잉여금(B) 300,000 비지배지분 800,000*3
이익잉여금(B) 200,000*1
건물 500,000
영업권 300,000*2
*1 20×1년 초 이익잉여금
*2 영업권: ₩1,500,000 − (₩1,500,000 + ₩500,000) × 60% = ₩300,000
*3 비지배지분: (₩1,500,000 + ₩500,000) × 40% = ₩800,000</td></tr>
<tr><td>② 투자차액의 상각</td><td>(차) 감가상각비(B) 50,000*1 (대) 감가상각누계액(건물) 50,000
*1 종속기업의 장부금액과 공정가치가 다른 감가성 유형자산인 건물은 이 차액 ₩50,000(=$\frac{₩500,000}{10년}$)에 대한 추가적인 감가상각 효과를 인식해야 한다.
(차) 재평가잉여금(B) 450,000*2 (대) 건물 450,000
*2 종속기업의 장부금액과 공정가치가 다른 감가성 유형자산인 건물은 나머지 차액 ₩450,000은 재평가잉여금으로 상각된다.</td></tr>
<tr><td>③ 재평가잉여금의 배분</td><td>(차) 재평가잉여금(B) 450,000* (대) 재평가잉여금(A) 270,000
비지배지분 180,000
* ₩900,000 − ₩450,000 = ₩450,000</td></tr>
</table>

[비지배지분순이익 계상]

<table>
<tr><td>④ 비지배지분순이익 계상</td><td>(차) 이익잉여금 60,000 (대) 비지배지분 60,000*
* B회사 보고된 당기순이익 ₩200,000
감가상각비 (50,000)
B회사 연결조정 후 당기순이익 ₩150,000
비지배지분율 × 40%
비지배지분순이익 ₩60,000</td></tr>
</table>

물음 4 20×2. 12. 31. 연결조정분개

[투자주식과 자본계정의 상계제거]

구분	차변	금액	대변	금액
① 취득시점의 투자·자본 상계	(차) 자본금(B)	1,000,000	(대) 투자주식	1,500,000
	자본잉여금(B)	300,000	비지배지분	800,000*3
	이익잉여금(B)	200,000*1		
	건물	500,000		
	영업권	300,000*2		
	*1 20×1년 초 이익잉여금 *2 영업권: ₩1,500,000 − (₩1,500,000 + ₩500,000) × 60% = ₩300,000 *3 비지배지분: (₩1,500,000 + ₩500,000) × 40% = ₩800,000			
② 취득시점 이후 자본변동	(차) 이익잉여금(B)	200,000*1	(대) 이익잉여금(A)	120,000
			비지배지분	80,000
	(차) 재평가잉여금(B)	900,000*2	(대) 재평가잉여금(A)	540,000
			비지배지분	360,000
	*1 20×1년 이익잉여금의 증가분(당기순이익) *2 20×1년 종속기업 별도재무제표상 재평가잉여금			
③ 투자차액의 상각	(차) 이익잉여금(A)	30,000	(대) 감가상각누계액(건물)	50,000
	비지배지분	20,000		
	(차) 재평가잉여금(A)	270,000	(대) 건물	450,000
	비지배지분	180,000		

[비지배지분순이익 계상]

구분	차변	금액	대변	금액
④ 비지배지분순이익 계상	(차) 이익잉여금	80,000	(대) 비지배지분	80,000*

*	
B회사 보고된 당기순이익	₩200,000
감가상각비	−
B회사 연결조정 후 당기순이익	₩200,000
비지배지분율	× 40%
비지배지분순이익	₩80,000

해설

1. 건물의 개별기업의 회계처리

구분	종속기업(B회사)			연결재무제표		
20×1. 12. 31.	(차) 감가상각비	100,000		(차) 감가상각비	150,000	
	(대) 건물(순액)		100,000	(대) 건물(순액)		150,000
	(차) 건물(순액)	900,000		(차) 건물(순액)	450,000	
	(대) 재평가잉여금		900,000	(대) 재평가잉여금		450,000
20×2. 12. 31.	(차) 감가상각비	200,000		(차) 감가상각비	200,000	
	(대) 건물(순액)		200,000	(대) 건물(순액)		200,000
	(차) 건물(순액)	×××		(차) 건물(순액)	×××	
	(대) 재평가잉여금		×××	(대) 재평가잉여금		×××

2. 20×1. 12. 31. 재평가 회계처리 후에 종속기업과 연결재무제표 모두 감가상각비 계상액은 $\frac{₩1,800,000}{9년}$으로 ₩200,000의 감가상각비가 계상되어야 하므로 20×2년도 감가상각비와 재평가잉여금과 관련된 연결조정사항은 없다. 즉 20×1년의 자산의 공정가치와 장부금액의 차이 ₩500,000이 ₩50,000는 감가상각비(당기손익)로 ₩450,000은 재평가잉여금(기타포괄손익)으로 상각되어 투자차액 잔액은 ₩0이 됨을 유의해야 한다.

고급문제 01 재고자산 내부거래제거(3)

공인회계사 08 수정

도매업을 영위하는 (주)지배는 20×7년 1월 1일 소매업을 영위하는 (주)종속 주식의 60%를 ₩700,000에 취득하였다.

(1) 취득 당시와 20×7년 12월 31일의 (주)종속의 자본계정은 다음과 같다.

계정과목	20×7. 1. 1.	20×7. 12. 31.
자본금	₩500,000	₩500,000
자본잉여금	300,000	300,000
이익잉여금(당기순이익: ₩60,000)	200,000	260,000
자본 총계	₩1,000,000	₩1,060,000

(2) 취득 당시 (주)종속의 자산·부채 중 공정가치와 장부금액이 차이가 있는 계정과목은 다음과 같다.

계정과목	장부금액	공정가치
재고자산(상품 A)	₩70,000	₩80,000
토지	100,000	120,000
건물	200,000	240,000

(3) 위 재고자산(상품 A)은 20×7년 중에 모두 외부로 판매되었고, 건물의 잔여내용연수는 10년이며 상각방법은 정액법이다.

(4) 20×7년 중 (주)지배는 (주)종속에 원가 ₩50,000의 재고자산(상품 B)을 ₩55,000에 판매하였다. 20×7년 말 현재 (주)종속은 이 재고자산(상품 B)을 전부 보유하고 있다.

(5) (주)지배는 (주)종속의 주식을 별도재무제표에서 공정가치법으로 평가하고 있으며, 영업권은 20×8년 말까지 손상되지 않았다. 또한 법인세효과는 고려하지 않는다.

(6) (주)지배는 비지배지분을 순자산공정가치에 비례적인 지분으로 측정하고 있다.

물음 1

아래의 표는 20×7 회계연도(20×7. 1. 1. ~ 12. 31.) (주)지배의 손익계산서 및 20×7년 말 현재 (주)지배와 (주)종속의 연결재무상태표의 일부이다. 각 계정의 금액(①부터 ②까지)을 계산하시오. 계산과정(또는 분개)도 제시하시오. 단, (주)종속 외에 (주)지배의 종속기업은 없으며, (주)지배와 (주)종속의 20×7년 말 현재 별도재무상태표에 계상된 영업권은 없다.

재무제표	계정과목	금액
연결재무상태표	영업권	①
	비지배지분	②

물음 2

다음은 20×8 회계연도 (주)지배와 (주)종속의 재무상태표와 포괄손익계산서이다.

재무상태표

20×8. 12. 31. 현재

계정과목	(주)지배	(주)종속
유동자산	₩1,158,400	₩850,000
투자주식((주)종속)	731,600	-
토지	280,000	140,000
건물(순액)	430,000	210,000
자산총계	₩2,600,000	₩1,200,000
부채	₩288,400	₩110,000
자본금	1,200,000	500,000
자본잉여금	500,000	300,000
이익잉여금*	580,000	290,000
기타포괄손익공정가치측정금융자산평가이익	31,600	
부채 및 자본총계	₩2,600,000	₩1,200,000

* (주)지배와 (주)종속은 20×8년 중에 각각 ₩70,000과 ₩50,000의 배당을 결의하고 지급하였다.

포괄손익계산서

20×8. 1. 1. ~ 20×8. 12. 31.

계정과목	(주)지배	(주)종속
매출액	₩8,600,000	₩3,500,000
매출원가	(8,100,000)	(3,350,000)
감가상각비	(65,000)	(30,000)
기타비용	(265,000)	(40,000)
배당금수익	30,000	-
당기순이익	₩200,000	₩80,000

(주)종속은 20×7년에 (주)지배로부터 매입한 재고자산(상품 B)을 20×8년 중에 전부 외부로 판매하였다. 이 경우 (주)지배와 (주)종속의 20×8 회계연도(20×8. 1. 1. ~ 12. 31.) 연결포괄손익계산서와 20×8년 말 현재 연결재무상태표에 계상될 아래 각 계정의 금액(①부터 ⑥까지)을 계산하시오. 계산과정(또는 분개)도 제시하시오.

재무제표	계정과목	금액
연결포괄손익계산서	감가상각비	①
	당기순이익	②
연결재무상태표	토지	③
	건물(순액)	④
	영업권	⑤
	비지배지분	⑥

해답

물음 1

재무제표	계정과목	금액
연결재무상태표	영업권	① ₩58,000
	비지배지분	② ₩446,400

① 영업권

투자주식의 취득원가		₩700,000
(주)종속의 순자산장부금액	₩1,000,000	
재고자산 과소평가	10,000	
토지 과소평가	20,000	
건물 과소평가	40,000	
계	₩1,070,000	
지배기업지분율	× 60%	(642,000)
영업권		₩58,000

② 비지배지분

20×7년 말 (주)종속의 순자산장부금액	₩1,060,000
20×7년 말 투자차액 미상각잔액	
토지	20,000
건물: ₩40,000 × 9년/10년 =	36,000
20×7년 말 (주)종속의 순자산공정가치	₩1,116,000
비지배지분율	× 40%
20×7년 말 비지배지분	₩446,400

물음 2

재무제표	계정과목	금액
연결포괄손익계산서	감가상각비	① ₩99,000
	당기순이익	② ₩251,000
연결재무상태표	토지	③ ₩440,000
	건물(순액)	④ ₩672,000
	영업권	⑤ ₩58,000
	비지배지분	⑥ ₩456,800

① 감가상각비: ₩65,000 + ₩30,000 + ₩4,000 = ₩99,000

② 당기순이익: ₩200,000 + ₩80,000 − ₩30,000(배당금수익) − ₩4,000(건물 감가상각비) + ₩5,000(재고 실현이익)
= ₩251,000

③ 토지: ₩280,000 + ₩140,000 + ₩20,000 = ₩440,000

④ 건물(순액): ₩430,000 + ₩210,000 + ₩40,000 − ₩4,000 − ₩4,000 = ₩672,000

⑤ 영업권: ₩58,000

투자주식의 취득원가		₩700,000
(주)종속의 순자산장부금액	₩1,000,000	
재고자산 과소평가	10,000	
토지 과소평가	20,000	
건물 과소평가	40,000	
계	₩1,070,000	
지배기업지분율	× 60%	(642,000)
영업권		₩58,000

⑥ 비지배지분: ₩456,800

20×8년 말 (주)종속의 순자산장부금액: ₩500,000 + ₩300,000 + ₩290,000 =	₩1,090,000
20×8년 말 투자차액 미상각잔액	
토지	20,000
건물: ₩40,000 × 8년/10년 =	32,000
20×8년 말 (주)종속의 순자산공정가치	₩1,142,000
비지배지분율	× 40%
20×8년 말 비지배지분	₩456,800

해설

1. 20×7년 말 연결조정분개

(1) 투자주식과 자본계정의 상계제거

구분	회계처리					
취득시점의 투자·자본 상계	(차)	자본금	500,000	(대)	투자주식	700,000
		자본잉여금	300,000		비지배지분	428,000*3
		이익잉여금	200,000*1			
		재고자산	10,000			
		토지	20,000			
		건물(순액)	40,000			
		영업권	58,000*2			
	*1 20×1년 초 이익잉여금 *2 영업권: ₩700,000 − (₩1,000,000 + ₩70,000) × 60% = ₩58,000 *3 비지배지분: (₩1,000,000 + ₩70,000) × 40% = ₩428,000					
투자차액의 상각	(차)	매출원가	10,000	(대)	재고자산	10,000
	(차)	감가상각비	4,000*4	(대)	건물(순액)	4,000
	*4 ₩40,000 × $\frac{1년}{10년}$(잔존내용연수) = ₩4,000					

(2) 내부거래제거

구분	회계처리					
당기 미실현손익 제거(하향)	(차)	매출	55,000	(대)	매출원가	55,000
	(차)	매출원가	5,000*	(대)	재고자산	5,000
	* ₩55,000 − ₩50,000 = ₩5,000					

(3) 비지배지분순이익 계상

구분	회계처리
비지배지분순이익 계상	(차) 이익잉여금 18,400 (대) 비지배지분 18,400* * (₩60,000 − ₩10,000 − ₩4,000) × 40% = ₩18,400

2. 20×8년 말 연결조정분개

(1) 원가법 환원분개

구분	회계처리
원가법 환원분개	(차) 기타포괄손익공정가치측정금융자산평가이익 31,600 (대) 투자주식 31,600* * ₩731,600 − ₩700,000 = ₩31,600 ✪ 투자주식을 원가법으로 환원하는 분개임

(2) 배당금수익 취소분개

구분	회계처리
배당금수익 취소분개	(차) 배당금수익 30,000 (대) 이익잉여금 50,000 비지배지분 20,000

(3) 투자주식과 자본계정의 상계제거

구분	회계처리
취득시점의 투자·자본 상계	(차) 자본금 500,000 (대) 투자주식 700,000 자본잉여금 300,000 비지배지분 428,000*3 이익잉여금 200,000*1 재고자산 10,000 토지 20,000 건물(순액) 40,000 영업권 58,000*2 *1 20×1년 초 이익잉여금 *2 영업권: ₩700,000 − (₩1,000,000 + ₩70,000) × 60% = ₩58,000 *3 비지배지분: (₩1,000,000 + ₩70,000) × 40% = ₩428,000
취득시점 이후 자본변동	(차) 이익잉여금 60,000*4 (대) 이익잉여금 36,000 비지배지분 24,000 *4 20×1년 이익잉여금의 증가분(당기순이익)
전기 투자차액의 상각	(차) 이익잉여금 8,400 (대) 재고자산 10,000 비지배지분 5,600 건물(순액) 4,000
당기 투자차액의 상각	(차) 감가상각비 4,000*5 (대) 건물(순액) 4,000 *5 ₩40,000 × $\frac{1년}{10년}$(잔존내용연수) = ₩4,000

(4) 내부거래제거

구분	회계처리
당기 실현손익의 인식	(차) 이익잉여금 5,000 (대) 매출원가 5,000

(5) 비지배지분순이익 계상

구분	회계처리
비지배지분순이익 계상	(차) 이익잉여금 30,400 (대) 비지배지분 30,400* * (₩80,000 − ₩4,000) × 40% = ₩30,400

고급문제 02 내부거래제거 종합(2)

공인회계사 10

(주)서울은 20×1년 1월 1일 (주)송파의 발행주식 60%를 ₩700,000에 취득하여 지배력을 획득하였다. 주식 취득일 현재 (주)서울과 (주)송파의 자본계정은 다음과 같다.

구분	(주)서울	(주)송파
납입자본	₩1,000,000	₩650,000
이익잉여금	400,000	350,000

[추가자료]

1. 20×1년 1월 1일 현재 (주)송파의 자산과 부채 중에서 장부금액과 공정가치가 일치하지 않는 항목은 다음과 같다.

구분	장부금액	공정가치
재고자산	₩150,000	₩180,000
건물	100,000	150,000

   위의 재고자산은 20×1년 중에 모두 외부로 판매되었다. 20×1년 1월 1일 현재 위의 건물 잔존 내용연수는 10년이며 잔존가치는 ₩0이고 정액법에 따라 감가상각한다.
2. 20×1년 중에 (주)송파는 (주)서울에 원가 ₩10,000인 재고자산을 ₩12,000의 가격으로 판매하였으며, 이 중 50%는 20×1년 중에 외부로 판매되었고 나머지 50%는 20×2년 말 현재 (주)서울이 보유 중이다. 한편 (주)서울은 20×2년 중에 원가 ₩30,000의 재고자산을 (주)송파에게 ₩25,000의 가격으로 판매하였다. 동 재고자산은 경쟁사의 신제품 출시로 인하여 가격이 급격히 하락하였으며, (주)송파에 판매한 가격은 순실현가능가치와 동일한 금액이다.
3. 20×2년 말 (주)서울의 (주)송파에 대한 매출채권 ₩25,000 중 ₩12,000은 은행에서 할인한 상태이며, 동 할인거래는 매출채권의 제거조건을 만족하지 못한다.
4. 20×1년 말 (주)송파는 자사가 보유 중인 건물에 대하여 재평가를 실시하였으며 재평가된 금액은 ₩180,000이었다. (주)송파는 재평가잉여금을 이익잉여금에 대체하지 않는 회계정책을 채택하고 있다.
5. 20×2년 초에 (주)송파는 사용하던 비품(처분 시 장부금액은 ₩30,000, 처분시점에서의 잔존 내용연수는 5년, 잔존가치는 ₩0)을 (주)서울에 ₩36,000에 매각하였다. (주)서울은 동 비품을 20×2년에 사용하였으며 정액법(잔존 내용연수 5년, 잔존가치는 ₩0)으로 상각하였다. 20×2년 말 (주)서울은 동 비품을 ₩40,000의 가격으로 외부에 처분하였다.
6. 20×1년과 20×2년에 대한 (주)서울과 (주)송파의 별도재무제표상 당기순이익은 다음과 같으며 동 기간 중에 양사는 배당을 선언한 바 없다.

구분	20×1년	20×2년
(주)서울	₩200,000	₩220,000
(주)송파	150,000	180,000

7. (주)서울은 (주)송파의 주식 취득에서 발생한 영업권의 회수가능액을 20×1년 말과 20×2년 말에 각각 ₩48,000과 ₩51,000으로 추정하였다.
8. (주)서울은 (주)송파의 주식을 원가법으로 회계처리하고 있으며 연결재무제표 작성 시 비지배지분은 종속기업의 순자산 공정가치에 대한 비례적 지분으로 평가한다.
9. (주)서울과 (주)송파가 작성한 별도재무제표는 한국채택국제회계기준(K-IFRS)에 따라 적정하게 작성되었다.

물음 1

(주)서울이 20×2 회계연도에 대하여 연결재무제표를 작성한다고 할 때 다음에 제시되는 부분 연결재무제표의 빈칸 ① ~ ⑪에 들어갈 금액을 계산하시오.

계정과목	별도재무제표		연결재무제표
	(주)서울	(주)송파	
재무상태표 항목			
매출채권(순액)	₩110,000	₩90,000	①
재고자산	45,000	33,000	②
건물(순액)	190,000	160,000	③
영업권	0	0	④
단기차입금	90,000	50,000	⑤
재평가잉여금	0	90,000	⑥
이익잉여금	820,000	680,000	⑦
포괄손익계산서 항목			
매출원가	₩600,000	₩400,000	⑧
감가상각비	55,000	25,000	⑨
유형자산처분이익	11,200	6,000	⑩
비지배지분 귀속 당기순이익	–	–	⑪

물음 2

20×1년 1월 1일 (주)송파의 발행주식수는 100주이고 1주당 공정가치는 ₩11,000이라고 가정한다. (주)송파의 비지배지분을 공정가치에 따라 평가한다고 할 때 20×1년 1월 1일 취득시점에서의 영업권을 계산하시오.

물음 3

비지배지분은 종속기업의 순자산 공정가치에 대한 비례적 지분으로 측정할 수도 있고 공정가치로 측정할 수도 있다. 두 방법 중에서 어느 방법을 선택하는가에 따라 연결재무제표에 보고되는 영업권 금액에 있어 차이가 발생하는 것이 일반적이다. 이와 같이 차이가 발생하는 이유는 무엇이며, 두 방법 중에서 어느 방법이 연결실체이론에 보다 부합하는지를 설명하시오.

해답

물음 1

계정과목	별도재무제표 (주)서울	별도재무제표 (주)송파	연결재무제표
재무상태표 항목			
매출채권(순액)	₩110,000	₩90,000	① ₩175,000
재고자산	45,000	33,000	② ₩77,000
건물(순액)	190,000	160,000	③ ₩350,000
영업권	0	0	④ ₩48,000
단기차입금	90,000	50,000	⑤ ₩140,000
재평가잉여금	0	90,000	⑥ ₩27,000
이익잉여금	820,000	680,000	⑦ ₩992,400
포괄손익계산서 항목			
매출원가	₩600,000	₩400,000	⑧ ₩975,000
감가상각비	55,000	25,000	⑨ ₩78,800
유형자산처분이익	11,200	6,000	⑩ ₩16,000
비지배지분 귀속 당기순이익	–	–	⑪ ₩72,000

① 매출채권(순액): ₩110,000 + ₩90,000 − ₩25,000* = ₩175,000

* 할인거래가 제거조건을 충족하지 못했으므로 전액 상계제거한다.

② 재고자산: ₩45,000 + ₩33,000 + ₩30,000 − ₩30,000 − ₩1,000 = ₩77,000

③ 건물(순액): ₩190,000 + ₩160,000 + ₩50,000 − ₩5,000 − ₩45,000 = ₩350,000

④ 영업권: ₩52,000 − ₩4,000 = ₩48,000

㉠ 취득시점: ₩700,000 − (₩1,000,000 + ₩30,000 + ₩50,000) × 60% = ₩52,000

㉡ 손상차손: ₩52,000 − ₩48,000 = ₩4,000

✪ 영업권의 손상차손 환입은 인정되지 않는다.

⑤ 단기차입금: ₩90,000 + ₩50,000 = ₩140,000

⑥ 재평가잉여금: ₩0 + ₩90,000 − ₩90,000 + ₩54,000 − ₩27,000 = ₩27,000

⑦ 이익잉여금: ₩820,000 + ₩680,000 − ₩350,000(최초 자본제거) − ₩150,000 + ₩90,000(전기자본증감) − ₩18,000(전기 재고상각) − ₩3,000(전기 건물상각) − ₩4,000(영업권손상) − ₩600(전기 재고 미실현이익) − ₩1,200(유형자산처분이익) + ₩1,200(감가상각비) − ₩72,000(비지배지분순이익) = ₩992,400

⑧ 매출원가: ₩600,000 + ₩400,000 − ₩25,000 = ₩975,000

⑨ 감가상각비: ₩55,000 + ₩25,000 − ₩1,200* = ₩78,800

* 내부거래에 따른 감가상각비 과대계상액

⑩ 유형자산처분이익: ₩11,200 + ₩6,000 − ₩1,200 = ₩16,000

⑪ 비지배지분 귀속 당기순이익: (₩180,000 − ₩6,000 + ₩1,200 + ₩4,800) × 40% = ₩72,000

물음 2

1. **지배기업지분에 대한 영업권**: ₩700,000 − ₩1,080,000 × 60% = ₩52,000
2. **비지배지분에 대한 영업권**: 40주 × ₩11,000 − ₩1,080,000 × 40% = ₩8,000

∴ 연결재무상태표상 영업권: ₩52,000 + ₩8,000 = ₩60,000

물음 3

비지배지분을 종속기업의 순자산 공정가치에 대한 비례적 지분으로 측정할 경우 영업권을 측정하게 되면 비지배지분에 대한 영업권은 인식하지 않고 지배기업지분에 대해서만 영업권을 인식한다. 반면에 비지배지분을 공정가치로 측정하게 되면 지배기업지분에 대한 영업권뿐만 아니라 비지배지분에 대한 영업권도 인식한다. 따라서, 두 방법의 차이는 비지배지분에 대한 영업권을 인식 여부의 차이가 발생한다. 또한, 비지배지분을 공정가치로 측정하는 방법이 비지배주주도 연결실체의 주주로 간주되기 때문에 지배기업 소유주뿐만 아니라 비지배주주에 대한 영업권도 인식하므로 연결실체이론에 기초한 회계처리 방법이다.

해설

연결조정분개

1. 투자주식과 자본계정의 상계제거

구분	회계처리					
취득시점의 투자·자본 상계	(차)	납입자본	650,000	(대)	투자주식	700,000
		이익잉여금	350,000*1		비지배지분	432,000*3
		재고자산	30,000			
		건물(순액)	50,000			
		영업권	52,000*2			
	*1 20×1년 초 이익잉여금 *2 영업권: ₩700,000 − (₩1,000,000 + ₩80,000) × 60% = ₩52,000 *3 비지배지분: (₩1,000,000 + ₩80,000) × 40% = ₩432,000					
취득시점 이후 자본변동	(차)	이익잉여금	150,000*4	(대)	이익잉여금	90,000
					비지배지분	60,000
	*4 20×1년의 이익잉여금의 증가분(당기순이익)					
	(차)	재평가잉여금	90,000*5	(대)	재평가잉여금	54,000
					비지배지분	36,000
	*5 취득시점 이후 재평가잉여금의 증가분					
전기 투자차액의 상각	(차)	이익잉여금	18,000	(대)	재고자산	30,000
		비지배지분	12,000			
	(차)	이익잉여금	3,000	(대)	건물(순액)	5,000
		비지배지분	2,000			
	(차)	재평가잉여금	27,000	(대)	건물(순액)	45,000
		비지배지분	18,000			
전기 영업권의 손상차손	(차)	이익잉여금	4,000*6	(대)	영업권	4,000
	*6 전기 영업권손상차손 손상차손 인식 전 영업권 ₩52,000 회수가능액 (48,000) 영업권손상차손 ₩4,000					

▶ 건물의 개별기업의 회계처리

구분	연결재무제표			종속기업((주)송파)		
20×1. 12. 31.	(차) 감가상각비	15,000		(차) 감가상각비	10,000	
	(대) 건물(순액)		15,000	(대) 건물(순액)		10,000
	(차) 건물(순액)	45,000		(차) 건물(순액)	90,000	
	(대) 재평가잉여금		45,000	(대) 재평가잉여금		90,000
20×2. 12. 31.	(차) 감가상각비	20,000		(차) 감가상각비	20,000	
	(대) 건물(순액)		20,000	(대) 건물(순액)		20,000

2. 채권·채무 상계제거

구분	회계처리					
채권·채무 상계제거	(차)	매입채무	25,000	(대)	매출채권	25,000
	✪ 연결실체가 발행한 어음을 다른 연결실체가 할인받아 제거요건을 충족하지 못함					

3. 내부거래제거

구분	회계처리					
당기 미실현손익 제거(하향)	(차)	매출	25,000	(대)	매출원가	25,000
전기 미실현손익 제거(상향)	(차)	이익잉여금	600	(대)	재고자산	1,000
		비지배지분	400			
당기 미실현손익 제거(상향)	(차)	유형자산처분이익	6,000	(대)	비품(순액)	6,000
		비품(순액)	1,200		감가상각비	1,200
	(차)	비품(순액)	4,800	(대)	유형자산처분이익	4,800

4. 비지배지분순이익 계상

구분	회계처리					
비지배지분순이익 계상	(차)	이익잉여금	72,000	(대)	비지배지분	72,000*
	* (₩180,000 − ₩6,000 + ₩1,200 + ₩4,800) × 40% = ₩72,000					

고급문제 03 연결회계 종합

공인회계사 21

(주)대한은 20×1년 초에 (주)민국의 의결권 있는 보통주식 600주(60%)를 ₩720,000에 취득하여 실질지배력을 획득하였다. 다음은 (주)대한과 (주)민국의 20×1년 및 20×2년 별도(개별)자본변동표이다.

(주)대한 자본변동표 (단위: ₩)

구분	자본금	자본잉여금	기타자본	이익잉여금	합계
20×1. 1. 1.	700,000	400,000	50,000	200,000	1,350,000
토지재평가			20,000		20,000
당기순이익				250,000	250,000
20×1. 12. 31.	700,000	400,000	70,000	450,000	1,620,000
20×2. 1. 1.	700,000	400,000	70,000	450,000	1,620,000
토지재평가			20,000		20,000
당기순이익				300,000	300,000
20×2. 12. 31.	700,000	400,000	90,000	750,000	1,940,000

(주)민국 자본변동표 (단위: ₩)

구분	자본금	자본잉여금	기타자본	이익잉여금	합계
20×1. 1. 1.	500,000	300,000	140,000	100,000	1,040,000
당기순이익				100,000	100,000
20×1. 12. 31.	500,000	300,000	140,000	200,000	1,140,000
20×2. 1. 1.	500,000	300,000	140,000	200,000	1,140,000
현금배당				(−)50,000	(−)50,000
토지재평가			10,000		10,000
당기순이익				150,000	150,000
20×2. 12. 31.	500,000	300,000	150,000	300,000	1,250,000

- (주)대한과 (주)민국이 발행하고 있는 주식은 모두 의결권이 있는 보통주이며 1주당 액면금액은 ₩500으로 동일하다.
- 지배력 취득일 현재 기계장치 이외에 순자산의 장부금액은 공정가치와 일치한다. 지배력 취득일 현재 (주)민국의 기계장치 장부금액은 ₩200,000이며, 공정가치는 ₩300,000이다. 기계장치의 잔존내용연수는 10년이며 잔존가치 없이 정액법으로 감가상각한다.
- 종속기업투자에 따른 영업권 이외에 다른 영업권은 없다. 영업권에 대한 손상 검토를 수행한 결과, 영업권이 배부된 현금창출단위의 20×1년 말 및 20×2년 말 현재 회수가능금액은 각각 ₩31,000과 ₩16,000이다.

다음은 20×1년과 20×2년 (주)대한과 (주)민국 간의 내부거래 내역이다.

- 20×1년과 20×2년 (주)대한과 (주)민국 간의 재고자산 내부거래는 다음과 같다. 매입회사는 재고자산을 매입 후 6개월간 매월 균등하게 연결실체 외부로 판매한다.

구분	판매회사 → 매입회사	판매회사 매출액	판매회사 매출원가
20×1. 10. 1.	(주)대한 → (주)민국	₩90,000	₩72,000
20×1. 11. 1.	(주)민국 → (주)대한	40,000	28,000
20×2. 10. 1.	(주)대한 → (주)민국	80,000	64,000
20×2. 10. 1.	(주)민국 → (주)대한	100,000	80,000

- (주)대한은 20×1년 4월 1일에 보유 토지 가운데 ₩90,000을 (주)민국에게 ₩110,000에 현금 매각하였다. (주)대한과 (주)민국은 20×1년 말부터 보유 중인 토지에 대해 원가모형에서 재평가모형으로 회계정책을 최초로 변경·채택하기로 하였으며, 재평가에 따른 차액은 기타자본에 반영되어 있다. 동 내부거래 이전에 (주)민국은 토지를 보유하지 않았으며, 20×1년과 20×2년 중 동 내부거래 이외에 추가 토지 취득이나 처분은 없다.
- (주)민국의 20×2년도 현금배당은 20×1년 성과에 대한 주주총회 결의에 따라 확정된 것이다.
- (주)대한은 (주)민국의 종속기업투자주식을 별도재무제표상 원가법으로 평가하고 있다. 연결재무제표상 비지배지분은 종속기업의 순자산의 변동과 관련된 경우 식별가능한 순자산의 공정가치에 비례하여 배분한다.

물음 1

기업회계기준서 제1110호 '연결재무제표'에 따르면, 투자자가 피투자자를 지배하는지를 결정하기 위해서는 3가지 조건이 모두 충족되는지를 평가해야 한다. 3가지 조건은 무엇인지 약술하시오.

물음 2

(주)대한의 20×1년도 연결재무제표에 표시되는 다음의 금액을 계산하시오. 단, 영업권은 손상 인식 전 금액을 계산하되 염가매수차익인 경우에는 괄호 안에 금액[예 (1,000)]을 표시하시오.

손상 인식 전 영업권(또는 염가매수차익)	①
총연결당기순이익	②

물음 3

(주)대한의 20×2년도 연결재무제표에 표시되는 다음의 금액을 계산하시오.

연결이익잉여금	①
연결자본잉여금	②
연결기타자본	③
비지배지분	④

해답

물음 1

K-IFRS에 의하면 지배력(control)은 투자자가 피투자자에 관여함에 따라 변동이익에 노출되거나 변동이익에 대한 권리가 있고, 피투자자에 대한 자신의 힘으로 변동이익에 영향을 미치는 능력이 있는 것을 의미한다. 따라서 지배력 원칙은 다음 3가지 지배력의 요소로 이루어진다.

① 힘: 피투자자에 대한 힘
② 이익: 피투자자에 관여함에 따른 변동이익에 대한 노출이나 권리
③ 힘과 이익의 연관: 투자자의 이익금액에 영향을 미치기 위하여 피투자자에 대한 자신의 힘을 사용하는 능력

물음 2

손상 인식 전 영업권(또는 염가매수차익)	① ₩36,000
총연결당기순이익	② ₩298,000

① 손상 인식 전 영업권

투자주식의 취득원가		₩720,000
(주)민국의 순자산장부금액	₩1,040,000	
기계장치 과소평가	100,000	
계	₩1,140,000	
지배기업지분율	× 60%	(684,000)
영업권		₩36,000

② 총연결당기순이익

	(주)대한	(주)민국	합계
보고된 당기순이익	₩250,000	₩100,000	₩350,000
투자차액의 상각			
기계장치	–	(10,000)	(10,000)
영업권 손상차손	(5,000)	–	(5,000)
내부거래제거			
재고자산 미실현손익	(9,000)	(8,000)	(17,000)
토지 미실현손익	(20,000)		(20,000)
연결조정 후 당기순이익	₩216,000	₩82,000	₩298,000

∴ 연결당기순이익:	₩216,000	+	₩82,000	=	₩298,000
지배기업소유주 귀속 당기순이익:	₩216,000	+	₩82,000 × 60%	=	₩265,200
비지배지분순이익:			₩82,000 × 40%	=	₩32,800

해설

20×1. 12. 31. 연결조정분개

1. 투자주식과 자본계정의 상계제거

구분	회계처리
취득시점의 투자·자본 상계	(차) 자본금(B) 500,000 (대) 투자주식 720,000 자본잉여금(B) 300,000 비지배지분 456,000*3 기타자본(B) 140,000 이익잉여금(B) 100,000*1 기계장치 100,000 영업권 36,000*2 *1 20×1년 초 이익잉여금 *2 영업권: ₩720,000 − (₩1,040,000 + ₩100,000) × 60% = ₩36,000 *3 비지배지분: (₩1,040,000 + ₩100,000) × 40% = ₩456,000
투자차액의 상각	(차) 감가상각비 10,000*4 (대) 감가상각누계액(기계) 10,000 *4 종속기업의 장부금액과 공정가치가 다른 감가성 유형자산인 건물은 이 차액 ₩10,000(= ₩100,000/10년)에 대한 추가적인 감가상각 효과를 인식해야 함 (차) 영업권손상차손 5,000*5 (대) 손상차손누계액(영업권) 5,000 *5 ₩36,000 − ₩31,000 = ₩5,000

2. 내부거래제거

구분	회계처리
당기 미실현손익 제거(하향)	(차) 매출 90,000 (대) 매출원가 90,000 (차) 매출원가 9,000*1 (대) 재고자산 9,000 *1 ₩18,000 × $\frac{3개월}{6개월}$ = ₩9,000(하향거래)
당기 미실현손익 제거(상향)	(차) 매출 40,000 (대) 매출원가 40,000 (차) 매출원가 8,000*2 (대) 재고자산 8,000 *2 ₩12,000 × $\frac{4개월}{6개월}$ = ₩8,000(상향거래)
당기 미실현손익 제거(하향)	(차) 유형자산처분이익 20,000 (대) 재평가잉여금 20,000

3. 비지배지분순이익 계상

구분	회계처리
비지배지분순이익 계상	(차) 이익잉여금 32,800 (대) 비지배지분 32,800* * (주)민국의 보고된 당기순이익 ₩100,000 감가상각비 (10,000) 재고자산 미실현이익 (8,000) (주)민국의 연결조정 후 당기순이익 ₩82,000 비지배지분율 × 40% 비지배지분순이익 ₩32,800

물음 3

연결이익잉여금	① ₩804,000
연결자본잉여금	② ₩400,000
연결기타자본	③ ₩116,000
비지배지분	④ ₩528,000

① 연결이익잉여금

㉠ 연결이익잉여금

지배력획득 시 지배기업 이익잉여금	₩200,000
20×1년 지배기업소유주 귀속 당기순이익	265,200
20×2년 지배기업소유주 귀속 당기순이익	338,800
연결이익잉여금	₩804,000

㉡ 20×2년 지배기업소유주 귀속 당기순이익

	(주)대한	(주)민국	합계
보고된 당기순이익	₩300,000	₩150,000	₩450,000
투자차액의 상각			
기계장치	-	(10,000)	(10,000)
영업권 손상차손	(15,000)	-	(15,000)
내부거래제거			
재고자산 실현손익	9,000	8,000	17,000
재고자산 미실현손익	(8,000)	(10,000)	(18,000)
배당금수익	(30,000)		(30,000)
연결조정 후 당기순이익	₩256,000	₩138,000	₩394,000

∴ 연결당기순이익:	₩256,000	+	₩138,000	=	₩394,000
지배기업소유주 귀속 당기순이익:	₩256,000	+	₩138,000 × 60%	=	₩338,800
비지배지분순이익:			₩138,000 × 40%	=	₩55,200

② 연결자본잉여금: ₩400,000 + ₩300,000 - ₩300,000 = ₩400,000

③ 연결기타자본: ₩90,000 + ₩150,000 - ₩140,000 + ₩20,000 - ₩4,000 = ₩116,000

④ 비지배지분

20×2년 말 (주)민국의 순자산장부금액	₩1,250,000
20×2년 말 투자차액 미상각잔액	
기계장치: ₩100,000 × 8년/10년 =	80,000
20×2년 말 내부거래 상향 미실현손익 잔액	
재고자산: ₩20,000 × 3개월/6개월 =	(10,000)
20×2년 말 (주)민국의 순자산공정가치	₩1,320,000
비지배지분율	× 40%
20×2년 말 비지배지분	₩528,000

해설

20×2. 12. 31. 연결조정분개

1. 배당금수익 취소분개

구분	회계처리
배당금수익 취소분개	(차) 배당금수익 30,000 (대) 이익잉여금(B) 50,000 비지배지분 20,000

2. 투자주식과 자본계정의 상계제거

구분	회계처리
취득시점의 투자·자본 상계	(차) 자본금(B) 500,000 (대) 투자주식 720,000 자본잉여금(B) 300,000 비지배지분 456,000*3 기타자본(B) 140,000 이익잉여금(B) 100,000*1 기계장치 100,000 영업권 36,000*2 *1 20×1년 초 이익잉여금 *2 영업권: ₩720,000 − (₩1,040,000 + ₩100,000) × 60% = ₩36,000 *3 비지배지분: (₩1,040,000 + ₩100,000) × 40% = ₩456,000
취득시점 이후 자본변동	(차) 이익잉여금(B) 100,000*4 (대) 이익잉여금(A) 60,000 비지배지분 40,000 *4 20×1년 이익잉여금의 증가분(당기순이익)
투자차액의 상각	(차) 이익잉여금 6,000 (대) 감가상각누계액(기계) 20,000 비지배지분 4,000 감가상각비 10,000*5 *5 종속기업의 장부금액과 공정가치가 다른 감가성 유형자산인 건물은 이 차액 ₩10,000(= $\frac{₩100,000}{10년}$)에 대한 추가적인 감가상각 효과를 인식해야 함 (차) 이익잉여금 5,000*6 (대) 손상차손누계액(영업권) 20,000 영업권손상차손 15,000*7 *6 ₩36,000 − ₩31,000 = ₩5,000 *7 ₩31,000 − ₩16,000 = ₩15,000

3. 내부거래제거

구분	회계처리
당기 실현손익의 인식(하향)	(차) 이익잉여금(A) 9,000[*1] (대) 매출원가 9,000 *1 ₩18,000 × $\frac{3개월}{6개월}$ = ₩9,000(내부거래제거 시 전기 이전에 발생한 하향거래로 인하여 발생한 미실현손익은 지배기업 이익잉여금에서 조정함)
당기 실현손익의 인식(상향)	(차) 이익잉여금(A) 4,800 (대) 매출원가 8,000[*2] 비지배지분 3,200 *2 ₩12,000 × $\frac{4개월}{6개월}$ = ₩8,000(내부거래제거 시 전기 이전에 발생한 상향거래로 인하여 발생한 미실현손익은 지배기업 이익잉여금과 비지배지분에 배분하여 조정함)
전기 미실현손익 제거(하향)	(차) 이익잉여금 20,000 (대) 재평가잉여금 20,000
당기 미실현손익 제거(하향)	(차) 매출 80,000 (대) 매출원가 80,000 (차) 매출원가 8,000[*3] (대) 재고자산 8,000 *3 ₩16,000 × $\frac{3개월}{6개월}$ = ₩8,000(하향거래)
당기 미실현손익 제거(상향)	(차) 매출 100,000 (대) 매출원가 100,000 (차) 매출원가 10,000[*4] (대) 재고자산 10,000 *4 ₩20,000 × $\frac{3개월}{6개월}$ = ₩10,000(상향거래)

4. 비지배지분순이익 계상

구분	회계처리
비지배지분순이익 계상	(차) 이익잉여금 55,200 (대) 비지배지분 55,200[*1] *1 (주)민국의 보고된 당기순이익 ₩150,000 감가상각비 (10,000) 재고자산 실현이익 8,000 재고자산 미실현이익 (10,000) (주)민국의 연결조정 후 당기순이익 ₩138,000 비지배지분율 × 40% 비지배지분순이익 ₩55,200
비지배기타포괄손익 계상	(차) 재평가잉여금 4,000 (대) 비지배지분 4,000[*2] *2 ₩10,000 × 40% = ₩4,000

고급문제 04 연결회계추정

공인회계사 22

(주)대한은 20×1년 1월 1일에 (주)민국의 의결권 있는 보통주식 80%를 취득하여 실질지배력을 획득하였다. (주)대한이 지배력 획득일에 주식의 취득대가로 (주)민국의 순자산 장부금액을 초과하여 지급한 금액은 전액 건물에 배분되며, 동 건물은 4년의 잔존 내용연수 기간 동안 잔존가치 없이 정액법으로 감가상각된다. 아래 <자료>를 이용하여 물음에 답하시오.

<자료>

1. (주)민국은 (주)대한의 유일한 종속기업이며, 20×2년 말 (주)대한과 (주)민국의 별도(개별)재무제표와 연결실체 재무제표를 표시하면 다음과 같다.

재무상태표

20×2년 12월 31일 (단위: ₩)

	(주)대한	(주)민국	연결실체
현금	278,000	63,000	341,000
매출채권	40,000	30,000	?
재고자산	80,000	40,000	100,000
종속기업투자주식	?		
토지	200,000	110,000	300,000
건물	100,000	40,000	160,000
감가상각누계액(건물)	(50,000)	(30,000)	?
기계장치	20,000	8,000	29,000
감가상각누계액(기계장치)	(8,000)	(1,000)	?
자산총계	?	260,000	?
매입채무	38,000	20,000	53,000
단기차입금	?	50,000	?
자본금	200,000	100,000	200,000
이익잉여금	450,000	90,000	?
비지배지분			?
부채 및 자본총계	?	260,000	?

포괄손익계산서

20×2년 1월 1일 ~ 20×2년 12월 31일 (단위: ₩)

	(주)대한	(주)민국	연결실체
매출	200,000	130,000	300,000
매출원가	120,000	70,000	165,000
감가상각비	15,000	10,000	29,500
이자비용	2,000	1,000	3,500
기타수익	20,000	11,000	19,000
기타비용	2,000	1,000	2,500
당기순이익	81,000	59,000	118,500
당기순이익의 귀속:			
지배기업의 소유주			113,700
비지배지분			4,800
			118,500

2. (주)대한은 별도재무제표상 (주)민국에 대한 종속기업투자주식을 원가법으로 평가하고 있으며, 연결재무제표 작성 시 비지배지분은 종속기업 순자산의 공정가치에 대한 비례적 지분에 기초하여 결정한다.
3. 20×1년과 20×2년에 (주)대한과 (주)민국 모두 배당을 선언한 바가 없다.
4. 20×1년과 20×2년에 발생한 (주)대한과 (주)민국 간의 내부거래 내역은 다음과 같다.
   - (주)대한과 (주)민국은 매년 재고자산 내부거래를 하고 있다. 20×2년 1월 1일 현재 재고자산 내부거래에 따른 미실현이익의 잔액은 모두 전기에 (주)대한이 (주)민국에 판매하여 발생한 것이며, 이는 20×2년 중에 모두 실현되었다.
   - (주)대한은 20×2년에 (주)민국에 대한 매출채권 중 ₩2,000을 은행에서 할인하였으며, 동 할인거래는 매출채권의 제거조건을 만족하는 거래이다. 이와 관련하여 (주)대한은 매출채권처분손실(기타비용) ₩500을 인식하였다.
   - (주)대한은 20×2년 1월 1일 취득원가 ₩5,000, 장부금액 ₩2,000의 기계장치를 (주)민국에게 ₩4,000에 현금 매각하였다. 매각일 현재 동 기계장치의 잔존내용연수는 4년이며, 잔존가치 없이 정액법으로 감가상각한다. (주)민국은 동 기계장치를 20×2년 말 현재 사용하고 있다.
   - (주)민국은 20×2년 1월 1일에 보유 토지 중 1필지(장부금액: ₩50,000)를 (주)대한에게 ₩60,000에 현금 매각하였으며, (주)대한은 20×2년 말 현재 동 토지를 계속 보유하고 있다.
5. (주)대한과 (주)민국은 모든 유형자산(토지, 건물, 기계장치)에 대해 원가모형을 적용하고 있다. 또한 (주)대한과 (주)민국이 20×1년 1월 1일 이후 상기 내부거래 외에 추가적으로 취득하거나 처분한 유형자산은 없다.
6. (주)대한과 (주)민국의 별도(개별)재무상태표상 자본항목은 자본금과 이익잉여금으로 구성되어 있다.

물음 1

지배력 획득일인 20×1년 1월 1일에 (주)민국의 이익잉여금은 ₩40,000이었으며, 20×1년 1월 1일 이후 (주)민국의 자본금 변동은 없다. 20×2년 말 (주)대한의 별도재무상태표에 표시될 종속기업투자주식의 금액을 계산하시오.

종속기업투자주식	①

물음 2

(주)대한의 20×2년 말 연결재무상태표에 표시될 다음의 금액을 계산하시오.

매출채권	①
감가상각누계액(건물)	②
감가상각누계액(기계장치)	③

물음 3

20×2년 말 (주)대한과 (주)민국 간의 ① 재고자산 내부거래에 따른 미실현이익의 잔액을 계산하시오. 또한 ② 20×2년에 (주)대한과 (주)민국 간에 이루어진 재고자산 내부거래의 유형(상향판매 또는 하향판매: 아래 표 참조)을 구분하고, ③ 그렇게 판단한 근거를 간략히 서술하시오. 단, 20×2년에는 단 1건의 재고자산 내부거래만이 발생하였으며, 동 내부거래 재고자산은 20×2년 12월 31일 현재 연결실체 외부로 판매되지 않고 매입회사의 장부에 모두 남아 있다.

재고자산 내부거래 유형	판매회사	매입회사
상향판매	(주)민국	(주)대한
하향판매	(주)대한	(주)민국

20×2년 12월 31일 현재 재고자산 내부거래에 따른 미실현이익의 잔액	①
재고자산 내부거래 유형 구분 (상향판매 또는 하향판매)	②
'②'에 표시한 답에 대한 판단근거	③

물음 4

20×2년 1월 1일에 존재한 (주)대한과 (주)민국 간의 재고자산 내부거래에 따른 전기이월 미실현이익의 잔액을 계산하시오.

20×2년 1월 1일 현재 재고자산 내부거래에 따른 미실현이익의 잔액	①

물음 5

(주)대한의 20×2년 말 연결재무상태표에 표시될 이익잉여금과 비지배지분의 금액을 각각 계산하시오.

연결이익잉여금	①
비지배지분	②

해답

물음 1

1. 정답

종속기업투자주식	① ₩128,000

2. 20×2년 말 영업권

투자주식의 취득원가		x
(주)민국의 순자산장부금액: ₩100,000 + ₩40,000 =	₩140,000	
건물 과소평가	20,000	
계	₩160,000	
지배기업지분율	× 80%	(128,000)
영업권		₩0

∴ 종속기업투자주식(x) = ₩128,000

물음 2

1. 정답

매출채권	① ₩67,000
감가상각누계액(건물)	② ₩90,000
감가상각누계액(기계장치)	③ ₩11,500

① 매출채권: ₩40,000 + ₩30,000 − ₩3,000 = ₩67,000
② 감가상각누계액(건물): ₩50,000 + ₩30,000 + ₩10,000 = ₩90,000
③ 감가상각누계액(기계장치): ₩8,000 + ₩1,000 + ₩2,500 = ₩11,500

2. 관련 연결조정분개

구분	회계처리					
채권·채무 상계제거	(차)	매입채무	5,000	(대)	매출채권	3,000
					단기차입금	2,000
	(차)	이자비용	500	(대)	매출채권처분손실	500
기계장치 내부거래	(차)	유형자산처분이익	2,000	(대)	감가상각비	500
		기계장치	1,000		감가상각누계액	2,500

물음 3

1. 정답

20×2년 12월 31일 현재 재고자산 내부거래에 따른 미실현이익의 잔액	① ₩20,000
재고자산 내부거래 유형 구분 (상향판매 또는 하향판매)	② 상향판매
'②'에 표시한 답에 대한 판단근거	③ 비지배지분순이익을 통해 검증함

2. 관련 연결조정분개

구분	회계처리				
재고자산 내부거래	(차) 매출	30,000	(대) 매출원가	30,000
	매출원가	20,000	재고자산	20,000
	이익잉여금	15,000	매출원가	15,000

3. 연결당기순이익

	(주)대한	(주)민국	합계
보고된 당기순이익	₩81,000	₩59,000	₩140,000
투자차액의 상각			
건물	-	(5,000)	(5,000)
내부거래제거			
재고자산 실현	15,000		15,000
재고자산 미실현		(20,000)	(20,000)
기계장치 미실현	(2,000)		(2,000)
기계장치 실현	500		500
토지 미실현		(10,000)	(10,000)
연결조정 후 당기순이익	₩94,500	₩24,000	₩118,500

∴ 연결당기순이익: ₩94,500 + ₩24,000 = ₩118,500
지배기업소유주 귀속 당기순이익: ₩94,500 + ₩24,000 × 80% = ₩113,700
비지배지분순이익: ₩24,000 × 20% = ₩4,800

물음 4

1. 정답

20×2년 1월 1일 현재 재고자산 내부거래에 따른 미실현이익의 잔액	① ₩15,000

2. 매출원가

₩120,000 + ₩70,000 − ₩30,000 + ₩20,000 − 내부거래에 따른 미실현이익의 잔액(x) = ₩165,000
∴ 내부거래에 따른 미실현이익의 잔액(x) = ₩15,000

물음 5

1. 20×2년 말 연결재무상태표에 표시될 이익잉여금과 비지배지분

연결이익잉여금	① ₩456,500
비지배지분	② ₩34,000

2. **연결이익잉여금**: (₩450,000 − ₩1,500) + (₩90,000 − ₩40,000 − ₩10,000 − ₩30,000) × 80% = ₩456,500

3. **비지배지분**

20×2년 말 (주)민국 순자산장부금액: ₩100,000 + ₩90,000 =	₩190,000
20×2년 말 투자차액 미상각잔액	
건물: ₩20,000 × 2년/4년 =	10,000
20×2년 말 내부거래 상향 미실현손익 잔액	
재고자산	(20,000)
토지	(10,000)
20×2년 말 (주)민국 순자산공정가치	₩170,000
비지배지분율	× 20%
20×2년 말 비지배지분	₩34,000

해커스 회계사 IFRS 김원종 재무회계연습 2

회계사 · 세무사 · 경영지도사 단번에 합격!
해커스 경영아카데미 cpa.Hackers.com

출제경향

주요 주제	중요도
1. 단계적 취득	★★★
2. 지배력획득 이후의 추가취득	★★★
3. 종속기업주식의 처분	★★★
4. 종속기업의 유상증자	★★★
5. 종속기업의 자기주식 취득	★★★
6. 복잡한 소유구조	★★★★★
7. 이연법인세와 연결재무제표	★★★★
8. 역취득(연결회계)	★★★
9. 종속기업이 우선주를 발행한 경우의 연결	★
10. 연결주당이익	★
11. 연결자본변동표	★

필수문제 리스트

구분		필수문제 번호
동차생	기본문제	1, 2, 3, 4, 5, 6, 7, 8, 9, 11, 12
	고급문제	2, 3, 5, 6
유예생	기본문제	1, 2, 3, 4, 5, 6, 7, 8, 9, 11, 12
	고급문제	2, 3, 4, 5, 6

* 주관식 문제풀이에 앞서 각 Chapter의 주요 주제별 중요도를 파악해볼 수 있습니다.
* 시험 대비를 위해 꼭 풀어보아야 하는 필수문제를 정리하여 효율적으로 학습할 수 있습니다.

Chapter 03

연결회계 특수주제

기본문제 01 단계적 취득(1)

A회사는 B회사의 주식을 단계적으로 취득하여 20×2년 초에 지배력을 획득하였다. 관련 자료는 다음과 같다.

(1) A회사의 B회사주식 취득내역은 다음과 같다. A회사는 B회사주식을 기타포괄손익공정가치측정금융자산으로 분류하여 공정가치로 측정하였는데, 20×1년 말과 20×2년 말 B회사주식의 1주당 공정가치는 각각 ₩4,000과 ₩5,000이었다.

주식취득일	장부금액	공정가치
20×1년 초	100주(10%)	₩300,000
20×2년 초	500주(50%)	2,000,000

(2) 주식취득시점에서 B회사의 순자산장부금액은 다음과 같으며, B회사 자산·부채의 장부금액과 공정가치는 일치하였다.

주식취득일	B회사 순자산장부금액			
	자본금	자본잉여금	이익잉여금	합계
20×1년 초	₩2,000,000	₩500,000	₩500,000	₩3,000,000
20×2년 초	2,000,000	500,000	800,000	3,300,000
20×2년 말	2,000,000	500,000	1,400,000	3,900,000

(3) A회사와 B회사의 상품거래내역은 다음과 같다. 단, 양사 모두 매출총이익률은 20%이다.

판매회사	내부거래		매입회사 기말재고에 남아 있는 상품	
	20×1년	20×2년	20×1년	20×2년
A회사	₩300,000	₩600,000	₩50,000	₩100,000
B회사	200,000	400,000	25,000	50,000

(4) B회사는 20×1년에 ₩300,000, 20×2년에 ₩600,000의 당기순이익을 보고하였으며 이 기간 중 이익처분은 없었다.

물음 1

A회사의 개별회계상 B회사주식에 대한 회계처리를 나타내시오.

물음 2

A회사가 B회사와의 20×2년 말 연결재무제표 작성 시 인식할 영업권을 측정하시오. 단, 20×2년 말까지 영업권은 손상되지 않았으며, 비지배지분에 대한 영업권은 인식하지 않는다.

물음 3

A회사가 20×2년 말에 행할 연결조정분개를 나타내시오.

물음 4

20×2년 말 연결재무상태표상 비지배지분의 금액을 계산하시오.

해답

물음 1

1. 회계처리

구분	회계처리					
20×1년 초	(차)	기타포괄손익공정가치측정금융자산	300,000	(대)	현금	300,000
20×1년 말	(차)	기타포괄손익공정가치측정금융자산	100,000	(대)	기타포괄손익공정가치측정금융자산평가이익(OCI)	100,000[*1]
	*1 100주 × ₩4,000 − ₩300,000 = ₩100,000					
20×2년 초	(차)	기타포괄손익공정가치측정금융자산	2,000,000	(대)	현금	2,000,000
	✪ 이전에 보유하고 있던 종속기업주식을 취득일의 공정가치로 재측정하고 차손익을 기타포괄손익으로 인식하며, 기존 피취득자 지분의 가치변동을 기타포괄손익으로 인식한 금액은 취득일에 후속적으로 당기손익으로 재분류하지 않는다.					
20×2년 말	(차)	기타포괄손익공정가치측정금융자산	600,000	(대)	기타포괄손익공정가치측정금융자산평가이익(OCI)	600,000[*2]
	*2 600주 × ₩5,000 − ₩2,400,000 = ₩600,000					

물음 2

1. 취득일의 종속기업 지분의 공정가치: 100주 × ₩4,000 + ₩2,000,000 =	₩2,400,000
2. 취득일의 종속기업 순자산공정가치에 대한 지배기업지분: ₩3,300,000 × 60% =	(1,980,000)
3. 영업권	₩420,000

물음 3

1. 원가법 환원분개

구분	회계처리					
원가법 환원분개	(차)	기타포괄손익공정가치측정금융자산평가이익(OCI)	600,000	(대)	투자주식	600,000[*]
	* 600주 × ₩5,000 − ₩2,400,000 = ₩600,000 ✪ 투자주식을 원가법으로 환원하는 분개이다.					

2. 투자주식과 자본계정의 상계제거

구분	회계처리					
투자주식과 자본계정의 상계제거	(차)	자본금(B)	2,000,000	(대)	투자주식	2,400,000
		자본잉여금(B)	500,000		비지배지분	1,320,000[*2]
		이익잉여금(B)	800,000[*1]			
		영업권	420,000			
	*1 20×2년 초 이익잉여금 *2 비지배지분: (₩2,000,000 + ₩500,000 + ₩800,000) × 40% = ₩1,320,000					

3. 내부거래제거

구분	회계처리					
당기 미실현손익 제거(하향)	(차)	매출	600,000	(대)	매출원가	600,000
	(차)	매출원가	20,000[*1]	(대)	재고자산	20,000
	*1 ₩100,000 × 20% = ₩20,000(하향거래)					
당기 미실현손익 제거(상향)	(차)	매출	400,000	(대)	매출원가	400,000
	(차)	매출원가	10,000[*2]	(대)	재고자산	10,000
	*2 ₩50,000 × 20% = ₩10,000(상향거래)					

4. 비지배지분순이익 계상

구분	회계처리			
비지배지분순이익 계상	(차) 이익잉여금	236,000	(대) 비지배지분	236,000*
	* (₩600,000 − ₩10,000) × 40% = ₩236,000			

물음 4

1. 20×2년 말 B회사 순자산장부금액	₩3,900,000
20×2년 말 투자차액 미상각잔액	
20×2년 말 내부거래 상향 미실현손익 잔액	
재고자산: ₩50,000 × 20% =	(10,000)
2. 20×2년 말 B회사 순자산공정가치	₩3,890,000
3. 비지배지분율	× 40%
4. 20×2년 말 비지배지분	₩1,556,000

기본문제 02 지배력획득 이후의 추가취득(1)

공인회계사 13

다음에 제시되는 <공통자료>는 20×1년 (주)지배와 (주)종속의 사업결합에 대한 것이다. 각 물음은 독립적이며 <공통자료>를 이용하여 답하시오.

<공통자료>

20×1년 초에 (주)지배는 (주)종속의 의결권 주식 10주(10%)를 ₩10,000에 취득하여 기타포괄손익공정가치측정금융자산으로 회계처리하였으며, 20×1년 4월 1일에 60주(60%)를 공정가치 ₩150,000에 취득하여 지배기업이 되었다. 지배력획득일 현재 (주)종속의 순자산은 모두 장부금액과 공정가치가 일치하고, 자본항목은 자본금, 이익잉여금, 기타자본으로 구성되어 있다. (주)지배와 (주)종속의 별도(개별)재무제표에 보고된 관련 항목을 요약하면 다음과 같다.

<20×1년 초 (주)지배와 (주)종속의 자본>

항목	(주)지배	(주)종속
자본금	₩300,000	₩100,000
이익잉여금	200,000	50,000
기타자본	100,000	50,000
자본 합계	₩600,000	₩200,000

주) 기타자본은 자본 요소 중 자본금과 이익잉여금을 제외한 나머지 항목을 말하며, (주)지배와 (주)종속 모두 20×2년 말까지 자본금과 기타자본의 변동액은 없다.

<20×1년 (주)지배와 (주)종속의 당기순이익>

항목	(주)지배	(주)종속	
	1월 1일 ~ 12월 31일	1월 1일 ~ 3월 31일	4월 1일 ~ 12월 31일
당기순이익	₩250,000	₩20,000	₩80,000

주) (주)지배와 (주)종속 모두 20×1년 중에 결의하거나 지급한 배당은 없다.

지배력획득일 이후 (주)지배는 (주)종속에 대한 투자주식을 원가법으로 회계처리하고, 비지배지분을 (주)종속의 식별가능한 순자산공정가치에 비례하여 결정한다. 영업권의 손상은 없는 것으로 가정한다.

물음 1

20×1년 말 (주)지배가 작성하는 연결재무제표에 보고되는 다음 금액을 계산하시오.

영업권	①
비지배지분	②
이익잉여금	③

물음 2

20×2년 초 (주)지배는 (주)종속의 주식 10주(10%)를 ₩35,000에 추가 취득하였다. (주)종속은 20×2년에 ₩100,000의 당기순이익을 보고하였으며, 배당은 없었다. 20×2년 초 추가 취득 시 (주)종속의 자본은 자본금 ₩100,000, 이익잉여금 ₩150,000, 기타자본 ₩50,000으로 구성되어 있으며, (주)종속의 순자산은 모두 장부금액과 공정가치가 일치한다. 20×2년에 (주)지배가 작성하는 연결재무제표를 이용하여 다음 항목의 금액을 계산하시오. 단, 변동액 계산 시 전년 말에 비해 감소하는 경우 금액 앞에 (−)를 표시하고, 변동이 없으면 '변동 없음'으로 표시하시오.

영업권의 전년 말 대비 변동액	①
연결포괄손익계산서상 비지배지분 순이익	②
연결재무상태표에 보고되는 기타자본	③
연결재무상태표에 보고되는 비지배지분	④

물음 3

물음 2 에서 20×2년 초 (주)지배가 (주)종속의 주식 10주(10%)를 추가 취득하기 위해 지불한 대가가 ₩25,000이라고 가정한다. 이 외의 자료는 **물음 2** 에 제시된 내용과 동일하다. 20×2년 말 연결재무상태표에 보고되는 기타자본의 금액을 계산하시오.

물음 4

투자자가 피투자자를 지배하기 위하여 충족해야 할 조건 3가지를 제시하시오.

해답

물음 1

영업권	① ₩21,000
비지배지분	② ₩90,000
이익잉여금	③ ₩506,000

① 투자주식취득금액: 10주 × ₩2,500* + ₩150,000 = ₩175,000

순자산장부금액: ₩100,000 + ₩50,000 + ₩50,000 + ₩20,000 =	₩220,000	
지분율	× 70%	(154,000)
영업권		₩21,000

* ₩150,000 ÷ 60주 = ₩2,500

②

순자산장부금액: ₩220,000 + ₩80,000 =	₩300,000
비지배지분율	× 30%
비지배지분	₩90,000

③ 이익잉여금: ₩200,000 + ₩250,000 + ₩80,000 × 70% = ₩506,000

물음 2

영업권의 전년 말 대비 변동액	① 변동 없음
연결포괄손익계산서상 비지배지분 순이익	② ₩20,000
연결재무상태표에 보고되는 기타자본	③ ₩110,000
연결재무상태표에 보고되는 비지배지분	④ ₩80,000

① 전년 말 대비 영업권 변동액: 변동 없음

② 비지배지분 순이익: ₩100,000 × 20% = ₩20,000

③ 기타자본: ₩100,000 − ₩5,000[*1] + ₩15,000[*2] = ₩110,000

*1 추가취득 시 투자제거차액: ₩35,000 − (₩100,000 + ₩150,000 + ₩50,000) × 10% = ₩5,000

*2 기타포괄손익공정가치측정금융자산평가이익: ₩25,000 − ₩10,000 = ₩15,000

④ 비지배지분: (₩100,000 + ₩150,000 + ₩50,000 + ₩100,000) × 20% = ₩80,000

참고

지배력을 획득한 후에 추가로 종속기업주식을 취득한 경우 발생하는 투자제거차액은 영업권 또는 염가매수차액으로 처리하지 않고 연결자본잉여금으로 조정한다. 그 이유는 연결실체를 하나의 경제적 실체로 간주하는 연결재무제표에서는 지배력획득 이후의 종속기업주식의 거래를 연결재무제표상 주주 간의 자본거래로 보기 때문이다.

물음 3

기타자본: ₩100,000 + ₩5,000[*1] + ₩15,000[*2] = ₩120,000

*1 추가취득 시 투자제거차액: ₩25,000 − (₩100,000 + ₩150,000 + ₩50,000) × 10% = ₩(5,000)

*2 기타포괄손익공정가치측정금융자산평가이익: ₩25,000 − ₩10,000 = ₩15,000

구분	회계처리				
추가취득에 대한 조정	(차)	비지배지분	30,000	(대) 투자주식	25,000
				기타자본	5,000*
	* ₩25,000 − (₩100,000 + ₩150,000 + ₩50,000) × 10% = ₩(5,000)				

물음 4

투자자는 피투자자에 대한 관여로 변동이익에 노출되거나 변동이익에 대한 권리가 있고, 피투자자에 대한 자신의 힘으로 그러한 이익에 영향을 미치는 능력이 있을 때 피투자자를 지배한다. 따라서 지배력 원칙은 다음의 세 가지 지배력의 요소로 이루어진다.

1. 피투자자에 대한 힘
2. 피투자자에 대한 관여로 인한 변동이익에 대한 노출 또는 권리
3. 투자자의 이익금액에 영향을 미치기 위하여 피투자자에 대하여 자신의 힘을 사용하는 능력

해설

1. 20×1년 말 연결조정분개

(1) 기존 보유주식 공정가치평가

구분	회계처리
기존 보유주식 공정가치평가	(차) 투자주식 15,000 (대) 기타포괄손익공정가치측정금융자산평가이익(OCI) 15,000* * ₩25,000 − ₩10,000 = ₩15,000

(2) 투자주식과 자본계정의 상계제거

구분	회계처리
취득시점의 투자·자본 상계	(차) 자본금 100,000 (대) 투자주식 175,000 이익잉여금 70,000*1 비지배지분 66,000*3 기타자본 50,000 영업권 21,000*2 *1 ₩50,000 + ₩20,000 = ₩70,000(20×1년 4월 1일 이익잉여금) *2 영업권: ₩175,000 − (₩100,000 + ₩70,000 + ₩50,000) × 70% = ₩21,000 *3 비지배지분: (₩100,000 + ₩70,000 + ₩50,000) × 30% = ₩66,000

(3) 비지배지분순이익 계상

구분	회계처리
비지배지분 순이익 계상	(차) 이익잉여금 24,000 (대) 비지배지분 24,000* * ₩80,000 × 30% = ₩24,000

2. 20×2년 말 연결조정분개

(1) 기존 보유주식 공정가치평가

구분	회계처리
기존 보유주식 공정가치평가	(차) 투자주식 15,000 (대) 기타포괄손익공정가치측정금융자산평가이익(OCI) 15,000* * ₩25,000 − ₩10,000 = ₩15,000

(2) 투자주식과 자본계정의 상계제거

구분	회계처리
취득시점의 투자·자본 상계	(차) 자본금 100,000 (대) 투자주식 175,000 이익잉여금 70,000*1 비지배지분 66,000*3 기타자본 50,000 영업권 21,000*2 *1 ₩50,000 + ₩20,000 = ₩70,000(20×1년 4월 1일 이익잉여금) *2 영업권: ₩175,000 − (₩100,000 + ₩70,000 + ₩50,000) × 70% = ₩21,000 *3 비지배지분: (₩100,000 + ₩70,000 + ₩50,000) × 30% = ₩66,000
취득시점 이후 자본변동	(차) 이익잉여금 80,000*4 (대) 이익잉여금 56,000 비지배지분 24,000 *4 20×1년 4월 1일 이후 이익잉여금의 증가분(당기순이익)
추가취득에 대한 조정	(차) 비지배지분 30,000 (대) 투자주식 35,000 기타자본 5,000*5 *5 ₩35,000 − (₩100,000 + ₩150,000 + ₩50,000) × 10% = ₩5,000

(3) 비지배지분순이익 계상

구분	회계처리
비지배지분순이익 계상	(차) 이익잉여금 20,000 (대) 비지배지분 20,000* * ₩100,000 × 20% = ₩20,000

기본문제 03 종속기업주식의 처분

공인회계사 07 수정

20×7년 1월 1일 (주)갑은 (주)을의 발행주식 중 60%를 ₩360,000에 취득하였다. 동 주식취득일 현재 (주)갑과 (주)을의 재무상태표는 다음과 같다.

재무상태표

20×7년 1월 1일 현재 (단위: 원)

	(주)갑	(주)을	
	장부금액	장부금액	공정가치
현금	300,000	280,000	280,000
재고자산	200,000	100,000	120,000
종속기업투자주식	360,000	–	
건물(순액)	500,000	250,000	300,000
자산 총계	1,360,000	630,000	
차입금	300,000	150,000	150,000
자본금(주당액면 5,000)	500,000	250,000	
자본잉여금	260,000	100,000	
이익잉여금	300,000	130,000	
부채와 자본 총계	1,360,000	630,000	

한편, 20×7년 말 (주)갑과 (주)을의 재무상태표와 포괄손익계산서는 다음과 같다.

재무상태표

20×7년 12월 31일 현재 (단위: 원)

자산	(주)갑	(주)을	부채 및 자본	(주)갑	(주)을
현금	370,000	240,000	차입금	370,000	200,000
재고자산	300,000	240,000	자본금	500,000	250,000
종속기업투자주식	360,000	–	자본잉여금	260,000	100,000
건물(순액)	600,000	300,000	이익잉여금	500,000	230,000
계	1,630,000	780,000	계	1,630,000	780,000

포괄손익계산서

20×7년 1월 1일부터 20×7년 12월 31일까지 (단위: 원)

	(주)갑	(주)을
매출액	800,000	500,000
매출원가	(400,000)	(300,000)
매출총이익	400,000	200,000
기타비용	(200,000)	(100,000)
당기순이익	200,000	100,000

[추가정보]

1. (주)갑의 주식취득일에 (주)을이 보유했던 재고자산은 20×7년 중에 모두 처분되었고, (주)갑과 (주)을의 건물은 20×7년 초 현재 잔존내용연수는 10년이며 잔존가치는 없다.
2. 20×7년과 20×8년 중에 (주)갑과 (주)을에서 결의되거나 지급된 배당은 없으며, (주)갑과 (주)을 사이의 내부거래도 없다.
3. (주)갑은 (주)을에 대한 투자주식을 원가법으로 회계처리하고 있으며, 비지배지분에 대한 영업권은 인식하지 않는다.

물음 1

20×7년도 연결재무제표에서 (1) 영업권과 (2) 비지배지분을 산출하시오. 단, 영업권은 20×7년 말까지 손상되지 않았다.

물음 2

20×7년 12월 31일에 (주)갑이 (주)을의 발행주식 중 5%를 ₩40,000에 처분하였다면, 20×7년도 연결재무제표에서 (1) 영업권과 (2) 비지배지분을 산출하시오.

물음 3

물음 2 와 달리 (주)갑과 (주)을의 20×8년 당기순이익이 각각 ₩280,000과 ₩120,000인 경우, 20×8년도 연결재무제표에서 (1) 연결당기순이익과 (2) 연결이익잉여금을 산출하시오. 단, 영업권은 20×8년 말까지 손상되지 않았다.

물음 4

물음 2 와 달리 20×7년 12월 31일에 (주)갑이 (주)을의 발행주식 중 50%를 처분일의 공정가치인 ₩400,000에 처분하였다면, 20×7년 포괄손익계산서에 당기순이익에 미치는 영향을 계산하시오. 단, (주)갑은 처분 후 보유주식에 대하여 당기손익공정가치측정금융자산으로 분류하였다.

해답

물음 1

1. 20×7년 말 영업권과 비지배지분

(1) 영업권

취득원가	₩360,000
(주)을 순자산공정가치: (₩480,000 + ₩20,000 + ₩50,000) × 60% =	(330,000)
계	₩30,000

(2) 비지배지분

20×7년 말 (주)을 순자산장부금액	₩580,000
20×7년 말 투자차액 미상각잔액	
건물: ₩50,000 ÷ 10년 × 9년 =	45,000
20×7년 말 (주)을 순자산공정가치	₩625,000
비지배지분율	× 40%
계	₩250,000

2. 20×7년 말 연결조정분개

(1) 투자주식과 자본계정의 상계제거

구분	회계처리				
취득시점의 투자·자본 상계	(차) 자본금(을)	250,000	(대) 투자주식	360,000	
	자본잉여금(을)	100,000	비지배지분	220,000*3	
	이익잉여금(을)	130,000*1			
	재고자산	20,000			
	건물(순액)	50,000			
	영업권	30,000*2			
	*1 20×7년 초 이익잉여금 *2 영업권: ₩360,000 − (₩480,000 + ₩70,000) × 60% = ₩30,000 *3 비지배지분: (₩480,000 + ₩70,000) × 40% = ₩220,000				
투자차액의 상각	(차) 매출원가	20,000*4	(대) 재고자산	20,000	
	*4 장부금액과 공정가치가 다른 재고자산은 외부로 판매된 경우 매출원가에 재고자산에 대한 장부금액과 공정가치의 차액을 추가로 조정해주어야 한다.				
	(차) 감가상각비	5,000*5	(대) 감가상각누계액(건물)	5,000	
	*5 종속기업의 장부금액과 공정가치가 다른 감가성 유형자산인 건물은 이 차액 ₩5,000(= $\frac{₩50,000}{10년}$)에 대한 추가적인 감가상각 효과를 인식해야 한다.				

(2) 비지배지분순이익 계상

구분	회계처리			
비지배지분순이익 계상	(차) 이익잉여금	30,000	(대) 비지배지분	30,000*
	* (주)을의 보고된 당기순이익	₩100,000		
	매출원가	(20,000)		
	감가상각비	(5,000)		
	(주)을의 연결조정 후 당기순이익	₩75,000		
	비지배지분율	× 40%		
	비지배지분순이익	₩30,000		

물음 2

1. 종속기업주식의 처분 시 영업권과 비지배지분

(1) 영업권

20×7년 초 영업권	₩30,000
20×7년 말 처분 시: ₩30,000 × 5%/60% =	(2,500)
계	₩27,500

(2) 비지배지분

20×7년 말 (주)을 순자산공정가치	₩625,000
비지배지분율	× 45%
계	₩281,250

2. 종속기업주식의 처분 시 추가 연결조정분개

구분	회계처리					
종속기업주식의 처분 조정	(차)	투자주식	30,000	(대)	비지배지분	31,250[*2]
		금융자산처분이익	10,000[*1]		영업권	2,500[*3]
					자본잉여금	6,250[*4]

*1 ₩40,000 − ₩360,000 × 5%/60% = ₩10,000
*2 ₩625,000 × 5% = ₩31,250
*3 ₩30,000 × 5%/60% = ₩2,500
*4 ₩40,000 − ₩30,000 × 5%/60% − ₩625,000 × 5% = ₩6,250

물음 3

1. 20×8년 연결당기순이익

	(주)갑		(주)을		합계
보고된 당기순이익	₩280,000		₩120,000		₩400,000
투자차액의 상각					
건물			(5,000)		(5,000)
연결조정 후 당기순이익	₩280,000		₩115,000		₩395,000
∴ 연결당기순이익:	₩280,000	+	₩115,000	=	₩395,000
지배기업소유주 귀속분:	₩280,000	+	₩115,000 × 60%	=	₩349,000
비지배지분 귀속분:			₩115,000 × 40%	=	₩46,000

2. 20×8년 말 연결이익잉여금

20×7년 초 지배기업 이익잉여금	₩300,000
20×7년 연결당기순이익 중 지배기업소유주 귀속분	245,000*
20×8년 연결당기순이익 중 지배기업소유주 귀속분	349,000
계	₩894,000

* 20×7년 연결당기순이익

	(주)갑		(주)을		합계
보고된 당기순이익	₩200,000		₩100,000		₩300,000
투자차액의 상각					
재고자산			(20,000)		(20,000)
건물			(5,000)		(5,000)
연결조정 후 당기순이익	₩200,000		₩75,000		₩275,000
∴ 연결당기순이익:	₩200,000	+	₩75,000	=	₩275,000
지배기업소유주 귀속분:	₩200,000	+	₩75,000 × 60%	=	₩245,000
비지배지분 귀속분:			₩75,000 × 40%	=	₩30,000

물음 4

1. 20×7년 포괄손익계산서에 당기순이익에 미치는 영향

(1) 총처분금액: ₩400,000 + ₩80,000 = ₩480,000

(2) 총장부금액: ₩360,000 + (₩100,000 − ₩20,000 − ₩5,000) × 60% = ₩405,000

(3) 금융자산처분손익: ₩480,000 − ₩405,000 = ₩75,000

2. 회계처리

구분	회계처리					
20×7년 말	(차)	현금	400,000	(대)	투자주식	360,000[*1]
		당기손익공정가치측정금융자산	80,000[*2]		이익잉여금(갑)	45,000[*3]
					금융자산처분이익	75,000[*4]

*1 별도 재무제표상 원가법으로 측정한 투자주식 중 처분된 50%는 제거되어야 하며, 지배력 상실 후 보유주식 10%도 당기손익공정가치측정금융자산으로 재분류해야 하므로 투자주식의 취득원가 ₩360,000을 모두 제거한다.

*2 ₩400,000 × 10%/50% = ₩80,000

*3 (₩100,000 − ₩20,000 − ₩5,000) × 60% = ₩45,000

✪ 투자주식 취득 이후에 증가한 (주)을 이익잉여금(당기순이익) 중 (주)갑 지분 해당액을 이익잉여금으로 인식한다.

*4 대차차액을 금융자산처분손익으로 인식한다.

기본문제 04 종속기업의 유상증자

A회사는 20×1년 1월 1일 B회사의 총발행주식 1,000주(1주당 액면금액 ₩10,000) 중 600주를 ₩7,800,000에 취득하여 지배력을 획득하였다. 관련 자료는 다음과 같다.

(1) 20×1년 1월 1일 A회사와 B회사의 주주지분은 다음과 같고 B회사의 자산·부채 장부금액과 공정가치는 일치하였다.

	A회사	B회사
자본금	₩10,000,000	₩10,000,000
자본잉여금	5,000,000	1,000,000
이익잉여금	5,000,000	1,000,000
계	₩20,000,000	₩12,000,000

(2) A회사는 20×1년과 20×2년에 각각 ₩2,000,000과 ₩3,000,000의 당기순이익을 보고하였다. 이 기간 중 이익처분 및 기타 자본항목의 변동은 없다.
(3) B회사는 20×1년과 20×2년에 각각 ₩1,500,000과 ₩2,000,000의 당기순이익을 보고하였다. 이 기간 중 이익처분 및 기타 자본항목의 변동은 없으며, A회사와의 내부거래도 없다.
(4) 20×2년 1월 1일 B회사는 200주의 유상증자를 주당 ₩15,000에 실시하였으나 다수의 실권주가 발생하여 A회사는 이 중 180주를 취득하였다.
(5) A회사는 별도 재무제표상 종속기업투자주식을 원가법으로 회계처리하였다.
(6) 20×2년 말까지 영업권은 손상되지 않았으며, 비지배지분에 대한 영업권은 인식하지 않는다.

물음 1

20×2년 말 연결재무상태표에 표시될 영업권을 계산하시오.

물음 2

20×2년 말 연결재무상태표에 표시될 연결자본잉여금을 계산하시오.

해답

물음 1

1. **20×1년 초 60% 취득분**

B회사주식의 취득원가	₩7,800,000
B회사의 순자산공정가치: ₩12,000,000 × 60% =	(7,200,000)
영업권	₩600,000

2. 20×2년 초 유상증자 시 발생한 투자차액은 연결자본잉여금에서 조정한다.

∴ 연결재무상태표상 영업권: ₩600,000

물음 2

1. **연결자본잉여금**: ₩5,000,000(지배기업자본잉여금) − ₩75,000(투자차액) = ₩4,925,000
2. **유상증자 후 지분율의 계산**: (600주 + 180주) ÷ (1,000주 + 200주) = 65%
3. **투자차액의 산정**
   (1) 20×1년 초 발생분: ₩7,800,000 − ₩12,000,000 × 60% = ₩600,000(영업권)
   (2) 20×2년 초 발생분

종속기업주식의 취득원가: 180주 × ₩15,000 =		₩2,700,000
B회사의 순자산공정가치		
유상증자 후 지배기업지분: (₩12,000,000 + ₩1,500,000 + 200주 × ₩15,000) × 65% =	₩10,725,000	
유상증자 전 지배기업지분: (₩12,000,000 + ₩1,500,000) × 60% =	(8,100,000)	(2,625,000)
투자차액(연결자본잉여금)		₩75,000

4. 20×2년 말 연결조정분개

(1) 투자주식과 자본계정의 상계제거

구분	회계처리					
취득시점의 투자·자본 상계	(차)	자본금(B)	10,000,000	(대)	투자주식	7,800,000
		자본잉여금(B)	1,000,000		비지배지분	4,800,000*3
		이익잉여금(B)	1,000,000*1			
		영업권	600,000*2			
	*1 20×1년 초 이익잉여금 *2 영업권: ₩7,800,000 − ₩12,000,000 × 60% = ₩600,000 *3 비지배지분: ₩12,000,000 × 40% = ₩4,800,000					
취득시점 이후 자본변동	(차)	이익잉여금(B)	1,500,000*4	(대)	이익잉여금(A)	900,000*5
					비지배지분	600,000*6
	*4 20×1년 이익잉여금의 증가분(당기순이익) *5 ₩1,500,000 × 60% = ₩900,000 *6 ₩1,500,000 × 40% = ₩600,000					
종속기업의 유상증자 조정	(차)	자본금(B)	2,000,000*7	(대)	투자주식	2,700,000
		자본잉여금(B)	1,000,000*8		비지배지분	375,000*9
		자본잉여금(투자차액)	75,000			
	*7 ₩10,000 × 200주 = ₩2,000,000 *8 (₩15,000 − ₩10,000) × 200주 = ₩1,000,000 *9 ₩16,500,000 × 35% − ₩13,500,000 × 40% = ₩375,000					

(2) 비지배지분순이익 계상

구분	회계처리					
비지배지분순이익 계상	(차)	이익잉여금	700,000	(대)	비지배지분	700,000*
	* ₩2,000,000 × 35% = ₩700,000					

기본문제 05 종속기업의 자기주식매입

공인회계사 16

20×1년 1월 1일 (주)대한은 (주)민국 발행주식의 60%(60주)를 ₩300,000에 취득하여 지배력을 획득하였다. 동 일자 현재 (주)대한과 (주)민국의 자본계정은 다음과 같으며, 자산과 부채의 장부금액과 공정가치는 일치하였다.

	(주)대한	(주)민국
자본금	₩400,000	₩100,000
자본잉여금	300,000	250,000
이익잉여금	250,000	50,000
자본 총계	₩950,000	₩400,000

(주)대한은 (주)민국의 투자주식을 원가법으로 회계처리하고 있으며, 종속기업에 대한 비지배지분을 종속기업의 식별가능한 순자산 공정가치에 비례하여 결정한다.
(주)대한과 (주)민국의 20×1년 당기순이익은 각각 ₩100,000과 ₩30,000이다. 20×1년 당기순이익에 따른 이익잉여금 증가 이외의 자본변동은 없다.
20×1년 중 (주)대한은 (주)민국에 상품을 ₩100,000에 판매하였는데, 동 상품 중 40%가 (주)민국의 기말재고로 남아 있다. 또한, (주)민국은 (주)대한에 상품을 ₩50,000에 판매하였는데, 동 상품은 모두 20×1년 중에 외부에 판매되었다. (주)대한과 (주)민국의 매출총이익률은 모두 20%이며, 판매된 상품은 매출 다음연도까지는 모두 외부에 판매된다.

물음 1

20×1년 말 (주)대한의 연결재무상태표에 보고되는 ① 영업권, ② 비지배지분, ③ 이익잉여금을 계산하시오.

물음 2

20×2년 1월 1일 (주)민국은 비지배주주로부터 자기주식 20주를 ₩80,000에 취득하였다. 20×1년 12월 31일 현재, (주)민국의 자본계정은 자본금 ₩100,000, 자본잉여금 ₩250,000, 이익잉여금 ₩80,000으로 구성되어 있다. 20×2년 1월 1일 자기주식 취득 후 작성되는 연결재무상태표에 보고되는 비지배지분 장부금액을 계산하시오.

물음 3

다음과 같은 연결실체 간의 현금거래가 연결현금흐름표에 표시되는지, 표시된다면 영업활동, 투자활동, 재무활동 중 어떤 현금흐름으로 표시되는지를 주어진 답안 양식에 따라 답하시오.
(거래 1) 종속기업이 지급한 현금 배당금 중 지배기업이 수취한 배당금
(거래 2) 종속기업에 대한 지배력 상실을 초래한 지배기업의 종속기업 주식 처분
(거래 3) 지배력 획득 이후, 지배기업이 종속기업의 주식을 추가로 취득한 경우
(거래 4) 종속기업이 유상증자를 통해 발행하는 신주를 지배기업이 취득한 경우

구분	표시 여부	현금흐름 유형
(거래 예)	표시되지 않음	–
	표시됨	영업활동
거래 1		
거래 2		
거래 3		
거래 4		

해답

물음 1

1. 영업권, 비지배지분, 이익잉여금
   (1) 영업권: ₩300,000 − ₩400,000 × 60% = ₩60,000
   (2) 비지배지분: (₩400,000 + ₩30,000) × 40% = ₩172,000
   (3) 이익잉여금: ₩250,000 + ₩50,000 + ₩100,000 + ₩30,000 − ₩50,000 − ₩8,000 − ₩12,000 = ₩360,000

2. 20×1. 12. 31. 연결조정분개
   (1) 투자주식과 자본계정의 상계제거

구분	회계처리					
취득시점의 투자·자본 상계	(차)	자본금	100,000	(대)	투자주식	300,000
		자본잉여금	250,000		비지배지분	160,000
		이익잉여금	50,000			
		영업권	60,000			

   (2) 내부거래제거

구분	회계처리					
당기 미실현손익 제거(하향)	(차)	매출	100,000	(대)	매출원가	100,000
	(차)	매출원가	8,000*	(대)	재고자산	8,000
	* ₩100,000 × 40% × 20% = ₩8,000(하향거래)					
당기 미실현손익 제거(상향)	(차)	매출	50,000	(대)	매출원가	50,000

   (3) 비지배지분순이익 계상

구분	회계처리					
비지배지분순이익 계상	(차)	이익잉여금	12,000	(대)	비지배지분	12,000*
	* ₩30,000 × 40% = ₩12,000					

물음 2

1. **자기주식 취득 후 지분율**: $\frac{60주}{(100주 - 20주)} = 75\%$

2. **자기주식 취득 후 비지배지분**: (₩100,000 + ₩250,000 + ₩80,000 − ₩80,000) × 25% = ₩87,500

3. **20×2. 1. 1. 연결조정분개**

(1) 투자주식과 자본계정의 상계제거

구분	회계처리					
취득시점의 투자·자본 상계	(차)	자본금	100,000	(대)	투자주식	300,000
		자본잉여금	250,000		비지배지분	160,000
		이익잉여금	50,000			
		영업권	60,000			
취득시점 이후 자본변동	(차)	이익잉여금	30,000	(대)	이익잉여금	18,000
					비지배지분	12,000
종속기업 자기주식취득 조정	(차)	비지배지분	84,500*	(대)	자기주식	80,000
					자본잉여금	4,500
	* ₩430,000 × 40% − ₩350,000 × 25% = ₩84,500					

(2) 내부거래제거

구분	회계처리					
전기 미실현손익의 제거	(차)	이익잉여금	8,000*	(대)	재고자산	8,000
	* ₩100,000 × 40% × 20% = ₩8,000(하향거래)					

물음 3

구분	표시 여부	현금흐름 유형
거래 1	표시되지 않음	−
거래 2	표시됨	투자활동
거래 3	표시됨	재무활동
거래 4	표시되지 않음	−

(거래 1) 종속기업이 지급한 현금 배당금 중 지배기업이 수취한 배당금: 연결실체 내의 거래이므로 현금흐름표에 표시되지 않는다.

(거래 2) 종속기업에 대한 지배력 상실을 초래한 지배기업의 종속기업 주식 처분: 투자활동에 해당한다.

(거래 3) 지배력 획득 이후, 지배기업이 종속기업의 주식을 추가로 취득한 경우: 자본거래이므로 재무활동에 보고된다.

(거래 4) 종속기업이 유상증자를 통해 발행하는 신주를 지배기업이 취득한 경우: 연결실체 내의 거래이므로 현금흐름표에 표시되지 않는다.

기본문제 06 간접소유(부 - 자 - 손 구조)(1)

다음은 20×1년 12월 31일 현재 A회사와 그 종속기업인 B회사 및 C회사와 관련된 자료이다. 아래의 자료를 이용하여 다음 물음에 답하시오.

(1) 20×1년 1월 1일 A회사는 B회사의 의결권이 있는 보통주 80%를 ₩1,000,000에 취득하였으며, 동 일자에 B회사는 C회사의 주식 70%를 ₩560,000에 취득하였다. 20×1년 1월 1일 A회사, B회사 및 C회사의 주주지분은 다음과 같다. 단, 지배력획득일의 B회사와 C회사의 순자산공정가치와 장부금액은 일치하였다.

구분	A회사	B회사	C회사
자본금	₩1,000,000	₩700,000	₩440,000
이익잉여금	400,000	400,000	320,000
합계	₩1,400,000	₩1,100,000	₩760,000

(2) 20×1년 중 연결실체 간 재고자산의 내부거래는 다음과 같다. 재고자산의 판매에 따른 매출총이익률은 모두 20%이다.

판매회사	매입회사	내부거래	매입회사 기말재고에 남아 있는 상품
A회사	B회사	₩200,000	₩20,000
B회사	C회사	160,000	16,000
C회사	B회사	180,000	18,000

(3) 20×1년 12월 31일 현재 A회사와 그 종속기업인 B회사 및 C회사의 재무상태표와 포괄손익계산서는 다음과 같다.

재무상태표

20×1년 12월 31일 현재 (단위: 원)

	A회사	B회사	C회사		A회사	B회사	C회사
현금및현금성자산	200,000	160,000	220,000	매입채무	380,000	180,000	240,000
재고자산	1,300,000	900,000	960,000	차입금	820,000	700,000	260,000
투자주식(B회사)	1,000,000	-	-	자본금	1,000,000	700,000	440,000
투자주식(C회사)	-	560,000	-	이익잉여금	560,000	540,000	440,000
토지	260,000	500,000	200,000				
	2,760,000	2,120,000	1,380,000		2,760,000	2,120,000	1,380,000

포괄손익계산서

20×1년 1월 1일부터 20×1년 12월 31일까지 (단위: 원)

	A회사	B회사	C회사
매출액	1,800,000	2,000,000	1,000,000
매출원가	(1,440,000)	(1,600,000)	(800,000)
매출총이익	360,000	400,000	200,000
기타비용	(200,000)	(260,000)	(80,000)
당기순이익	160,000	140,000	120,000

물음 1

20×1년 말 연결재무상태표에 계상될 영업권을 계산하시오. 단, 20×1년 말까지 영업권은 손상되지 않았으며, 비지배지분에 대한 영업권은 인식하지 않는다.

물음 2

20×1년 연결포괄손익계산서에 계상될 연결당기순이익을 산출하고 이를 지배기업소유주귀속분과 비지배지분순이익으로 구분하여 나타내시오.

물음 3

20×1년 말 연결재무상태표에 계상될 비지배지분을 계산하시오.

해답

물음 1

20×1년 말 연결재무상태표에 계상될 영업권: (1) + (2) = ₩120,000 + ₩28,000 = ₩148,000

(1) A회사의 영업권

B회사 지분의 취득원가	₩1,000,000
취득일의 B회사 순자산공정가치에 대한 지배기업지분: ₩1,100,000 × 80% =	(880,000)
영업권	₩120,000

(2) B회사의 영업권

C회사 지분의 취득원가	₩560,000
취득일의 C회사 순자산공정가치에 대한 지배기업지분: ₩760,000 × 70% =	(532,000)
영업권	₩28,000

물음 2

각 회사의 내부거래로 인한 미실현손익을 제거한 연결조정 후 당기순이익 및 연결당기순이익은 다음과 같다.

	A회사		B회사		C회사		합계
보고된 당기순이익	₩160,000		₩140,000		₩120,000		₩420,000
내부거래제거							
재고자산	(4,000)		(3,200)		(3,600)		(10,800)
연결조정 후 당기순이익	₩156,000		₩136,800		₩116,400		₩409,200
∴ 연결당기순이익:	₩156,000	+	₩136,800	+	₩116,400	=	₩409,200
지배기업소유주 귀속:	156,000	+	109,440*1	+	65,184*3	=	330,624
비지배지분순이익(B):			27,360*2	+	16,296*4	=	43,656
비지배지분순이익(C):					34,920*5	=	34,920

*1 ₩136,800 × 80% = ₩109,440
*2 ₩136,800 × 20% = ₩27,360
*3 ₩116,400 × 80% × 70% = ₩65,184
*4 ₩116,400 × 20% × 70% = ₩16,296
*5 ₩116,400 × 30% = ₩34,920

별해

1. **지배기업소유주 귀속 당기순이익**
   복잡한 지배·종속관계에서는 가장 하위 종속기업부터 점차 상위 종속기업 순으로 자본계정과 순이익을 제거해야 한다. 이 경우 당기순이익과 순자산을 지배기업과 종속기업에 배분하기 위해서는 연립방정식을 다음과 같이 사용한다.

$$\begin{cases} A = ₩156{,}000 + B \times 80\% \\ B = ₩136{,}800 + C \times 70\% \\ C = ₩116{,}400 \end{cases} \Rightarrow \begin{cases} A = ₩330{,}624 \\ B = ₩218{,}280 \\ C = ₩116{,}400 \end{cases}$$

   ∴ 연결당기순이익 중 지배기업소유주 귀속분: ₩330,624

2. **비지배지분순이익**

B회사 비지배지분순이익: ₩218,280 × 20% =	₩43,656
C회사 비지배지분순이익: ₩116,400 × 30% =	34,920
계	₩78,576

물음 3

1. C회사 비지배지분

C회사 20×1년 말 순자산공정가치: ₩760,000 + ₩116,400 =	₩876,400
비지배지분율	× 30%
계	₩262,920

2. B회사 비지배지분

B회사 20×1년 말 순자산공정가치: ₩1,100,000 + ₩218,280 =	₩1,318,280
비지배지분율	× 20%
계	₩263,656

∴ 20×1년 말 비지배지분: ₩262,920 + ₩263,656 = ₩526,576

해설

1. 연결조정분개

(1) 투자주식과 자본계정의 상계제거

구분	회계처리					
취득시점의 투자·자본 상계 (C회사)	(차)	자본금(C)	440,000	(대)	투자주식(C)	560,000
		이익잉여금(C)	320,000*1		비지배지분	228,000*3
		영업권	28,000*2			
	*1 20×1년 초 이익잉여금 *2 영업권: ₩560,000 − (₩440,000 + ₩320,000) × 70% = ₩28,000 *3 비지배지분: (₩440,000 + ₩320,000) × 30% = ₩228,000					
취득시점의 투자·자본 상계 (B회사)	(차)	자본금(B)	700,000	(대)	투자주식(B)	1,000,000
		이익잉여금(B)	400,000*4		비지배지분	220,000*6
		영업권	120,000*5			
	*4 20×1년 초 이익잉여금 *5 영업권: ₩1,000,000 − (₩700,000 + ₩400,000) × 80% = ₩120,000 *6 비지배지분: (₩700,000 + ₩400,000) × 20% = ₩220,000					

(2) 내부거래제거

구분	회계처리					
매출 및 매출원가 상계	(차)	매출	540,000*1	(대)	매출원가	540,000
	*1 ₩200,000 + ₩160,000 + ₩180,000 = ₩540,000					
당기 미실현손익 제거 (A회사 → B회사)	(차)	매출원가	4,000*2	(대)	재고자산	4,000
	*2 ₩20,000 × 20% = ₩4,000					
당기 미실현손익 제거 (B회사 → C회사)	(차)	매출원가	3,200*3	(대)	재고자산	3,200
	*3 ₩16,000 × 20% = ₩3,200					
당기 미실현손익 제거 (C회사 → B회사)	(차)	매출원가	3,600*4	(대)	재고자산	3,600
	*4 ₩18,000 × 20% = ₩3,600					

(3) 비지배지분순이익 계상

구분	회계처리					
비지배지분순이익 계상	(차)	이익잉여금	78,576	(대)	비지배지분	78,576

2. 연결재무상태표

연결재무상태표

20×1년 12월 31일 현재

현금및현금성자산	580,000	매입채무	800,000
재고자산	3,149,200	차입금	1,780,000
토지	960,000	자본	
영업권	148,000	지배기업소유주지분	
		자본금	1,000,000
		이익잉여금	730,624
		비지배지분	526,576
	4,837,200		4,837,200

3. 연결포괄손익계산서

포괄손익계산서

20×1년 1월 1일부터 20×1년 12월 31일까지

매출액	4,260,000
매출원가	(3,310,800)
매출총이익	949,200
기타비용	(540,000)
당기순이익	409,200
당기순이익의 귀속	
지배기업소유주	330,624
비지배지분	78,576

기본문제 07 합동소유

공인회계사 14

20×1년 1월 1일에 (주)대한은 (주)민국의 발행주식 70%를 ₩250,000에 취득하였으며, 또한 (주)서울의 발행주식 40%를 ₩40,000에 취득하였다. 그리고 동 일자에 (주)민국은 (주)서울의 발행주식 20%를 ₩20,000에 취득하였다. 20×1년 1월 1일 현재 (주)대한, (주)민국, (주)서울의 자본계정은 다음과 같으며, 순자산장부금액과 공정가치는 일치하였다.

	(주)대한	(주)민국	(주)서울
자본금	₩700,000	₩200,000	₩60,000
이익잉여금	300,000	100,000	30,000

<추가자료>

(1) (주)대한은 (주)민국과 (주)서울에 대한 투자주식을 원가법으로 회계처리하고 있으며, (주)민국은 (주)서울의 주식을 지분법으로 회계처리하고 있다.

(2) (주)대한, (주)민국, (주)서울이 보고한 20×1년도의 당기순이익은 아래와 같다. 이 중 (주)민국의 당기순이익에는 (주)서울 주식에 대한 관계기업투자주식평가손익(지분법손익)이 포함되어 있다.

	(주)대한	(주)민국	(주)서울
당기순이익	₩115,000	₩32,000	₩8,000

(3) 연결재무제표 작성 시 비지배지분은 종속기업의 식별가능한 순자산 공정가치에 비례하여 결정한다.

물음 1

(주)서울에 대한 투자주식과 관련하여, (주)민국의 20×1년 말 재무제표에 계상되는 관계기업투자주식의 장부금액을 구하시오. 단, 20×1년 말 현재 영업권에 대한 손상은 발생하지 않은 것으로 가정한다.

물음 2

(주)대한이 작성하는 20×1년도의 연결재무제표에 계상될 다음의 금액을 구하시오. 단, 20×1년 말 현재 영업권에 대한 손상은 발생하지 않은 것으로 가정하며, 해당 금액이 없는 경우에는 "0"으로 표시하시오.

<연결재무상태표>

영업권	①

<연결포괄손익계산서>

연결당기순이익	
지배기업소유주순이익	②
비지배지분순이익	③

해답

물음 1

1. **20×1년 말 재무제표에 계상되는 관계기업투자주식의 장부금액**: ₩21,600

피투자자 순자산장부금액: ₩60,000 + ₩30,000 + ₩8,000 =	₩98,000
투자차액 미상각잔액	–
피투자자의 상향 내부거래 미실현손익 잔액	–
피투자자의 순자산공정가치	₩98,000
투자자의 지분율	× 20%
(1) 피투자자 순자산공정가치에 대한 지분	₩19,600
(2) 영업권: ₩20,000 – ₩90,000 × 20% =	2,000
(3) 투자자의 하향 내부거래 미실현손익 잔액 × 투자지분율	–
관계기업투자: (1) + (2) + (3) =	₩21,600

2. **회계처리**

구분	회계처리					
20×1년 초	(차)	관계기업투자	20,000	(대)	현금	20,000
20×1년 말	(차)	관계기업투자	1,600	(대)	지분법이익(NI)	1,600*
	* ₩8,000 × 20% = ₩1,600					

물음 2

<연결재무상태표>

영업권	① ₩46,000

<연결포괄손익계산서>

연결당기순이익	
지배기업소유주순이익	② ₩140,600
비지배지분순이익	③ ₩12,800

1. **영업권**: (1) + (2) = ₩40,000 + ₩6,000 = ₩46,000

(1) (주)대한의 영업권

(주)민국의 지분의 취득원가	₩250,000
취득일의 (주)민국의 순자산 공정가치에 대한 지배기업지분: ₩300,000 × 70% =	(210,000)
영업권	₩40,000

(2) (주)대한과 (주)민국의 영업권

(주)서울의 지분의 취득원가: ₩40,000 + ₩20,000 =	₩60,000
취득일의 (주)서울의 순자산 공정가치에 대한 지배기업지분: ₩90,000 × 60% =	(54,000)
영업권	₩6,000

2. 연결당기순이익

	(주)대한		(주)민국		(주)서울		합계
보고된 당기순이익	₩115,000		₩32,000		₩8,000		₩155,000
내부거래제거							
지분법 이익			(1,600)				(1,600)
연결조정 후 당기순이익	₩115,000		₩30,400		₩8,000		₩153,400
∴ 연결당기순이익:	₩115,000	+	₩30,400	+	₩8,000	=	₩153,400
지배기업소유주 귀속:	115,000	+	21,280*1	+	4,320*3	=	140,600
비지배지분순이익(민국):			9,120*2	+	480*4	=	9,600
비지배지분순이익(서울):					3,200*5	=	3,200

*1 ₩30,400 × 70% = ₩21,280

*2 ₩30,400 × 30% = ₩9,120

*3 ₩8,000 × (40% + 70% × 20%) = ₩4,320

*4 ₩8,000 × 20% × 30% = ₩480

*5 ₩8,000 × 40% = ₩3,200

별해

1. 지배기업소유주 귀속 당기순이익

$$\begin{cases} A = ₩115,000 + B \times 70\% + C \times 40\% \\ B = ₩30,400 + C \times 20\% \\ C = ₩8,000 \end{cases} \Rightarrow \begin{cases} A = ₩140,600 \\ B = ₩32,000 \\ C = ₩8,000 \end{cases}$$

∴ 연결당기순이익 중 지배기업소유주 귀속분: ₩140,600

2. 비지배지분순이익

(주)민국 비지배지분순이익: ₩32,000 × 30% =	₩9,600
(주)서울 비지배지분순이익: ₩8,000 × 40% =	3,200
계	₩12,800

해설

1. 별도재무제표상 지분법으로 회계처리한 경우에는 투자주식을 원가법으로 환원한 후 연결조정분개를 수행하여야 하며, 지분법이익은 내부거래에 해당하므로 제거한 후 연결당기순이익을 계산하여야 한다.

2. 20×1년 말 연결조정분개

(1) 원가법 환원분개

구분	회계처리				
원가법 환원분개	(차)	지분법이익	1,600	(대) 관계기업투자	1,600*
	* 투자주식을 원가법으로 환원하는 분개이다.				

(2) 투자주식과 자본계정의 상계제거

구분	회계처리				
취득시점의 투자·자본 상계 (서울)	(차)	자본금(서울)	60,000	(대) 투자주식(대한)	40,000
		이익잉여금(서울)	30,000*1	투자주식(민국)	20,000
		영업권	6,000*2	비지배지분	36,000*3
	*1 20×1년 초 이익잉여금 *2 영업권: ₩60,000 − (₩60,000 + ₩30,000) × 60% = ₩6,000 *3 비지배지분: (₩60,000 + ₩30,000) × 40% = ₩36,000				
취득시점의 투자·자본 상계 (민국)	(차)	자본금(민국)	200,000	(대) 투자주식(대한)	250,000
		이익잉여금(민국)	100,000*4	비지배지분	90,000*6
		영업권	40,000*5		
	*4 20×1년 초 이익잉여금 *5 영업권: ₩250,000 − (₩200,000 + ₩100,000) × 70% = ₩40,000 *6 비지배지분: (₩200,000 + ₩100,000) × 30% = ₩90,000				

(3) 비지배지분순이익 계상

구분	회계처리				
비지배지분순이익 계상	(차)	이익잉여금	12,800	(대) 비지배지분	12,800

기본문제 08 이연법인세와 연결재무제표

20×1년 1월 1일에 A회사는 B회사의 의결권이 있는 주식 60%를 ₩400,000에 취득하여 지배력을 획득하였다. 취득 시 B회사의 순자산장부금액은 ₩500,000(자본금 ₩300,000, 이익잉여금 ₩200,000)이었으며, B회사의 식별가능한 자산·부채의 장부금액과 공정가치는 일치하였다.

(1) A회사는 20×1년에 ₩400,000과 20×2년에 ₩600,000의 당기순이익을 보고하였다.
(2) B회사는 20×1년에 ₩200,000과 20×2년에 ₩300,000의 당기순이익을 보고하였으며, 이 기간 중 당기순이익을 제외한 자본의 변동은 없었다.
(3) 20×1년 중에 B회사는 A회사에 ₩100,000의 상품을 판매하였으며 20×1년 말 A회사의 기말재고자산에 남아 있는 B회사의 상품은 ₩50,000이었고 이는 20×2년 초에 전액 외부에 판매되었다. 단, B회사의 매출총이익률은 20%이다.
(4) 영업권은 20×2년 말까지 손상되지 않았으며, 비지배지분은 순자산공정가치에 비례적인 지분으로 측정한다.
(5) 법인세율은 양사 모두 30%이다.

물음 1

20×1년과 20×2년에 연결재무제표를 작성하는 경우 연결포괄손익계산서에 계상될 (1) 연결당기순이익, (2) 지배기업소유주 귀속 당기순이익, (3) 비지배지분순이익은 각각 얼마인가?

물음 2

20×1년 말과 20×2년 말에 연결재무제표를 작성하는 경우 연결재무상태표에 계상될 비지배지분은 각각 얼마인가?

해답

물음 1

1. 20×1년 연결당기순이익

	A회사		B회사		합계
보고된 당기순이익	₩400,000		₩200,000		₩600,000
투자차액의 상각					
내부거래제거					
재고자산 미실현손익			(7,000)		(7,000)
연결조정 후 당기순이익	₩400,000		₩193,000		₩593,000
∴ 연결당기순이익:	₩400,000	+	₩193,000	=	₩593,000
지배기업소유주 귀속 당기순이익:	₩400,000	+	₩193,000 × 60%	=	₩515,800
비지배지분순이익:			₩193,000 × 40%	=	₩77,200

2. 20×2년 연결당기순이익

	A회사		B회사		합계
보고된 당기순이익	₩600,000		₩300,000		₩900,000
투자차액의 상각					
내부거래제거					
재고자산 실현손익			7,000		7,000
연결조정 후 당기순이익	₩600,000		₩307,000		₩907,000
∴ 연결당기순이익:	₩600,000	+	₩307,000	=	₩907,000
지배기업소유주 귀속 당기순이익:	₩600,000	+	₩307,000 × 60%	=	₩784,200
비지배지분순이익:			₩307,000 × 40%	=	₩122,800

물음 2

1. 20×1년 말 비지배지분

(1) 20×1년 말 B회사 순자산장부금액: ₩500,000 + ₩200,000 =	₩700,000
20×1년 말 투자차액 미상각잔액	−
20×1년 말 상향내부거래 미실현손익 잔액: ₩50,000 × 20% × (1 − 30%) =	(7,000)
(2) 20×1년 말 B회사 순자산공정가치	₩693,000
(3) 비지배지분율	× 40%
(4) 20×1년 말 비지배지분	₩277,200

2. 20×2년 말 비지배지분

(1) 20×2년 말 B회사 순자산장부금액: ₩500,000 + ₩200,000 + ₩300,000 =	₩1,000,000
20×2년 말 투자차액 미상각잔액	−
20×2년 말 상향내부거래 미실현손익 잔액	−
(2) 20×2년 말 B회사 순자산공정가치	₩1,000,000
(3) 비지배지분율	× 40%
(4) 20×2년 말 비지배지분	₩400,000

해설

1. 20×1년 말 연결조정분개

(1) 투자주식과 자본계정의 상계제거

구분	회계처리					
취득시점의 투자·자본 상계	(차)	자본금(B)	300,000	(대)	투자주식	400,000
		이익잉여금(B)	200,000*1		비지배지분	200,000*3
		영업권	100,000*2			
	*1 20×1년 초 이익잉여금 *2 영업권: ₩400,000 − (₩300,000 + ₩200,000) × 60% = ₩100,000 *3 비지배지분: (₩300,000 + ₩200,000) × 40% = ₩200,000					

(2) 내부거래제거

구분	회계처리					
당기 미실현손익 제거	(차)	매출	100,000	(대)	매출원가	100,000
	(차)	매출원가	10,000*1	(대)	재고자산	10,000
		이연법인세자산	3,000*2		법인세비용	3,000
	*1 ₩50,000 × 20% = ₩10,000 *2 ₩10,000 × 30% = ₩3,000					

(3) 비지배지분순이익 계상

구분	회계처리					
비지배지분순이익 계상	(차)	이익잉여금	77,200	(대)	비지배지분	77,200*
	* (₩200,000 − ₩10,000 + ₩3,000) × 40% = ₩77,200					

2. 20×2년 말 연결조정분개

(1) 투자주식과 자본계정의 상계제거

구분	회계처리					
취득시점의 투자·자본 상계	(차)	자본금(B)	300,000	(대)	투자주식	400,000
		이익잉여금(B)	200,000*1		비지배지분	200,000*3
		영업권	100,000*2			
	*1 20×1년 초 이익잉여금 *2 영업권: ₩400,000 − (₩300,000 + ₩200,000) × 60% = ₩100,000 *3 비지배지분: (₩300,000 + ₩200,000) × 40% = ₩200,000					
취득시점 이후 자본변동	(차)	이익잉여금(B)	200,000*4	(대)	이익잉여금(A)	120,000
					비지배지분	80,000
	*4 20×1년 이익잉여금의 증가분(당기순이익)					

(2) 내부거래제거

구분	회계처리					
당기 실현손익의 인식	(차)	이익잉여금(A)	6,000	(대)	매출원가	10,000*1
		비지배지분	4,000			
	*1 ₩50,000 × 20% = ₩10,000					
	(차)	법인세비용	3,000*2	(대)	이익잉여금(A)	1,800
					비지배지분	1,200
	*2 ₩10,000 × 30% = ₩3,000					

(3) 비지배지분순이익 계상

구분	회계처리					
비지배지분순이익 계상	(차)	이익잉여금	122,800	(대)	비지배지분	122,800*
	* (₩300,000 + ₩10,000 − ₩3,000) × 40% = ₩122,800					

3. 이연법인세와 연결재무제표

(1) 연결재무제표 작성 시에는 연결실체 내의 지배기업과 종속기업은 별도재무제표에서 자산·부채의 장부금액과 법인세법상 자산·부채의 세무기준액의 차이에 대해서 이미 이연법인세자산·부채 및 당기법인세자산·부채를 인식하고 있는 상태로 연결정산표에서 합산되므로 별도재무제표와 관련된 법인세효과에 대한 추가적인 조정은 필요하지 않다.

(2) 연결재무제표를 작성하는 경우 추가적인 연결조정분개에서 발생하는 일시적차이에 대한 이연법인세자산·부채를 고려한다.

4. 투자주식과 자본계정의 상계제거

(1) 연결조정분개 시 자산·부채의 공정가치와 장부금액의 차이로 발생하는 투자차액은 세무상 자산·부채의 세무기준액으로 인정되지 않으므로 일시적차이에 해당하므로 이에 대한 이연법인세자산·부채를 인식해야 한다.

(2) 영업권에 대해서는 이연법인세부채를 인식하지 아니한다. (∵ 순환논리)

5. 내부거래제거

(1) 내부거래의 미실현손익을 제거함에 따라 발생하는 일시적차이의 법인세효과를 적절히 반영해야 한다.

(2) 지배기업과 종속기업의 적용되는 법인세율이 다를 경우에는 관련된 자산이나 부채를 보유하는 기업에 적용되는 세율을 기준으로 이연법인세자산 또는 부채를 인식해야 한다.

기본문제 09 법인세를 고려한 연결

공인회계사 13

(주)대한은 20×1년 1월 1일 (주)민국의 의결권 있는 보통주 80%를 ₩380,000에 취득하여 지배력을 획득하였다. 주식 취득일 현재 (주)민국의 자본계정은 자본금 ₩300,000과 이익잉여금 ₩100,000으로 구성되어 있으며, (주)민국의 자산·부채 중에서 장부금액과 공정가치가 일치하지 않는 항목은 다음과 같다.

구분	장부금액	공정가치
재고자산	₩200,000	₩230,000
건물	180,000	200,000

위 자산 중 재고자산은 20×1년 중에 모두 외부로 판매되었으며, 20×1년 1월 1일 현재 건물의 잔존 내용연수는 10년, 잔존가치는 ₩0이고 정액법으로 상각한다.
(주)대한과 (주)민국의 20×1년 별도(개별)재무제표상 당기순이익은 각각 ₩150,000과 ₩50,000이다. (주)대한은 (주)민국의 주식을 원가법으로 회계처리하고 있으며, 연결재무제표 작성 시 비지배지분은 종속기업의 식별가능한 순자산공정가치에 비례하여 결정한다.

물음 1

20×1년 연결포괄손익계산서에 보고되는 ① 당기순이익과 20×1년 말 연결재무상태표(자본)에 보고되는 ② 비지배지분을 계산하시오. 단, 법인세효과는 고려하지 않는다. .

연결당기순이익	①
비지배지분	②

물음 2

20×1년 말 현재 (주)대한과 (주)민국의 법인세율은 25%이고, 이는 향후에도 유지될 예정이다. 이러한 법인세효과를 고려할 때, 주식취득일에 (주)대한의 연결재무상태표에 계상될 ① 영업권과 20×1년 말 연결재무상태표에 계상될 ② 이연법인세자산(또는 부채)을 계산하시오. 단, '이연법인세자산' 또는 '이연법인세부채' 여부를 명확히 표시하시오.

영업권	①
이연법인세자산(또는 부채)	②

※ 다음에 제시되는 물음은 각각 독립된 상황이다.

물음 3

(주)강남은 보유 중이던 기계장치(취득원가 ₩15,000, 감가상각누계액 ₩10,000)를 20×1년 1월 1일에 (주)강북에 매각하였다. 매각일 현재 기계장치의 잔존내용연수는 5년, 잔존가치는 ₩0이고 정액법에 따라 상각한다. 20×2년 말 (주)강남과 (주)강북은 연결재무제표를 작성하면서 위 기계장치 매각과 관련하여 다음과 같은 연결조정분개를 수행하였다.

(차)	기계장치	5,000	(대)	감가상각누계액	8,000
	이익잉여금	2,600		감가상각비	1,000
	비지배지분	1,400			

(1) 위 기계장치의 매각금액을 구하시오.

(2) (주)강남과 (주)강북 중 ① 어느 회사가 지배기업인지 밝히고, 지배기업의 종속기업에 대한 ② 지분율을 구하시오.

지배기업	①
지분율	②

(3) (주)강북이 위 기계장치를 20×3년 말에 외부에 ₩3,200에 매각한다면, 20×3년 연결포괄손익계산서에 계상될 기계장치처분손익을 계산하시오. 단, 손실인 경우 금액 앞에 (－)를 표시하시오.

물음 4

한국채택국제회계기준에 따르면, 사업결합을 통해 취득한 영업권은 매 보고기간마다 회수가능액을 평가하여 손상차손이 발생한 경우에는 이를 당기비용으로 회계처리한다. 다만, 다른 자산과 달리 영업권에 대해 인식한 손상차손은 후속기간에 환입할 수 없다. 영업권에 대해 손상차손환입을 허용하지 않는 이유를 3줄 이내로 약술하시오.

해답

물음 1

연결당기순이익	① ₩168,000
비지배지분	② ₩93,600

1. 20×1년 연결당기순이익과 20×1년 말 비지배지분

(1) 연결당기순이익: ₩168,000

	(주)대한		(주)민국		합계
보고된 당기순이익	₩150,000		₩50,000		₩200,000
투자차액의 상각					
재고자산			(30,000)		(30,000)
건물			(2,000)		(2,000)
연결조정 후 당기순이익	₩150,000		₩18,000		₩168,000
∴ 연결당기순이익:	₩150,000	+	₩18,000	=	₩168,000

(2) 비지배지분: ₩93,600

20×1년 말 (주)민국 순자산장부금액: ₩400,000 + ₩50,000 =	₩450,000
20×1년 말 투자차액 미상각잔액	
건물: ₩20,000 × 9년/10년 =	18,000
20×1년 말 (주)민국 순자산공정가치	₩468,000
비지배지분율	× 20%
20×2년 말 비지배지분	₩93,600

2. 20×1. 12. 31. 연결조정분개

(1) 투자주식과 자본계정의 상계제거

구분	회계처리					
취득시점의 투자·자본 상계	(차)	자본금(B)	300,000	(대)	투자주식	380,000
		이익잉여금(B)	100,000[*1]		비지배지분	90,000[*3]
		재고자산	30,000			
		건물	20,000			
		영업권	20,000[*2]			
	*1 20×1년 초 이익잉여금 *2 영업권: ₩380,000 − (₩400,000 + ₩50,000) × 80% = ₩20,000 *3 비지배지분: (₩400,000 + ₩50,000) × 20% = ₩90,000					
당기 투자차액의 상각	(차)	매출원가	30,000	(대)	재고자산	30,000
	(차)	감가상각비	2,000[*4]	(대)	감가상각누계액(건물)	2,000
	*4 $\frac{₩20,000}{10년}$ = ₩2,000					

(2) 비지배지분순이익 계상

구분	회계처리					
비지배지분 순이익 계상	(차)	이익잉여금	3,600	(대)	비지배지분	3,600[*]
	* (주)민국의 보고된 당기순이익		₩50,000			
	매출원가		(30,000)			
	감가상각비		(2,000)			
	(주)민국의 연결조정 후 당기순이익		₩18,000			
	비지배지분율		× 20%			
	비지배지분순이익		₩3,600			

물음 2

영업권	① ₩30,000
이연법인세자산(또는 부채)	② ₩4,500 이연법인세부채

1. 20×1년 말 영업권과 20×1년 말 이연법인세자산 또는 이연법인세부채

(1) 영업권: ₩30,000

투자주식의 취득원가		₩380,000
(주)민국의 순자산장부금액	₩400,000	
재고자산 과소평가	30,000	
건물 과소평가	20,000	
투자차액에 대한 이연법인세부채: ₩50,000 × 25% =	(12,500)	
계	₩437,500	
지배기업지분율	× 80%	(350,000)
영업권		₩30,000

(2) 이연법인세부채: (₩30,000 − ₩30,000 + ₩20,000 − ₩2,000) × 25% = ₩4,500

2. 20×1. 12. 31. 연결조정분개

(1) 투자주식과 자본계정의 상계제거

구분	회계처리				
취득시점의 투자·자본 상계	(차)	자본금(B)	300,000	(대) 투자주식	380,000
		이익잉여금(B)	100,000*1	이연법인세부채	12,500*2
		재고자산	30,000	비지배지분	87,500*4
		건물	20,000		
		영업권	30,000*3		
	*1 20×1년 초 이익잉여금 *2 이연법인세부채: (₩30,000 + ₩20,000) × 25% = ₩12,500 *3 영업권: ₩380,000 − {₩400,000 + ₩50,000 × (1 − 25%)} × 80% = ₩30,000 *4 비지배지분: {₩400,000 + ₩50,000 × (1 − 25%)} × 20% = ₩87,500				
당기 투자차액의 상각	(차)	매출원가	30,000	(대) 재고자산	30,000
		이연법인세부채	7,500*5	법인세비용	7,500
	*5 ₩30,000 × 25% = ₩7,500				
	(차)	감가상각비	2,000*6	(대) 감가상각누계액(건물)	2,000
		이연법인세부채	500*7	법인세비용	500
	*6 $\frac{₩20,000}{10년}$ = ₩2,000 *7 ₩2,000 × 25% = ₩500				

(2) 비지배지분순이익 계상

구분	회계처리				
비지배지분순이익 계상	(차)	이익잉여금	5,200	(대) 비지배지분	5,200*
	* (주)민국의 보고된 당기순이익		₩50,000		
	세후 매출원가: ₩30,000 × (1 − 25%) =		(22,500)		
	세후 감가상각비: ₩2,000 × (1 − 25%) =		(1,500)		
	(주)민국의 연결조정 후 당기순이익		₩26,000		
	비지배지분율		× 20%		
	비지배지분순이익		₩5,200		

물음 3

구분	20×1년	20×2년
유형자산처분이익	(−)₩5,000	
감가상각비	₩1,000	₩1,000

(1) 매각금액 = 20×1년 초 기계장치 장부금액 + 유형자산처분이익
= ₩5,000 + ₩5,000 = ₩10,000

(2) ① 지배기업: (주)강북[(주)강남이 (주)강북에게 매각한 상향거래이므로 (주)강북이 지배기업임]
② 지분율: ₩2,600 ÷ ₩4,000 = 65%

(3) 기계장치처분이익: $₩3,200 - ₩5,000 \times \frac{2}{5} = ₩1,200$

물음 4

다른 자산과 달리 영업권에 대해 인식한 손상차손은 후속기간에 환입할 수 없는 이유는 손상차손환입액을 내부창출영업권으로 보기 때문이다. 즉, 손상차손을 인식한 영업권의 회수가능액이 회복된 경우 그 회복된 금액을 손상차손환입으로 처리한다면 기업이 스스로 영업권을 계상하는 결과가 되기 때문이다.

기본문제 10 연결현금흐름표(1)

A회사는 B회사 주식의 80%와 C회사 주식의 60%를 소유하고 있다. A회사 및 종속기업의 20×1년 말과 20×2년 말의 연결재무상태표와 20×2년의 연결포괄손익계산서는 다음과 같다.

연결포괄손익계산서

A회사 및 종속기업 20×2년 1월 1일부터 20×2년 12월 31일까지 (단위: 원)

매출액	500,000
매출원가	(410,000)
매출총이익	90,000
기타수익	125,000
기타비용	(160,000)
당기순이익	55,000
당기순이익의 귀속	
지배기업소유주	50,000
비지배지분	5,000

연결재무상태표

A회사 및 종속기업 20×1년 12월 31일 및 20×2년 12월 31일 (단위: 원)

자산	20×1년	20×2년	부채 및 자본	20×1년	20×2년
현금및현금성자산	60,000	150,000	매입채무	90,000	20,000
매출채권	150,000	120,000	미지급법인세	10,000	17,000
재고자산	70,000	90,000	장기차입금	300,000	346,000
토지	630,000	670,000	납입자본	350,000	350,000
설비자산	380,000	300,000	기타자본요소	200,000	200,000
감가상각누계액	(60,000)	(70,000)	이익잉여금	120,000	150,000
영업권	40,000	42,000	비지배지분	200,000	219,000
	1,270,000	1,302,000		1,270,000	1,302,000

[추가자료]

1. A회사는 당기에 C회사의 보통주 60%를 ₩23,000에 취득하여 지배력을 획득하였다. 취득 시 C회사의 자산·부채 및 우발부채의 공정가치는 다음과 같다.

자산:			부채:	
	현금및현금성자산	₩18,000	매입채무	₩5,000
	매출채권	10,000	장기차입금	10,000
	재고자산	2,000	계	₩15,000
	토지	20,000		
	계	₩50,000		

2. 당기 설비자산에 대한 감가상각비는 ₩30,000이며, 장부금액 ₩60,000의 설비자산을 ₩65,000에 처분하였다. 당기 설비자산구입액은 없다.
3. A회사는 당기에 ₩20,000의 현금배당을 실시하였으며, B회사와 C회사의 당기 이익처분은 없었다.
4. 당기 법인세비용과 이자비용은 각각 ₩20,000과 ₩12,000이며, 기초 및 기말 미지급이자는 없다.

물음 1

영업활동현금흐름을 간접법으로 표시하는 연결현금흐름표를 작성하시오. 단, A회사는 이자지급액은 영업활동현금흐름으로 표시하며, 배당금지급액은 재무활동현금흐름으로 표시한다.

물음 2

영업활동현금흐름을 직접법으로 작성하시오.

해답

물음 1

1. 계정분석

구분	회계처리					
①	(차)	현금및현금성자산	18,000*1	(대)	매입채무	5,000
		매출채권	10,000		장기차입금	10,000
		재고자산	2,000		비지배지분	14,000
		토지	20,000		현금(투자)	23,000*1
		영업권	2,000			
	*1 종속기업의 취득대가로 현금을 지급한 경우에 취득 당시 종속기업이 보유한 현금및현금성자산을 가감한 순액으로 현금흐름표에 보고함 ➲ C회사를 취득하기 위하여 ₩23,000을 지불했지만 C회사가 보유한 현금및현금성자산 ₩18,000을 차감한 ₩5,000을 현금흐름표에 투자활동으로 보고한다.					
②	(차)	토지	20,000*2	(대)	현금(투자)	20,000
	*2 ₩670,000(기말) – ₩630,000(기초) – ₩20,000(C회사 토지) = ₩20,000					
③	(차)	감가상각누계액	20,000	(대)	설비자산	80,000
		현금(투자)	65,000		유형자산처분이익(기타수익)	5,000
④	(차)	감가상각비(기타비용)	30,000	(대)	감가상각누계액	30,000
⑤	(차)	현금(재무)	36,000*3	(대)	장기차입금	36,000
	*3 ₩346,000(기말) – ₩300,000(기말) – ₩10,000(C회사 차입금) = ₩36,000					
⑥	(차)	당기순이익	50,000	(대)	이익잉여금	50,000
	✪ 포괄손익계산서에서 연결당기순이익 중 지배기업소유주 귀속분은 연결당기순이익을 구성하는 일부분이므로 영업활동현금흐름으로 표시한다.					
⑦	(차)	이익잉여금	20,000	(대)	현금(재무)	20,000
⑧	(차)	당기순이익	5,000	(대)	비지배지분	5,000
	✪ 포괄손익계산서에서 연결당기순이익 중 비지배지분순이익은 연결당기순이익을 구성하는 일부분이므로 영업활동현금흐름으로 표시한다.					

2. 현금흐름표의 작성

연결현금흐름표(간접법)

A회사 및 종속기업 20×2년 1월 1일부터 20×2년 12월 31일까지

영업활동현금흐름		
법인세비용차감전순이익		75,000
가감		(16,000)
이자비용	12,000	
유형자산처분이익	(5,000)	
감가상각비	30,000	
매출채권의 감소	40,000*1	
재고자산의 증가	(18,000)*1	
매입채무의 감소	(75,000)*1	
영업에서 창출된 현금		59,000
이자지급		(12,000)
법인세지급		(13,000)*2
영업활동순현금흐름		34,000
투자활동현금흐름		
종속기업의 취득에 따른 순현금흐름		(5,000)*3
토지의 취득		(20,000)
설비자산의 처분		65,000
투자활동순현금흐름		40,000
재무활동현금흐름		
장기차입금의 차입		36,000
배당금의 지급		(20,000)
재무활동순현금흐름		16,000
현금및현금성자산의 증가		90,000
기초의 현금및현금성자산		60,000
기말의 현금및현금성자산		150,000

*1 당기에 취득한 C회사의 매출채권, 재고자산 및 매입채무를 제외한 금액의 증감액임

- 매출채권의 감소: ₩120,000 − ₩150,000 − ₩10,000(C회사 매출채권) = ₩(40,000)
- 재고자산의 증가: ₩90,000 − ₩70,000 − ₩2,000(C회사 재고자산) = ₩18,000
- 매입채무의 감소: ₩20,000 − ₩90,000 − ₩5,000(C회사 매입채무) = ₩(75,000)

*2 법인세지급액

포괄손익계산서상 법인세비용	₩(20,000)
미지급법인세의 증가	7,000
계	₩(13,000)

*3 종속기업의 취득에 따른 순현금흐름: 종속기업취득 ₩(23,000) + C회사 현금 ₩18,000 = ₩(5,000)

물음 2

현금흐름표(직접법)

A회사 및 종속기업　　　20×2년 1월 1일부터 20×2년 12월 31일까지

영업활동현금흐름	
고객으로부터 수취한 현금	540,000
공급자에게 지급한 현금	(503,000)
기타영업활동으로 수취한 현금	120,000
기타영업활동에서 지급한 현금	(98,000)
영업에서 창출된 현금	59,000
이자지급	(12,000)
법인세지급	(13,000)
영업활동순현금흐름	34,000
⋮	

[계산근거]

1. 고객으로부터 수취한 현금

매출활동관련손익: 매출액	₩500,000
매출채권의 감소	40,000*
계	₩540,000

* 매출채권의 감소: ₩120,000 − ₩150,000 − ₩10,000(C회사 매출채권) = ₩(40,000)

2. 공급자에게 지급한 현금

매입활동관련손익: 매출원가	₩(410,000)
재고자산의 증가	(18,000)*1
매입채무의 감소	(75,000)*2
계	₩(503,000)

*1 재고자산의 증가: ₩90,000 − ₩70,000 − ₩2,000(C회사 재고자산) = ₩18,000

*2 매입채무의 감소: ₩20,000 − ₩90,000 − ₩5,000(C회사 매입채무) = ₩(75,000)

3. 기타영업활동으로 수취한 현금

기타영업활동관련손익: 기타수익	₩125,000
설비자산처분이익	(5,000)
계	₩120,000

4. 기타영업활동에서 지급한 현금

기타영업활동관련손익: 기타비용	₩(128,000)*
감가상각비	30,000
계	₩(98,000)

* 기타비용 ₩160,000에서 이자비용 ₩12,000과 법인세비용 ₩20,000을 차감한 금액임

5. 이자지급액 및 법인세지급액

(1) 이자지급	₩(12,000)
(2) 법인세지급	
포괄손익계산서상 법인세비용	₩(20,000)
미지급법인세의 증가	7,000
계	₩(13,000)

해설

1. 회계기간 중 종속기업이나 기타 사업에 대한 지배력을 획득 또는 상실한 경우, 지배력상실의 현금흐름효과는 지배력획득의 현금흐름효과에서 차감하지 않고 각각 별도로 구분 표시한다.
2. 종속기업 또는 기타 사업에 대한 지배력획득 또는 상실의 대가로 현금을 지급하거나 수취한 경우에는 그러한 거래, 사건 또는 상황변화의 일부로서 취득이나 처분 당시 종속기업 또는 기타 사업이 보유한 현금및현금성자산을 가감한 순액으로 현금흐름표에 보고한다.
3. 지배력을 상실하지 않는 종속기업에 대한 소유지분의 변동으로 발생한 현금흐름은 자본거래로 보아 재무활동현금흐름으로 분류한다.

기본문제 11 역취득(합병 및 연결회계)

20×1년 9월 30일에 법적 종속기업이 B회사가 지분상품을 발행하는 법적 지배기업인 A회사를 역취득하였다. 관련 자료는 다음과 같고, 법인세 영향에 대한 회계처리는 무시한다.

(1) 사업결합 직전 A회사와 B회사의 재무상태표는 다음과 같다.

재무상태표

자산	A회사	B회사	부채 및 자본	A회사	B회사
유동자산	₩500	₩700	유동부채	₩300	₩600
비유동자산	1,300	3,000	비유동부채	400	1,100
			납입자본	300	600
			이익잉여금	800	1,400
	₩1,800	₩3,700		₩1,800	₩3,700

(2) 역취득 직전 A회사의 발행주식수는 100주이고, B회사의 발행주식수는 60주이다.

(3) 20×1년 9월 30일에 A회사는 B회사의 보통주 각 1주와 교환하여 2.5주를 발행하고, B회사 주주 모두 자신들이 보유하고 있는 B회사 주식을 교환하였다. 따라서 A회사는 B회사의 보통주 60주 모두에 대해 150주를 발행하였다.

(4) 20×1년 9월 30일에 B회사의 보통주 1주의 공정가치는 ₩40이다. 같은 날에 A회사 보통주의 공시되는 시장가격은 ₩16이다.

(5) 20×1년 9월 30일에 A회사의 비유동자산의 공정가치는 ₩1,500이며 이를 제외하고 20×1년 9월 30일에 A회사의 식별할 수 있는 자산과 부채의 공정가치는 장부금액과 동일하다.

물음 1

A회사가 B회사에 역취득됨에 따라 인식할 영업권을 계산하시오.

물음 2

위의 사업결합이 합병거래에 해당한다면 합병 관련 회계처리를 수행하고 합병재무상태표를 작성하시오.

물음 3

위의 사업결합이 주식취득을 통한 지배력 획득이라고 가정하고 연결조정분개를 수행하고 연결재무상태표를 작성하시오.

물음 4

만일 물음 3 과 상관없이 B회사의 보통주 60주 중 56주만 교환한다고 가정하여 비지배지분을 계산하시오.

물음 5

20×0년 12월 31일에 종료하는 회계연도의 B회사의 당기순이익은 ₩600이었고, 20×1년 12월 31일에 종료하는 회계연도의 연결당기순이익은 ₩800이었다. 또한 20×0년 12월 31일에 종료하는 회계연도와 20×1년 1월 1일부터 역취득일인 20×1년 9월 30일까지 B회사가 발행한 보통주 수식 수에는 변동이 없었다. 20×1년 12월 31일 작성되는 비교표시재무제표에 표시될 20×1년과 20×0년 주당이익을 계산하시오. 단, 금액 계산 시 소수점 셋째 자리에서 반올림하시오.

해답

물음 1

1. 역취득의 판단

A회사(법적 지배기업)가 150주를 발행한 결과 B회사(법적 종속기업)의 주주는 A회사 주식의 60%[$=\frac{150주}{(100주+150주)}$]를 소유하게 된다. 나머지 40%는 A회사의 기존주주가 소유하고 있다. 따라서 지분을 교환하여 이루어지는 사업결합의 경우 취득자는 사업결합 후 결합기업에 대한 상대적인 의결권에 의하여 결정되므로 B회사의 주주가 상대적인 의결권이 크기 때문에 법적 지배기업인 A회사가 피취득자이며, 법적 종속기업인 B회사가 취득자인 역취득으로 판단한다.

구분	A회사	B회사
법률적 관점	법적 지배기업	법적 종속기업
사업결합 후 결합기업에 대한 상대적인 의결권	A회사 주주: 40% $\frac{100주}{(100주+150주)}=40\%$	B회사 주주: 60% $\frac{150주}{(100주+150주)}=60\%$
회계적 실질에 의한 취득자의 판단	피취득자 (∵ 사업결합 후 상대적인 의결권이 적음)	취득자 (∵ 사업결합 후 상대적인 의결권이 큼)

2. 이전대가의 측정

역취득의 경우 이전대가는 법적 지배기업의 소유주가 역취득의 결과로 결합기업에 대하여 보유하는 지분과 같은 비율이 유지되도록, 법적 종속기업(B회사)이 법적 지배기업(A회사)의 소유주에게 교부하였어야 할 법적 종속기업(B회사) 지분의 수량에 기초하여야 한다. 따라서 다음과 같이 계산할 수 있다.

구분	A회사가 주식을 발행하였을 경우(법적 형식)				B회사가 주식을 발행하였을 경우(경제적 실질)		
	A회사 주주		B회사 주주		A회사 주주		B회사 주주
발행주식수	100주	:	150주	=	x주	:	60주
지분율	40%	:	60%	=	40%	:	60%

(1) B회사가 주식을 발행하였을 경우 주식수: (60주 × 100주) ÷ 150주 = 40주

(2) 이전대가: 40주 × ₩40 = ₩1,600

3. 영업권의 측정

(1) 이전대가	₩1,600
(2) A회사의 순자산공정가치: (₩500 + ₩1,500) − (₩300 + ₩400) =	(1,300)
(3) 영업권	₩300

물음 2

1. 회계처리

구분	회계처리					
20×1. 9. 30.	(차)	유동자산(A)	500	(대)	유동부채(A)	300
		비유동자산(A)	1,500		비유동부채(A)	400
		영업권	300		납입자본	1,600

2. 합병재무상태표

합병재무상태표

A회사 20×1년 9월 30일

유동자산	₩1,200	유동부채	₩900
비유동자산	4,500	비유동부채	1,500
영업권	300	납입자본	2,200
		이익잉여금	1,400
	₩6,000		₩6,000

물음 3

1. 20×1. 9. 30. 회계처리

구분	회계처리					
B회사	(차)	투자주식(A)	1,600	(대)	납입자본	1,600
연결조정분개	(차)	납입자본(A)	300	(대)	투자주식(A)	1,600
		이익잉여금(A)	800			
		비유동자산	200			
		영업권	300			

2. 연결재무상태표

연결재무상태표

A회사 + B회사 20×1년 9월 30일

유동자산	₩1,200	유동부채	₩900
비유동자산	4,500	비유동부채	1,500
영업권	300	납입자본	2,200
		이익잉여금	1,400
	₩6,000		₩6,000

물음 4

1. 역취득의 판단

A회사는 B회사의 보통주 1주당 2.5주를 교환하였기 때문에 A회사는 150주가 아닌 140주(=56주 × 2.5주)만을 발행한다. 결과적으로 B회사의 주주는 결합기업 발행주식의 58.3%를 소유한다(발행주식 240주 중 140주).

구분	A회사	B회사
법률적 관점	법적 지배기업	법적 종속기업
사업결합 후 결합기업에 대한 상대적인 의결권	A회사 주주: 41.7% $\frac{100주}{(100주+140주)}=41.7\%$	B회사 주주: 58.3% $\frac{140주}{(100주+140주)}=58.3\%$
회계적 실질에 의한 취득자의 판단	피취득자 (∵ 사업결합 후 상대적인 의결권이 적음)	취득자 (∵ 사업결합 후 상대적인 의결권이 큼)

2. 이전대가의 측정

역취득의 경우 이전대가는 법적 지배기업의 소유주가 역취득의 결과로 결합기업에 대하여 보유하는 지분과 같은 비율이 유지되도록, 법적 종속기업(B회사)이 법적 지배기업(A회사)의 소유주에게 교부하였어야 할 법적 종속기업(B회사) 지분의 수량에 기초하여야 한다. 따라서 다음과 같이 계산할 수 있다.

구분	A회사가 주식을 발행하였을 경우(법적 형식)				B회사가 주식을 발행하였을 경우(경제적 실질)		
	A회사 주주		B회사 주주		A회사 주주		B회사 주주
발행주식수	100주	:	140주	=	x주	:	56주
지분율	41.7%	:	58.3%	=	41.7%	:	58.3%

(1) B회사가 주식을 발행하였을 경우 주식수: (56주 × 100주) ÷ 140주 = 40주

(2) 이전대가: 40주 × ₩40 = ₩1,600

3. 영업권의 측정

(1) 이전대가	₩1,600
(2) A회사의 순자산공정가치: (₩500 + ₩1,500) − (₩300 + ₩400) =	(1,300)
(3) 영업권	₩300

4. 20×1. 9. 30. 연결조정분개

구분	회계처리					
B회사	(차)	투자주식(A)	1,600	(대)	납입자본	1,600
연결조정분개	(차)	납입자본(A)	300	(대)	투자주식(A)	1,600
		이익잉여금(A)	800			
		비유동자산	200			
		영업권	300			
	(차)	납입자본(B)	600*1	(대)	납입자본(A)	560
					비지배지분	40*2
	*1 사업결합 직전 법적 종속기업인 B회사의 순자산장부금액 중 납입자본 금액					
	*2 B회사 납입자본 × 비지배지분율 = ₩600 × 6.7%(=$\frac{4주}{60주}$) = ₩40					
	➲ 비지배지분으로 재분류					
	(차)	이익잉여금(B)	1,400*3	(대)	이익잉여금(A)	1,306
					비지배지분	94*4
	*3 사업결합 직전 법적 종속기업인 B회사의 순자산장부금액 중 이익잉여금 금액					
	*4 B회사 이익잉여금 × 비지배지분율 = ₩1,400 × 6.7%(=$\frac{4주}{60주}$) = ₩94					
	➲ 비지배지분으로 재분류					

5. 연결재무상태표

연결재무상태표

A회사+B회사	20×1년 9월 30일		
유동자산	₩1,200	유동부채	₩900
비유동자산	4,500	비유동부채	1,500
영업권	300	납입자본	2,160
		이익잉여금	1,306
		비지배지분	134
	₩6,000		₩6,000

별해

다음과 같이 비지배지분을 간단하게 계산할 수 있다.
1. A회사의 주식과 교환되지 않은 B회사의 주식 4주는 비지배지분이다.
2. 비지배지분의 지분율: 4주 ÷ 60주 = 6.7%
3. 비지배지분: ₩2,000(B회사 순자산 장부금액) × 6.7% = ₩134

물음 5

(1) 20×1년 1월 1일부터 9월 30일(취득일)까지 유통 중인 것으로 보는 주식 수[역취득에서 A회사(법적 지배기업, 회계상 피취득자)가 발행한 보통주식 수]: 150주(= 60주 × 2.5)
(2) 20×1년 9월 30일(취득일)부터 20×1년 12월 31일까지의 유통주식수: 100주 + 150주 = 250주
(3) 20×1년 가중평균유통주식수: 150주 $\times \frac{9}{12}$ + 250주 $\times \frac{3}{12}$ = 175주
(4) 20×1년 주당이익: ₩800 ÷ 175주 = ₩4.57
(5) 20×0년 주당이익: ₩600 ÷ 150주 = ₩4

해설

1. 역취득

구분	내용
정의	일부 사업결합에서 지분을 발행하는 기업이 피취득자가 되는 사업결합
이전대가의 측정	법적 지배기업의 소유주가 역취득의 결과로 결합기업에 대하여 보유하는 지분과 같은 비율이 유지되도록, 법적 종속기업이 법적 지배기업의 소유주에게 교부하였어야 할 법적 종속기업 지분의 수량에 기초함
연결재무제표의 작성과 표시	법적 종속기업(회계상 취득자)의 재무제표가 지속되는 것으로 주석에 기재하되, 회계상 피취득자의 법적 자본을 반영하기 위하여 회계상 취득자의 법적 자본을 소급하여 수정함
비지배지분	비지배지분은 법적 피취득자 순자산의 사업결합 전 장부금액에 대한 비지배주주의 비례적 지분으로 반영함

2. 역취득의 주당이익
(1) 역취득에 따른 연결재무제표상 자본구조는 사업결합을 이루기 위해 법적 취득자(회계상 피취득자)가 발행한 지분을 포함하여 법적 취득자의 자본구조를 반영한다.
(2) 역취득이 생긴 회계기간의 가중평균 유통보통주식수(주당이익을 계산할 때의 분모)는 다음과 같이 산정한다.
① 해당 회계기간의 시작일부터 취득일까지의 유통보통주식수는 그 기간의 법적 피취득자(회계상 취득자)의 가중평균 유통보통주식수에 기초하여 합병 약정에서 정한 교환비율을 곱하여 산정한다.
② 취득일부터 해당 회계기간의 종료일까지 유통보통주식수는 그 기간에 유통되는 법적 취득자(회계상 피취득자)의 실제 보통주식수로 한다.
(3) 역취득에 따른 연결재무제표에 표시되는 취득일 전 각 비교기간의 기본주당순이익은 다음의 ①을 ②로 나누어 계산한다.
① 해당 각 기간의 보통주주에게 귀속하는 법적 피취득자의 당기순손익
② 취득 약정에서 정한 교환비율을 곱한 법적 피취득자의 역사적 가중평균유통보통주식수

기본문제 12 다기간 연결회계 및 유상증자와 자기주식 취득 시 연결

공인회계사 23

※ 다음의 각 물음은 독립적이다.

물음 1

<자료 1>을 이용하여 각 <요구사항>에 답하시오.

<자료 1>

1. (주)대한은 20×1년 1월 1일에 (주)민국의 의결권 있는 보통주식 60%를 ₩120,000에 취득하여 실질지배력을 획득하였다. 지배력 취득일 현재 (주)대한과 (주)민국의 자본은 다음과 같다.

(단위: ₩)

항목	(주)대한	(주)민국
자본금	150,000	80,000
자본잉여금	100,000	60,000
이익잉여금	80,000	50,000
자본총계	330,000	190,000

2. 다음은 (주)대한과 (주)민국의 20×1년과 20×2년의 별도(개별)포괄손익계산서이다.

(단위: ₩)

계정과목	20×1년도		20×2년도	
	(주)대한	(주)민국	(주)대한	(주)민국
매출	150,000	100,000	200,000	120,000
기타수익	18,000	8,000	35,000	20,000
매출원가	(90,000)	(60,000)	(160,000)	(84,000)
감가상각비	(20,000)	(10,000)	(20,000)	(10,000)
기타비용	(30,000)	(18,000)	(16,000)	(12,000)
당기순이익	28,000	20,000	39,000	34,000

3. 지배력 취득일 현재 (주)민국의 순자산 장부금액과 공정가치가 일치하지 않는 자산은 다음과 같다.

(단위: ₩)

계정과목	장부금액	공정가치	비고
재고자산	50,000	56,000	20×1년에 80%를 판매하고 나머지는 20×2년에 판매
토지	34,000	38,000	20×2년 중에 제3자에게 ₩42,000에 처분
건물	60,000	55,000	잔존내용연수는 5년, 잔존가치는 없으며, 정액법으로 감가상각
기계장치	60,000	70,000	

4. 다음은 (주)대한과 (주)민국 간의 20×1년과 20×2년의 내부거래 내용이다.
   - 20×1년과 20×2년 (주)대한과 (주)민국 간의 재고자산 내부거래는 다음과 같으며, 기말재고자산은 다음 연도에 모두 연결실체 외부로 판매된다.

(단위: ₩)

연도	판매회사	매입회사	매출액	기말보유비율
20×1	(주)대한	(주)민국	30,000	50%
	(주)민국	(주)대한	15,000	40%
20×2	(주)대한	(주)민국	50,000	40%
	(주)민국	(주)대한	12,000	50%

   - 20×1년 1월 1일 (주)대한은 지배력 취득 직후 보유하던 기계장치(취득원가 ₩20,000, 감가상각누계액 ₩8,000, 잔존내용연수 3년, 잔존가치 없이 정액법 상각)를 (주)민국에게 ₩18,000에 매각하였으며, (주)민국은 기계장치를 계속 사용하다가 20×3년 4월 1일 연결실체 외부에 ₩15,000에 매각하였다.
   - 20×2년 3월 20일 (주)민국은 주주총회에서 20×1년 성과에 대해 주식배당 ₩5,000과 현금배당 ₩5,000을 결의하였으며, 주주총회 당일 주주들에게 지급하였다.
5. (주)대한은 종속기업투자주식을 원가법으로 평가하고 있으며, 연결재무제표 작성 시 비지배지분은 종속기업의 순자산 공정가치에 비례하여 배분한다.
6. (주)대한과 (주)민국은 유형자산(토지, 건물, 기계장치)에 대해 원가모형을 적용하고 있다.

<요구사항 1>

(주)대한의 20×1년도 연결재무제표에 표시될 다음의 항목을 계산하시오.

비지배지분	①
지배기업소유주 귀속 당기순이익	②

<요구사항 2>

(주)대한의 20×2년도 연결재무제표에 표시될 다음의 항목을 계산하시오.

비지배지분	①
지배기업소유주 귀속 당기순이익	②

<요구사항 3>

20×3년도 (주)대한과 (주)민국의 당기순이익이 각각 ₩36,000과 ₩25,000일 경우 지배기업소유주 귀속 당기순이익을 계산하시오.

지배기업소유주 귀속 당기순이익	①

물음 2

다음 <자료 2>를 이용하여 각 <요구사항>에 답하시오. 단, <요구사항>은 독립적이다.

<자료 2>

1. (주)한국은 20×1년 1월 1일에 (주)만세의 주식을 취득하여 지배기업이 되었다. 지배력 취득일 현재 (주)만세의 순자산 장부금액과 공정가치는 동일하였으며, (주)만세의 자본은 다음과 같다.

(단위: ₩)

구분	항목	장부금액
20×1년 초	자본금 (600주, 액면금액 ₩200)	120,000
	자본잉여금	20,000
	이익잉여금	60,000
	자본총계	200,000
20×1년	당기순이익	20,000
20×1년 말	자본총계	220,000

2. (주)한국의 20×2년 초 자본금은 ₩200,000이고 자본잉여금은 ₩100,000이며 이익잉여금은 ₩150,000이다.
3. (주)만세에 대한 (주)한국의 지분이 변동하는 경우, 지분변동으로부터 발생한 차액은 자본잉여금으로 조정한다.

<요구사항 1>

(주)한국은 20×1년 1월 1일에 (주)만세의 주식 480주(80%)를 ₩180,000에 취득하여 지배기업이 되었다. (주)만세가 20×2년 1월 1일 200주를 주당 ₩400에 유상증자 시 (주)한국이 (주)만세의 신주를 전혀 인수하지 않았을 경우, 20×2년 말 유상증자에 대한 연결조정분개 시 다음의 항목을 계산하시오. 단, 비지배지분과 연결자본잉여금이 감소하는 경우 금액 앞에 (−)를 표시하시오.

비지배지분 증감액	①
연결자본잉여금 증감액	②

<요구사항 2>

(주)한국은 20×1년 1월 1일에 (주)만세의 주식 360주(60%)를 ₩140,000에 취득하여 지배기업이 되었다. (주)만세가 20×2년 1월 1일 자기주식 150주를 취득하여 20×2년 말 현재 계속 보유하고 있다. (주)만세가 자기주식을 주당 ₩300에 비지배주주로부터 취득하였을 경우, 20×2년 말 자기주식 취득에 대한 연결조정분개 시 다음의 항목을 계산하시오. 단, 비지배지분과 연결자본잉여금이 감소하는 경우 금액 앞에 (−)를 표시하시오.

비지배지분 증감액	①
연결자본잉여금 증감액	②

해답

물음 1

<요구사항 1>

비지배지분	① ₩86,720
지배기업소유주 귀속 당기순이익	② ₩28,080

(1) 20×1년 말 비지배지분

① 20×1년 말 (주)민국 순자산장부금액: ₩190,000 + ₩20,000 =	₩210,000
20×1년 말 투자차액 미상각잔액	
재고자산: ₩6,000 × 20% =	1,200
토지	4,000
건물: ₩(5,000) × 4년/5년 =	(4,000)
기계장치: ₩10,000 × 4년/5년 =	8,000
20×1년 말 내부거래 상향 미실현손익 잔액	
재고자산: ₩15,000 × 40% × ₩40,000/₩100,000 =	(2,400)
② 20×1년 말 (주)민국 순자산공정가치	₩216,800
③ 비지배지분율	× 40%
④ 20×1년 말 비지배지분	₩86,720

(2) 20×1년 지배기업소유주 귀속 당기순이익

① 염가매수차익: (₩190,000 + ₩6,000 + ₩4,000 − ₩5,000 + ₩10,000) × 60% − ₩120,000 = ₩3,000

② 20×1년 연결당기순이익

	(주)대한	(주)민국	합계
보고된 당기순이익	₩28,000	₩20,000	₩48,000
투자차액의 상각			
재고자산	−	(4,800)	(4,800)
건물	−	1,000	1,000
기계장치	−	(2,000)	(2,000)
염가매수차익	3,000	−	3,000
내부거래제거			
재고자산 미실현손익	(6,000)*1	(2,400)*2	(8,400)
기계장치 미실현손익	(6,000)		(6,000)
기계장치 실현손익	2,000		2,000
연결조정 후 당기순이익	₩21,000	₩11,800	₩32,800

∴ 연결당기순이익: ₩21,000 + ₩11,800 = ₩32,800

지배기업소유주 귀속 당기순이익: ₩21,000 + ₩11,800 × 60% = ₩28,080

비지배지분순이익: ₩11,800 × 40% = ₩4,720

*1 $₩30,000 \times 50\% \times \frac{₩60,000}{₩150,000} = ₩6,000$

*2 $₩15,000 \times 40\% \times \frac{₩40,000}{₩100,000} = ₩2,400$

<요구사항 2>

비지배지분	① ₩96,080
지배기업소유주 귀속 당기순이익	② ₩57,040

(1) 20×2년 말 비지배지분

① 20×2년 말 (주)민국 순자산장부금액: ₩210,000 + ₩34,000 − ₩5,000 =	₩239,000
20×2년 말 투자차액 미상각잔액	
건물: ₩(5,000) × 3년/5년 =	(3,000)
기계장치: ₩10,000 × 3년/5년 =	6,000
20×2년 말 내부거래 상향 미실현손익 잔액	
재고자산: ₩12,000 × 50% × ₩36,000/₩120,000 =	(1,800)
② 20×2년 말 (주)민국 순자산공정가치	₩240,200
③ 비지배지분율	× 40%
④ 20×2년 말 비지배지분	₩96,080

(2) 20×2년 지배기업소유주 귀속 당기순이익

① 20×2년 연결당기순이익

	(주)대한	(주)민국	합계
보고된 당기순이익	₩39,000	₩34,000	₩73,000
투자차액의 상각			
재고자산	-	(1,200)	(1,200)
토지	-	(4,000)	(4,000)
건물	-	1,000	1,000
기계장치	-	(2,000)	(2,000)
내부거래제거			
재고자산 실현손익	6,000[*1]	2,400[*2]	8,400
재고자산 미실현손익	(4,000)[*3]	(1,800)[*4]	(5,800)
기계장치 실현손익	2,000		2,000
배당금수익	(3,000)		(3,000)
연결조정 후 당기순이익	₩40,000	₩28,400	₩68,400

∴ 연결당기순이익:	₩40,000	+	₩28,400	=	₩68,400
지배기업소유주 귀속 당기순이익:	₩40,000	+	₩28,400 × 60%	=	₩57,040
비지배지분순이익:			₩28,400 × 40%	=	₩11,360

*1 $₩30,000 \times 50\% \times \frac{₩60,000}{₩150,000} = ₩6,000$

*2 $₩15,000 \times 40\% \times \frac{₩40,000}{₩100,000} = ₩2,400$

*3 $₩50,000 \times 40\% \times \frac{₩40,000}{₩200,000} = ₩4,000$

*4 $₩12,000 \times 50\% \times \frac{₩36,000}{₩120,000} = ₩1,800$

<요구사항 3>

지배기업소유주 귀속 당기순이익	① ₩57,480

(1) 20×3년 지배기업소유주 귀속 당기순이익

① 20×3년 연결당기순이익

	(주)대한	(주)민국	합계
보고된 당기순이익	₩36,000	₩25,000	₩61,000
투자차액의 상각			
건물	-	1,000	1,000
기계장치	-	(2,000)	(2,000)
내부거래제거			
재고자산 실현손익	4,000*1	1,800*2	5,800
기계장치 실현손익	2,000		2,000
연결조정 후 당기순이익	₩42,000	₩25,800	₩67,800

∴ 연결당기순이익: ₩42,000 + ₩25,800 = ₩67,800

지배기업소유주 귀속 당기순이익: ₩42,000 + ₩25,800 × 60% = ₩57,480

비지배지분순이익: ₩25,800 × 40% = ₩10,320

*1 ₩50,000 × 40% × $\frac{₩40,000}{₩200,000}$ = ₩4,000

*2 ₩12,000 × 50% × $\frac{₩36,000}{₩120,000}$ = ₩1,800

물음 2

<요구사항 1>

1. 정답

비지배지분 증감액	① ₩76,000
연결자본잉여금 증감액	② ₩4,000

① 비지배지분 증감액: ₩300,000 × 40% − ₩220,000 × 20% = ₩76,000

② 연결자본잉여금 증감액: ₩4,000

2. **유상증자 후 지분율의 계산**: (480주 + 0주) ÷ (600주 + 200주) = 60%

3. **투자차액의 산정**

(1) 20×2년 초 발생분

종속기업주식의 취득원가: 0주 × ₩400 =		₩0
(주)만세의 순자산공정가치		
유상증자 후 지배기업지분: (₩220,000 + 200주 × ₩400) × 60% =	₩180,000	
유상증자 전 지배기업지분: ₩220,000 × 80% =	(176,000)	(4,000)
투자차액(연결자본잉여금)		₩(4,000)

4. **연결조정분개**

구분	회계처리					
종속기업의 유상증자 조정	(차)	자본금(만세)	40,000*1	(대)	투자주식	0
		자본잉여금(만세)	40,000*2		비지배지분	76,000*3
					자본잉여금(투자차액)	4,000
	*1 ₩200 × 200주 = ₩40,000 *2 (₩400 − ₩200) × 200주 = ₩40,000 *3 ₩300,000 × 40% − ₩220,000 × 20% = ₩76,000					

<요구사항 2>

1. 정답

비지배지분 증감액	① (-)₩53,000
연결자본잉여금 증감액	② ₩8,000

(1) 비지배지분 증감액: ② - ③ = (-)₩53,000

① 자기주식 취득 후 지분율: $\frac{360주}{(600주 - 150주)} = 80\%$

② 자기주식 취득 후 비지배지분: (₩220,000 - 150주 × ₩300) × 20% = ₩35,000

③ 자기주식 취득 전 비지배지분: ₩220,000 × 40% = ₩88,000

(2) 연결자본잉여금 증감액: ₩8,000

2. 회계처리

구분	회계처리					
종속기업 자기주식취득 조정	(차)	비지배지분	53,000*	(대)	자기주식	45,000
					자본잉여금	8,000
	* (₩220,000 - 150주 × ₩300) × 20% - ₩220,000 × 40% = ₩(53,000)					

고급문제 01 단계적 취득(2)

공인회계사 16

다음은 (주)대한의 (주)민국에 대한 주식취득과 관련된 거래내역이다. 물음에 답하시오.

(1) 20×1년 1월 1일에 (주)대한은 (주)민국 주식 30%(30주)를 주당 ₩2,500에 취득하여, 유의적인 영향력을 행사할 수 있게 되었다. 동 일자 (주)민국의 식별가능한 순자산 장부금액은 ₩230,000이며, 장부금액과 공정가치가 일치하지 않는 유일한 항목은 건물 A이다. 건물 A의 장부금액은 ₩100,000, 공정가치는 ₩120,000이고, 정액법으로 감가상각하며 잔존가치는 ₩0, 잔존내용연수는 5년이다.

(2) 20×2년 12월 31일에 (주)민국은 보유하고 있던 건물 A를 (주)만세에 처분하였다.

(3) 20×3년 1월 1일에 (주)대한은 (주)민국의 주식 30%(30주)를 주당 ₩4,000에 추가로 취득하여 지배력을 획득하였다. (주)대한이 보유하고 있던 (주)민국 주식 30주의 공정가치도 주당 ₩4,000으로 동일하다. 지배력 획득일 현재 (주)민국의 식별가능한 순자산 장부금액은 ₩300,000이며, 자본 구성내역은 자본금 ₩150,000, 자본잉여금 ₩50,000, 이익잉여금 ₩100,000이다.

(4) 20×3년 1월 1일 현재, (주)민국의 자산 중 장부금액과 공정가치가 상이한 것은 다음과 같다.

구분	장부금액	공정가치	차액
재고자산	₩200,000	₩220,000	₩20,000
토지	600,000	650,000	50,000

동 재고자산은 20×3년에 모두 외부로 판매되었고, 토지는 20×3년 말까지 (주)민국이 보유 중이다.

(5) (주)민국의 비지배지분은 종속기업의 식별가능한 순자산에 대한 비례적 지분으로 측정한다. (주)대한의 별도재무제표에서는 종속기업투자주식에 대하여 원가법으로 회계처리한다.

(6) (주)민국의 20×1년, 20×2년, 20×3년의 당기순이익은 각각 ₩10,000, ₩20,000, ₩30,000이고, (주)민국은 20×1년과 20×3년에 주당 ₩20씩 현금 배당금을 지급하였다.

물음 1

20×1년과 20×2년 개별재무제표 작성 시 (주)대한의 재무상태표에 보고될 관계기업투자주식의 장부금액과 지분법 회계처리로 (주)대한의 당기순이익에 미치는 영향을 각각 계산하시오. 단, 당기순이익이 감소하는 경우에는 금액 앞에 '(−)'를 표시하시오.

20×1년 말 관계기업투자주식 장부금액	①
20×1년 당기순이익에 미치는 영향	②
20×2년 말 관계기업투자주식 장부금액	③
20×2년 당기순이익에 미치는 영향	④

물음 2

지분법으로 회계처리한 결과, 20×2년 12월 31일 (주)대한이 보유하고 있는 (주)민국에 대한 관계기업투자주식의 장부금액은 ₩80,000이라고 가정하자. ① 20×3년 말 연결재무상태표에 보고될 영업권의 장부금액, ② 비지배지분의 장부금액, ③ 20×3년 말 (주)대한의 별도재무상태표에 보고될 종속기업투자주식의 장부금액, ④ 20×3년 (주)대한의 별도포괄손익계산서상 당기순이익에 미치는 영향을 각각 계산하시오. 단, 당기순이익이 감소하는 경우에는 금액 앞에 '(−)'를 표시하시오.

연결재무상태표에 보고될 영업권 장부금액	①
비지배지분의 장부금액	②
별도재무상태표에 보고될 종속기업투자주식의 장부금액	③
별도포괄손익계산서상 당기순이익에 미치는 영향	④

해답

물음 1

20×1년 말 관계기업투자주식 장부금액	① ₩76,200
20×1년 당기순이익에 미치는 영향	② ₩1,800
20×2년 말 관계기업투자주식 장부금액	③ ₩77,400
20×2년 당기순이익에 미치는 영향	④ ₩1,200

(1) 20×1년 말 관계기업투자주식 장부금액

20×1년 말 (주)민국의 순자산장부금액: ₩230,000 + ₩10,000 − ₩2,000 =	₩238,000
20×1년 말 투자차액 미상각잔액	
건물: ₩20,000 − ₩20,000 × $\frac{1}{5}$ =	16,000
20×1년 말 (주)민국의 순자산공정가치	₩254,000
투자자의 지분율	× 30%
① (주)민국의 순자산공정가치에 대한 지분	₩76,200
② 영업권: ₩75,000 − (₩230,000 + ₩20,000) × 30% =	0
20×1년 말 관계기업투자(= ① + ②)	₩76,200

(2) 20×1년 당기순이익에 미치는 영향: (₩10,000 − ₩20,000 × $\frac{1}{5}$) × 30% = ₩1,800

(3) 20×2년 말 관계기업투자주식 장부금액

20×2년 말 (주)민국의 순자산장부금액: ₩238,000 + ₩20,000 =	₩258,000
20×2년 말 투자제거차액 미상각잔액	
건물	0
20×2년 말 (주)민국의 순자산공정가치	₩258,000
투자자의 지분율	× 30%
① (주)민국의 순자산공정가치에 대한 지분	₩77,400
② 영업권: ₩75,000 − (₩230,000 + ₩20,000) × 30% =	0
20×2년 말 관계기업투자(= ① + ②)	₩77,400

(4) 20×2년 당기순이익에 미치는 영향: (₩20,000 − ₩20,000 × $\frac{1}{5}$ − ₩20,000 × $\frac{3}{5}$) × 30% = ₩1,200

구분	회계처리			
20×1년 초	(차) 관계기업투자	75,000	(대) 현금	75,000[*1]
	*1 30주 × ₩2,500 = ₩75,000			
20×1년 말	(차) 관계기업투자	1,800	(대) 지분법이익(NI)	1,800[*2]
	*2 (₩10,000 − ₩20,000 × $\frac{1}{5}$) × 30% = ₩1,800			
	(차) 현금	600	(대) 관계기업투자	600[*3]
	*3 30주 × ₩20 = ₩600			
20×2년 말	(차) 관계기업투자	1,200	(대) 지분법이익(NI)	1,200[*4]
	*4 (₩20,000 − ₩20,000 × $\frac{1}{5}$ − ₩20,000 × $\frac{3}{5}$) × 30% = ₩1,200			

물음 2

연결재무상태표에 보고될 영업권 장부금액	① ₩18,000
비지배지분의 장부금액	② ₩151,200
별도재무상태표에 보고될 종속기업투자주식의 장부금액	③ ₩240,000
별도포괄손익계산서상 당기순이익에 미치는 영향	④ ₩41,200

(1) 연결재무상태표에 보고될 영업권 장부금액

투자주식의 취득원가: 30주 × ₩4,000 + 30주 × ₩4,000 =		₩240,000
(주)민국의 순자산공정가치		
순자산장부금액	₩300,000	
투자차액(재고자산)	20,000	
투자차액(토지)	50,000	
계	₩370,000	
지배기업지분율	× 60%	(222,000)
영업권		₩18,000

(2) 비지배지분의 장부금액

20×3년 말 (주)민국의 순자산장부금액: ₩300,000 + ₩30,000 − ₩2,000 =	₩328,000
20×3년 말 투자제거차액 미상각잔액	
토지	50,000
20×3년 말 (주)민국의 순자산공정가치	₩378,000
비지배지분율	× 40%
20×3년 말 비지배지분	₩151,200

(3) 별도재무상태표에 보고될 종속기업투자주식의 장부금액: 30주 × ₩4,000 + 30주 × ₩4,000 = ₩240,000

(4) 별도포괄손익계산서상 당기순이익에 미치는 영향: ① + ② = ₩41,200

① 관계기업투자주식처분이익: 30주 × ₩4,000 − ₩80,000 = ₩40,000

② 배당금수익: 60주 × ₩20 = ₩1,200

1. 20×3년 (주)대한의 별도재무제표상 회계처리

구분	회계처리					
20×3년 초	(차)	투자주식	120,000	(대)	현금	120,000
	(차)	투자주식	120,000	(대)	관계기업투자	80,000
					금융자산처분이익(NI)	40,000
20×3년 말	(차)	현금	1,200	(대)	배당금수익	1,200

2. 20×3년 (주)대한의 연결조정분개

(1) 배당금수익 취소분개

구분	회계처리					
배당금수익 취소분개	(차)	배당금수익	1,200	(대)	이익잉여금	2,000
		비지배지분	800			

(2) 투자주식과 자본계정의 상계제거

구분	회계처리					
취득시점의 투자·자본 상계	(차)	자본금	150,000	(대)	투자주식	240,000
		자본잉여금	50,000		비지배지분	148,000[*3]
		이익잉여금	100,000[*1]			
		재고자산	20,000			
		토지	50,000			
		영업권	18,000[*2]			
	*1 20×3년 초 이익잉여금 *2 영업권: ₩240,000 − (₩300,000 + ₩70,000) × 60% = ₩18,000 *3 비지배지분: (₩300,000 + ₩70,000) × 40% = ₩148,000					
당기 투자차액의 상각	(차)	매출원가	20,000	(대)	재고자산	20,000

(3) 비지배지분순이익 계상

구분	회계처리					
비지배지분순이익 계상	(차)	이익잉여금	4,000	(대)	비지배지분	4,000[*]
	* (주)민국의 보고된 당기순이익 ₩30,000 매출원가 (20,000) (주)민국의 연결조정 후 당기순이익 ₩10,000 비지배지분율 × 40% 비지배지분순이익 ₩4,000					

고급문제 02 지배력획득 이후의 추가취득(2)

공인회계사 12 수정

20×1년 1월 1일 (주)지배는 (주)종속의 의결권 주식 60%를 ₩300,000에 취득하였으며, 20×1년 7월 1일 동 사 의결권 주식의 20%를 ₩80,000에 추가 취득하였다. (주)지배는 (주)종속 투자주식을 원가법으로 회계처리하고 있다. (주)지배와 (주)종속은 모두 12월 말 결산법인이며 20×1년 12월 31일 현재 (주)지배와 (주)종속의 시산표는 다음과 같다.

<시산표>

차변 항목	(주)지배	(주)종속
현금	₩91,000	₩20,000
매출채권	320,000	100,000
대여금	30,000	
미수수익	900	
재고자산	650,000	170,000
기타포괄손익공정가치측정금융자산		20,600
투자주식	380,000	
유형자산(순액)	800,000	230,000
매출원가	1,875,000	700,000
판매비와 관리비	360,000	151,000
이자비용		900
계	**₩4,506,900**	**₩1,392,500**
대변 항목	**(주)지배**	**(주)종속**
매입채무	₩320,000	₩40,000
차입금		22,500
자본금	500,000	200,000
자본잉여금	86,000	
이익잉여금(20×1. 1. 1.)	1,100,000	125,000
매출	2,500,000	1,000,000
이자수익	900	
기타포괄손익공정가치측정금융자산평가이익		5,000
계	**₩4,506,900**	**₩1,392,500**

<추가자료>

1. 20×1년 1월 1일 현재 (주)종속의 자산 중에서 일부 재고자산 품목의 장부금액은 공정가치보다 ₩20,000 낮았으며, 동 재고자산은 20×1년 8월 중에 모두 외부로 매출되었다. 그 외의 자산과 부채의 장부금액과 공정가치는 일치하였다.
2. 20×1년 7월 1일 현재 (주)종속의 순자산 장부금액과 공정가치는 일치하였다.
3. (주)종속의 20×1년 6월 30일로 종료되는 6개월간 순이익은 ₩60,000이다. (주)지배와 (주)종속은 모두 20×1년에 배당을 실시하지 않았다.
4. 20×1년 9월 30일 (주)지배는 (주)종속에 이자율 연 12%의 조건으로 ₩30,000을 대여하였다. 동 대여금에 대한 이자는 3개월마다 지급되며 첫 이자 지급은 20×1년 12월 31일에 이루어진다. 또한 동 대여금은 20×1년 12월 31일부터 매 3개월마다 4회에 걸쳐 균등액을 상환받게 된다. 20×1년 12월 31일 (주)종속은 3개월분 이자와 첫 번째 분할상환금의 지급을 완료하였으나 (주)지배는 이를 아직 수령하지 못한 상태이다. (주)지배에 다른 대여금은 없으며, (주)종속에 다른 차입금은 없다.
5. (주)종속은 상품매매 외에 수선용역 사업도 행하고 있으며 수선용역 매출은 용역제공원가의 50%를 이익으로 가산하여 이루어진다. 20×1년 중 (주)종속이 (주)지배에 제공한 수선용역 매출액은 ₩30,000이며 용역제공은 20×1년 12월에 이루어졌다.
6. 20×1년 중에 (주)지배의 (주)종속에 대한 매출액은 ₩50,000이고 이 중 40%가 기말 현재 (주)종속의 재고자산으로 남아 있다. (주)지배는 내부거래와 외부 매출 모두에 동일한 이익률을 적용한다.
7. 20×1년 10월 1일 (주)종속은 원가 ₩10,000의 재고자산을 ₩15,000의 가격으로 (주)지배에 판매하였다. (주)지배는 동 자산을 구입 후 비품으로 사용하고 있으며 정액법(내용연수 5년, 잔존가치는 ₩0)에 따라 감가상각한다.
8. 20×1년 11월 30일 (주)종속은 타사 주식을 ₩15,600에 취득하여 기타포괄손익공정가치측정금융자산으로 분류하였으며 회계연도 말에 공정가치법을 적용하여 평가한다.
9. 비지배지분은 종속기업의 식별가능한 순자산 공정가치에 비례하여 결정한다.
10. (주)지배와 (주)종속은 매출원가와 이자비용을 제외한 모든 비용을 판매비와관리비로 구분하고 있다.

물음 1

위에서 (주)지배가 (주)종속의 주식을 추가취득하는 데 소요된 ₩80,000은 (주)지배가 작성하는 20×1년도 연결현금흐름표상에서 어떠한 활동으로 분류되는지 답하고 그 근거를 간략히 설명하시오.

물음 2

20×1년 12월 31일 (주)지배가 작성하는 연결재무제표상에 계상될 다음 항목의 금액을 계산하시오. 단, 해당 금액이 없으면 "0"으로 표시한다.

① 재고자산	② 유형자산	③ 대여금
④ 영업권	⑤ 매출	⑥ 매출원가
⑦ 총포괄이익	⑧ 기타포괄손익누계액	
⑨ 자본금	⑩ 자본잉여금	⑪ 이익잉여금

해답

물음 1

지배력획득일 이후의 추가취득은 재무활동으로 분류하여야 한다. 지배력획득일 이후의 종속기업의 추가취득은 비지배주주로부터 취득하는 것으로 자본거래로 간주하기 때문이다.

물음 2

① 재고자산: 지배 ₩650,000 + 종속 ₩170,000 + 투자차액 ₩0(= ₩20,000 − ₩20,000) − 내부미실현이익(하향) ₩5,000 − 내부미실현이익(상향) ₩0 = ₩815,000

② 유형자산(순액): 지배 ₩800,000 + 종속 ₩230,000 − 내부미실현이익(상향) ₩4,750 = ₩1,025,250

③ 대여금: 지배 ₩30,000 + 종속 ₩0 − 채권·채무 상계제거 ₩30,000 = ₩0

④ 영업권

지배력획득일의 투자주식 취득금액	₩300,000
종속기업의 순자산공정가치: (₩200,000 + ₩125,000 + ₩20,000) × 60% =	(207,000)
영업권	₩93,000

⑤ 매출: 지배 ₩2,500,000 + 종속 ₩1,000,000 − 내부용역매출 ₩30,000 − 재고자산 내부거래(하향) ₩50,000 − 재고자산 내부거래(상향) ₩15,000 = ₩3,405,000

⑥ 매출원가: 지배 ₩1,875,000 + 종속 ₩700,000 + 투자차액상각(재고자산) ₩20,000 − 내부용역매출원가 ₩20,000 − 재고자산 내부거래(하향) ₩45,000 − 재고자산 내부거래(상향) ₩10,000 = ₩2,520,000

⑦ 총포괄이익

	(주)지배	(주)종속	합계
보고된 당기순이익	₩265,900	₩148,100	₩414,000
투자차액의 상각			
재고자산		(20,000)	(20,000)
내부거래제거			
재고자산 미실현이익	(5,000)		(5,000)
비품 미실현이익		(4,750)	(4,750)
연결조정 후 당기순이익	₩260,900	₩123,350	₩384,250
기타포괄이익	−	5,000	5,000
총포괄이익	₩260,900	₩128,350	₩389,250

⑧ 기타포괄손익누계액: ₩5,000 − ₩5,000 × 20% = ₩4,000

⑨ 자본금: ₩500,000(지배기업 자본금)

⑩ 자본잉여금: ₩86,000 + 추가취득 투자차액 ₩1,000 = ₩87,000

⑪ 이익잉여금: 지배 기초이익잉여금 ₩1,100,000 + 연결당기순이익 ₩384,250 − 비지배지분순이익 ₩36,670* = ₩1,447,580

* 비지배지분순이익: ₩24,000 + ₩12,670 = ₩36,670

- 1. 1. ~ 6. 30.: ₩60,000 × 40% = ₩24,000
- 7. 1. ~ 12. 31.: (₩123,350 − ₩60,000) × 20% = ₩12,670

해설

1. 20×1년 말 연결조정분개

구분	회계처리			
① 취득시점의 투자·자본 상계	(차) 자본금	200,000	(대) 투자주식	300,000
	자본잉여금(B)	125,000*1	비지배지분	138,000*3
	재고자산	20,000		
	영업권	93,000*2		
	*1 20×1년 초 이익잉여금 *2 영업권: ₩300,000 − (₩200,000 + ₩125,000 + ₩20,000) × 60% = ₩93,000 *3 비지배지분: (₩200,000 + ₩125,000 + ₩20,000) × 40% = ₩138,000			
② 상반기 자본변동	(차) 이익잉여금(B)	60,000*4	(대) 이익잉여금(A)	36,000
			비지배지분	24,000
	*4 20×1년 상반기 이익잉여금의 증가분(당기순이익)			
③ 종속기업투자 추가취득	(차) 비지배지분	81,000*5	(대) 투자주식	80,000
			자본잉여금	1,000*6
	*5 (₩200,000 + ₩125,000 + ₩20,000 + ₩60,000) × 20% = ₩81,000 *6 ₩81,000 − ₩80,000 = ₩1,000			
④ 당기 투자차액의 상각	(차) 매출원가	20,000*7	(대) 재고자산	20,000
	*7 장부금액과 공정가치가 다른 재고자산은 외부로 판매된 경우 매출원가에 재고자산에 대한 장부금액과 공정가치의 차액을 추가로 조정해 주어야 한다.			

2. 채권·채무 상계제거

구분	회계처리			
⑤ 채권·채무 상계제거	(차) 차입금	22,500	(대) 대여금	30,000
	현금	8,400	미수이자	900
	이자수익	900	이자비용	900

3. 내부거래제거

구분	회계처리			
⑥ 수선용역매출(상향)	(차) 매출	30,000	(대) 매출원가	20,000
			수선비	10,000
	✪ 동일한 금액의 수익과 비용이 제거되므로 내부거래 미실현손익은 ₩0임			
⑦ 당기 미실현손익 제거(하향)	(차) 매출	50,000	(대) 매출원가	50,000
	(차) 매출원가	5,000*1	(대) 재고자산	5,000
	*1 ₩50,000 × 40% × 25% = ₩5,000(하향거래)			
⑧ 당기 미실현손익 제거(상향)	(차) 매출	15,000	(대) 매출원가	10,000
			비품(순액)	5,000
	(차) 비품(순액)	250*2	(대) 감가상각비	250
	*2 ₩5,000 ÷ 5년 × $\frac{3}{12}$ = ₩250			

4. 비지배지분순이익 계상

구분	회계처리			
⑨ 비지배지분 순이익 계상	(차) 이익잉여금	36,670	(대) 비지배지분	36,670
⑩ 비지배기타포괄손익 계상	(차) 기타포괄손익공정가치측정금융자산평가이익(OCI)	1,000	(대) 비지배지분	1,000*
	* ₩50,000 × 20% = ₩1,000			

참고

⑥ 수선용역매출(상향)

1. (주)종속의 회계처리

(차)	현금	30,000	(대) 매출	30,000
	매출원가	20,000	재고자산	20,000

2. (주)지배의 회계처리

(차)	수선비	30,000	(대) 현금	30,000

3. 연결입장의 회계처리

(차)	수선비	20,000	(대) 재고자산	20,000

4. 연결조정분개

구분	회계처리					
⑥ 수선용역매출 (상향)	(차)	매출	30,000	(대)	매출원가	20,000
					수선비	10,000

참고

⑧ 당기 미실현손익 제거(상향)

1. (주)종속의 회계처리

(차)	현금	15,000	(대) 매출	15,000
	매출원가	10,000	재고자산	10,000

2. (주)지배의 회계처리

(차)	비품(순액)	15,000	(대) 현금	15,000
	감가상각비	750	비품(순액)	750

3. 연결입장의 회계처리

(차)	비품(순액)	10,000	(대) 재고자산	10,000
	감가상각비	500	비품(순액)	500

4. 연결조정분개

구분	회계처리					
⑧ 당기 미실현손익 제거(상향)	(차)	매출	15,000	(대)	매출원가	10,000
					비품(순액)	5,000
	(차)	비품(순액)	250*	(대)	감가상각비	250
	* ₩5,000 ÷ 5년 × $\frac{3}{12}$ = ₩250					

고급문제 03 종속기업의 유상증자와 자기주식매입

공인회계사 18

(주)대한은 20×1년 초에 (주)민국의 회사 주식 500주(50%)를 ₩600,000에 취득했다. (주)대한의 지분율은 50%를 초과하지 않지만 실질지배력이 있는 것으로 판단되었다. (주)대한은 (주)민국의 종속기업투자주식을 별도재무제표상 원가법으로 평가하고 있다. 연결재무제표상 비지배지분은 종속기업의 식별 가능한 순자산의 공정가치에 비례하여 결정한다. 순자산의 장부금액은 공정가치와 일치한다. (주)민국의 자본항목의 구성은 다음과 같다.

일자	구분	금액
지배력취득일 (20×1. 1. 1.)	자본금(1,000주, 액면가 ₩500)	₩500,000
	자본잉여금	400,000
	이익잉여금	100,000
	기타자본	100,000
	순자산장부금액	₩1,100,000

지배력취득일 현재 (주)대한의 자본금은 ₩700,000 자본잉여금은 ₩400,000 이익잉여금은 ₩200,000이다.

종속기업투자에 따른 영업권 이외에 다른 영업권은 없다. 영업권에 대한 손상 검토를 수행한 결과 영업권이 배부된 현금창출단위의 20×1년 말 회수가능금액은 ₩35,000이다. 다음은 20×1년 중 (주)대한과 (주)민국에 관련된 거래이다.

(1) (주)대한은 (주)민국에게 20×1년 중 원가 ₩40,000인 재고자산을 ₩50,000에 판매하였다. (주)민국은 (주)대한으로부터 매입한 재고자산 중 70%는 20×1년 중에 외부로 판매했으며 30%는 아직 창고에 남아 있다. 한편, (주)민국은 20×1년 중 (주)대한에게 원가 ₩60,000인 재고자산을 ₩50,000에 판매하였다. (주)민국의 (주)대한에 대한 매출액은 해당 재고자산의 순실현가능가치이다. 기말 현재 (주)대한의 창고에는 (주)민국으로부터 매입한 재고자산의 20%가 남아 있다.

(2) (주)민국은 20×1년 7월 1일에 (주)대한에게 기계장치(취득원가 ₩90,000, 장부금액 ₩40,000)를 ₩50,000에 매각하였다. 매각시점에 기계장치의 잔존가액은 없으며 잔존 내용연수는 5년, 정액법으로 상각한다.

(3) (주)대한은 (주)민국과의 재고자산 거래에서 발생한 매출채권 ₩50,000을 타사에 ₩45,000에 매각했다. 외부에 양도한 매출채권은 제거요건을 충족하지 못한다.

(4) (주)민국이 20×1년 중 취득하여 보유하고 있는 타사의 기타포괄손익-공정가치 측정 금융자산의 취득원가는 ₩280,000이며, 20×1년 말 공정가치는 ₩320,000이다.

20×1년 (주)대한과 (주)민국의 별도(개별)재무제표상 당기순이익은 각각 ₩250,000과 ₩100,000이다. 지분변동거래에서 발생한 차액은 자본잉여금에 반영한다.

물음 1

20×1년 연결조정분개 후 다음의 계정 금액을 계산하시오.

총연결당기순이익	①
비지배지분	②

물음 2

20×2년 초에 (주)대한은 (주)민국의 주식 10%(100주)를 ₩130,000에 추가 취득하여 (주)대한의 지분율이 60%로 상승했다. 다음은 20×2년 중 (주)대한과 (주)민국에 관련된 자료이다.

- 20×2년 영업권 손상징후는 없다.
- 20×1년 미판매재고자산은 모두 판매되었으며 20×2년 중 내부거래는 없다.
- (주)민국이 보유하고 있던 타사 기타포괄손익-공정가치 측정 금융자산의 공정가치 변동은 없다.
- 20×2년 (주)대한과 (주)민국의 별도(개별)재무제표상 당기순이익은 각각 ₩300,000과 ₩150,000이다.

20×2년 연결조정분개 후 다음의 계정 금액을 계산하시오.

총연결당기순이익	①
연결자본잉여금	②
비지배지분	③

물음 3

물음 2에서 (주)대한이 추가지분을 취득하는 대신, 20×2년 초에 (주)대한이 (주)민국의 유상증자 500주 가운데 400주를 주당 ₩1,300, 총 ₩520,000에 취득하여 (주)대한의 지분율이 60%로 상승하였다고 가정한다. 20×2년 중 (주)대한과 (주)민국에 관련된 자료는 **물음 2**와 같다. 20×2년 연결조정분개 후 다음의 계정 금액을 계산하시오.

연결자본잉여금	①
비지배지분	②

물음 4

물음 2와 **물음 3** 대신, (주)민국이 자기주식 167주를 주당 ₩1,300, 총 ₩217,100에 취득하여 (주)대한의 지분율이 60%(≒ 500주/833주)로 상승하였다고 가정한다. 20×2년 중 (주)대한과 (주)민국에 관련된 자료는 **물음 2**와 같다. 20×2년 연결조정분개 후 다음의 계정 금액을 계산하시오.

연결자본잉여금	①
비지배지분	②

물음 5

20×2년 말 연결재무상태표상 **물음 2**와 **물음 3**에서의 비지배지분에 차이가 있다면 그 원인과, **물음 2**와 **물음 4**의 비지배지분에 차이가 있다면 그 원인이 무엇인지 각각 간략하게 설명하시오. 단, 차이가 없으면 '차이 없음'이라고 기재하시오.

물음 2와 물음 3의 차이원인	①
물음 2와 물음 4의 차이원인	②

해답

물음 1

총연결당기순이익	① ₩323,000
비지배지분	② ₩615,500

1. **영업권**: ₩600,000 − ₩1,100,000 × 50% = ₩50,000
2. **영업권손상차손**: ₩50,000 − ₩35,000 = ₩15,000
3. **연결당기순이익**

	(주)대한		(주)민국		합계
보고된 당기순이익	₩250,000		₩100,000		₩350,000
투자차액의 상각					
영업권손상차손	(15,000)				(15,000)
내부거래제거					
재고자산(하향) 미실현손익	(3,000)				(3,000)
기계장치(상향) 미실현손익			(10,000)		(10,000)
기계장치(상향) 실현손익			1,000		1,000
연결조정 후 당기순이익	₩232,000		₩91,000		₩323,000
∴ 연결당기순이익:	₩232,000	+	₩91,000	=	₩323,000

4. **비지배지분**

(1) 20×1년 말 (주)민국 순자산장부금액: ₩1,100,000 + ₩100,000 + ₩40,000 =	₩1,240,000
20×1년 말 내부거래 상향 미실현손익 잔액	
기계장치: ₩10,000 − ₩(1,000) =	(9,000)
(2) 20×1년 말 (주)민국 순자산공정가치	₩1,231,000
(3) 비지배지분율	× 50%
(4) 20×1년 말 비지배지분	₩615,500

5. **20×1년 12월 31일 연결조정분개**

(1) 투자주식과 자본계정의 상계제거

구분	회계처리				
취득시점의 투자·자본 상계	(차)	자본금	500,000	(대) 투자주식	600,000
		자본잉여금	400,000	비지배지분	550,000*2
		이익잉여금	100,000		
		기타자본	100,000		
		영업권	50,000*1		
	*1 영업권: ₩600,000 − ₩1,100,000 × 50% = ₩50,000 *2 비지배지분: ₩1,100,000 × 50% = ₩550,000				
영업권 손상차손	(차)	영업권손상차손	15,000*3	(대) 영업권	15,000
	*3 ₩50,000(장부금액) − ₩35,000(회수가능금액) = ₩15,000				

(2) 내부거래제거

구분	회계처리					
당기 미실현손익 제거(하향)	(차)	매출	50,000	(대)	매출원가	50,000
	(차)	매출원가	3,000*	(대)	재고자산	3,000
	* (₩50,000 − ₩40,000) × 30% = ₩3,000(하향거래)					
당기 미실현손익 제거(상향)	(차)	매출	50,000	(대)	매출원가	50,000
	(차)	기계장치	40,000	(대)	감가상각누계액	50,000
		유형자산처분이익	10,000			
	(차)	감가상각누계액	1,000	(대)	감가상각비	1,000

(3) 채권·채무 상계제거

구분	회계처리					
채권·채무 상계제거	(차)	매입채무	50,000	(대)	매출채권	50,000

(4) 비지배지분순이익 계상

구분	회계처리					
비지배지분 순이익 계상	(차)	이익잉여금	45,500*1	(대)	비지배지분	45,500
	*1 (₩100,000 − ₩10,000 + ₩1,000) × 50% = ₩45,500					
비지배기타포괄손익 계상	(차)	기타포괄손익공정가치측정금융자산평가이익(OCI)	20,000*2	(대)	비지배지분	20,000
	*2 ₩40,000 × 50% = ₩20,000					

물음 2

총연결당기순이익	① ₩455,000
연결자본잉여금	② ₩393,100
비지배지분	③ ₩553,200

1. 연결당기순이익

	(주)대한		(주)민국		합계
보고된 당기순이익	₩300,000		₩150,000		₩450,000
내부거래제거					
재고자산(하향) 실현손익	3,000				3,000
기계장치(상향) 실현손익			2,000		2,000
연결조정 후 당기순이익	₩303,000		₩152,000		₩455,000
∴ 연결당기순이익:	₩303,000	+	₩152,000	=	₩455,000

2. 추가취득 시 투자차액(연결자본잉여금)

(1) 취득일의 종속기업 지분의 공정가치	₩130,000
(2) 추가취득일의 종속기업 순자산공정가치에 대한 추가취득 지분: ₩1,231,000 × 10% =	(123,100)
(3) 연결자본잉여금	₩6,900

3. 연결자본잉여금: ₩400,000 + ₩400,000 − ₩400,000 − ₩6,900 = ₩393,100

4. 비지배지분

(1) 20×2년 말 (주)민국 순자산장부금액: ₩1,240,000 + ₩150,000 =	₩1,390,000
20×2년 말 내부거래 상향 미실현손익 잔액	
기계장치: ₩10,000 − ₩(3,000) =	(7,000)
(2) 20×2년 말 (주)민국 순자산공정가치	₩1,383,000
(3) 비지배지분율	× 40%
(4) 20×2년 말 비지배지분	₩553,200

5. 20×2년 12월 31일 연결조정분개

(1) 투자주식과 자본계정의 상계제거

구분	회계처리					
취득시점의 투자·자본 상계	(차)	자본금	500,000	(대)	투자주식	600,000
		자본잉여금	400,000		비지배지분	550,000[*2]
		이익잉여금	100,000			
		기타자본	100,000			
		영업권	50,000[*1]			
	*1 영업권: ₩600,000 − ₩1,100,000 × 50% = ₩50,000 *2 비지배지분: ₩1,100,000 × 50% = ₩550,000					
취득시점 이후 자본변동	(차)	이익잉여금	100,000[*3]	(대)	이익잉여금	50,000
					비지배지분	50,000
	*3 20×1년 이익잉여금의 증가분(당기순이익)					
	(차)	기타포괄손익공정가치측정금융자산평가이익	40,000[*4]	(대)	기타포괄손익공정가치측정금융자산평가이익	20,000
					비지배지분	20,000
	*4 20×1년 기타포괄손익공정가치측정금융자산평가손익의 증가분					
전기 영업권 손상차손	(차)	이익잉여금	15,000[*5]	(대)	영업권	15,000
	*5 ₩50,000(장부금액) − ₩35,000(회수가능금액) = ₩15,000					
추가취득 조정	(차)	비지배지분	123,100[*6]	(대)	투자주식	130,000
		자본잉여금	6,900			
	*6 ₩1,231,000 × 10% = ₩123,100					

(2) 내부거래제거

구분	회계처리					
전기 미실현손익 인식(하향)	(차)	이익잉여금	3,000	(대)	매출원가	3,000
전기 미실현손익 인식(상향)	(차)	기계장치	40,000	(대)	감가상각누계액	49,000
		이익잉여금	4,500			
		비지배지분	4,500			
	(차)	감가상각누계액	2,000	(대)	감가상각비	2,000

(3) 비지배지분순이익 계상

구분	회계처리					
비지배지분 순이익 계상	(차)	이익잉여금	60,800[*]	(대)	비지배지분	60,800
	* (₩150,000 + ₩2,000) × 40% = ₩60,800					

물음 3

연결자본잉여금	① ₩393,100
비지배지분	② ₩813,200

1. **투자차액의 산정**

종속기업주식의 취득원가: 400주 × ₩1,300 =		₩520,000
(주)민국의 순자산공정가치		
유상증자 후 지배기업지분: (₩1,231,000 + ₩1,300 × 500주) × 60% =	₩1,128,600	
유상증자 전 지배기업지분: ₩1,231,000 × 50% =	(615,500)	(513,100)
투자차액(연결자본잉여금)		₩6,900

2. **연결자본잉여금**: ₩400,000 + ₩400,000 − ₩400,000 − ₩6,900 = ₩393,100

3. **비지배지분**

(1) 20×2년 말 (주)민국 순자산장부금액: ₩1,240,000 + ₩150,000 + ₩1,300 × 500주 =	₩2,040,000
20×2년 말 내부거래 상향 미실현손익 잔액	
기계장치: ₩10,000 − ₩(3,000) =	(7,000)
(2) 20×2년 말 (주)민국 순자산공정가치	₩2,033,000
(3) 비지배지분율	× 40%
(4) 20×2년 말 비지배지분	₩813,200

4. **20×2년 12월 31일 연결조정분개**

(1) 투자주식과 자본계정의 상계제거

구분	회계처리					
취득시점의 투자·자본 상계	(차)	자본금	500,000	(대)	투자주식	600,000
		자본잉여금	400,000		비지배지분	550,000*2
		이익잉여금	100,000			
		기타자본	100,000			
		영업권	50,000*1			
	*1 영업권: ₩600,000 − ₩1,100,000 × 50% = ₩50,000 *2 비지배지분: ₩1,100,000 × 50% = ₩550,000					
취득시점 이후 자본변동	(차)	이익잉여금	100,000*3	(대)	이익잉여금	50,000
					비지배지분	50,000
	*3 20×1년 이익잉여금의 증가분(당기순이익)					
	(차)	기타포괄손익공정가치측정금융자산평가이익	40,000*4	(대)	기타포괄손익공정가치측정금융자산평가이익	20,000
					비지배지분	20,000
	*4 20×1년 기타포괄손익공정가치측정금융자산평가손익의 증가분					
전기 영업권 손상차손	(차)	이익잉여금	15,000*5	(대)	영업권	15,000
	*5 ₩50,000(장부금액) − ₩35,000(회수가능금액) = ₩15,000					
유상증자 조정	(차)	자본금	250,000	(대)	투자주식	520,000
		자본잉여금	400,000		비지배지분	136,900*6
		자본잉여금	6,900*7			
	*6 (₩1,231,000 + ₩1,300 × 500주) × 40% − ₩1,231,000 × 50% = ₩136,900 *7 투자차액(해답참조)					

(2) 내부거래제거

구분	회계처리					
전기 미실현손익 인식(하향)	(차)	이익잉여금	3,000	(대)	매출원가	3,000
전기 미실현손익 인식(상향)	(차)	기계장치	40,000	(대)	감가상각누계액	49,000
		이익잉여금	4,500			
		비지배지분	4,500			
	(차)	감가상각누계액	2,000	(대)	감가상각비	2,000

(3) 비지배지분순이익 계상

구분	회계처리					
비지배지분 순이익 계상	(차)	이익잉여금	60,800*	(대)	비지배지분	60,800
	* (₩150,000 + ₩2,000) × 40% = ₩60,800					

물음 4

연결자본잉여금	① ₩392,840
비지배지분	② ₩466,360

1. 투자차액의 산정

자기주식 취득금액: 167주 × ₩1,300 =		₩217,100
(주)민국의 순자산공정가치		
자기주식취득 후 비지배지분: (₩1,231,000 − ₩217,100) × 40% =	₩405,560	
자기주식취득 전 비지배지분: ₩1,231,000 × 50% =	(615,500)	(209,940)
투자차액(연결자본잉여금)		₩7,160

2. 연결자본잉여금: ₩400,000 + ₩400,000 − ₩400,000 − ₩7,160 = ₩392,840

3. 비지배지분

(1) 20×2년 말 (주)민국 순자산장부금액: ₩1,240,000 + ₩150,000 − ₩217,100 =	₩1,172,900
20×2년 말 내부거래 상향 미실현손익 잔액	
기계장치: ₩10,000 − ₩(3,000) =	(7,000)
(2) 20×2년 말 (주)민국 순자산공정가치	₩1,165,900
(3) 비지배지분율	× 40%
(4) 20×2년 말 비지배지분	₩466,360

4. 20×2년 12월 31일 연결조정분개

(1) 투자주식과 자본계정의 상계제거

구분	회계처리					
취득시점의 투자·자본 상계	(차)	자본금	500,000	(대)	투자주식	600,000
		자본잉여금	400,000		비지배지분	550,000*2
		이익잉여금	100,000			
		기타자본	100,000			
		영업권	50,000*1			
	*1 영업권: ₩600,000 − ₩1,100,000 × 50% = ₩50,000 *2 비지배지분: ₩1,100,000 × 50% = ₩550,000					
취득시점 이후 자본변동	(차)	이익잉여금	100,000*3	(대)	이익잉여금	50,000
					비지배지분	50,000
	*3 20×1년 이익잉여금의 증가분(당기순이익)					
	(차)	기타포괄손익공정가치측정금융자산평가이익	40,000*4	(대)	기타포괄손익공정가치측정금융자산평가이익	20,000
					비지배지분	20,000
	*4 20×1년 기타포괄손익공정가치측정금융자산평가손익의 증가분					
전기 영업권 손상차손	(차)	이익잉여금	15,000*5	(대)	영업권	15,000
	*5 ₩50,000(장부금액) − ₩35,000(회수가능금액) = ₩15,000					
자기주식 취득 조정	(차)	비지배지분	209,940*6	(대)	자기주식	217,100
		자본잉여금	7,160*7			
	*6 (₩1,231,000 − ₩217,100) × 40% − ₩1,231,000 × 50% = (−)₩209,940 *7 대차차액(해답참조)					

(2) 내부거래제거

구분	회계처리					
전기 미실현손익 인식(하향)	(차)	이익잉여금	3,000	(대)	매출원가	3,000
전기 미실현손익 인식(상향)	(차)	기계장치	40,000	(대)	감가상각누계액	49,000
		이익잉여금	4,500			
		비지배지분	4,500			
	(차)	감가상각누계액	2,000	(대)	감가상각비	2,000

(3) 비지배지분순이익 계상

구분	회계처리					
비지배지분 순이익 계상	(차)	이익잉여금	60,800*	(대)	비지배지분	60,800
	* (₩150,000 + ₩2,000) × 40% = ₩60,800					

물음 5

물음 2 와 물음 3 의 차이원인	① 물음 3 의 비지배지분 ₩813,200과 물음 2 의 비지배지분 ₩553,200의 차이 ₩260,000은 종속기업의 순자산의 증감의 차이이다. 즉 물음 3 에서는 유상증자 ₩650,000(= ₩1,300 × 500주)로 인하여 종속기업의 순자산이 증가하였기 때문에 ₩260,000(= ₩650,000 × 40%)만큼 비지배지분의 차이가 발생한다.
물음 2 와 물음 4 의 차이원인	② 물음 4 의 비지배지분 ₩466,360과 물음 2 의 비지배지분 ₩553,200의 차이 ₩(86,840)은 종속기업의 순자산의 증감의 차이이다. 즉 물음 4 에서는 자기주식 취득 ₩217,100로 인하여 종속기업의 순자산이 감소하였기 때문에 ₩(86,840)[= ₩(217,100) × 40%]만큼 비지배지분의 차이가 발생한다.

고급문제 04 간접소유(부 - 자 - 손 구조)(2)

공인회계사 17

※ 다음은 물음 1 과 물음 2 에 대한 정보이다.

유통업을 영위하는 (주)대한은 20×1년 1월 1일에 (주)민국의 발행주식 70%를 ₩250,000에 취득하였으며, 동 일자에 (주)민국은 (주)서울의 발행주식 60%를 ₩70,000에 취득하였다. 20×1년 1월 1일 현재 (주)대한, (주)민국, (주)서울의 자본계정은 다음과 같으며, 순자산 장부금액과 공정가치는 일치하였다.

구분	(주)대한	(주)민국	(주)서울
자본금	₩500,000	₩200,000	₩60,000
이익잉여금	300,000	100,000	30,000

<추가자료>

(1) (주)대한과 (주)민국은 각각의 종속기업인 (주)민국과 (주)서울에 대한 투자주식을 원가법으로 회계처리하고 있으며, 연결재무제표 작성 시 비지배지분은 종속기업의 식별가능한 순자산 공정가치에 비례하여 결정한다.

(2) 20×1년 중에 (주)대한은 (주)민국 및 (주)서울로부터 아래의 상품을 매입하였다. (주)민국과 (주)서울의 매출총이익률은 모두 30%이다.

판매회사 → 매입회사	판매액	매입회사 기말재고
(주)민국 → (주)대한	₩30,000	₩20,000
(주)서울 → (주)대한	10,000	10,000

(3) 20×1년 7월 1일에 (주)대한은 사용하던 차량운반구(장부금액 ₩20,000)를 ₩28,000에 (주)민국에게 현금 매각하였다. 매각일 현재 차량운반구의 잔존내용연수는 2년, 잔존가치는 ₩0, 감가상각방법은 정액법이다. (주)민국은 동 차량운반구를 20×1년 말 현재 사용하고 있다.

(4) (주)대한, (주)민국, (주)서울의 20×1년도의 당기순이익은 각각 ₩70,000, ₩30,000, ₩15,000이다.

물음 1

(주)대한, (주)민국, (주)서울의 별도(개별)재무제표를 계정과목별로 단순 합산한 장부금액이 아래와 같을 경우, (주)대한의 20×1년도 연결재무제표에 계상될 금액을 계산하시오. 단, 20×1년 말 현재 영업권에 대한 손상은 발생하지 않은 것으로 가정한다.

[연결포괄손익계산서 항목]

계정과목	단순합산장부금액	연결재무제표
매출액	₩820,000	①
매출원가	640,000	②

[연결재무상태표 항목]

계정과목	단순합산장부금액	연결재무제표
차량운반구(순액)	₩180,000	③
영업권	0	④

물음 2

(주)대한의 20×1년도 연결재무제표에 계상될 연결당기순이익을 ⑤ 지배기업귀속당기순이익과 ⑥ 비지배지분귀속당기순이익으로 구분하여 계산하시오.

지배기업귀속당기순이익	⑤
비지배지분귀속당기순이익	⑥

※ 물음 3 은 물음 1, 2 와 독립적이다.

물음 3

20×2년 1월 1일에 (주)대한은 (주)민국의 발행주식 70%를 ₩250,000에 취득하였다. 취득일 현재 (주)민국의 자본합계는 ₩300,000(자본금 ₩200,000, 이익잉여금 ₩100,000)이며, 아래의 종속기업투자주식을 제외한 순자산 장부금액과 공정가치는 일치하였다.

<(주)민국의 재무자료>

구분	장부금액	공정가치
종속기업투자주식	₩70,000	₩80,000

한편 (주)민국은 20×1년 1월 1일에 (주)서울의 발행주식 60%를 ₩70,000에 취득하여 지배력을 획득한 바 있다. 취득일 당시 (주)서울의 자본합계는 ₩90,000이며, 순자산 장부금액은 공정가치와 일치하였다.

<(주)서울의 재무자료>

구분	20×1. 1. 1.	20×2. 1. 1.
자본금	₩60,000	₩60,000
이익잉여금	30,000	40,000

(주)서울이 20×1년 당기순이익으로 보고한 금액은 ₩10,000이며, 이익처분은 없다. 또한 20×2년 초 현재 순자산 장부금액과 공정가치도 일치한다. (주)대한과 (주)민국은 각각의 종속기업인 (주)민국과 (주)서울에 대한 투자주식을 원가법으로 회계처리하며, 연결재무제표 작성 시 종속기업에 대한 비지배지분은 종속기업의 식별가능한 순자산 공정가치에 비례하여 결정한다.
지배력획득일(20×2년 1월 1일) 현재 (주)대한의 연결재무상태표에 계상되는 ⑦ 영업권 금액을 계산하시오.

영업권	⑦

해답

물음 1

[연결포괄손익계산서 항목]

계정과목	단순합산장부금액	연결재무제표
매출액	₩820,000	① ₩820,000 − ₩40,000 = ₩780,000
매출원가	640,000	② ₩640,000 − ₩40,000 + ₩6,000 + ₩3,000 = ₩609,000

[연결재무상태표 항목]

계정과목	단순합산장부금액	연결재무제표
차량운반구(순액)	₩180,000	③ ₩180,000 − ₩8,000 + ₩2,000 = ₩174,000
영업권	0	④ ₩16,000 + ₩40,000 = ₩56,000

1. 투자주식과 자본계정의 상계제거

구분	회계처리				
취득시점의 투자·자본 상계 (서울)	(차)	자본금(서울)	60,000	(대) 투자주식(서울)	70,000
		이익잉여금(서울)	30,000[*1]	비지배지분	36,000[*3]
		영업권	16,000[*2]		
	*1 20×1년 초 이익잉여금 *2 영업권: ₩70,000 − (₩60,000 + ₩30,000) × 60% = ₩16,000 *3 비지배지분: (₩60,000 + ₩30,000) × 40% = ₩36,000				
취득시점의 투자·자본 상계 (민국)	(차)	자본금(민국)	200,000	(대) 투자주식(민국)	250,000
		이익잉여금(민국)	100,000[*4]	비지배지분	90,000[*6]
		영업권	40,000[*5]		
	*4 20×1년 초 이익잉여금 *5 영업권: ₩250,000 − (₩200,000 + ₩100,000) × 70% = ₩40,000 *6 비지배지분: (₩200,000 + ₩100,000) × 30% = ₩90,000				

2. 내부거래제거

구분	회계처리				
매출 및 매출원가 상계	(차)	매출	40,000[*1]	(대) 매출원가	40,000
	*1 ₩30,000 + ₩10,000 = ₩40,000				
당기 미실현손익 제거 [(주)민국 → (주)대한]	(차)	매출원가	6,000[*2]	(대) 재고자산	6,000
	*2 ₩20,000 × 30% = ₩6,000				
당기 미실현손익 제거 [(주)서울 → (주)대한]	(차)	매출원가	3,000[*3]	(대) 재고자산	3,000
	*3 ₩10,000 × 30% = ₩3,000				
당기 미실현손익 제거 [(주)대한 → (주)민국]	(차)	유형자산처분이익	8,000	(대) 차량운반구	8,000
	(차)	차량운반구	2,000[*4]	(대) 감가상각비	2,000
	*4 ₩8,000 ÷ 2년 × $\frac{6}{12}$ = ₩2,000				

3. 비지배지분순이익 계상

구분	회계처리				
비지배지분 순이익 계상	(차)	이익잉여금	14,160	(대) 비지배지분	14,160

물음 2

지배기업귀속당기순이익	⑤ ₩85,840
비지배지분귀속당기순이익	⑥ ₩14,160

연결당기순이익: ₩64,000 + ₩24,000 + ₩12,000 = ₩100,000

	(주)대한		(주)민국		(주)서울		합계
보고된 당기순이익	₩70,000		₩30,000		₩15,000		₩115,000
내부거래제거	(6,000)		(6,000)		(3,000)		(15,000)
연결조정 후 당기순이익	₩64,000		₩24,000		₩12,000		₩100,000
∴ 연결당기순이익:	₩64,000	+	₩24,000	+	₩12,000	=	₩100,000
지배기업소유주 귀속:	64,000	+	16,800*1	+	5,040*3	=	85,840
비지배지분순이익(민국):			7,200*2	+	2,160*4	=	9,360
비지배지분순이익(서울):					4,800*5	=	4,800

*1 ₩24,000 × 70% = ₩16,800
*2 ₩24,000 × 30% = ₩7,200
*3 ₩12,000 × 70% × 60% = ₩5,040
*4 ₩12,000 × 30% × 60% = ₩2,160
*5 ₩12,000 × 40% = ₩4,800

별해

1. **지배기업귀속당기순이익**: ₩85,840

$$\begin{cases} A = ₩64{,}000 + B \times 70\% \\ B = ₩24{,}000 + C \times 60\% \\ C = ₩12{,}000 \end{cases} \Rightarrow \begin{cases} A = ₩85{,}840 \\ B = ₩31{,}200 \\ C = ₩12{,}000 \end{cases}$$

2. **비지배지분순이익**: ₩12,000 × 40% + ₩31,200 × 30% = ₩14,160

물음 3

영업권	⑦ ₩51,800

영업권: ₩16,000 + ₩35,800 = ₩51,800

1. 20×2년 초 연결조정분개 – 투자주식과 자본계정의 상계제거

구분	회계처리				
취득시점의 투자·자본 상계(서울)	(차)	자본금(서울)	60,000	(대) 투자주식(서울)	70,000
		이익잉여금(서울)	30,000*1	비지배지분	36,000*3
		영업권	16,000*2		
	*1 20×1년 초 이익잉여금 *2 영업권: ₩70,000 – (₩60,000 + ₩30,000) × 60% = ₩16,000 *3 비지배지분: (₩60,000 + ₩30,000) × 40% = ₩36,000				
취득시점 이후 자본변동(서울)	(차)	이익잉여금(서울)	10,000*4	(대) 이익잉여금(민국)	6,000
				비지배지분	4,000
	*4 20×1년 이익잉여금증가분(당기순이익)				
취득시점의 투자·자본 상계(민국)	(차)	자본금(민국)	200,000	(대) 투자주식(민국)	250,000
		이익잉여금(민국)	106,000*5	비지배지분	91,800*7
		영업권	35,800*6		
	*5 20×2년 초 연결재무제표상 이익잉여금: ₩100,000 + ₩6,000 = ₩106,000 *6 영업권: ₩250,000 – (₩200,000 + ₩106,000) × 70% = ₩35,800 *7 비지배지분: (₩200,000 + ₩106,000) × 30% = ₩91,800				

2. (주)대한이 20×2년 초 연결재무상태표에 인식할 영업권은 (주)민국의 별도재무제표상 자본금과 이익잉여금이 아닌 연결재무상태표상 자본금과 이익잉여금을 기준으로 계산되어야 한다.

고급문제 05 연결현금흐름표(2)

공인회계사 10

다음 자료는 (주)초록의 연결현금흐름표 작성과 관련된 자료이다. 추가정보를 고려하여 물음에 답하시오.

20×2년 말 연결재무상태표

	20×2년		20×1년	
자산				
현금및현금성자산		₩460		₩1,320
수취채권		3,800		2,400
재고자산		5,000		6,400
당기손익공정가치측정금융자산		2,000		1,500
유형자산	₩7,460		₩3,820	
감가상각누계액	(2,900)		(2,120)	
유형자산순액		4,560		1,700
자산총계		₩15,820		₩13,320
부채				
매입채무		₩500		₩3,780
미지급이자		460		200
미지급법인세		980		2,000
장기차입금		2,580		2,080
사채		1,840		-
부채총계		₩6,360		₩8,060
자본				
납입자본		₩4,000		₩2,500
이익잉여금		5,460		2,760
자본총계		₩9,460		₩5,260
부채 및 자본총계		₩15,820		₩13,320

20×2년 연결포괄손익계산서

매출액	₩61,300
매출원가	(52,000)
매출총이익	₩9,300
감가상각비	(900)
판매비와 관리비	(1,320)
당기손익공정가치측정금융자산평가손실	(500)
이자비용	(800)
이자수익	600
배당금수익	400
외환손실	(80)
법인세비용차감전순이익	₩6,700
법인세비용	(600)
당기순이익	₩6,100

[추가자료]

1. (주)초록은 기중에 종속기업의 모든 주식을 ₩1,180에 취득하였다. 취득자산과 인수부채의 공정가치는 다음과 같다.

재고자산	현금	유형자산	장기차입금
₩(200)	₩(80)	₩(1,300)	₩(400)

2. 당기에 유상증자로 ₩1,000, 장기차입금으로 ₩100을 조달하였다.
3. 이자비용 ₩800에는 사채할인발행차금상각과 관련된 이자비용 ₩40이 포함되어 있다.
4. 당기에 선언된 배당금에는 주식배당 ₩500이 포함되어 있으며, 나머지 배당금은 모두 현금 지급되었다.
5. 당기손익공정가치측정금융자산 ₩1,000을 취득하였고, 나머지 차액은 기말 공정가치와 취득원가의 차이로 발생하였다.
6. 유형자산을 개별적으로 총 ₩2,500에 취득하였다. 이 중에서 ₩1,800은 사채(액면금액 ₩2,000)를 발행하여 취득하였고, 나머지 ₩700은 현금으로 지급하였다.
7. 취득원가가 ₩160이고 감가상각누계액이 ₩120인 설비자산을 ₩40에 매각하였다.
8. 20×2년 말의 수취채권에는 미수이자 ₩200이 포함되어 있다.
9. 외환손실 ₩80은 외화예금에서 발생한 것이다.
10. 판매비와 관리비는 당기 발생된 비용으로 모두 현금 지출되었다.

물음 1

(주)초록의 20×2년 연결현금흐름표를 직접법에 의하여 작성할 때, 아래의 빈칸 ① ~ ⑤에 들어갈 숫자를 계산하시오.

영업활동현금흐름		
고객으로부터 유입된 현금	①	
공급자와 종업원 등에 대한 현금유출	②	
영업으로부터 창출된 현금	?	
이자지급	③	
이자수취	?	
배당금수취	₩400	
법인세납부	(1,620)	
영업활동순현금흐름		?
투자활동현금흐름		
종속기업의 취득에 따른 현금유출	④	
유형자산취득	₩(700)	
설비처분	40	
투자활동순현금흐름		?
재무활동현금흐름		
유상증자	₩1,000	
장기차입금	100	
배당금지급	⑤	
재무활동순현금흐름		?

물음 2

비금융회사의 경우, 이자의 수취 및 지급에 따른 현금흐름을 한국채택국제회계기준(K-IFRS)에서는 어떻게 분류하도록 하고 있는지 3줄 이내로 쓰시오.

해답

물음 1

① 고객으로부터 유입된 현금

연결포괄손익계산서상 매출액	₩61,300
관련 재무상태표계정 증감	
수취채권 증가: [₩3,800 − ₩200(미수이자)*] − ₩2,400 =	(1,200)
고객으로부터 유입된 현금	₩60,100

* 미수이자는 이자수취액 계산 시 고려해야 하므로 고객으로부터 유입된 현금 계산 시에는 제외하여야 함

② 공급자와 종업원 등에 대한 현금유출

연결포괄손익계산서상 매출원가	₩(52,000)
판매비와 관리비	(1,320)
당기손익공정가치측정금융자산평가손실	(500)
관련 재무상태표계정 증감	
재고자산 감소	1,600*
매입채무 감소	(3,280)
당기손익공정가치측정금융자산금융자산 증가	(500)
	₩(56,000)

* (기말재고자산 ₩5,000 − 종속기업취득재고 ₩200) − 기초재고 ₩6,400 = ₩(1,600)

③ 이자지급

연결포괄손익계산서상 이자비용	₩(800)
관련 재무상태표계정 증감	
미지급이자 증가	260
사채할인발행차금상각	40
이자지급	₩(500)

④ 종속기업취득에 따른 현금유출

취득액 ₩1,180 − 취득현금 ₩80 = ₩(1,100)

⑤ 배당금지급

기초이익잉여금	₩2,760
+ 당기순이익	6,100
− 주식배당	(500)
− 현금배당	(x)
= 기말이익잉여금	₩5,460

∴ 배당금지급(x): ₩(2,900)

물음 2

K-IFRS에서는 이자지급, 이자수입은 당기순손익의 결정에 영향을 미치므로 영업활동현금흐름으로 분류할 수 있다. 대체적인 방법으로 이자지급, 이자수입은 재무자원을 획득하는 원가나 투자자산에 대한 수익이므로 각각 재무활동현금흐름과 투자활동현금흐름으로 분류할 수도 있다.

해설

1. 종속기업 또는 기타 사업에 대한 지배력획득 또는 상실에 대가로 현금을 지급하거나 수취한 경우에는 그러한 거래, 사건 또는 상황변화의 일부로서 취득이나 처분 당시 종속기업 또는 기타 사업이 보유한 현금및현금성자산을 가감한 순액으로 현금흐름표에 보고해야 한다. 따라서 종속기업취득재고는 재고자산의 증감분석 시 제외하여야 한다.
2. 기업은 단기매매목적으로 유기증권이나 대출채권을 보유할 수 있으며, 이때 유가증권이나 대출채권은 판매를 목적으로 취득한 재고자산과 유사하다. 따라서 단기매매목적으로 보유하는 유가증권의 취득과 판매에 따른 현금흐름은 영업활동으로 분류한다. 마찬가지로 금융회사의 현금 선지급이나 대출채권은 주요 수익창출활동과 관련되어 있으므로 일반적으로 영업활동으로 분류한다.
3. 환율변동으로 인한 미실현손익은 현금흐름이 아니다. 그러나 외화로 표시된 현금및현금성자산의 환율변동효과는 기초와 기말의 현금및현금성자산을 조정하기 위해 현금흐름표에 보고한다. 이 금액은 영업활동, 투자활동 및 재무활동현금흐름과 구분하여 별도로 표시하며, 그러한 현금흐름을 기말 환율로 보고하였다면 발생하게 될 차이를 포함한다.
4. 금융회사의 경우 이자지급, 이자수입 및 배당금수입은 일반적으로 영업활동현금흐름으로 분류한다. 그러나 다른 업종의 경우 이러한 현금흐름의 분류방법에 대하여 합의가 이루어지지 않았다. 이자지급, 이자수입 및 배당금수입은 당기순손익의 결정에 영향을 미치므로 영업활동현금흐름으로 분류할 수 있다. 대체적인 방법으로 이자지급, 이자수입 및 배당금수입은 재무자원을 획득하는 원가나 투자자산에 대한 수익이므로 각각 재무활동현금흐름과 투자활동현금흐름으로 분류할 수도 있다.

고급문제 06 부 - 자 - 손 구조

공인회계사 20

(주)대한이 20×1년 1월 1일 (주)민국의 보통주 80%를 ₩10,000에 취득하여 지배권을 획득한 직후, 동 일자에 (주)민국이 (주)만세의 보통주 70%를 ₩7,000에 매수하여 지배권을 획득하였다. (주)대한과 (주)민국은 종속기업투자주식을 원가법으로 회계처리하며, 종속기업에 대한 비지배지분을 종속기업의 식별가능한 순자산 공정가치에 비례하여 결정한다. 취득 당시 (주)민국과 (주)만세의 순자산의 장부금액과 공정가치는 일치하였으며, 20×1년 각 회사의 별도재무제표상 순자산변동내역은 다음과 같다.

<20×1년 별도재무제표상 순자산변동내역>

구분	(주)대한	(주)민국	(주)만세
기초자본금	₩20,000	₩10,000	₩8,000
기초이익잉여금	6,000	2,500	2,000
당기순이익	4,000	1,500	1,000
기말순자산 장부금액	30,000	14,000	11,000

<자료>

1. 20×1년 초 (주)민국은 (주)대한에 기계장치를 ₩500에 처분하였다. 기계장치의 취득원가는 ₩800이고, 20×1년 초 감가상각누계액은 ₩400이다. 20×1년 초 기계장치의 잔존내용연수는 5년이며, 잔존가치 없이 정액법으로 감가상각한다.
2. 20×1년 1월 1일 (주)대한은 (주)만세의 사채 액면 ₩1,000 중 50%를 ₩513에 취득하였다. 취득 당시 유효이자율은 연 9%였으며, (주)대한은 동 투자사채를 상각후원가 측정 금융자산으로 분류하여 20×1년 말 현재까지 계속 보유하고 있다. (주)만세의 사채는 상각후원가 측정 금융부채로 20×1년 1월 1일 현재 장부금액은 ₩952이고, 표시이자율은 연 10%(매년 말 이자지급)이며, 잔여기간은 3년이다. (주)만세의 사채발행 시점의 유효이자율은 연 12%이다. 단, 연결실체 간의 사채 구입에서 발생하는 사채추정상환손익은 모두 사채발행회사가 부담한다고 가정한다.
3. 20×1년 중 (주)만세는 (주)대한에 ₩100의 이익을 가산하여 상품을 판매하였으며, 이 중 40%가 20×1년 말 현재 (주)대한의 재고자산에 포함되어 있다.

상기 <자료>를 이용하여 다음 물음에 답하시오.

물음 1

(주)대한의 20×1년도 연결재무제표에 계상될 연결당기순이익을 지배기업귀속당기순이익과 비지배지분귀속당기순이익으로 구분하여 계산하시오. 단, 답안 작성 시 원 이하는 반올림한다.

지배기업귀속당기순이익	①
비지배지분귀속당기순이익	②

물음 2

(주)대한의 20×1년 말 연결재무상태표에 계상될 비지배지분의 금액을 계산하시오. 단, 답안 작성 시 원 이하는 반올림한다.

비지배지분의 금액	①

물음 3

지배·종속기업 간의 하향 내부거래와 달리 상향 내부거래로 인한 미실현손익은 지배기업과 비지배지분에 안분·제거시키는 이유를 간략히 서술하시오.

해답

물음 1

지배기업귀속당기순이익	① ₩5,659
비지배지분귀속당기순이익	② ₩695

1. **미실현이익과 실현이익**
   (1) 유형자산미실현이익: ₩500 − ₩400 = ₩(100)
   (2) 유형자산실현이익: ₩(100) ÷ 5년 = ₩20
   (3) 사채미실현이익: ₩952 × 50% − ₩513 = ₩(37) 상환손실
   (4) 사채실현이익: ₩513 × 9% − ₩952 × 50% × 12% = ₩11
   (5) 재고미실현이익: ₩100 × 40% = ₩(40)

2. **연결당기순이익**

	(주)대한		(주)민국		(주)만세		합계
보고된 당기순이익	₩4,000		₩1,500		₩1,000		₩6,500
내부거래제거							
유형자산미실현이익	−		(100)		−		(100)
유형자산실현이익	−		20		−		20
사채미실현이익	−		−		(37)		(37)
사채실현이익	−		−		11		11
재고미실현이익	−		−		(40)		(40)
연결조정 후 당기순이익	₩4,000		₩1,420		₩934		₩6,354
∴ 연결당기순이익:	₩4,000	+	₩1,420	+	₩934	=	₩6,354
지배기업소유주 귀속:	4,000	+	1,136*1	+	523*3	=	5,659
비지배지분순이익(민국):			284*2	+	131*4	=	415
비지배지분순이익(만세):					280*5	=	280

*1 ₩1,420 × 80% = ₩1,136
*2 ₩1,420 × 20% = ₩284
*3 ₩934 × 70% × 80% = ₩523
*4 ₩934 × 70% × 20% = ₩131
*5 ₩934 × 30% = ₩280

별해

1. **지배기업귀속당기순이익**: ₩5,659

$$\begin{cases} A = ₩4{,}000 + B \times 80\% \\ B = ₩1{,}420 + C \times 70\% \\ C = ₩934 \end{cases} \Rightarrow \begin{cases} A = ₩5{,}659 \\ B = ₩2{,}074 \\ C = ₩934 \end{cases}$$

2. **비지배지분순이익**: ₩2,074 × 20% + ₩934 × 30% = ₩695

물음 2

비지배지분의 금액	① ₩6,195

20×1년 말 연결재무상태표에 계상될 비지배지분: ₩3,280 + ₩2,915 = ₩6,195

(1) (주)만세 비지배지분

(주)만세 20×1년 말 순자산공정가치: ₩10,000 + ₩934 =	₩10,934
비지배지분율	× 30%
계	₩3,280

(2) (주)민국 비지배지분

(주)민국 20×1년 말 순자산공정가치: ₩12,500 + ₩2,074 =	₩14,574
비지배지분율	× 20%
계	₩2,915

물음 3

종속기업이 지배기업에게 자산 등을 매각하는 상향거래의 경우 종속기업의 별도재무제표에 반영되어 있으므로 연결재무제표 단순합산 시 지배기업소유주 귀속 당기순이익과 비지배지분순이익이 모두 과대계상되어 있다. 따라서 상향거래의 미실현손익은 전액 제거하여 이를 지배기업소유주 귀속 당기순이익과 비지배지분순이익에 배분하여 반영하여야 한다.

고급문제 07 종속기업이 우선주를 발행한 경우의 연결

20×1년 1월 1일에 A회사는 B회사의 보통주 80%를 ₩1,000,000에 취득하여 지배력을 획득하였다. 또한 A회사는 20×2년 1월 1일에 B회사의 우선주 60%를 ₩460,000에 취득하였다.

(1) 지배력획득일 이후에 B회사의 주주지분의 변동내역은 다음과 같으며, B회사의 순자산장부금액과 공정가치는 일치하였다.

구분	20×1. 1. 1.	20×2. 1. 1.	20×2. 12. 31.
보통주자본금	₩600,000	₩600,000	₩600,000
우선주자본금	400,000	400,000	400,000
이익잉여금	600,000	760,000	880,000
계	₩1,600,000	₩1,760,000	₩1,880,000

(2) B회사의 20×1년과 20×2년의 당기순이익은 각각 ₩160,000과 ₩120,000이다.

(3) 보통주와 우선주의 배당률은 모두 10%이며, 20×1년에는 배당을 선언하였으나 20×2년에는 배당을 선언하지 않았다. 또한, 비지배지분에 대한 영업권은 인식하지 않는다.

물음 1

우선주가 누적적·참가적인 경우에 20×1년 말과 20×2년 말에 연결조정분개를 나타내시오.

물음 2

우선주가 누적적·비참가적인 경우에 20×1년 말과 20×2년 말에 연결조정분개를 나타내시오.

물음 3

우선주가 비누적적·참가적인 경우에 20×1년 말과 20×2년 말에 연결조정분개를 나타내시오.

물음 4

우선주가 비누적적·비참가적인 경우에 20×1년 말과 20×2년 말에 연결조정분개를 나타내시오.

해답

물음 1 우선주가 누적적·참가적인 경우

1. B회사 자본변동액의 보통주지분과 우선주지분의 귀속

구분	보통주지분	우선주지분
20×1년 초 자본금	₩600,000	₩400,000
이익잉여금	₩600,000 × 60% = 360,000	₩600,000 × 40% = 240,000
20×1년 초 자본합계	₩960,000	₩640,000
20×1년 당기순이익		
기본배당	₩600,000 × 10% = 60,000	₩400,000 × 10% = 40,000
잔여배당	₩60,000*1 × 60% = 36,000	₩60,000*1 × 40% = 24,000
20×1년 말 자본합계	₩1,056,000	₩704,000
20×2년 당기순이익		
기본배당	₩600,000 × 10% = 60,000	₩400,000 × 10% = 40,000
잔여배당	₩20,000*2 × 60% = 12,000	₩20,000*2 × 40% = 8,000
20×2년 말 자본합계	₩1,128,000	₩752,000

*1 20×1년 당기순이익 ₩160,000 - 보통주 기본배당 ₩60,000 - 우선주 기본배당 ₩40,000 = ₩60,000

*2 20×2년 당기순이익 ₩120,000 - 보통주 기본배당 ₩60,000 - 우선주 기본배당 ₩40,000 = ₩20,000

2. 20×1년 말 연결조정분개

(1) 투자주식과 자본계정의 상계제거

구분	회계처리				
취득시점의 투자·자본 상계 (보통주)	(차)	보통주자본금(B)	600,000	(대) 투자주식	1,000,000
		이익잉여금(B)	360,000*1	비지배지분(보통주)	192,000*3
		영업권	232,000*2		
	*1 20×1년 초 이익잉여금 중 보통주지분 귀속금액 *2 영업권: ₩1,000,000 - (₩600,000 + ₩360,000) × 80% = ₩232,000 *3 비지배지분: (₩600,000 + ₩360,000) × 20% = ₩192,000				
취득시점의 투자·자본 상계 (우선주)	(차)	우선주자본금(B)	400,000	(대) 비지배지분(우선주)	640,000
		이익잉여금(B)	240,000*4		
	*4 20×1년 초 이익잉여금 중 우선주지분 귀속금액				

(2) 비지배지분순이익 계상

구분	회계처리				
비지배지분 순이익 계상	(차)	이익잉여금	83,200	(대) 비지배지분	83,200*
	* 보통주귀속 당기순이익 × 20% + 우선주귀속 당기순이익 × 100% = (₩60,000 + ₩36,000) × 20% + (₩40,000 + ₩24,000) × 100% = ₩83,200				

3. 20×2년 말 연결조정분개

(1) 투자주식과 자본계정의 상계제거

구분	회계처리					
취득시점의 투자·자본 상계(보통주)	(차)	보통주자본금(B)	600,000	(대)	투자주식	1,000,000
		이익잉여금(B)	360,000*1		비지배지분(보통주)	192,000*3
		영업권	232,000*2			
	*1 20×1년 초 이익잉여금 중 보통주지분 귀속금액 *2 영업권: ₩1,000,000 − (₩600,000 + ₩360,000) × 80% = ₩232,000 *3 비지배지분: (₩600,000 + ₩360,000) × 20% = ₩192,000					
취득시점의 투자·자본 상계(우선주)	(차)	우선주자본금(B)	400,000	(대)	투자주식	460,000
		이익잉여금(B)	304,000*4		비지배지분(우선주)	281,600*6
		자본잉여금(A)	37,600*5			
	*4 20×2년 초 이익잉여금 중 우선주지분 귀속금액 *5 자본잉여금: ₩460,000 − (₩400,000 + ₩304,000) × 60% = ₩37,600 *6 비지배지분: (₩400,000 + ₩304,000) × 40% = ₩281,600					
취득시점 이후 자본변동(보통주)	(차)	이익잉여금(B)	96,000*7	(대)	이익잉여금(A)	76,800
					비지배지분(보통주)	19,200
	*7 20×1년 이익잉여금의 증가분(당기순이익 중 보통주귀속분)					

(2) 비지배지분순이익 계상

구분	회계처리					
비지배지분순이익 계상(보통주)	(차)	이익잉여금	14,400	(대)	비지배지분(보통주)	14,400*1
	*1 보통주귀속 당기순이익 × 20% = (₩60,000 + ₩12,000) × 20% = ₩14,400					
비지배지분순이익 계상(우선주)	(차)	이익잉여금	19,200	(대)	비지배지분(우선주)	19,200*2
	*2 우선주귀속 당기순이익 × 40% = (₩40,000 + ₩8,000) × 40% = ₩19,200					

물음 2 우선주가 누적적·비참가적인 경우

1. B회사 자본변동액의 보통주지분과 우선주지분의 귀속

구분	보통주지분	우선주지분
20×1년 초 자본금	₩600,000	₩400,000
이익잉여금	600,000	−
20×1년 초 자본합계	₩1,200,000	₩400,000
20×1년 당기순이익		
기본배당	₩600,000 × 10% = 60,000	₩400,000 × 10% = 40,000
잔여배당	60,000	−
20×1년 말 자본합계	₩1,320,000	₩440,000
20×2년 당기순이익		
기본배당	₩600,000 × 10% = 60,000	₩400,000 × 10% = 40,000
잔여배당	20,000	−
20×2년 말 자본합계	₩1,400,000	₩480,000

2. 20×1년 말 연결조정분개

(1) 투자주식과 자본계정의 상계제거

구분	회계처리
취득시점의 투자·자본 상계(보통주)	(차) 보통주자본금(B) 600,000 (대) 투자주식 1,000,000 이익잉여금(B) 600,000*1 비지배지분(보통주) 240,000*3 영업권 40,000*2 *1 20×1년 초 이익잉여금 중 보통주지분 귀속금액 *2 영업권: ₩1,000,000 − (₩600,000 + ₩600,000) × 80% = ₩40,000 *3 비지배지분: (₩600,000 + ₩600,000) × 20% = ₩240,000
취득시점의 투자·자본 상계(우선주)	(차) 우선주자본금(B) 400,000*4 (대) 비지배지분(우선주) 400,000 *4 20×1년 초 이익잉여금 중 우선주지분 귀속금액

(2) 비지배지분순이익 계상

구분	회계처리
비지배지분 순이익 계상	(차) 이익잉여금 64,000 (대) 비지배지분 64,000* * 보통주귀속 당기순이익 × 20% + 우선주귀속 당기순이익 × 100% = (₩60,000 + ₩60,000) × 20% + ₩40,000 × 100% = ₩64,000

3. 20×2년 말 연결조정분개

(1) 투자주식과 자본계정의 상계제거

구분	회계처리
취득시점의 투자·자본 상계(보통주)	(차) 보통주자본금(B) 600,000 (대) 투자주식 1,000,000 이익잉여금(B) 600,000*1 비지배지분(보통주) 240,000*3 영업권 40,000*2 *1 20×1년 초 이익잉여금 중 보통주지분 귀속금액 *2 영업권: ₩1,000,000 − (₩600,000 + ₩600,000) × 80% = ₩40,000 *3 비지배지분: (₩600,000 + ₩600,000) × 20% = ₩240,000
취득시점의 투자·자본 상계(우선주)	(차) 우선주자본금(B) 400,000 (대) 투자주식 460,000 이익잉여금(B) 40,000*4 비지배지분(우선주) 176,000*6 자본잉여금(A) 196,000*5 *4 20×2년 초 이익잉여금 중 우선주지분 귀속금액 *5 자본잉여금: ₩460,000 − (₩400,000 + ₩40,000) × 60% = ₩196,000 *6 비지배지분: (₩400,000 + ₩40,000) × 40% = ₩176,000
취득시점 이후 자본변동(보통주)	(차) 이익잉여금(B) 120,000*7 (대) 이익잉여금(A) 96,000 비지배지분(보통주) 24,000 *7 20×1년 이익잉여금의 증가분(당기순이익 중 보통주귀속분)

(2) 비지배지분순이익 계상

구분	회계처리
비지배지분순이익 계상(보통주)	(차) 이익잉여금 16,000 (대) 비지배지분(보통주) 16,000*1 *1 보통주귀속 당기순이익 × 20% = (₩60,000 + ₩20,000) × 20% = ₩16,000
비지배지분순이익 계상(우선주)	(차) 이익잉여금 16,000 (대) 비지배지분(우선주) 16,000*2 *2 우선주귀속 당기순이익 × 40% = ₩40,000 × 40% = ₩16,000

물음 3 우선주가 비누적적·참가적인 경우

1. B회사 자본변동액의 보통주지분과 우선주지분의 귀속

구분	보통주지분	우선주지분
20×1년 초 자본금	₩600,000	₩400,000
이익잉여금	₩600,000 × 60% = 360,000	₩600,000 × 40% = 240,000
20×1년 초 자본합계	₩960,000	₩640,000
20×1년 당기순이익		
기본배당	₩600,000 × 10% = 60,000	₩400,000 × 10% = 40,000
잔여배당	₩60,000* × 60% = 36,000	₩60,000* × 40% = 24,000
20×1년 말 자본합계	₩1,056,000	₩704,000
20×2년 당기순이익		
배당	₩120,000 × 60% = 72,000	₩120,000 × 40% = 48,000
20×2년 말 자본합계	₩1,128,000	₩752,000

* 20×1년 당기순이익 ₩160,000 − 보통주 기본배당 ₩60,000 − 우선주 기본배당 ₩40,000 = ₩60,000

2. 20×1년 말 연결조정분개

(1) 투자주식과 자본계정의 상계제거

구분	회계처리
취득시점의 투자·자본 상계(보통주)	(차) 보통주자본금(B) 600,000 (대) 투자주식 1,000,000 이익잉여금(B) 360,000*1 비지배지분(보통주) 192,000*3 영업권 232,000*2 *1 20×1년 초 이익잉여금 중 보통주지분 귀속금액 *2 영업권: ₩1,000,000 − (₩600,000 + ₩360,000) × 80% = ₩232,000 *3 비지배지분: (₩600,000 + ₩360,000) × 20% = ₩192,000
취득시점의 투자·자본 상계(우선주)	(차) 우선주자본금(B) 400,000 (대) 비지배지분(우선주) 640,000 이익잉여금(B) 240,000*4 *4 20×1년 초 이익잉여금 중 우선주지분 귀속금액

(2) 비지배지분순이익 계상

구분	회계처리
비지배지분 순이익 계상	(차) 이익잉여금 83,200 (대) 비지배지분 83,200* * 보통주귀속 당기순이익 × 20% + 우선주귀속 당기순이익 × 100% = (₩60,000 + ₩36,000) × 20% + (₩40,000 + ₩24,000) × 100% = ₩83,200

3. 20×2년 말 연결조정분개

(1) 투자주식과 자본계정의 상계제거

구분	회계처리				
취득시점의 투자·자본 상계(보통주)	(차) 보통주자본금(B)	600,000	(대) 투자주식	1,000,000	
	이익잉여금(B)	360,000*1	비지배지분(보통주)	192,000*3	
	영업권	232,000*2			
	*1 20×1년 초 이익잉여금 중 보통주지분 귀속금액 *2 영업권: ₩1,000,000 − (₩600,000 + ₩360,000) × 80% = ₩232,000 *3 비지배지분: (₩600,000 + ₩360,000) × 20% = ₩192,000				
취득시점의 투자·자본 상계(우선주)	(차) 우선주자본금(B)	400,000	(대) 투자주식	460,000	
	이익잉여금(B)	304,000*4	비지배지분(우선주)	281,600*6	
	자본잉여금(A)	37,600*5			
	*4 20×2년 초 이익잉여금 중 우선주지분 귀속금액 *5 자본잉여금: ₩460,000 − (₩400,000 + ₩304,000) × 60% = ₩37,600 *6 비지배지분: (₩400,000 + ₩304,000) × 40% = ₩281,600				
취득시점 이후 자본변동(보통주)	(차) 이익잉여금(B)	96,000*7	(대) 이익잉여금(A)	76,800	
			비지배지분(보통주)	19,200	
	*7 20×1년 이익잉여금의 증가분(당기순이익 중 보통주귀속분)				

(2) 비지배지분순이익 계상

구분	회계처리			
비지배지분순이익 계상(보통주)	(차) 이익잉여금	14,400	(대) 비지배지분(보통주)	14,400*1
	*1 보통주귀속 당기순이익 × 20% = (₩60,000 + ₩12,000) × 20% = ₩14,400			
비지배지분순이익 계상(우선주)	(차) 이익잉여금	19,200	(대) 비지배지분(우선주)	19,200*2
	*2 우선주귀속 당기순이익 × 40% = (₩40,000 + ₩8,000) × 40% = ₩19,200			

물음 4 우선주가 비누적적·비참가적인 경우

1. B회사 자본변동액의 보통주지분과 우선주지분의 귀속

구분	보통주지분	우선주지분
20×1년 초 자본금	₩600,000	₩400,000
이익잉여금	600,000	−
20×1년 초 자본합계	₩1,200,000	₩400,000
20×1년 당기순이익		
기본배당	₩600,000 × 10% = 60,000	₩400,000 × 10% = 40,000
잔여배당	60,000	−
20×1년 말 자본합계	₩1,320,000	₩440,000
20×2년 당기순이익		
배당	120,000	−
20×2년 말 자본합계	₩1,440,000	₩440,000

2. 20×1년 말 연결조정분개

(1) 투자주식과 자본계정의 상계제거

구분	회계처리
취득시점의 투자·자본 상계 (보통주)	(차) 보통주자본금(B) 600,000 (대) 투자주식 1,000,000 이익잉여금(B) 600,000*1 비지배지분(보통주) 240,000*3 영업권 40,000*2 *1 20×1년 초 이익잉여금 중 보통주지분 귀속금액 *2 영업권: ₩1,000,000 − (₩600,000 + ₩600,000) × 80% = ₩40,000 *3 비지배지분: (₩600,000 + ₩600,000) × 20% = ₩240,000
취득시점의 투자·자본 상계 (우선주)	(차) 우선주자본금(B) 400,000*4 (대) 비지배지분(우선주) 400,000 *4 20×1년 초 이익잉여금 중 우선주지분 귀속금액

(2) 비지배지분순이익 계상

구분	회계처리
비지배지분 순이익 계상	(차) 이익잉여금 64,000 (대) 비지배지분 64,000* * 보통주귀속 당기순이익 × 20% + 우선주귀속 당기순이익 × 100% = (₩60,000 + ₩60,000) × 20% + ₩40,000 × 100% = ₩64,000

3. 20×2년 말 연결조정분개

(1) 투자주식과 자본계정의 상계제거

구분	회계처리
취득시점의 투자·자본 상계 (보통주)	(차) 보통주자본금(B) 600,000 (대) 투자주식 1,000,000 이익잉여금(B) 600,000*1 비지배지분(보통주) 240,000*3 영업권 40,000*2 *1 20×1년 초 이익잉여금 중 보통주지분 귀속금액 *2 영업권: ₩1,000,000 − (₩600,000 + ₩600,000) × 80% = ₩40,000 *3 비지배지분: (₩600,000 + ₩600,000) × 20% = ₩240,000
취득시점의 투자·자본 상계 (우선주)	(차) 우선주자본금(B) 400,000 (대) 투자주식 460,000 이익잉여금(B) 40,000*4 비지배지분(우선주) 176,000*6 자본잉여금(A) 196,000*5 *4 20×2년 초 이익잉여금 중 우선주지분 귀속금액 *5 자본잉여금: ₩460,000 − (₩400,000 + ₩40,000) × 60% = ₩196,000 *6 비지배지분: (₩400,000 + ₩40,000) × 40% = ₩176,000
취득시점 이후 자본변동 (보통주)	(차) 이익잉여금(B) 120,000*7 (대) 이익잉여금(A) 96,000 비지배지분(보통주) 24,000 *7 20×1년의 이익잉여금의 증가분(당기순이익 중 보통주귀속분)

(2) 비지배지분순이익 계상

구분	회계처리
비지배지분 순이익 계상(보통주)	(차) 이익잉여금 24,000 (대) 비지배지분(보통주) 24,000* * 보통주귀속 당기순이익 × 20% = ₩120,000 × 20% = ₩24,000

해설

1. 종속기업이 우선주를 발행한 경우의 연결조정

(1) 종속기업이 우선주를 발행하고 있는 경우에는 우선 종속기업의 자본항목을 보통주지분과 우선주지분으로 구분하여야 한다. 이때 종속기업의 납입자본과 기타자본요소를 보통주지분과 우선주지분으로 배분하는 것은 간단하지만, 종속기업의 이익잉여금과 당기순이익을 보통주지분과 우선주지분으로 배분하는 것은 우선주의 성격에 따라 안분비율이 달라지므로 매우 복잡한 문제를 발생시킨다. 또한 지배기업이 종속기업의 우선주를 소유하고 있는지의 여부에 따라 투자주식과 자본계정의 상계방법이 달라지게 된다.

(2) K-IFRS 제1110호 '연결재무제표'에서는 종속기업이 자본으로 분류하는 누적적우선주를 발행하고 이를 비지배지분이 소유하고 있는 경우에 보고기업은 배당결의 여부와 관계없이 이러한 주식의 배당금을 조정한 후 당기순손익에 대한 자신의 지분을 산정한다고 규정하고 있다. 그러나 참가적우선주와 비참가적우선주에 대한 연결조정분개에 대한 명확한 규정은 없다.

(3) 그러나 일반기업회계기준에서는 누적적우선주뿐만 아니라 참가적우선주에 대해서도 보통주지분과 우선주지분을 구분하도록 규정하고 있다. 따라서 K-IFRS의 명확한 규정이 없으므로 일반기업회계기준에 입각하여 종속기업이 발행한 우선주가 누적적인지 여부와 참가적인지 여부까지 고려하여 각각의 상황에 따른 연결조정분개를 살펴보기로 한다.

2. 종속기업 자본항목의 구분

연결재무제표를 작성하기 위해서는 종속기업의 자본을 보통주지분과 우선주지분으로 구분하여야 한다. 일반적으로 종속기업의 자본은 우선주 발행일 이후부터 보통주지분과 우선주지분으로 구분하면 된다. 종속기업의 납입자본과 기타자본요소(이익잉여금 제외)는 간단하지만, 이익잉여금은 보통주지분과 우선주지분으로 배분하는 것은 우선주의 성격에 따라 안분비율이 달라지므로 이를 구분하여 설명하기로 한다.

(1) 이익잉여금을 제외한 자본 변동액의 배분

이익잉여금을 제외한 자본 변동액은 우선주에 잔여재산청구권이 있는지 여부에 따라 보통주지분과 우선주지분에 귀속될 금액으로 다음과 같이 배분하여야 한다.

구분	잔여재산청구권이 있는 경우 (참가적 우선주)	잔여재산청구권이 없는 경우 (비참가적 우선주)
우선주지분 귀속	종속기업 총자본 × 우선주자본금비율	우선주자본금
보통주지분 귀속	종속기업 총자본 × 보통주자본금비율	종속기업 총자본 - 우선주자본금

(2) 이익잉여금 변동액의 배분

우선주 발행한 이후에 종속기업의 이익잉여금 변동액 중 우선주지분에 귀속되는 금액은 매 보고기간의 종속기업의 당기순이익을 우선주에 성격(누적적 또는 참가적)에 따라 우선주지분에 귀속시킨 금액의 누적액이다. 보통주지분에 귀속되는 금액은 총이익잉여금에 변동액에서 우선주지분에 귀속된 금액을 차감하여 계산한다. 일반기업회계기준에서는 다음과 같이 보통주지분의 귀속금액을 계산하도록 규정하고 있다.

구분	당기순이익 중 보통주지분 귀속금액
누적적·참가적	종속기업의 당기순이익 중 보통주주의 지분은 우선주에 대한 배당선언에 관계없이 종속기업의 당기순이익에서 보통주배당금과 우선주배당금(과거에 우선주배당률에 못 미치는 우선주배당액이 있는 경우에는 그 금액 포함)을 차감한 금액에 보통주자본금비율을 곱한 값과 보통주배당금을 합하여 계산한다.
누적적·비참가적	종속기업의 당기순이익 중 보통주주의 지분은 우선주에 대한 배당선언에 관계없이 종속기업의 당기순이익에서 우선주배당금(과거에 우선주배당률에 못 미치는 우선주배당액이 있는 경우에는 그 금액 포함)을 차감한 금액으로 계산한다.
비누적적·참가적	종속기업의 당기순이익 중 보통주주의 지분은 우선주에 대한 배당선언을 하지 않은 경우에는 종속기업의 당기순이익에 보통주자본금비율을 곱하여 계산하고, 우선주에 대한 배당선언을 한 경우에는 종속기업의 당기순이익에서 보통주배당금과 우선주배당금을 차감한 금액에 보통주자본금비율을 곱한 값과 보통주배당금을 합하여 계산한다.
비누적적·비참가적	종속기업의 당기순이익 중 보통주주의 지분은 우선주에 대한 배당선언을 하지 않은 경우에는 종속기업 당기순이익 전체 금액으로 하고, 우선주에 대한 배당선언을 한 경우에는 종속기업 당기순이익에서 우선주배당금을 차감한 금액으로 한다.

3. 연결조정분개

(1) 지배기업이 종속기업의 우선주를 소유하지 않은 경우
지배기업이 종속기업의 우선주를 소유하고 있지 않는 경우에는 종속기업의 자본계정 중 우선주지분 전체를 비지배지분에 배분하면 된다. 즉, 이익잉여금과 당기순이익을 우선주의 성격에 따라 보통주지분과 우선주지분으로 안분한 후 우선주지분을 모두 비지배지분으로 배분하면 된다.

(2) 지배기업이 종속기업의 우선주를 소유하고 있는 경우
지배기업이 종속기업의 우선주를 취득한 경우는 우선주주지분의 환급으로 보고 우선주에 대한 투자계정과 자본계정을 상계 제거할 때는 차액을 다음과 같이 처리한다. 자본계정금액이 투자계정금액보다 많으면 차액은 연결자본잉여금에서 조정한다. 왜냐하면 지배기업이 종속기업의 우선주를 매입하는 것은 연결실체 관점에서 볼 때 우선주를 상환하는 것으로 볼 수 있기 때문이다.
한편 종속기업의 당기순이익도 보통주지분과 우선주지분으로 귀속될 금액으로 구분하여 비지배지분으로 대체해야 한다.

고급문제 08 연결주당이익(K-IFRS 사례)

다음은 지배기업인 A기업과 80% 지분을 소유한 종속기업인 B기업의 20×1년 주당이익과 관련된 자료이다.

(1) 지배기업인 A기업에 관한 자료

① A기업의 유통보통주식수는 10,000주이며, A기업의 이익은 다음과 같다. 단, 이 금액에는 종속기업의 이익 또는 종속기업이 지급한 배당은 제외되어 있다.

지배기업에 귀속되는 이익	₩14,000
지배기업의 우선주배당금	₩2,000

② A기업은 B기업의 보통주 800주와 B기업의 보통주를 매입할 수 있는 주식매입권 30개 및 전환우선주 300주를 보유하고 있다.

(2) 종속기업인 B기업에 대한 자료

① B기업의 유통보통주식수는 1,000주이며, 당기순이익으로 ₩5,400을 보고하였다.

② B기업이 발행한 주식매입권은 150개이며, 행사가격은 개당 ₩10이다. B기업의 보통주 1주당 평균시장가격은 ₩20이다.

③ B기업이 발행한 전환우선주는 400주이며, 전환우선주 1주당 보통주 1주로 전환이 가능한다. 전환우선주의 배당금은 1주당 ₩1이다.

물음 1

종속기업인 B기업의 기본주당이익과 희석주당이익을 계산하시오.

물음 2

지배기업인 A기업이 연결재무제표에 보고할 기본주당이익과 희석주당이익을 계산하시오.

해답

물음 1 종속기업인 B기업의 주당이익

1. 기본주당이익: $\frac{₩5,400^{*1} - ₩400^{*2}}{1,000주^{*3}} = ₩5$

2. 희석주당이익: $\frac{₩5,400^{*4}}{1,000주 + 75주^{*5} + 400주^{*6}} = ₩3.66$

*1 보통주에 귀속되는 종속기업의 이익
*2 종속기업이 지급한 전환우선주에 대한 배당
*3 종속기업의 유통보통주식수
*4 보통주에 귀속되는 종속기업의 이익(₩5,000)에 희석주당이익의 계산을 위하여 우선주배당금 ₩400을 가산함
*5 주식매입권에 따른 증분주식: 150주 − 150주 × ₩10/₩20 = 75주
*6 전환우선주의 전환을 가정한 종속기업의 보통주식수 계산: 전환우선주 400주 × 전환비율 100% = 400주

물음 2 지배기업인 A기업의 연결주당이익

1. 기본주당이익: $\frac{₩12,000^{*1} + ₩4,300^{*2}}{10,000주^{*3}} = ₩1.63$

2. 희석주당이익: $\frac{₩12,000 + ₩2,928^{*4} + ₩55^{*5} + ₩1,098^{*6}}{10,000주} = ₩1.61$

*1 지배기업의 보통주에 귀속되는 지배기업의 이익: ₩14,000 − ₩2,000 = ₩12,000
*2 연결기본주당이익에 포함되는 종속기업의 이익 계산: (800주 × ₩5) + (300주 × ₩1) = ₩4,300
*3 지배기업의 유통보통주식수
*4 보통주에 귀속되는 종속기업의 이익 중 지배기업의 지분 계산
(1,000주 × ₩3.66) × (800주 ÷ 1,000주) = ₩2,928
*5 주식매입권에 귀속되는 종속기업의 이익 중 지배기업의 지분 계산
(증분주식수 75주 × 주당 ₩3.66) × (30개 ÷ 150개) = ₩55
*6 전환우선주에 귀속되는 종속기업의 이익 중 지배기업의 지분 계산
(전환으로 인한 주식수 400주 × 주당 ₩3.66) × (300주 ÷ 400주) = ₩1,098

해설

1. 연결주당이익

한국채택국제회계기준에서는 연결포괄손익계산서에 이익의 분배에 대해 서로 다른 권리를 가지는 보통주 종류별로 이에 대한 기본주당이익과 희석주당이익을 보통주에 귀속되는 계속영업손익과 당기순손익에 대하여 계산하고 포괄손익계산서에 표시하고 그 산출근거를 주석으로 기재하도록 규정하고 있다.

2. 기본주당이익

K-IFRS 제1033호 '주당이익'에서는 지배기업의 보통주에 귀속되는 당기순손익에 대하여 기본주당이익을 계산하고, 지배기업의 보통주에 귀속되는 계속영업손익을 표시할 경우 이에 대하여 기본주당이익을 계산하도록 규정하고 있다. 또한, 기본주당이익은 지배기업의 보통주에 귀속되는 특정 회계기간의 당기순손익(분자)을 그 기간에 유통된 보통주식수를 가중평균한 주식수(분모)로 나누어 계산해야 한다. 왜냐하면 연결재무제표의 납입자본은 지배기업의 납입자본만이 인식되고, 종속기업의 자본금은 연결재무제표를 작성하는 과정에서 투자주식으로 제거되거나, 비지배지분으로 대체되기 때문이다.

(1) $\text{기본주당순손익} = \dfrac{\text{지배기업의 보통주당기순손익}}{\text{가중평균유통보통주식수}}$

(2) $\text{기본주당계속영업손익} = \dfrac{\text{지배기업의 보통주계속영업손익}}{\text{가중평균유통보통주식수}}$

3. 희석주당손익

K-IFRS 제1033호 '주당이익'에서는 지배기업의 보통주에 귀속되는 당기순손익에 대하여 희석주당이익을 계산하고, 지배기업의 보통주에 귀속되는 계속영업손익을 표시할 경우 이에 대하여 희석주당이익을 계산하도록 규정하고 있다. 또한, 희석주당이익을 계산하기 위해서는 모든 희석효과가 있는 잠재적보통주의 영향을 고려하여 지배기업의 보통주에 귀속되는 당기순손익 및 가중평균유통보통주식수를 조정해야 한다.

(1) $\text{희석주당순손익} = \dfrac{\text{지배기업의 보통주당기순손익} + \text{세후 잠재적보통주이익}}{\text{가중평균유통보통주식수} + \text{잠재적보통주식수}}$

(2) $\text{희석주당계속영업손익} = \dfrac{\text{지배기업의 보통주계속영업손익} + \text{세후 잠재적보통주이익}}{\text{가중평균유통보통주식수} + \text{잠재적보통주식수}}$

고급문제 09 연결자본변동표

20×1년 초에 A회사는 B회사의 보통주 80%를 ₩600,000에 취득하여 지배력을 획득하였다. 지배력획득일 현재 식별가능한 자산·부채의 장부금액과 공정가치는 동일하였으며, 20×1년 A회사와 B회사의 순자산의 변동내역은 다음과 같다.

(1) A회사 순자산 변동내역

구분	납입자본	이익잉여금	기타자본요소	총계
20×1년 1월 1일	1,000,000	500,000	-	1,500,000
유상증자	1,000,000	-	-	1,000,000
현금배당	-	(50,000)	-	(50,000)
주식배당	100,000	(100,000)	-	-
당기순이익	-	200,000	-	200,000
기타포괄손익공정가치측정금융자산평가이익	-	-	100,000	100,000
20×1년 12월 31일	2,100,000	550,000	100,000	2,750,000

(2) B회사 순자산 변동내역

구분	납입자본	이익잉여금	기타자본요소	총계
20×1년 1월 1일	500,000	200,000	-	700,000
현금배당	-	(20,000)	-	(20,000)
주식배당	50,000	(50,000)	-	-
당기순이익	-	60,000	-	60,000
기타포괄손익공정가치측정금융자산평가이익	-	-	75,000	75,000
20×1년 12월 31일	550,000	190,000	75,000	815,000

(3) A회사는 B회사 투자주식에 대해서 별도재무제표에서 원가법을 적용하고 있다.

물음 1

연결당기순이익과 연결기타포괄손익을 지배기업소유주 귀속분과 비지배지분 귀속분으로 배분하시오.

물음 2

20×1년의 A회사와 B회사의 연결자본변동표를 작성하시오.

해답

물음 1

1. 연결당기순이익

	A회사	B회사	합계
보고된 당기순이익	₩200,000	₩60,000	₩260,000
투자차액의 상각	–	–	–
내부거래제거			
배당금수익	(16,000)	–	(16,000)
연결조정후 당기순이익	₩184,000	₩60,000	₩244,000

∴ 연결당기순이익: ₩184,000 + ₩60,000 = ₩244,000

지배기업소유주 귀속 당기순이익: ₩184,000 + ₩60,000 × 80% = ₩232,000

비지배지분순이익: ₩60,000 × 20% = ₩12,000

2. 연결기타포괄손익

	A회사	B회사	합계
보고된 기타포괄손익	₩100,000	₩75,000	₩175,000

∴ 연결기타포괄손익: ₩100,000 + ₩75,000 = ₩175,000

지배기업소유주 귀속 당기순이익: ₩100,000 + ₩75,000 × 80% = ₩160,000

비지배지분순이익: ₩75,000 × 20% = ₩15,000

물음 2 연결자본변동표

자본변동표

A회사　　20×1년 1월 1일부터 20×1년 12월 31일까지　　(단위: 원)

구분	납입자본	이익잉여금	기타자본요소	지배기업 지분합계	비지배지분	자본총계
20×1년 1월 1일	1,000,000	500,000	–	1,500,000	140,000*1	1,640,000
유상증자	1,000,000	–	–	1,000,000	–	1,000,000
현금배당	–	(50,000)	–	(50,000)	(4,000)*2	(54,000)
주식배당	100,000	(100,000)	–	–	–	–
당기순이익	–	232,000	–	232,000	12,000*3	244,000
기타포괄손익공정가치측정금융자산평가이익	–	–	160,000	160,000	15,000*4	175,000
20×1년 12월 31일	2,100,000	582,000	160,000	2,842,000	163,000	3,005,000

*1 ₩700,000 × 20% = ₩140,000

*2 ₩(20,000) × 20% = ₩(4,000)(종속기업이 지급한 지배기업에 대한 배당금은 내부거래에 해당하므로 연결자본변동표에는 반영되지 않음)

*3 비지배지분순이익: ₩60,000 × 20% = ₩12,000

*4 비지배지분기타포괄손익: ₩75,000 × 20% = ₩15,000

해커스 회계사 IFRS 김원종 재무회계연습 2

출제경향

주요 주제	중요도
1. 관계기업투자 일반형 문제	★★★★★
2. 관계기업 지분과의 교환으로 비화폐성자산을 출자하는 경우	★★
3. 단계적 취득	★★
4. 지분법 적용의 중지와 재개	★★
5. 관계기업투자의 처분	★★★
6. 관계기업투자의 손상	★★★
7. 관계기업투자를 매각예정으로 분류	★★
8. 공동영업 간에 이루어진 자산의 판매, 출자 또는 구매 등의 거래	★★

필수문제 리스트

구분		필수문제 번호
동차생	기본문제	1, 2, 3, 4, 5, 7, 8
	고급문제	1, 2, 3
유예생	기본문제	1, 2, 3, 4, 5, 7, 8, 9
	고급문제	1, 2, 3

* 주관식 문제풀이에 앞서 각 Chapter의 주요 주제별 중요도를 파악해볼 수 있습니다.
* 시험 대비를 위해 꼭 풀어보아야 하는 필수문제를 정리하여 효율적으로 학습할 수 있습니다.

Chapter 04

관계기업과 공동기업에 대한 투자

기본문제 01 지분법회계

20×1년 초에 A회사는 B회사 보통주 3,000주를 주당 ₩150으로 취득하여 유의적인 영향력을 획득하였다.

1. A회사가 취득한 B회사의 주식은 B회사 총발행주식의 30%이었고, 취득시점에서 B회사의 순자산장부금액은 ₩1,000,000이었으며, B회사 자산과 부채의 장부금액과 공정가치가 다른 항목은 다음과 같다.

구분	장부금액	공정가치
재고자산	₩300,000	₩400,000
건물	₩900,000	₩1,200,000

2. 주식취득일 현재 장부금액과 공정가치가 다른 항목 중 재고자산은 20×1년에 전액 매출되었으며, 건물은 20×1년 초부터 잔여내용연수가 10년이며, 잔존가치는 없고 정액법으로 감가상각한다.
3. 20×1년에 B회사는 ₩200,000의 당기순이익(내부거래를 제외한 금액임)을 보고하였으며, ₩100,000의 기타포괄손익을 보고하였다.
4. 20×2년에 B회사는 보통주식에 대하여 주당 ₩10의 현금배당을 실시하였으며, ₩300,000의 당기순이익을 보고하였으며, ₩200,000의 기타포괄손익을 보고하였다.
5. 20×1년 중 B회사는 A회사에게 원가 ₩60,000의 상품을 ₩100,000에 판매하였으며, 20×1년 말 현재 A회사는 외부로 판매하지 못한 ₩20,000의 상품을 기말재고로 보유하고 있으며, 20×2년에 ₩20,000의 상품을 외부로 판매하였다.

물음 1

위의 상황과 관련된 각 연도 말 관계기업투자의 장부금액과 각 연도별 지분법손익 및 지분법기타포괄손익을 계산하시오.

20×1년 말 관계기업투자	(1)
20×1년 지분법이익	(2)
20×1년 지분법기타포괄이익	(3)
20×2년 말 관계기업투자	(4)
20×2년 지분법이익	(5)
20×2년 지분법기타포괄이익	(6)

물음 2

물음 1과 달리 20×1년 초에 A회사는 B회사 보통주 3,000주를 주당 ₩130으로 취득하여 유의적인 영향력을 획득한 경우 각 연도 말 관계기업투자의 장부금액과 각 연도별 지분법손익 및 지분법기타포괄손익을 계산하시오.

20×1년 말 관계기업투자	(1)
20×1년 지분법이익	(2)
20×1년 지분법기타포괄이익	(3)
20×2년 말 관계기업투자	(4)
20×2년 지분법이익	(5)
20×2년 지분법기타포괄이익	(6)

해답

물음 1

20×1년 말 관계기업투자	(1) ₩498,600
20×1년 지분법이익	(2) ₩18,600
20×1년 지분법기타포괄이익	(3) ₩30,000
20×2년 말 관계기업투자	(4) ₩612,000
20×2년 지분법이익	(5) ₩83,400
20×2년 지분법기타포괄이익	(6) ₩60,000

(1) 20×1년 말 관계기업투자

피투자자 순자산장부금액: ₩1,000,000 + ₩200,000 + ₩100,000 =	₩1,300,000
투자차액 미상각잔액	
건물: ₩300,000 × 9년/10년 =	270,000
피투자자의 상향 내부거래 미실현손익 잔액	
재고자산: ₩20,000 × 40% =	(8,000)
피투자자의 순자산공정가치	₩1,562,000
투자자의 지분율	× 30%
① 피투자자 순자산공정가치에 대한 지분	₩468,600
② 영업권: ₩450,000 − ₩1,400,000 × 30% =	30,000
③ 투자자의 하향 내부거래 미실현손익 잔액 × 투자자의 지분율	−
관계기업투자(① + ② + ③)	₩498,600

(2) 20×1년 지분법손익

피투자자의 보고된 당기순이익:	₩200,000
투자차액의 상각	
재고자산	(100,000)
건물: ₩300,000/10년 =	(30,000)
피투자자의 상향 내부거래제거	
재고자산 미실현: ₩20,000 × 40% =	(8,000)
피투자자의 조정 후 당기순이익	₩62,000
투자자의 지분율	× 30%
① 피투자자의 조정 후 당기순이익에 대한 지분	₩18,600
② 투자자의 하향 내부거래제거 × 투자자의 지분율	−
③ 염가매수차익	−
지분법손익(① + ② + ③)	₩18,600

(3) 20×1년 지분법기타포괄이익: ₩100,000 × 30% = ₩30,000

(4) 20×2년 말 관계기업투자

피투자자 순자산장부금액: ₩1,300,000 + ₩300,000 + ₩200,000 − ₩100,000 =	₩1,700,000
투자차액 미상각잔액	
건물: ₩300,000 × 8년/10년 =	240,000
피투자자의 상향 내부거래 미실현손익 잔액	
재고자산	−
피투자자의 순자산공정가치	₩1,940,000
투자자의 지분율	× 30%
① 피투자자 순자산공정가치에 대한 지분	₩582,000
② 영업권: ₩450,000 − ₩1,400,000 × 30% =	30,000
③ 투자자의 하향 내부거래 미실현손익 잔액 × 투자자의 지분율	−
관계기업투자(① + ② + ③)	₩612,000

(5) 20×2년 지분법손익

피투자자의 보고된 당기순이익	₩300,000
투자차액의 상각	
건물: ₩300,000/10년 =	(30,000)
피투자자의 상향 내부거래제거	
재고자산 실현: ₩20,000 × 40% =	8,000
피투자자의 조정 후 당기순이익	₩278,000
투자자의 지분율	× 30%
① 피투자자의 조정 후 당기순이익에 대한 지분	₩83,400
② 투자자의 하향 내부거래제거 × 투자자의 지분율	−
③ 염가매수차익	−
지분법손익(① + ② + ③)	₩83,400

(6) 20×2년 지분법기타포괄이익: ₩200,000 × 30% = ₩60,000

물음 2

20×1년 말 관계기업투자	(1) ₩468,600
20×1년 지분법이익	(2) ₩48,600
20×1년 지분법기타포괄이익	(3) ₩30,000
20×2년 말 관계기업투자	(4) ₩582,000
20×2년 지분법이익	(5) ₩83,400
20×2년 지분법기타포괄이익	(6) ₩60,000

(1) 20×1년 말 관계기업투자

피투자자 순자산장부금액: ₩1,000,000 + ₩200,000 + ₩100,000 =	₩1,300,000
투자차액 미상각잔액	
건물: ₩300,000 × 9년/10년 =	270,000
피투자자의 상향 내부거래 미실현손익 잔액	
재고자산: ₩20,000 × 40% =	(8,000)
피투자자의 순자산공정가치	₩1,562,000
투자자의 지분율	× 30%
① 피투자자 순자산공정가치에 대한 지분	₩468,600
② 영업권	–
③ 투자자의 하향 내부거래 미실현손익 잔액 × 투자자의 지분율	–
관계기업투자(① + ② + ③)	₩468,600

(2) 20×1년 지분법손익

피투자자의 보고된 당기순이익	₩200,000
투자차액의 상각	
재고자산	(100,000)
건물: ₩300,000/10년 =	(30,000)
피투자자의 상향 내부거래제거	
재고자산 미실현: ₩20,000 × 40% =	(8,000)
피투자자의 조정 후 당기순이익	₩62,000
투자자의 지분율	× 30%
① 피투자자의 조정 후 당기순이익에 대한 지분	₩18,600
② 투자자의 하향 내부거래제거 × 투자자의 지분율	–
③ 염가매수차익: ₩1,400,000 × 30% – ₩390,000 =	30,000
지분법손익(① + ② + ③)	₩48,600

(3) 20×1년 지분법기타포괄이익: ₩100,000 × 30% = ₩30,000

(4) 20×2년 말 관계기업투자

피투자자 순자산장부금액: ₩1,300,000 + ₩300,000 + ₩200,000 − ₩100,000 =	₩1,700,000
투자차액 미상각잔액	
건물: ₩300,000 × 8년/10년 =	240,000
피투자자의 상향 내부거래 미실현손익 잔액	
재고자산	−
피투자자의 순자산공정가치	₩1,940,000
투자자의 지분율	× 30%
① 피투자자 순자산공정가치에 대한 지분	₩582,000
② 영업권	−
③ 투자자의 하향 내부거래 미실현손익 잔액 × 투자자의 지분율	−
관계기업투자(① + ② + ③)	₩582,000

(5) 20×2년 지분법손익

피투자자의 보고된 당기순이익	₩300,000
투자차액의 상각	
건물: ₩300,000/10년 =	(30,000)
피투자자의 상향 내부거래제거	
재고자산 실현: ₩20,000 × 40% =	8,000
피투자자의 조정 후 당기순이익	₩278,000
투자자의 지분율	× 30%
① 피투자자의 조정 후 당기순이익에 대한 지분	₩83,400
② 투자자의 하향 내부거래제거 × 투자자의 지분율	−
③ 염가매수차익	−
지분법손익(① + ② + ③)	₩83,400

(6) 20×2년 지분법기타포괄이익: ₩200,000 × 30% = ₩60,000

해설

1. 물음 1 의 회계처리

구분	회계처리					
20×1년 초	(차)	관계기업투자	450,000[*1]	(대)	현금	450,000
	*1 3,000주 × ₩150 = ₩450,000					
20×1년 말	(차)	관계기업투자	18,600	(대)	지분법이익(NI)	18,600[*2]
	*2 (₩200,000 − ₩100,000 − $\frac{₩300,000}{10년}$ − ₩20,000 × 40%) × 30% = ₩18,600					
	(차)	관계기업투자	30,000	(대)	지분법기타포괄이익(OCI)	30,000[*3]
	*3 ₩100,000 × 30% = ₩30,000					
20×2년 말	(차)	관계기업투자	83,400	(대)	지분법이익(NI)	83,400[*4]
	*4 (₩300,000 − $\frac{₩300,000}{10년}$ + ₩20,000 × 40%) × 30% = ₩83,400					
	(차)	관계기업투자	60,000	(대)	지분법기타포괄이익(OCI)	60,000[*5]
	*5 ₩200,000 × 30% = ₩60,000					
	(차)	현금	30,000[*6]	(대)	관계기업투자	30,000
	*6 3,000주 × ₩10 = ₩30,000					

2. 물음 2 의 회계처리

구분	회계처리					
20×1년 초	(차)	관계기업투자	390,000[*1]	(대)	현금	390,000
	*1 3,000주 × ₩130 = ₩390,000					
	(차)	관계기업투자	30,000	(대)	지분법이익	30,000[*2]
	*2 ₩390,000 − ₩1,400,000 × 30% = ₩(30,000) ✪ 관계기업의 염가매수차익은 즉시 당기손익에 반영함					
20×1년 말	(차)	관계기업투자	18,600	(대)	지분법이익(NI)	18,600[*3]
	*3 (₩200,000 − ₩100,000 − $\frac{₩300,000}{10년}$ − ₩20,000 × 40%) × 30% = ₩18,600					
	(차)	관계기업투자	30,000	(대)	지분법기타포괄이익(OCI)	30,000[*4]
	*4 ₩100,000 × 30% = ₩30,000					
20×2년 말	(차)	관계기업투자	83,400	(대)	지분법이익(NI)	83,400[*5]
	*5 (₩300,000 − $\frac{₩300,000}{10년}$ + ₩20,000 × 40%) × 30% = ₩83,400					
	(차)	관계기업투자	60,000	(대)	지분법기타포괄이익(OCI)	60,000[*6]
	*6 ₩200,000 × 30% = ₩60,000					
	(차)	현금	30,000[*7]	(대)	관계기업투자	30,000
	*7 3,000주 × ₩10 = ₩30,000					

기본문제 02 관계기업이나 공동기업 지분과의 교환으로 비화폐성자산을 출자

20×1년 초에 A회사는 보유하고 있는 토지(장부금액 ₩300,000, 공정가치 ₩400,000)를 출자하여, B회사 보통주 3,000주를 취득하고 유의적인 영향력을 획득하였다.

> (1) A회사가 취득한 B회사의 주식은 B회사 총발행주식의 30%이었고, 취득시점에서 B회사의 순자산장부금액과 공정가치는 일치하였으며, 투자자와 관계기업 간의 다른 내부거래는 없다.
> (2) 20×1년에 B회사는 ₩200,000의 당기순이익을 보고하였다.

물음 1

토지의 출자거래에 상업적 실질이 결여되어 있다면, A회사가 보유하고 있는 B회사 보통주와 관련하여 20×1년 말 재무상태표에 표시될 관계기업투자의 장부금액을 계산하시오.

물음 2

토지의 출자거래에 상업적 실질이 결여되어 있지 않다면, A회사가 보유하고 있는 B회사 보통주와 관련하여 20×1년 말 재무상태표에 표시될 관계기업투자의 장부금액을 계산하시오.

물음 3

물음 2 와 관계없이 20×1년 초에 A회사는 보유하고 있는 토지(장부금액 ₩300,000, 공정가치 ₩400,000)를 출자하여, B회사 보통주 3,000주를 취득하고 현금 ₩40,000을 수령하여 유의적인 영향력을 획득하였다고 가정한다. A회사가 보유하고 있는 B회사 보통주와 관련하여 20×1년 말 재무상태표에 표시될 관계기업투자의 장부금액을 계산하시오.

해답

물음 1

1. **20×1년 말 재무상태표에 표시될 관계기업투자**

₩300,000(장부금액) + ₩200,000 × 30% = ₩360,000

2. **회계처리**

구분	회계처리			
20×1년 초	(차) 관계기업투자	300,000	(대) 토지	300,000
20×1년 말	(차) 관계기업투자	60,000	(대) 지분법이익(NI)	60,000*
	* ₩200,000 × 30% = ₩60,000			

물음 2

1. **20×1년 말 재무상태표에 표시될 관계기업투자**

₩400,000(공정가치) + (₩200,000 − ₩100,000) × 30% = ₩430,000

2. **회계처리**

구분	회계처리			
20×1년 초	(차) 관계기업투자	400,000	(대) 토지	300,000
			유형자산처분이익	100,000
20×1년 말	(차) 관계기업투자	30,000	(대) 지분법이익(NI)	30,000*
	* (₩200,000 − ₩100,000) × 30% = ₩30,000			

물음 3

1. **20×1년 말 재무상태표에 표시될 관계기업투자**

₩400,000(공정가치) − ₩40,000(현금수령액) + (₩200,000 − ₩100,000 × $\frac{₩360,000}{₩400,000}$) × 30% = ₩393,000

2. **회계처리**

구분	회계처리			
20×1년 초	(차) 관계기업투자	360,000	(대) 토지	300,000
	현금	40,000	유형자산처분이익	100,000
20×1년 말	(차) 관계기업투자	33,000	(대) 지분법이익(NI)	33,000*
	* (₩200,000 − ₩100,000 × $\frac{₩360,000}{₩400,000}$) × 30% = ₩33,000			

해설

1. 관계기업이나 공동기업 지분과의 교환으로 관계기업이나 공동기업에 비화폐성자산을 출자하는 경우에 상업적 실질이 결여되어 있다면 해당 손익은 미실현된 것으로 보며, 그 손익은 인식하지 않는다.
2. 관계기업이나 공동기업 지분과의 교환으로 관계기업이나 공동기업에 비화폐성자산을 출자하는 경우에 상업적 실질이 결여되어 있지 않다면 비화폐성자산의 출자된 자산과 관련된 처분손익 중 투자자의 지분(몫)은 제거해야 한다.

$$\text{비화폐성자산의 출자에 따른 미실현손익의 제거액} = \text{자산의 처분손익} \times \text{투자자의 지분율}$$

3. 관계기업이나 공동기업의 지분을 수령하면서 추가로 화폐성이나 비화폐성자산을 수취하는 경우, 기업은 수령한 화폐성이나 비화폐성자산과 관련하여 비화폐성자산의 출자에 대한 손익의 해당 부분을 당기손익으로 모두 인식한다.

$$\text{비화폐성자산의 출자에 따른 미실현손익의 제거액} \\ = \text{자산의 처분손익} \times \frac{\text{지분가치}}{\text{비화폐성자산의 출자의 공정가치}} \times \text{투자자의 지분율}$$

기본문제 03 단계적 취득 및 관계기업투자의 손상

공인회계사 20

※ 다음의 각 물음은 독립적이다.

(주)대한은 20×2년 1월 1일에 상장기업 A사, B사, C사의 의결권 있는 보통주를 추가 취득 또는 일괄 취득하면서 이들 기업에 대해 유의적인 영향력을 행사할 수 있게 되었다. (주)대한이 20×2년 1월 1일에 취득한 주식의 세부내역은 다음과 같다.

<20×2년 1월 1일 취득주식 세부내역>

피투자기업	취득주식수(지분율)	취득원가	비고
A사	150주(15%)	₩390,000	추가 취득
B사	300주(30%)	450,000	일괄 취득
C사	400주(40%)	900,000	일괄 취득

물음 1

다음의 <자료 1>을 이용하여 <요구사항>에 답하시오.

<자료 1>

1. (주)대한은 20×1년 10월 1일에 A사 보통주 100주(지분율: 10%)를 ₩250,000에 취득하고, 동 주식을 기타포괄손익-공정가치 측정 금융자산으로 분류하였다. A사 주식 100주의 20×1년 12월 31일과 20×2년 1월 1일 공정가치는 각각 ₩275,000과 ₩245,000이었다.
2. (주)대한은 A사에 대해 기업회계기준서 제1103호 '사업결합'의 단계적 취득을 준용하여 지분법을 적용한다.
3. 20×2년 1월 1일 현재 A사의 순자산장부금액은 ₩2,520,000이며, 자산·부채의 장부금액은 공정가치와 일치하였다.
4. A사는 20×2년 6월 30일에 1주당 ₩200의 현금배당을 실시하였으며, 20×2년도 당기순이익과 기타포괄이익을 각각 ₩150,000과 ₩50,000으로 보고하였다.

<요구사항>

A사 지분투자와 관련하여, (주)대한의 관계기업투자주식 취득원가에 포함된 영업권 금액과 (주)대한의 20×2년 말 재무상태표에 표시해야 할 관계기업투자주식의 장부금액을 계산하시오.

영업권	①
관계기업투자주식 장부금액	②

물음 2

다음의 <자료 2>를 이용하여 <요구사항>에 답하시오.

<자료 2>

1. 20×2년 1월 1일 현재 B사의 순자산은 납입자본 ₩1,000,000과 이익잉여금 ₩400,000으로 구성되어 있으며, 자산·부채의 장부금액은 공정가치와 일치하였다.
2. 20×2년 이후 B사가 보고한 순자산 변동내역은 다음과 같으며, 순자산의 변동은 전부 당기손익에 의해서만 발생하였다.

구분	20×2. 12. 31.	20×3. 12. 31.
납입자본	₩1,000,000	₩1,000,000
이익잉여금	100,000	300,000

3. B사는 20×2년 중에 유의적인 재무적 어려움에 처하게 됨으로써 20×2년 말 현재 (주)대한이 보유한 B사 투자주식의 회수가능액이 ₩250,000으로 결정되었다. 그러나 20×3년도에는 B사의 유의적인 재무적 어려움이 일부 해소되어 20×3년 말 현재 (주)대한이 보유한 B사 투자주식의 회수가능액은 ₩350,000으로 회복되었다.

<요구사항>

B사 지분투자와 관련하여, (주)대한이 20×2년도에 인식할 손상차손과 20×3년도에 인식할 손상차손환입을 계산하시오.

20×2년 손상차손	①
20×3년 손상차손환입	②

물음 3

다음의 <자료 3>을 이용하여 <요구사항>에 답하시오.

<자료 3>

1. 20×2년 1월 1일 현재 C사의 순자산장부금액은 ₩2,100,000이며, 자산·부채 중 장부금액과 공정가치가 일치하지 않는 항목은 다음과 같다.

계정	장부금액	공정가치	비고
재고자산	₩40,000	₩55,000	20×2년 중 전액 외부판매되었음
건물	1,000,000	1,250,000	잔존내용연수: 5년 잔존가치: ₩0 정액법 상각

2. 20×2년 중에 C사는 (주)대한으로부터 원가 ₩120,000인 재고자산을 ₩100,000에 매입하여 20×2년 말 현재 전부 보유하고 있다. 동 하향거래는 재고자산의 순실현가능가치 감소에 대한 증거를 제공한다.
3. 20×2년 중에 C사는 (주)대한에 재고자산을 판매(매출액은 ₩350,000이며, 매출총이익률은 30%)하였는데, 20×2년 말 현재 (주)대한은 매입한 재고자산의 80%를 외부에 판매하였다.
4. C사는 20×2년도 당기순손실을 ₩60,000으로 보고하였다.

<요구사항 1>

C사 지분투자와 관련하여, (주)대한이 염가매수차익에 해당하는 금액을 인식하기 위한 회계처리에 대해 기업회계기준서 제1028호 '관계기업과 공동기업에 대한 투자'에 근거하여 간략히 서술하시오.

<요구사항 2>

C사 지분투자와 관련하여, (주)대한의 20×2년도 포괄손익계산서에 표시되는 지분법손익을 계산하시오. 단, 지분법손실은 (−)를 숫자 앞에 표시하시오.

지분법손익	①

해답

물음 1

1. 정답

영업권	① ₩5,000
관계기업투자주식 장부금액	② ₩635,000

(1) 영업권: (₩245,000 + ₩390,000) − ₩2,520,000 × 25% = ₩5,000

(2) 20×2년 말 장부금액: ₩635,000

피투자자 순자산장부금액: ₩2,520,000 + ₩150,000 + ₩50,000 − 1,000주 × ₩200 =	₩2,520,000
투자차액 미상각잔액	−
피투자자의 상향 내부거래 미실현손익 잔액	−
재고자산	−
피투자자의 순자산공정가치	₩2,520,000
투자자의 지분율	× 25%
① 피투자자 순자산공정가치에 대한 지분	₩630,000
② 영업권: (₩245,000 + ₩390,000) − ₩2,520,000 × 25% =	5,000
③ 투자자의 하향 내부거래 미실현손익 잔액 × 투자자의 지분율	−
관계기업투자(① + ② + ③)	₩635,000

2. 회계처리

구분	회계처리				
20×1. 10. 1.	(차) 기타포괄손익공정가치측정금융자산	250,000	(대)	현금	250,000
20×1년 말	(차) 기타포괄손익공정가치측정금융자산	25,000	(대)	기타포괄손익공정가치측정금융자산평가이익(OCI)	25,000*1
	*1 ₩275,000 − ₩250,000 = ₩25,000				
20×2년 초	(차) 기타포괄손익공정가치측정금융자산평가이익(OCI)	25,000	(대)	기타포괄손익공정가치측정금융자산	30,000*2
	기타포괄손익공정가치측정금융자산평가손실(OCI)	5,000			
	*2 ₩245,000 − ₩275,000 = ₩(30,000)				
	(차) 관계기업투자	635,000	(대)	기타포괄손익공정가치측정금융자산	245,000
				현금	390,000
20×2. 6. 30.	(차) 현금	50,000	(대)	관계기업투자	50,000*3
	*3 250주 × ₩200 = ₩50,000				
20×2년 말	(차) 관계기업투자	37,500	(대)	지분법이익(NI)	37,500*4
	*4 ₩150,000 × 25% = ₩37,500				
	(차) 관계기업투자	12,500	(대)	지분법기타포괄이익(OCI)	12,500*5
	*5 ₩50,000 × 25% = ₩12,500				

물음 2

1. 정답

20×2년 손상차손	① ₩110,000
20×3년 손상차손환입	② ₩40,000

(1) 20×2년 초 영업권: ₩450,000 − ₩1,400,000 × 30% = ₩30,000

(2) 20×2년 말 손상 전 장부금액: 취득원가 ₩450,000 − 지분법손실 ₩300,000 × 30% = ₩360,000

(3) 20×2년 손상차손: ₩360,000 − ₩250,000 = ₩(110,000)

(4) 20×3년 말 환입 전 장부금액: 기초장부금액 ₩250,000 + 지분법이익 ₩200,000 × 30% = ₩310,000

(5) 20×3년 손상환입: ₩350,000 − ₩310,000 = ₩40,000

2. 20×2년 회계처리

구분	회계처리			
20×2년 초	(차) 관계기업투자	450,000	(대) 현금	450,000
20×2년 말	(차) 지분법손실(NI)	90,000*1	(대) 관계기업투자	90,000
	*1 ₩(300,000) × 30% = ₩(90,000)			
	(차) 관계기업투자손상차손(NI)	110,000*2	(대) 관계기업투자	110,000
	*2 ₩360,000 − ₩250,000 = ₩(110,000)			

3. 20×3년 회계처리

구분	회계처리			
20×3년 말	(차) 관계기업투자	60,000	(대) 지분법이익(NI)	60,000*1
	*1 ₩200,000 × 30% = ₩60,000			
	(차) 관계기업투자	40,000	(대) 관계기업투자손상차손환입(NI)	40,000*2
	*2 Min[₩350,000, ₩420,000*3] − (₩250,000 + ₩60,000) = ₩40,000 *3 ₩450,000 + ₩(300,000) × 30% + ₩200,000 × 30% = ₩420,000			

저자견해

손상차손환입의 한도

관계기업투자의 회수가능액이 회복된 경우에 손상차손환입의 한도에 대하여 K-IFRS 제1028호 '관계기업과 공동기업에 대한 투자'에서는 아무런 언급이 없다. 단, 이 손상차손의 모든 환입은 K-IFRS 제1036호 '자산손상'에 따라 순투자자산의 회수가능액이 후속적으로 증가하는 만큼 인식한다는 규정이 있다. 따라서 '자산손상'에 규정을 준용한다면 손상차손의 한도는 손상되지 않았을 경우의 장부금액을 초과하지 않도록 하는 것이 K-IFRS의 규정을 준수한 회계처리가 될 것이다. 따라서 해답은 한도를 고려하여 작성하였으나, 이 문제는 한도를 고려하지 않아도 답이 동일하게 산출된다.

물음 3

<요구사항 1>

피투자자의 식별가능한 자산과 부채의 순공정가치 중 기업의 몫이 투자자산의 원가를 초과하는 부분은 투자자산을 취득한 회계기간의 관계기업이나 공동기업의 당기순손익 중 기업의 몫을 결정할 때 수익에 포함한다.

<요구사항 2>

지분법손익	① (−)₩12,400

20×2년 지분법이익: (-)₩12,400

피투자자의 보고된 당기순손실:	₩(60,000)
투자차액의 상각	
재고자산	(15,000)
건물: ₩250,000/5년 =	(50,000)
피투자자의 상향 내부거래제거	−
재고자산 미실현: ₩350,000 × 30% × 20% =	(21,000)
피투자자의 조정 후 당기순이익	₩(146,000)
투자자의 지분율	× 40%
① 피투자자의 조정 후 당기순이익에 대한 지분	₩(58,400)
② 투자자의 하향 내부거래제거 × 투자자의 지분율	−
③ 염가매수차익: ₩2,365,000 × 40% − ₩900,000 =	46,000
지분법손익(① + ② + ③)	₩(12,400)

기본문제 04 지분법 적용의 중지와 재개

A회사는 20×1년 초에 B회사의 발행주식의 30%를 ₩1,600,000에 취득하여 유의적인 영향력을 획득하였다. 취득 당시 B회사의 순자산가액은 ₩4,000,000이었는데, 순자산 장부금액과 순자산 공정가치는 일치하였고, 나머지 투자차액은 영업권 대가로 지급된 것이다. B회사의 최근 3년간 당기순이익(손실)은 다음과 같다.

항목	20×1년	20×2년	20×3년
당기순이익(손실)	₩(4,000,000)	₩(3,000,000)	₩2,000,000

물음 1

A회사가 20×3년 지분법적용재무제표에 인식할 지분법이익은 얼마인가?

물음 2

A회사가 20×1년부터 20×3년 말까지 수행할 회계처리를 나타내시오.

물음 3

A회사가 20×2년 초에 B회사의 자금사정이 어려워 ₩100,000을 장기대여하였고, 20×2년 말에 A회사가 B회사 자본잠식에 대하여 ₩100,000을 추가로 출자해야 하는 법적인 지급의무가 있는 경우에 20×1년부터 20×3년 말까지 수행할 회계처리를 나타내시오.

해답

물음 1

1. **20×1년 지분법손실**: ₩(1,200,000)*
   * ₩(4,000,000) × 30% = ₩(1,200,000)
2. **20×2년 지분법손실**: ₩(400,000)*
   * 20×2년 지분법손실 금액은 ₩(3,000,000) × 30% = ₩(900,000)이나, 관계기업투자의 장부금액이 ₩0이 됨에 따라 ₩500,000의 손실은 인식하지 않음
3. **20×3년 지분법이익**: ₩100,000*
   * 20×3년 지분법이익 금액은 ₩2,000,000 × 30% = ₩600,000이나, 관계기업투자의 장부금액이 ₩0이 됨에 따라 전기에 인식하지 못한 ₩500,000의 손실을 초과한 ₩100,000만을 이익으로 인식함

물음 2

1. 20×1년

구분	회계처리
20×1년 초	(차) 관계기업투자 1,600,000 (대) 현금 1,600,000
20×1년 말	(차) 지분법손실(NI) 1,200,000* (대) 관계기업투자 1,200,000 * ₩(4,000,000) × 30% = ₩(1,200,000)

2. 20×2년

구분	회계처리
20×2년 말	(차) 지분법손실(NI) 400,000* (대) 관계기업투자 400,000 * 20×2년 지분법손실 금액은 ₩(900,000)[= ₩(3,000,000) × 30%]이나, 관계기업투자의 장부금액이 ₩0이 됨에 따라 ₩(500,000)의 손실은 인식하지 않고 지분법 적용을 중지한다.

3. 20×3년

구분	회계처리
20×3년 말	(차) 관계기업투자 100,000 (대) 지분법이익(NI) 100,000* * 20×3년 지분법이익 금액은 ₩600,000(= ₩2,000,000 × 30%)이나, 관계기업투자의 장부금액이 ₩0이 됨에 따라 전기에 인식하지 못한 ₩(500,000)의 손실을 초과한 ₩100,000만을 이익으로 인식하여 지분법 적용을 재개한다.

물음 3

1. 20×1년

구분	회계처리
20×1년 초	(차) 관계기업투자 1,600,000 (대) 현금 1,600,000
20×1년 말	(차) 지분법손실(NI) 1,200,000* (대) 관계기업투자 1,200,000 * ₩(4,000,000) × 30% = ₩(1,200,000)

2. 20×2년

구분	회계처리
20×2년 말	(차) 지분법손실(NI) 400,000*1 (대) 관계기업투자 400,000 *1 20×2년 지분법손실 금액은 ₩(900,000)[= ₩(3,000,000) × 30%]이나, 관계기업투자의 장부금액이 ₩0이 됨에 따라 ₩(500,000)의 손실은 인식하지 않고 지분법 적용을 중지한다. (차) 지분법손실(NI) 100,000*2 (대) 대손충당금(장기대여금) 100,000 *2 인식하지 않은 손실 ₩(500,000) 중 ₩100,000은 장기대여금 금액까지는 지분법손실을 추가로 인식한다. (차) 지분법손실(NI) 100,000*3 (대) 충당부채 100,000 *3 기업의 지분이 '영(0)'으로 감소된 이후 추가 손실분에 대하여 기업은 법적 의무 또는 의제의무가 있거나 관계기업이나 공동기업을 대신하여 지급하여야 하는 경우, 그 금액까지만 손실과 부채로 인식하므로 ₩100,000을 지분법손실로 추가인식한다. 따라서 지분법손실 중 미인식금액은 ₩(300,000)이다.

3. 20×3년

구분	회계처리
20×3년 말	(차) 충당부채 100,000 (대) 지분법이익(NI) 300,000* 대손충당금(장기대여금) 100,000 관계기업투자 100,000 * 20×3년 지분법이익 금액은 ₩600,000(= ₩2,000,000 × 30%)이나, 관계기업투자의 장부금액이 ₩0이 됨에 따라 전기에 인식하지 못한 ₩(300,000)의 손실을 초과한 ₩300,000만을 이익으로 인식하여 지분법 적용을 재개하되, 충당부채와 장기대여금 ₩200,000을 먼저 회복시키고 나머지 ₩100,000은 관계기업투자를 회복시킨다.

기본문제 05 관계기업투자 종합(1)

공인회계사 13

(주)한국은 20×1년 1월 1일에 다음과 같이 (주)영동, (주)영서, (주)영남의 의결권 있는 보통주를 취득하였다. 이로써 (주)한국은 (주)영동, (주)영서, (주)영남에 대해 유의적인 영향력을 행사할 수 있게 되었다.

회사	취득주식수(지분율)	취득원가
(주)영동	30주(30%)	₩180,000
(주)영서	25주(25%)	65,000
(주)영남	40주(40%)	50,000

<추가자료>

1. 취득일 현재 (주)영동의 순자산장부금액은 ₩390,000이며, 자산·부채 중 장부금액과 공정가치가 일치하지 않는 내역은 다음과 같다.

계정과목	장부금액	공정가치
재고자산	₩50,000	₩56,000
토지	110,000	140,000
기계장치	40,000	49,000

   위 자산 중 재고자산은 20×1년 중에 전액 외부에 판매되었으며, 기계장치는 20×1년 초 현재 잔존내용연수 3년에 잔존가치 없이 정액법으로 상각한다.
2. 취득일 현재 (주)영서와 (주)영남의 순자산장부금액은 각각 ₩280,000과 ₩100,000이며, 자산·부채의 장부금액은 공정가치와 일치하였다.
3. 20×1년 중에 (주)한국은 (주)영서에 원가 ₩20,000의 상품을 ₩28,000에 판매하였으며, (주)영서는 동 상품 전액을 20×2년 중에 외부에 판매하였다.
4. 20×1년에 (주)영동, (주)영서, (주)영남이 보고한 당기순이익과 기타포괄손익은 다음과 같다.

회사	당기순이익	기타포괄손익
(주)영동	₩52,000	₩10,000
(주)영서	15,000	−
(주)영남	10,000	5,000

다음은 (주)한국이 보유한 각각의 관계기업투자주식에 관한 물음이다.

물음 1

(주)영동의 보통주 취득과 관련하여, (주)한국의 관계기업투자주식 취득원가에 포함된 영업권 금액을 구하시오.

물음 2

(주)영동의 투자주식과 관련하여, (주)한국의 20×1년 재무제표에 계상될 지분법손익을 구하시오. 단, 손실의 경우에는 금액 앞에 (−)를 표시하시오.

물음 3

20×2년 4월 20일에 (주)영동은 보통주 1주당 ₩150의 현금배당을 실시하였다. 동 배당금 수령 시에 (주)한국이 수행해야 할 회계처리(분개)를 제시하시오.

물음 4

(주)영서의 투자주식과 관련하여, (주)한국의 20×1년 말 재무제표에 계상되는 관계기업투자주식의 장부금액을 구하시오.

물음 5

(주)한국은 20×2년 초에 (주)영남의 보통주 10주를 ₩12,000에 매각하였다. 이 매각거래에 따른 투자주식처분손익을 구하시오. 단, 손실의 경우에는 금액 앞에 (-)를 표시하시오.

해답

물음 1

영업권: ₩180,000 − (₩390,000 + ₩6,000 + ₩30,000 + ₩9,000) × 30% = ₩49,500

물음 2

지분법이익: (₩52,000 − ₩6,000 − ₩9,000 × $\frac{1}{3}$) × 30% = ₩12,900

물음 3 배당금 수취의 회계처리

구분	회계처리			
20×2. 4. 20.	(차) 현금	4,500*	(대) 관계기업투자	4,500
	* ₩150 × 30주 = ₩4,500			

물음 4

1. **관계기업투자주식**: ₩65,000 + 염가매수차익 ₩5,000 + (₩15,000 − ₩8,000) × 25% = ₩71,750
2. **회계처리**

구분	회계처리			
20×1년 초	(차) 관계기업투자	65,000	(대) 현금	65,000
	(차) 관계기업투자	5,000	(대) 지분법이익	5,000*1
	*1 ₩65,000 − ₩280,000 × 25% = ₩(5,000) ✪ 관계기업의 염가매수차익은 즉시 당기손익에 반영함			
20×1년 말	(차) 관계기업투자	1,750	(대) 지분법이익(NI)	1,750*2
	*2 (₩15,000 − ₩8,000) × 25% = ₩1,750			

물음 5

1. **20×2년 초 관계기업투자의 장부금액**

피투자자 순자산장부금액: ₩100,000 + ₩10,000 + ₩5,000 =	₩115,000
피투자자의 순자산공정가치	₩115,000
투자자의 지분율	× 40%
(1) 피투자자 순자산공정가치에 대한 지분	₩46,000
(2) 영업권: ₩50,000 − ₩100,000 × 40% =	10,000
(3) 투자자의 하향 내부거래 미실현손익 잔액 × 투자자의 지분율	−
관계기업투자[(1) + (2) + (3)]	₩56,000

2. **20×2년 초 투자주식처분손익**: (1) + (2) = ₩(1,500)

   (1) 처분지분 금융자산처분손실: ₩12,000 − ₩56,000 × $\frac{10주}{40주}$ = ₩(2,000)

   (2) 지분법기타포괄손익 재분류조정: ₩5,000 × 40% × $\frac{10주}{40주}$ = ₩500

3. 처분 시 회계처리

구분	회계처리
처분지분	(차) 현금 12,000 (대) 관계기업투자 14,000[*1] 금융자산처분손실(NI) 2,000 *1 ₩56,000 × $\frac{10주}{40주}$ = ₩14,000
재분류조정	(차) 지분법기타포괄이익(OCI) 500 (대) 금융자산처분이익(NI) 500[*2] *2 ₩5,000 × 40% × $\frac{10주}{40주}$ = ₩500

∴ 투자주식처분손익: (−)₩1,500

참고

지분법기타포괄손익

관계기업투자와 관련하여 투자자의 기타포괄손익누계액에 계상되어 있는 지분법기타포괄손익은 관계기업이 관련 자산이나 부채를 직접 처분한 경우의 회계처리와 동일한 기준으로 회계처리한다. 하지만, 이 문제에서는 (주)영남이 기타포괄손익누계액을 처리하는 방법에 대한 추가 설명이 나와 있지 않기 때문에 (주)영남이 기타포괄손익누계액을 관련 자산이나 부채의 처분 시 당기손익으로 재분류한다는 전제하에 풀이하였다. 만약 기타포괄손익누계액이 재분류조정되지 않는 항목이라면 투자주식처분손익은 (−)₩2,000이며, 회계처리는 다음과 같다.

(차) 현금 12,000 (대) 관계기업투자 14,000*
금융자산처분손실(NI) 2,000

* ₩56,000 × $\frac{10주}{40주}$ = ₩14,000

해설

관계기업투자의 처분

구분	유의적인 영향력을 유지하는 경우	유의적인 영향력을 상실한 경우
처분지분	① 금융자산처분손익 = 처분금액 − 장부금액	① 금융자산처분손익 = 처분금액 − 장부금액
지분법기타포괄손익 (재분류조정이 가능한 경우)	② 지분법기타포괄손익으로 인식한 금액 중 비례적 금액만을 당기손익으로 재분류함	② 지분법기타포괄손익으로 전액을 당기손익으로 재분류함
보유지분	③ 지분법을 계속 적용함	③ 금융자산처분손익 = 공정가치 − 장부금액
당기손익 영향	① + ②	① + ② + ③

기본문제 06 관계기업투자의 처분

세무사 11

다음을 읽고 물음에 답하시오.

(주)대한은 20×1년 1월 1일 (주)서울의 보통주 400주(발행주식의 40%)를 주당 ₩1,800에 취득하여 (주)서울의 영업 및 재무정책에 유의적인 영향력을 행사할 수 있게 됨에 따라 (주)서울의 보통주를 '관계기업투자주식'으로 회계처리하였다. 20×1년 1월 1일 (주)서울의 순자산 장부금액은 ₩1,000,000이었으며 재고자산과 건물의 공정가치는 장부금액에 비해 각각 ₩150,000과 ₩500,000이 더 많고, 이외의 자산과 부채의 공정가치는 장부금액과 일치하였다. (주)서울의 재고자산은 20×1년에 모두 판매되었고, 건물의 잔존내용연수는 10년이고 잔존가치는 없으며, 정액법으로 감가상각한다. 20×1년도와 20×2년도 (주)서울이 보고한 당기순이익은 각각 ₩300,000과 ₩400,000이며, 20×1년도 기타포괄이익은 ₩60,000이고 20×2년도 기타포괄손실은 ₩25,000이었다. (주)서울은 20×1년도와 20×2년도에 각각 ₩50,000과 ₩80,000의 현금배당을 실시하였다.
20×3년 1월 1일 (주)대한은 (주)서울의 보통주 300주를 시장가격인 주당 ₩3,000에 처분함에 따라 (주)서울에 대하여 유의적인 영향력을 상실하였으며, 남아 있는 (주)서울의 보통주 100주는 기타포괄손익공정가치측정금융자산으로 회계처리하였다. 단, (주)서울은 자기주식을 보유하고 있지 않고 (주)대한과 (주)서울 간 내부거래는 없으며, 20×1년도와 20×2년도 (주)대한이 보유하고 있는 (주)서울의 보통주에 대한 손상징후는 없다고 가정한다.

물음 1

(주)대한이 (주)서울의 보통주를 취득하면서 (주)서울에 지불한 영업권의 가치를 구하시오.

물음 2

(주)대한이 20×1년 말 재무상태표에 보고할 (주)서울의 보통주에 대한 관계기업투자주식의 장부금액을 구하시오.

※ (주)대한이 보유하고 있는 (주)서울의 보통주에 대한 20×2년도 기말장부금액이 ₩862,000일 때, **물음 3**과 **물음 4**에 대해 답하시오.

물음 3

20×3년 1월 1일 (주)대한이 처분한 (주)서울의 보통주 300주에 대한 관계기업투자주식처분이익을 구하시오.

물음 4

20×3년 1월 1일에 (주)대한이 남아 있는 (주)서울의 보통주 100주를 기타포괄손익공정가치측정금융자산으로 분류를 변경하여 회계처리할 경우, 이러한 회계처리로 인하여 (주)대한이 기타포괄손익공정가치측정금융자산으로 새로이 인식할 금액과 관계기업투자주식처분이익으로 인식할 금액을 각각 구하시오.

해답

물음 1

관계기업투자 취득금액		₩720,000
순자산공정가치 중 투자자지분		
순자산장부금액	₩1,000,000	
재고자산 과소평가	150,000	
건물 과소평가	500,000	
순자산공정가치	₩1,650,000	
투자자의 지분율	× 40%	(660,000)
영업권의 가치		₩60,000

물음 2 20×1년 말 관계기업투자의 장부금액

피투자자 순자산장부금액: ₩1,000,000 + ₩300,000 + ₩60,000 − ₩50,000 =	₩1,310,000
투자차액 미상각잔액	
건물: ₩500,000 × 9년/10년 =	450,000
피투자자의 순자산공정가치	₩1,760,000
투자자의 지분율	× 40%
① 피투자자 순자산공정가치에 대한 지분	₩704,000
② 영업권: ₩720,000 − ₩1,650,000 × 40% =	60,000
③ 투자자의 하향 내부거래 미실현손익 잔액 × 투자자의 지분율	−
관계기업투자(① + ② + ③)	₩764,000

물음 3

관계기업투자주식처분이익: (₩3,000 − ₩2,155[*1]) × 300주 + ₩14,000[*2] × $\frac{300주}{400주}$ = ₩264,000

*1 $\frac{₩862,000}{400주}$ = ₩2,155

*2 ₩60,000 × 40% − ₩25,000 × 40% = ₩14,000

물음 4

1. **기타포괄손익공정가치측정금융자산**: 100주 × ₩3,000 = ₩300,000
2. **관계기업투자주식처분이익**: (₩3,000 − ₩2,155) × 100주 + ₩14,000 × $\frac{100주}{400주}$ = ₩88,000

해설

1. 20×1년의 지분법 회계처리

구분	회계처리				
20×1년 초	(차)	관계기업투자	720,000	(대) 현금	720,000
20×1년 말	(차)	관계기업투자	40,000	(대) 지분법이익(NI)	40,000[*1]
	*1 (₩300,000 − ₩150,000 − $\frac{₩500,000}{10년}$) × 40% = ₩40,000				
	(차)	관계기업투자	24,000	(대) 지분법기타포괄이익(OCI)	24,000[*2]
	*2 ₩60,000 × 40% = ₩24,000				
	(차)	현금	20,000	(대) 관계기업투자	20,000

2. 20×2년의 지분법 회계처리

구분	회계처리				
20×2년 말	(차)	관계기업투자	140,000	(대) 지분법이익(NI)	140,000[*1]
	*1 (₩400,000 − $\frac{₩500,000}{10년}$) × 40% = ₩140,000				
	(차)	지분법기타포괄이익(OCI)	10,000[*2]	(대) 관계기업투자	10,000
	*2 ₩(25,000) × 40% = ₩(10,000)				
	(차)	현금	32,000	(대) 관계기업투자	32,000

3. 20×3년 1월 1일 회계처리

구분	회계처리				
20×3년 초	(차)	현금	900,000	(대) 관계기업투자	646,500
		지분법기타포괄이익(OCI)	10,500	금융자산처분이익	264,000
	(차)	기타포괄손익공정가치측정금융자산	300,000	(대) 관계기업투자	215,500
		지분법기타포괄이익(OCI)	3,500	금융자산처분이익	88,000

4. 투자자가 관계기업투자의 일부 또는 전부를 처분하는 경우에는 처분금액에서 관계기업투자의 장부금액을 차감한 금액을 금융자산처분손익으로 먼저 인식한다. 추가로 관계기업투자와 관련하여 기타포괄손익으로 인식한 금액(기타포괄손익누계액)에 대하여 기업은 피투자자가 관련 자산이나 부채를 직접 처분한 경우의 회계처리와 동일한 기준으로 회계처리한다.
5. 투자자가 관계기업투자를 일부 처분하여 유의적인 영향력을 유지하는 경우에는 관계기업이나 공동기업에 대한 투자자의 소유지분이 감소하지만 그 투자자산이 각각 관계기업 또는 공동기업에 대한 투자로 계속 분류된다면, 투자자는 이전에 기타포괄손익으로 인식했던 손익이 관련 자산이나 부채의 처분에 따라 당기손익으로 재분류되는 경우라면, 지분법기타포괄손익 중 소유지분의 감소와 관련된 비례적 부분을 당기손익으로 재분류한다.
6. 투자자가 관계기업투자를 일부 처분하여 유의적인 영향력을 상실하는 경우에는 투자자는 이전에 기타포괄손익으로 인식했던 손익이 관련 자산이나 부채의 처분에 따라 당기손익으로 재분류되는 경우라면, 지분법기타포괄손익 전액을 당기손익으로 재분류한다.

기본문제 07 관계기업투자를 매각예정으로 분류(1) 공인회계사 21

(주)대한은 20×1년 1월 1일에 (주)민국의 의결권 있는 보통주식 300주(30%)를 ₩500,000에 취득하여 유의적인 영향력을 가지게 되었다. (주)대한의 지분법적용투자주식은 (주)민국 이외에는 없다. 다음은 20×2년까지의 회계처리와 관련된 <자료>이다.

<자료>

1. (주)대한의 지분 취득시점에 (주)민국의 순자산 장부금액은 ₩1,300,000이다. 공정가치와 장부금액의 차이가 발생하는 항목은 다음과 같다.

계정과목	장부금액	공정가치	비고
재고자산	₩150,000	₩210,000	20×1년과 20×2년에 각각 50%씩 판매되었다.
기계장치	200,000	350,000	잔존내용연수는 5년이며 잔존가치 없이 정액법으로 감가상각한다.

2. 20×1년 4월 1일 (주)민국은 (주)대한에 장부금액 ₩150,000인 비품을 ₩180,000에 매각하였다. (주)대한은 20×2년 12월 31일 현재 동 비품을 보유 중이며, 잔존가치 없이 잔존내용연수 5년 동안 정액법으로 감가상각한다.
3. (주)민국의 20×1년도 포괄손익계산서상 당기순이익은 ₩235,500이다.
4. (주)대한은 20×2년 12월 31일에 지분법적용투자주식 중 150주를 향후에 매각하기로 결정하고 매각예정비유동자산으로 분류하였다.
5. 20×2년 12월 31일 현재 매각예정인 지분법적용투자주식의 순공정가치는 ₩270,000이며, (주)민국의 20×2년도 포괄손익계산서상 당기순이익은 ₩154,000이다.

물음 1

20×1년 12월 31일 (주)대한의 재무상태표에 표시되는 (주)민국에 대한 ① 지분법적용투자주식 장부금액과 20×1년도 포괄손익계산서상 ② 지분법이익을 계산하시오. 단, 지분법손실인 경우에는 금액 앞에 (−)를 표시하시오.

지분법적용투자주식	①
지분법이익	②

물음 2

20×2년 12월 31일 회계처리가 (주)대한의 20×2년도 포괄손익계산서상 당기순이익에 미치는 영향을 계산하시오. 단, 보유주식에 대한 지분법 평가 후 매각예정비유동자산으로의 대체를 가정하며, 당기순이익이 감소하는 경우 금액 앞에 (−)를 표시하시오.

당기순이익에 미치는 영향	①

물음 3

(주)대한이 20×2년에 매각하기로 했던 투자주식의 상황은 향후 ① 여전히 매각협상이 진행 중인 상황과 ② 예정대로 매각되어 유의적인 영향력을 상실한 경우로 구분된다. 20×3년 (주)민국에 대한 투자주식과 관련하여 기업회계기준서 제1028호 '관계기업과 공동기업에 대한 투자'에서 기술하고 있는 회계처리 방법을 약술하시오.

상황	기준서 내용
매각협상이 진행 중인 경우	①
매각되어 유의적인 영향력을 상실한 경우	②

해답

물음 1

1. 정답

지분법적용투자주식	① ₩545,000
지분법이익	② ₩45,000

2. 20×1년 말 지분법적용투자주식

피투자자 순자산장부금액: ₩1,300,000 + ₩235,500 =	₩1,535,500
투자차액 미상각잔액	
재고자산: ₩60,000 × 50% =	30,000
건물: ₩150,000 × 4년/5년 =	120,000
피투자자의 상향 내부거래 미실현손익 잔액	
비품: ₩30,000 × 51개월/60개월 =	(25,500)
피투자자의 순자산공정가치	₩1,660,000
투자자의 지분율	× 30%
① 피투자자 순자산공정가치에 대한 지분	₩498,000
② 영업권: ₩500,000 − ₩1,510,000 × 30% =	47,000
③ 투자자의 하향 내부거래 미실현손익 잔액×투자자의 지분율	−
관계기업투자(① + ② + ③)	₩545,000

3. 20×1년 지분법손익

피투자자의 보고된 당기순이익	₩235,500
투자차액의 상각	
재고자산: ₩60,000 × 50% =	(30,000)
건물: ₩150,000 × 1년/5년 =	(30,000)
피투자자의 상향 내부거래제거	
비품 미실현	(30,000)
비품 실현: ₩30,000 × 9개월/60개월 =	4,500
피투자자의 조정 후 당기순이익	₩150,000
투자자의 지분율	× 30%
① 피투자자의 조정 후 당기순이익에 대한 지분	₩45,000
② 투자자의 하향 내부거래제거 × 투자자의 지분율	−
③ 염가매수차익	−
지분법손익(① + ② + ③)	₩45,000

물음 2

1. 정답

당기순이익에 미치는 영향	① ₩12,500

당기순이익에 미치는 영향: ₩30,000(지분법이익) + ₩(17,500)(손상차손) = ₩12,500

2. **20×2년 지분법손익**: ₩30,000

피투자자의 보고된 당기순이익	₩154,000
투자차액의 상각	
재고자산: ₩60,000 × 50% =	(30,000)
건물: ₩150,000 × 1년/5년 =	(30,000)
피투자자의 상향 내부거래제거	
비품 실현: ₩30,000 × 12개월/60개월 =	6,000
피투자자의 조정 후 당기순이익	₩100,000
투자자의 지분율	× 30%
① 피투자자의 조정 후 당기순이익에 대한 지분	₩30,000
② 투자자의 하향 내부거래제거 × 투자자의 지분율	–
③ 염가매수차익	–
지분법손익(① + ② + ③)	₩30,000

3. **매각예정비유동자산의 손상차손**: (1) – (2) = ₩(17,500)

(1) 장부금액: (₩545,000 + ₩30,000) × 150주/300주 = ₩287,500

(2) 순공정가치: ₩270,000

물음 3

상황	기준서 내용
매각협상이 진행 중인 경우	① 관계기업투자를 매각예정비유동자산으로 계정대체하고, 매각예정으로 분류한 시점의 장부금액과 순공정가치 중 작은 금액으로 측정하고 순공정가치의 하락을 손상차손으로 인식한다. 매각예정으로 분류되지 않은 관계기업이나 공동기업에 대한 투자의 잔여 보유분은 매각예정으로 분류된 부분이 매각될 때까지 지분법을 적용하여 회계처리한다.
매각되어 유의적인 영향력을 상실한 경우	② 매각 이후 잔여 보유 지분이 계속해서 관계기업이나 공동기업에 해당하여 지분법이 적용되는 경우가 아니라면, 잔여 보유 지분에 대하여 K-IFRS 제1109호 '금융상품'에 따라 회계처리한다.

기본문제 08 관계기업투자를 매각예정으로 분류(2) 공인회계사 17

(주)한국은 20×1년 초에 (주)서울의 주식 30%(30주)를 ₩350,000에 취득하여 유의적인 영향력을 행사할 수 있게 되었다. 관련 자료는 다음과 같다.

(1) 20×1년 초 현재 (주)서울의 순자산 장부금액은 ₩800,000이고, 공정가치와 장부금액이 상이한 자산은 건물이며 관련 정보는 다음과 같다.
- 장부금액: ₩200,000
- 공정가치: ₩300,000
- 잔존 내용연수: 10년
- 잔존가치: ₩0
- 상각방법: 정액법

(2) 20×1년 중에 (주)서울은 ₩5,000의 재고자산을 (주)한국에게 ₩4,000에 판매하였고, (주)한국은 동 재고자산 전체를 20×2년 중에 외부에 판매하였다. (주)서울의 판매가격 ₩4,000은 해당 재고자산의 순실현가능가치의 감소에 대한 증거를 제공한다.
(3) (주)서울은 20×1년의 당기순이익으로 ₩100,000, 기타포괄이익(재평가잉여금)으로 ₩50,000을 보고하였다.
(4) (주)서울은 20×2년 초에 100주를 주당 ₩10,000에 추가 발행하였다.

물음 1

(주)서울의 투자주식과 관련하여 (주)한국의 20×1년 재무제표에 계상될 당기손익을 구하시오. 단, 손실의 경우에는 금액 앞에 '(-)'를 표시하시오.

물음 2

(주)서울의 유상증자 시점(20×2년 초)에 (주)한국이 80주를 추가 매입하는 경우, (주)한국이 수행해야 할 회계처리를 간략히 설명하시오.

물음 3

물음 2 와 독립적으로, (주)한국은 20×1년 말에 보유하고 있던 (주)서울의 주식 중 20주를 매각예정자산으로 분류변경하기로 하였다. 이러한 경우 ① 매각예정자산으로 분류한 20주와 ② 매각예정자산으로 분류되지 않은 10주에 대하여 각각 어떻게 회계처리해야 하는지 간략히 설명하시오.

해답

물음 1

지분법이익: $(₩100,000 - ₩100,000 \times \frac{1년}{10년}) \times 30\% = ₩27,000$

물음 2

지분율이 55%(=$\frac{110주}{200주}$)로 증가하므로 지배력을 획득하였기 때문에 연결재무제표를 작성해야 한다. 단계적으로 이루어지는 사업결합에서, 취득자는 이전에 보유하고 있던 피취득자에 대한 지분을 취득일의 공정가치로 재측정하고 그 결과 차손익이 있다면 당기손익 또는 기타포괄손익으로 인식해야 한다. 만일 이전의 보고기간에 취득자가 피취득자 지분의 가치변동을 기타포괄손익으로 인식하였다면, 기타포괄손익으로 인식한 금액은 취득자가 이전에 보유하던 지분을 직접 처분하였다면 적용할 기준과 동일하게 인식한다. 즉, 취득자의 기존 피취득자 지분의 가치변동을 기타포괄손익으로 인식한 금액은 취득일에 후속적으로 당기손익으로 재분류하지 않는다.

물음 3

① 매각예정자산으로 분류한 20주의 경우 매각예정비유동자산과 중단영업기준서에 따라 순공정가치와 장부금액 중 낮은 금액으로 측정하고 재무제표에 별도표시하며 순공정가치의 하락을 손상차손으로 인식한다.
② 매각예정자산으로 분류되지 않은 10주의 잔여 보유분은 매각예정으로 분류된 부분이 매각될 때까지 지분법을 적용하여 회계처리한다.

해설

관계기업투자를 매각예정으로 분류

구분	내용
매각예정 분류기준을 충족하는 경우	관계기업투자를 매각예정비유동자산으로 계정대체하고, 매각예정으로 분류한 시점의 장부금액과 순공정가치 중 작은 금액으로 측정하고 순공정가치의 하락을 손상차손으로 인식함
일부만 매각예정으로 분류될 경우 잔여 보유분	매각예정으로 분류된 부분이 매각될 때까지 지분법을 적용하여 회계처리함
매각 이후 잔여 보유분	매각 이후 잔여 보유 지분이 계속해서 관계기업이나 공동기업에 해당하여 지분법이 적용되는 경우가 아니라면, 잔여 보유 지분에 대하여 K-IFRS 제1109호 '금융상품'에 따라 회계처리함
유의사항	이전에 매각예정으로 분류된 관계기업이나 공동기업에 대한 투자 또는 그 투자의 일부가 더 이상 그 분류기준을 충족하지 않는다면 당초 매각예정으로 분류되었던 시점부터 소급하여 지분법으로 회계처리함

기본문제 09 관계기업투자 종합(2)

공인회계사 22

(주)대한은 20×1년 1월 1일 (주)민국의 보통주 400주(발행주식의 40%)를 주당 ₩2,000에 취득하였다. 이로 인해 (주)대한은 (주)민국에 대해 유의적인 영향력을 가지게 되었다. 다음 <자료>를 이용하여 각 물음에 답하시오.

<자료>

• 20×1년 1월 1일 (주)민국의 순자산 장부금액은 ₩1,000,000이다. 공정가치와 장부금액의 차이가 발생하는 항목은 다음과 같다. 단, 기계장치와 건물의 잔존가치는 없으며, 감가상각방법으로 정액법을 이용한다.

계정과목	장부금액	공정가치	비고
재고자산	₩100,000	₩150,000	20×1년에 모두 판매
기계장치	₩300,000	₩450,000	잔존내용연수 5년
건물	₩500,000	₩1,000,000	잔존내용연수 10년

• 20×1년도와 20×2년도에 (주)민국이 보고한 당기순이익 등의 자료는 다음과 같다. 기타포괄손익은 재분류조정이 되는 항목이다.

구분	20×1년	20×2년
당기순이익	₩300,000	₩400,000
기타포괄손익	₩70,000	₩(−)35,000
현금배당	₩50,000	₩80,000

• (주)대한도 (주)민국의 20×1년 현금배당을 받을 권리가 있다고 가정한다.
• (주)민국은 자기주식을 보유하고 있지 않고, (주)대한과 (주)민국 사이에는 내부거래가 없으며, (주)대한이 보유한 (주)민국의 보통주에 대한 손상징후는 존재하지 않는다.

물음 1

(주)대한이 취득한 (주)민국의 보통주와 관련하여 다음의 금액을 계산하시오.

20×1년 보통주 취득 시 영업권의 가치	①
20×1년 말 관계기업투자주식 장부금액	②
20×2년 말 관계기업투자주식 장부금액	③

물음 2

(주)대한은 20×3년 1월 1일 (주)민국의 보통주 300주를 시장가격인 주당 ₩3,000에 처분하였다. 이에 따라 (주)민국에 대한 유의적인 영향력을 잃게 되었다. 그리고 남은 (주)민국의 보통주 100주를 기타포괄손익-공정가치 측정 금융자산으로 분류를 변경하였다. 이러한 주식처분과 분류 변경이 (주)대한의 20×3년도 당기순이익과 기타포괄이익에 미치는 영향을 각각 계산하시오. 단, 물음 1에 대한 해답과 관계없이 (주)대한이 취득한 (주)민국의 보통주에 대한 20×2년 기말 장부금액이 ₩900,000이라고 가정한다. 답안을 작성할 때 당기순이익이나 기타포괄이익 등이 감소하는 경우 금액 앞에 (−)를 표시하시오.

20×3년도 당기순이익에 미치는 영향	①
20×3년도 기타포괄이익에 미치는 영향	②

해답

물음 1

20×1년 보통주 취득 시 영업권의 가치	① ₩120,000
20×1년 말 관계기업투자주식 장부금액	② ₩876,000
20×2년 말 관계기업투자주식 장부금액	③ ₩958,000

① 20×1년 보통주 취득 시 영업권의 가치
400주 × ₩2,000(취득원가) − (₩1,000,000 + ₩50,000 + ₩150,000 + ₩500,000) × 40%(순자산공정가치 × 40%)
= ₩120,000

② 20×1년 말 관계기업투자주식 장부금액

피투자자 순자산장부금액: ₩1,000,000 + ₩300,000 + ₩70,000 − ₩50,000 =	₩1,320,000
투자차액 미상각잔액	
기계장치: ₩150,000 × 4년/5년 =	120,000
건물: ₩500,000 × 9년/10년 =	450,000
피투자자의 상향 내부거래 미실현손익 잔액	−
피투자자의 순자산공정가치	₩1,890,000
투자자의 지분율	× 40%
[1] 피투자자 순자산공정가치에 대한 지분	₩756,000
[2] 영업권: ₩800,000 − ₩1,700,000 × 40% =	120,000
[3] 투자자의 하향 내부거래 미실현손익 잔액 × 투자자의 지분율	−
관계기업투자([1] + [2] + [3])	₩876,000

③ 20×2년 말 관계기업투자주식 장부금액

피투자자 순자산장부금액: ₩1,320,000 + ₩400,000 − ₩35,000 − ₩80,000 =	₩1,605,000
투자차액 미상각잔액	
기계장치: ₩150,000 × 3년/5년 =	90,000
건물: ₩500,000 × 8년/10년 =	400,000
피투자자의 상향 내부거래 미실현손익 잔액	−
피투자자의 순자산공정가치	₩2,095,000
투자자의 지분율	× 40%
[1] 피투자자 순자산공정가치에 대한 지분	₩838,000
[2] 영업권: ₩800,000 − ₩1,700,000 × 40% =	120,000
[3] 투자자의 하향 내부거래 미실현손익 잔액 × 투자자의 지분율	−
관계기업투자([1] + [2] + [3])	₩958,000

물음 2

1. **정답**

20×3년도 당기순이익에 미치는 영향	① ₩314,000
20×3년도 기타포괄이익에 미치는 영향	② (-)₩14,000

① 20×3년도 당기순이익에 미치는 영향: ₩300,000 + ₩14,000 = ₩314,000

② 20×3년도 기타포괄이익에 미치는 영향: (-)₩14,000

2. **회계처리**

일자	회계처리					
20×3년 초	(차)	현금	900,000	(대)	관계기업투자	900,000
		기타포괄손익공정가치측정금융자산	300,000		금융자산처분이익	300,000
	(차)	지분법기타포괄이익(OCI)	14,000	(대)	금융자산처분이익	14,000

기본문제 10 관계기업투자의 단계적 취득 및 처분

공인회계사 24

(주)대한은 (주)민국의 의결권 있는 보통주에 대한 단계적 취득을 통하여 20×1년 1월 1일에 유의적인 영향력을 행사하게 되었다. 다음 <자료>를 이용하여 각 물음에 답하시오.

<자료>

1. (주)대한의 (주)민국에 대한 지분 투자 현황은 다음과 같다. 20×0년 1월 1일 (주)대한은 (주)민국의 지분을 최초로 취득하였고, 회계정책에 따라 유의적인 영향력을 행사할 수 없는 동 지분상품을 당기손익-공정가치 측정 금융자산(FVPL금융자산)으로 분류하였다. (주)민국 보통주의 20×0년 12월 31일 및 20×1년 1월 1일 1주당 공정가치는 각각 ₩2,900과 ₩3,000이다.

취득일	주식수(지분율)	취득금액	비고
20×0. 1. 1.	50주(5%)	₩140,000	FVPL금융자산 분류
20×1. 1. 1.	150주(15%)	450,000	유의적인 영향력 획득
20×2. 1. 1.	200주(20%)	700,000	지배력은 없음

2. 20×1년 중 (주)민국의 순자산 장부금액 변동 원인은 모두 당기순이익이며, 다음과 같이 지분 취득일의 장부금액과 공정가치의 차이가 발생하는 (주)민국의 순자산은 건물 A가 유일하다.

취득일	순자산 장부금액	순자산 공정가치	비고
20×0. 1. 1.	₩2,100,000	₩2,100,000	-
20×1. 1. 1.	2,600,000	2,900,000	20×1년 초 기준 잔존내용연수 5년, 잔존가치 없이 정액법 상각
20×2. 1. 1.	2,900,000	3,300,000	

3. 20×1년과 20×2년 중 두 회사 간의 상호거래는 다음과 같으며, 재고자산은 상호거래 다음 연도에 모두 판매된다.

• 재고자산 상호거래

연도	판매회사	판매회사 매출	판매회사 매출원가	매입회사 기말재고
20×1	(주)민국	₩250,000	₩200,000	₩150,000
20×2	(주)대한	300,000	270,000	100,000

• 20×2년 7월 1일 (주)대한은 (주)민국에 장부금액 ₩120,000인 기계장치를 ₩200,000에 매각하였다. (주)민국은 해당 기계장치를 20×2년 말 현재 사용 중이며, 잔존가치 없이 잔존내용연수 4년 동안 정액법으로 감가상각한다.

4. (주)대한의 관계기업투자주식은 (주)민국 이외에는 없으며, 20×2년도 (주)민국의 당기순이익은 ₩200,000이다.

물음 1

(주)대한의 20×1년 회계처리가 20×1년도 포괄손익계산서상 ① 당기순이익에 미치는 영향과, (주)대한의 20×1년 12월 31일 재무상태표에 표시되는 ② 관계기업투자주식의 장부금액을 각각 계산하시오. 단, 당기순이익이 감소하는 경우 금액 앞에 (-)를 표시하시오.

당기순이익에 미치는 영향	①
관계기업투자주식	②

물음 2

(주)대한의 20×2년 12월 31일 재무상태표에 표시되는 ① 관계기업투자주식 장부금액과 20×2년도 포괄손익계산서상 ② 지분법이익을 각각 계산하시오. 단, 지분법손실인 경우 금액 앞에 (-)를 표시하시오.

관계기업투자주식	①
지분법이익	②

물음 3

상기 물음의 결과와 관계없이, 20×2년 12월 31일 현재 (주)대한의 (주)민국 투자 지분(40%)에 대한 지분법 적용이 모두 반영된 부분재무상태표의 결과가 다음과 같다고 가정한다.

<자산>		<자본>	
(중략)	…	(중략)	…
관계기업 투자주식	₩1,320,000	관계기업 기타포괄이익	₩80,000

20×3년 1월 1일 (주)대한은 (주)민국의 보통주 250주(25%)를 1주당 공정가치인 ₩3,600에 매각하였다. 한편, 20×2년 말 관계기업 기타포괄이익으로 계상된 금액은 (주)민국의 채무상품에 대한 기타포괄손익-공정가치 측정 금융자산 평가이익과 관련된다. 다음의 각 상황별로 20×3년 1월 1일의 지분 처분 회계처리가 (주)대한의 20×3년도 포괄손익계산서상 당기순이익에 미치는 영향을 각각 계산하시오. 단, 당기순이익이 감소하는 경우 금액 앞에 (-)를 표시하시오.

여전히 유의적인 영향력을 행사 가능한 경우	①
유의적인 영향력을 상실한 경우	②

물음 4

지분법 적용 시 관계기업이나 공동기업의 결손 누적으로 관계기업투자주식의 장부금액이 ₩0 이하가 될 경우, 관계기업이나 공동기업의 실질적인 장기투자지분에 대하여 추가로 지분법손실을 인식한다. 기업회계기준서 제1028호 '관계기업과 공동기업에 대한 투자'에 따라, 장기투자지분이 무엇을 의미하는지 3줄 이내로 기술하시오.

해답

물음 1

1. 정답

당기순이익에 미치는 영향	① ₩47,000
관계기업투자주식	② ₩642,000

2. 회계처리

일자	회계처리
20×0. 1. 1.	(차) 당기손익공정가치측정금융자산 140,000 (대) 현금 140,000
20×0년 말	(차) 당기손익공정가치측정금융자산 5,000 (대) 당기손익공정가치측정금융자산평가이익(NI) 5,000*1 *1 50주 × ₩2,900 = ₩140,000 = ₩5,000
20×1년 초	(차) 당기손익공정가치측정금융자산 5,000 (대) 당기손익공정가치측정금융자산평가이익(NI) 5,000*2 *2 50주 × ₩3,000 − 50주 × ₩2,900 = ₩5,000 (차) 관계기업투자 600,000 (대) 당기손익공정가치측정금융자산 150,000 현금 450,000
20×1년 말	(차) 관계기업투자 42,000 (대) 지분법이익(NI) 42,000*3 *3 ₩300,000 × 20% − ₩300,000 ÷ 5년 × 20% − ₩150,000 × ₩50,000 ÷ ₩250,000 × 20% = ₩42,000

3. **20×1년 당기순이익에 미치는 영향:** ₩5,000 + ₩42,000 = ₩47,000
4. **20×1년 말 관계기업투자:** ₩600,000 + ₩42,000 = ₩642,000

물음 2

1. 정답

관계기업투자주식	① ₩1,364,000
지분법이익	② ₩22,000

2. 회계처리

20×2년 초	(차) 관계기업투자 700,000 (대) 현금 700,000
20×2년 말	(차) 관계기업투자 22,000 (대) 지분법이익(NI) 22,000*1 *1 ₩200,000 × 40% − ₩300,000 ÷ 5년 × 20% − ₩400,000 ÷ 4년 × 20% + ₩150,000 × ₩50,000 ÷ ₩250,000 × 20% − ₩100,000 × ₩30,000 ÷ ₩300,000 × 40% − ₩80,000 × 40% + ₩80,000 ÷ 4년 × $\frac{6}{12}$ × 40% = ₩22,000

3. **20×2년 말 관계기업투자주식:** ₩642,000 + ₩700,000 + ₩22,000 = ₩1,364,000
4. **20×2년 지분법이익:** ₩22,000

물음 3

1. 정답

여전히 유의적인 영향력을 행사 가능한 경우	① ₩125,000
유의적인 영향력을 상실한 경우	② ₩200,000

2. 여전히 유의적인 영향력을 행사 가능한 경우

(1) 회계처리

20×3년 초	(차)	현금	900,000*1	(대)	관계기업투자	825,000*2
					금융자산처분이익	75,000
	(차)	지분법기타포괄이익	50,000*3	(대)	금융자산처분이익	50,000

*1 250주 × ₩3,600 = ₩900,000

*2 $₩1,320,000 \times \frac{25\%}{40\%} = ₩825,000$

*3 $₩80,000 \times \frac{25\%}{40\%} = ₩50,000$

(2) 20×3년도 당기순이익에 미치는 영향: ₩75,000 + ₩50,000 = ₩125,000

3. 유의적인 영향력을 상실한 경우

(1) 회계처리

20×3년 초	(차)	현금	900,000*1	(대)	관계기업투자	825,000*2
					금융자산처분이익	75,000
	(차)	지분법기타포괄이익	80,000	(대)	금융자산처분이익	80,000
	(차)	당기손익공정가치측정금융자산	540,000*3	(대)	관계기업투자	495,000*4
					금융자산처분이익	45,000

*1 250주 × ₩3,600 = ₩900,000

*2 $₩1,320,000 \times \frac{25\%}{40\%} = ₩825,000$

*3 150주 × ₩3,600 = ₩540,000

*4 $₩1,320,000 \times \frac{15\%}{40\%} = ₩495,000$

(2) 20×3년도 당기순이익에 미치는 영향: ₩75,000 + ₩80,000 + ₩45,000 = ₩200,000

물음 4

예측 가능한 미래에 상환받을 계획도 없고 상환가능성도 높지 않은 항목은 실질적으로 관계기업이나 공동기업에 대한 투자자산의 연장이다. 이러한 항목에는 우선주와 장기수취채권이나 장기대여금이 포함될 수도 있다. 그러나 매출채권, 매입채무 또는 담보부대여금과 같이 적절한 담보가 있는 장기수취채권은 제외한다.

고급문제 01 현물출자의 내부거래와 지분법 적용 중지

공인회계사 18

(주)대한은 20×1년 1월 1일에 당사 보유의 토지(장부금액 ₩400,000, 공정가치 ₩480,000)를 (주)민국에 현물출자하면서 지분 30%를 수령했다. 이로 인해 (주)대한은 (주)민국에 대해 유의적인 영향력을 가지게 되었다. (주)민국의 주식은 비상장주식이며 공정가치를 신뢰성 있게 측정할 수 없다. 다음은 20×1년과 20×2년 (주)대한의 지분법 회계처리를 위한 자료이다.

(1) 현물출자 시점에 (주)민국의 순자산 장부금액은 ₩1,400,000이다. 공정가치와 장부금액의 차이가 발생하는 항목은 다음과 같다.

계정과목	장부금액	공정가치	비고
재고자산	₩100,000	₩150,000	20×1년에 50% 판매, 20×2년에는 판매 없음
기계장치	300,000	450,000	잔존내용연수 5년, 정액법 상각, 잔존가치 없음

(2) 20×1년 9월 30일에 (주)대한은 (주)민국에게 연 이자율 10%로 ₩40,000을 대여하였다. (주)대한과 (주)민국은 동 거래와 관련된 기간이자를 적절하게 계상하고 있다.

(3) 20×1년 (주)민국의 당기순손실은 ₩200,000이다.

(4) 20×2년 (주)민국의 당기순손실은 ₩1,400,000이다.

물음 1

현물출자 거래를 상업적 실질이 결여된 경우와 상업적 실질이 있는 경우로 나눈다. 각 경우에서 20×1년 지분법 관련 손익을 반영한 후 (주)대한의 20×1년 말 현재 재무상태표상 관계기업투자주식은 얼마인지 계산하시오.

구분	상업적 실질이 결여된 경우	상업적 실질이 있는 경우
관계기업투자주식 금액	①	②

물음 2

물음 1에서 상업적 실질이 결여된 경우와 상업적 실질이 있는 경우 (주)대한의 20×1년 말 현재 재무상태표상 관계기업투자주식 금액이 각각 ₩410,000과 ₩380,000이라고 가정한다.

20×1년 9월 30일의 대여금 거래를 (주)민국에 대한 순투자의 일부로 간주하며, 20×2년까지 토지는 외부에 판매되지 않았다.

(주)대한이 (주)민국에게 출자한 유형자산의 이전거래를 상업적 실질이 결여된 경우와 상업적 실질이 있는 경우로 나눈다. 각 경우에서 20×2년 말 현재 대여금의 순장부금액과 20×2년 말 현재 관계기업투자주식 금액을 다음의 양식에 따라 주어진 조건별로 해당 란에 기재하시오. 단, 금액이 없으면 '0'으로 표시하시오.

구분	상업적 실질이 결여된 경우	상업적 실질이 있는 경우
대여금 순장부금액	①	②
관계기업투자주식 금액	③	④

해답

물음 1

구분	상업적 실질이 결여된 경우	상업적 실질이 있는 경우
관계기업투자주식 금액	① ₩403,500	② ₩379,500

1. 상업적 실질이 결여된 경우의 회계처리

구분	회계처리					
20×1년 초	(차)	관계기업투자	400,000	(대)	토지	400,000
	(차)	관계기업투자	80,000	(대)	지분법이익(NI)	80,000[*1]
	*1 염가매수차익: (₩1,400,000 + ₩50,000 + ₩150,000) × 30% − ₩400,000 = ₩80,000					
20×1년 말	(차)	지분법이익(NI)	76,500	(대)	관계기업투자	76,500[*2]
	*2 {₩(200,000) − ₩50,000 × 50% − ₩150,000 × $\frac{1년}{5년}$} × 30% = ₩(76,500)					

2. 상업적 실질이 결여된 경우의 관계기업투자주식: ₩400,000 + ₩80,000 − ₩76,500 = ₩403,500

3. 상업적 실질이 있는 경우의 회계처리

구분	회계처리					
20×1년 초	(차)	관계기업투자	480,000	(대)	토지	400,000
					유형자산처분이익	80,000
20×1년 말	(차)	지분법손실(NI)	100,500	(대)	관계기업투자	100,500[*]
	* {₩(200,000) − ₩50,000 × 50% − ₩150,000 × $\frac{1년}{5년}$ − ₩80,000} × 30% = ₩(100,500)					

4. 상업적 실질이 있는 경우의 관계기업투자주식: ₩480,000 − ₩100,500 = ₩379,500

물음 2

구분	상업적 실질이 결여된 경우	상업적 실질이 있는 경우
대여금 순장부금액	① ₩21,000	② ₩0
관계기업투자주식 금액	③ ₩0	④ ₩0

1. 상업적 실질이 결여된 경우의 회계처리

구분	회계처리					
20×2년 말	(차)	지분법손실(NI)	429,000[*]	(대)	관계기업투자	410,000
					대손충당금(대여금)	19,000
	* {₩(1,400,000) − ₩150,000 × $\frac{1년}{5년}$} × 30% = ₩(429,000)					
	✪ 관계기업투자로 인식하지 않은 손실 ₩(19,000) 중 대여금 금액까지는 지분법손실을 추가로 인식한다.					

2. 상업적 실질이 결여된 경우의 대여금: ₩40,000 − ₩19,000 = ₩21,000

3. 상업적 실질이 결여된 경우의 관계기업투자주식: ₩410,000 − ₩410,000 = ₩0

4. 상업적 실질이 있는 경우의 회계처리

구분	회계처리					
20×2년 말	(차)	지분법손실(NI)	420,000*	(대)	관계기업투자	380,000
					대여금	40,000
	* {₩(1,400,000) − ₩150,000 × $\frac{1년}{5년}$} × 30% = ₩(429,000) ✪ 관계기업투자로 인식하지 않은 손실 ₩(49,000) 중 대여금 금액 ₩40,000까지는 지분법손실을 추가로 인식한다. 따라서 지분법손실 중 미인식금액은 ₩(9,000)이다.					

5. **상업적 실질이 있는 경우의 대여금**: ₩40,000 − ₩40,000 = ₩0

6. **상업적 실질이 있는 경우의 관계기업투자주식**: ₩380,000 − ₩380,000 = ₩0

해설

1. 관계기업이나 공동기업 지분과의 교환으로 관계기업이나 공동기업에 비화폐성자산을 출자하는 경우에 상업적 실질이 결여되어 있다면 해당 손익은 미실현된 것으로 보며, 그 손익은 인식하지 않는다.
2. 관계기업이나 공동기업 지분과의 교환으로 관계기업이나 공동기업에 비화폐성자산을 출자하는 경우에 상업적 실질이 결여되어 있지 않다면 비화폐성자산을 출자된 자산과 관련된 처분손익 중 투자자의 지분(몫)은 제거해야 한다.
3. 관계기업이나 공동기업의 손실 중 기업의 지분이 관계기업이나 공동기업에 대한 투자지분과 같거나 초과하는 경우, 기업은 관계기업 투자지분 이상의 손실에 대하여 인식을 중지한다.
4. 관계기업이나 공동기업에 대한 투자지분은 지분법을 사용하여 결정되는 관계기업이나 공동기업에 대한 투자자산의 장부금액과 실질적으로 기업의 관계기업이나 공동기업에 대한 순투자의 일부를 구성하는 장기투자지분 항목을 합한 금액이다. 따라서 투자자가 관계기업이나 공동기업에 대한 순투자의 일부를 구성하는 장기투자지분 항목을 보유하고 있으면, 장기투자지분 금액까지는 지분법손실을 추가로 인식해야 한다.

고급문제 02 공동영업 간에 이루어진 자산의 판매, 출자 또는 구매 등의 거래(1)

※ 다음의 각 사례는 독립적이다.

<사례 1>
A회사, B회사, C회사는 각각 1/3씩 의결권이 있는 공동영업을 20×1년 초부터 수행하고 있다.

물음 1

20×1년 말에 A회사가 장부금액 ₩300의 토지를 공동영업에 ₩600에 판매하였다. A회사가 20×1년 말에 필요한 회계처리를 나타내시오.

물음 2

20×1년 말에 A회사가 장부금액 ₩300의 토지를 공동영업에 ₩210에 판매하였다. 단, 토지는 자산의 손상차손의 증거가 있을 경우에 A회사가 20×1년 말에 필요한 회계처리를 나타내시오.

<사례 2>
A회사, B회사, C회사는 각각 1/3씩 의결권이 있는 공동영업을 20×1년 초부터 수행하고 있다.

물음 3

20×1년 말에 A회사가 공동영업으로부터 장부금액 ₩300의 토지를 ₩600에 구매하였다. A회사가 20×1년 말에 필요한 회계처리를 나타내시오.

물음 4

20×1년 말에 A회사가 공동영업으로부터 장부금액 ₩300의 토지를 공동영업에 ₩210에 구매하였다. 단, 토지는 자산의 손상차손의 증거가 있을 경우에 A회사가 20×1년 말에 필요한 회계처리를 나타내시오.

해답

물음 1

1. A회사

구분	회계처리
20×1년 말	(차) 현금 600 (대) 토지 300 유형자산처분이익 300

2. 공동영업

구분	회계처리
20×1년 말	(차) 토지 200 (대) 현금 200*
	* ₩600 × $\frac{1}{3}$ = ₩200(토지 구입금액의 $\frac{1}{3}$만큼 지급)

3. 결산 시 조정분개

구분	회계처리
20×1년 말	(차) 유형자산처분이익 100 (대) 토지 100*
	* ₩300 × $\frac{1}{3}$ = ₩100(유형자산처분이익 ₩300 중 A회사의 지분 $\frac{1}{3}$만큼의 이익은 인식하지 아니한다)

물음 2

1. A회사

구분	회계처리
20×1년 말	(차) 현금 210 (대) 토지 300 유형자산처분손실 90

2. 공동영업

구분	회계처리
20×1년 말	(차) 토지 70 (대) 현금 70*
	* ₩210 × $\frac{1}{3}$ = ₩70(토지 구입금액의 $\frac{1}{3}$만큼 지급)

3. 결산 시 조정분개

구분	회계처리
20×1년 말	N/A
	✪ 자산의 순실현가능가치 감소 또는 그러한 자산의 손상차손의 증거를 제공하는 경우, 공동영업자는 그러한 손실을 전부 인식한다.

물음 3

1. A회사

구분	회계처리			
20×1년 말	(차) 토지	600	(대) 현금	600

2. 공동영업

구분	회계처리			
20×1년 말	(차) 현금	200	(대) 토지	100
			유형자산처분이익	100

3. 결산 시 조정분개

구분	회계처리			
20×1년 말	(차) 유형자산처분이익	100	(대) 토지	100*
	* ₩300 × $\frac{1}{3}$ = ₩100(유형자산처분이익 ₩300 중 A회사의 지분 $\frac{1}{3}$만큼의 이익은 인식하지 아니한다)			

물음 4

1. A회사

구분	회계처리			
20×1년 말	(차) 토지	210	(대) 현금	210

2. 공동영업

구분	회계처리			
20×1년 말	(차) 현금	70	(대) 토지	100
	유형자산처분손실	30		

3. 결산 시 조정분개

구분	회계처리
20×1년 말	N/A
	✪ 자산의 순실현가능가치 감소 또는 그러한 자산의 손상차손의 증거를 제공하는 경우, 공동영업자는 그러한 손실에 대한 자신의 지분(몫)을 인식한다.

해설

1. 공동영업자는 공동영업에 대한 자신의 지분과 관련하여 다음을 인식한다.
   (1) 자신의 자산: 공동으로 보유하는 자산 중 자신의 몫을 포함한다.
   (2) 자신의 부채: 공동으로 발생한 부채 중 자신의 몫을 포함한다.
   (3) 공동영업에서 발생한 산출물 중 자신의 몫을 포함한다.
   (4) 공동영업의 산출물 판매 수익 중 자신의 몫을 포함한다.
   (5) 자신의 비용: 공동으로 발생한 비용 중 자신의 몫을 포함한다.
2. **공동영업에 대한 자산의 판매 또는 출자 회계처리**
   (1) 공동영업자인 기업이 공동영업에 자산을 판매하거나 출자하는 것과 같은 거래를 하는 경우, 그것은 공동영업의 다른 당사자와의 거래를 수행하는 것이고, 공동영업자는 거래의 결과인 손익을 다른 당사자들의 지분 한도까지만 인식한다.
   (2) 공동영업자인 기업이 공동영업에 자산을 판매하거나 출자하는 것과 같은 거래가 공동영업에 판매되거나 출자되는 자산의 순실현가능가치 감소 또는 그러한 자산의 손상차손의 증거를 제공하는 경우, 공동영업자는 그러한 손실을 전부 인식한다.
3. **공동영업으로부터 자산을 구매한 경우의 회계처리**
   (1) 공동영업자인 기업이 공동영업과 자산의 구매와 같은 거래를 하는 경우, 기업은 자산을 제3자에게 재판매하기 전까지는 손익에 대한 자신의 지분(몫)을 인식하지 않는다.
   (2) 공동영업자인 기업이 공동영업과 자산의 구매와 같은 거래가 공동영업으로 구매되는 자산의 순실현가능가치 감소 또는 그러한 자산의 손상차손의 증거를 제공하는 경우, 공동영업자는 그러한 손실에 대한 자신의 지분(몫)을 인식한다.

고급문제 03 공동영업 간에 이루어진 자산의 판매, 출자 또는 구매 등의 거래(2)

공인회계사 16

※ 다음의 각 물음은 독립적이다.

<공통 자료>

(주)갑과 (주)을은 쇼핑센터를 취득하여 영업할 목적으로 20×1년 1월 1일에 각각 ₩20,000과 ₩30,000을 현금으로 출자하여 별도 기구인 (주)병을 설립하였다. 계약상 약정의 조건은 다음과 같다.

<계약상 약정의 조건>

(1) 계약상 약정은 (주)갑과 (주)을에 공동지배력을 부여하고 있다.
(2) 아울러 계약상 약정은 (주)병이 보유하는 약정의 자산에 대한 권리와 부채에 대한 의무를 당사자들인 (주)갑과 (주)을이 보유하는 것을 명시하고 있다.

약정의 자산, 부채, 수익, 비용에 대한 (주)갑의 배분비율은 40%이고, (주)을의 배분비율은 60%이다. (주)병을 설립하기 직전인 20×0년 12월 31일 현재 (주)갑의 재무상태표는 다음과 같다.

재무상태표

(주)갑 20×0. 12. 31. 현재

계정과목	장부금액	계정과목	장부금액
현금	₩100,000	부채	₩0
토지	50,000	자본금	120,000
공동기업투자주식	0	이익잉여금	30,000
자산총계	₩150,000	부채·자본총계	₩150,000

(주)갑의 경우 20×1년 중 위 현금출자 및 아래 각 물음에 제시된 상황과 관련된 것을 제외한 다른 당기손익 항목은 없었다고 가정한다.

물음 1

<공통 자료>에 추가하여, (주)병을 설립하면서 (주)갑은 (주)병에 장부금액이 ₩30,000인 토지를 공정가치인 ₩40,000에 판매하였다고 가정하라. 20×1년 12월 31일 현재 (주)갑의 재무상태표에 계상될 다음의 금액을 구하시오. 단, (주)병을 설립한 이후에도 (주)갑은 위 재무상태표에 보고된 계정과목만을 이용한다고 가정하라. 또한 해당 금액이 없는 경우에는 '0'으로 표시하시오.

<(주)갑의 재무상태표>

현금	①
토지	②
공동기업투자주식	③

물음 2

<공통 자료>에 추가하여, (주)병을 설립하면서 (주)갑이 (주)병에 장부금액이 ₩30,000인 토지를 공정가치인 ₩25,000에 판매하였고, 동 공정가치는 손상차손의 증거를 제공한다고 가정하라. 이 밖의 다른 상황은 <공통 자료>에 주어진 바와 같다. 20×1년 12월 31일 현재 (주)갑의 재무상태표에 계상될 현금과 토지의 금액을 구하시오. 단, (주)병을 설립한 이후에도 (주)갑은 <공통 자료>에 제시된 20×0년 12월 31일 현재 재무상태표에 보고된 계정과목만을 이용한다고 가정하라. 또한 해당 금액이 없는 경우에는 '0'으로 표시하시오.

<(주)갑의 재무상태표>

현금	①
토지	②

물음 3

<공통 자료>에 추가하여, (주)병을 설립하면서 (주)갑은 (주)병에 장부금액이 ₩30,000인 토지를 공정가치인 ₩40,000에 출자하였다고 가정하라. 또한, 계약상 약정의 조건을 다음과 같이 수정한다.

<계약상 약정의 조건>

(1) 계약상 약정은 (주)갑과 (주)을에 공동지배력을 부여하고 있다.
(2) 아울러 계약상 약정은 당사자들인 (주)갑과 (주)을에게 약정의 자산에 대한 권리와 부채에 대한 의무를 명시하지 않고 있으며, 대신 (주)갑과 (주)을이 (주)병의 순자산에 대한 권리를 보유하도록 정하고 있다.

이 밖의 다른 상황은 <공통 자료>에 주어진 바와 같다. 20×1년 12월 31일 현재 (주)갑의 재무상태표에 계상될 다음의 금액을 구하시오. 단, (주)병을 설립한 이후에도 (주)갑은 <공통 자료>에 제시된 20×0년 12월 31일 현재 재무상태표에 보고된 계정과목만을 이용한다고 가정하라. 또한 해당 금액이 없는 경우에는 '0'으로 표시하시오.

<(주)갑의 재무상태표>

현금	①
토지	②
공동기업투자주식	③

해답

물음 1

<(주)갑의 재무상태표>

현금	① ₩124,000
토지	② ₩32,000
공동기업투자주식	③ ₩0

① 현금: ₩100,000 + ₩40,000 − ₩16,000 = ₩124,000
② 토지: ₩50,000 − ₩30,000 + ₩16,000 − ₩4,000 = ₩32,000
③ 공동기업투자주식: ₩0

1. (주)갑의 회계처리

구분	회계처리					
20×1년 초	(차)	현금	40,000	(대)	토지	30,000
					유형자산처분이익	10,000

2. 공동영업 회계처리

구분	회계처리					
20×1년 초	(차)	토지	16,000	(대)	현금	16,000*
	* ₩40,000 × 40% = ₩16,000(토지 구입금액의 40%만큼 지급)					

3. 결산 시 조정분개

구분	회계처리					
20×1년 초	(차)	유형자산처분이익	4,000	(대)	토지	4,000*
	* ₩10,000 × 40% = ₩4,000(유형자산처분이익 ₩10,000 중 A회사의 지분 40%만큼의 이익은 인식하지 아니한다)					

물음 2

<(주)갑의 재무상태표>

현금	① ₩115,000
토지	② ₩30,000

① 현금: ₩100,000 + ₩25,000 − ₩10,000 = ₩115,000
② 토지: ₩50,000 − ₩30,000 + ₩10,000 = ₩30,000

1. (주)갑의 회계처리

구분	회계처리					
20×1년 초	(차)	현금	25,000	(대)	토지	30,000
		유형자산처분손실	5,000			

2. 공동영업 회계처리

구분	회계처리					
20×1년 초	(차)	토지	10,000	(대)	현금	10,000*
	* ₩25,000 × 40% = ₩10,000(토지 구입금액의 40%만큼 지급)					

3. 결산 시 조정분개

구분	회계처리
20×1년 초	N/A
	✪ 자산의 순실현가능가치 감소 또는 그러한 자산의 손상차손의 증거를 제공하는 경우, 공동영업자는 그러한 손실을 전부 인식한다.

물음 3

<(주)갑의 재무상태표>

구분	금액
현금	① ₩80,000
토지	② ₩20,000
공동기업투자주식	③ ₩53,333

① 현금: ₩100,000 − ₩20,000 = ₩80,000
② 토지: ₩50,000 − ₩30,000 = ₩20,000
③ 공동기업투자주식: ₩60,000 − ₩6,667 = ₩53,333

구분	회계처리					
20×1년 초	(차)	공동기업투자주식	60,000	(대)	현금	20,000
					토지	30,000
					유형자산처분이익	10,000
20×1년 말	(차)	지분법손실	6,667	(대)	공동기업투자주식	6,667*

* 관계기업이나 공동기업 지분과의 교환으로 관계기업이나 공동기업에 비화폐성자산을 출자하는 경우 상업적 실질이 결여되어 있는 경우를 제외하고, 비화폐성자산의 출자된 자산과 관련된 처분손익 중 투자자의 지분(몫)은 제거한다. 따라서 ₩10,000의 66.67%(= $\frac{\text{₩}60,000}{\text{₩}90,000}$)의 부분을 제거한다.

해설

1. 공동영업자인 기업이 공동영업에 자산을 판매하거나 출자하는 것과 같은 거래를 하는 경우, 그것은 공동영업의 다른 당사자와의 거래를 수행하는 것이고, 공동영업자는 거래의 결과인 손익을 다른 당사자들의 지분 한도까지만 인식한다.
2. 공동영업자인 기업이 공동영업에 자산을 판매하거나 출자하는 것과 같은 거래가 공동영업에 판매되거나 출자되는 자산의 순실현가능가치 감소 또는 그러한 자산의 손상차손의 증거를 제공하는 경우, 공동영업자는 그러한 손실을 전부 인식한다.
3. 관계기업이나 공동기업 지분과의 교환으로 관계기업이나 공동기업에 비화폐성자산을 출자하는 경우에 상업적 실질이 결여되지 않다면 비화폐성자산의 출자된 자산과 관련된 처분손익 중 투자자의 지분(몫)은 제거해야 한다.

해커스 회계사 IFRS 김원종 재무회계연습 2

회계사 · 세무사 · 경영지도사 단번에 합격!
해커스 경영아카데미 cpa.Hackers.com

출제경향

주요 주제	중요도
1. 기능통화에 의한 외화거래의 보고	★★★★★
2. 기능통화가 아닌 표시통화의 사용	★★★★★
3. 해외사업장에 대한 순투자	★★★
4. 해외사업장 외화환산	★★
5. 해외종속기업의 외화환산 및 연결	★★★★★
6. 투자외화사채의 외화환산	★★★

필수문제 리스트

구분		필수문제 번호
동차생	기본문제	1, 2, 3, 4, 5, 7
	고급문제	1
유예생	기본문제	1, 2, 3, 4, 5, 6, 7
	고급문제	1

* 주관식 문제풀이에 앞서 각 Chapter의 주요 주제별 중요도를 파악해볼 수 있습니다.
* 시험 대비를 위해 꼭 풀어보아야 하는 필수문제를 정리하여 효율적으로 학습할 수 있습니다.

Chapter 05

환율변동효과

기본문제 01 기능통화에 의한 외화거래의 보고(1) 공인회계사 17

(주)한국의 기능통화는 원화이다. 다음에 제시되는 물음은 각각 독립적이다. 단, 영향을 묻는 경우에는 금액 앞에 증가(+) 또는 감소(-)를 표기하고, 손익을 묻는 경우에는 금액 앞에 이익(+) 또는 손실(-)을 표시하시오.

물음 1

(주)한국은 20×1년 11월 1일에 원가 ₩80,000인 상품을 $100에 수출하고, 수출대금은 20×2년 2월 28일에 전액 수령하였다. 동 거래가 (주)한국의 20×1년 및 20×2년의 당기순이익에 미치는 영향을 각각 계산하시오. 일자별 환율정보는 다음과 같다.

20×1년 11월 1일	20×1년 12월 31일	20×2년 2월 28일
₩1,010/$	₩1,040/$	₩1,020/$

구분	영향
20×1년 당기순이익에 미치는 영향	①
20×2년 당기순이익에 미치는 영향	②

물음 2

(주)한국은 20×1년 9월 1일에 외국시장에 상장되어있는 (주)미국의 주식(A)을 $200에 취득하고 이를 기타포괄손익공정가치측정금융자산으로 분류하였다. 20×1년 12월 31일 현재 A주식의 공정가치는 $220이며, 일자별 환율정보는 다음과 같다.

20×1년 9월 1일	20×1년 12월 31일
₩1,000/$	₩970/$

A주식의 후속측정(기말평가 및 기능통화환산)이 (주)한국의 20×1년도 ③ 당기순이익과 ④ 기타포괄이익에 미치는 영향을 각각 계산하시오.

구분	영향
20×1년 당기순이익에 미치는 영향	③
20×1년 기타포괄이익에 미치는 영향	④

해답

물음 1

20×1년 당기순이익에 미치는 영향	① (+)₩24,000
20×2년 당기순이익에 미치는 영향	② (−)₩2,000

① 20×1년 당기순이익에 미치는 영향: ㉠ + ㉡ + ㉢ = ₩24,000
  ㉠ 매출액: $100 × ₩1,010/$ = ₩101,000
  ㉡ 매출원가: (−)₩80,000
  ㉢ 외화환산이익: $100 × (₩1,040/$ − ₩1,010/$) = ₩3,000
② 20×2년 당기순이익에 미치는 영향: (−)₩2,000
  외환차손: $100 × (₩1,020/$ − ₩1,040/$) = (−)₩2,000

구분	회계처리					
20×1. 11. 1.	(차)	매출채권	101,000*1	(대)	매출	101,000
	*1 $100 × ₩1,010 = ₩101,000					
	(차)	매출원가	80,000	(대)	상품	80,000
20×1. 12. 31.	(차)	매출채권	3,000*2	(대)	외화환산이익	3,000
	*2 $100 × (₩1,040 − ₩1,010) = ₩3,000					
20×2. 2. 28.	(차)	현금	102,000*3	(대)	매출채권	104,000
		외환차손	2,000			
	*3 $100 × ₩1,020 = ₩102,000					

물음 2

20×1년 당기순이익에 미치는 영향	③ ₩0
20×1년 기타포괄이익에 미치는 영향	④ (+)₩13,400

③ 20×1년 당기순이익에 미치는 영향: ₩0
④ 20×1년 기타포괄이익에 미치는 영향: ₩13,400
  기타포괄손익공정가치측정금융자산평가이익: $220 × ₩970/$ − $200 × ₩1,000/$ = ₩13,400

구분	회계처리					
20×1. 9. 1.	(차)	기타포괄손익공정가치측정금융자산	200,000	(대)	현금	200,000*1
	*1 $200 × ₩1,000 = ₩200,000					
20×1. 12. 31.	(차)	기타포괄손익공정가치측정금융자산	13,400*2	(대)	기타포괄손익공정가치측정금융자산평가이익(OCI)	13,400
	*2 $220 × ₩970 − $200 × ₩1,000 = ₩13,400					

기본문제 02 기능통화에 의한 외화거래의 보고(2)

공인회계사 10

(주)갑의 기능통화는 원화이며, 달러화 대비 원화의 환율이 다음과 같을 때 아래의 각 독립적 물음에 답하시오.

일자	20×1. 10. 1.	20×1. 12. 31.	20×2. 3. 1.
환율	₩1,000	₩1,040	₩1,020

물음 1

(주)갑은 20×1년 10월 1일 미국에 $1,000의 외상매출을 하였다. (주)갑이 20×2년 3월 1일에 동 매출채권 전액을 회수하였을 때 행할 회계처리를 제시하시오.

물음 2

(주)갑은 20×1년 10월 1일 미국으로부터 재고자산 $1,000을 매입하여 20×1년 12월 31일 현재 보유하고 있다. (주)갑은 재고자산을 취득원가와 순실현가능가치 중 낮은 가격으로 측정한다. 20×1년 12월 31일 현재 외화표시 재고자산의 순실현가능가치가 $980일 경우에 (주)갑이 기능통화 재무제표에 표시할 재고자산의 장부금액을 계산하시오.

물음 3

(주)갑은 20×1년 10월 1일 미국에 소재하는 사업목적의 토지를 $12,000에 취득하였고, 20×1년 12월 31일 현재 토지의 공정가치는 $13,000이다. (주)갑이 20×2년 3월 1일에 토지의 1/4을 $5,000에 매각하였을 때, 원가모형에 의한 유형자산처분이익(또는 손실)을 계산하시오. 단, 손실의 경우에는 금액 앞에 (–)표시할 것

물음 4

(주)갑은 매년 재평가를 실시한다고 가정하고, 물음 3에서 재평가모형에 의한 (주)갑의 유형자산처분이익(또는 손실)을 계산하시오. 단, 손실의 경우에는 금액 앞에 (–)표시할 것

물음 5

(주)갑은 20×1년 10월 1일 미국회사가 발행한 지분상품을 $5,000에 취득하였고, 20×1년 12월 31일 현재 지분상품의 공정가치는 $6,000이다. (주)갑은 20×2년 3월 1일에 지분상품 전부를 $7,000에 처분하였다. (주)갑이 지분상품의 공정가치평가손익을 당기손익으로 인식하는 경우, 20×2년 3월 1일에 행할 회계처리를 제시하시오.

해답

물음 1

구분	회계처리					
20×2. 3. 1.	(차)	현금	1,020,000[*1]	(대)	매출채권	1,040,000[*2]
		외환차손	20,000			

*1 $1,000 × ₩1,020 = ₩1,020,000
*2 $1,000 × ₩1,040 = ₩1,040,000

물음 2

재무제표에 표시할 재고자산의 장부금액
= Min[취득원가, 순실현가능가치]
= Min[$1,000 × ₩1,000 = ₩1,000,000, $980 × ₩1,040 = ₩1,019,200] = ₩1,000,000

물음 3

1. **원가모형에 의한 유형자산처분손익**

(1) 처분대가:	$5,000 × ₩1,020 =	₩5,100,000
(2) 장부금액:	$12,000 × 1/4 × ₩1,000 =	(3,000,000)
(3) 유형자산처분이익		₩2,100,000

2. **회계처리**

구분	회계처리					
20×2. 3. 1.	(차)	현금	5,100,000	(대)	토지	3,000,000
					유형자산처분이익	2,100,000

물음 4

1. **재평가모형에 의한 유형자산처분손익**

(1) 처분대가:	$5,000 × ₩1,020 =	₩5,100,000
(2) 장부금액:	$13,000 × 1/4 × ₩1,040 =	(3,380,000)
(3) 유형자산처분이익		₩1,720,000

2. **회계처리**

구분	회계처리					
20×2. 3. 1.	(차)	현금	5,100,000	(대)	토지	3,380,000
					유형자산처분이익	1,720,000

물음 5

구분	회계처리					
20×2. 3. 1.	(차)	현금	7,140,000[*1]	(대)	당기손익공정가치측정금융자산	6,240,000[*2]
					금융자산처분이익	900,000

*1 $7,000 × ₩1,020 = ₩7,140,000
*2 $6,000 × ₩1,040 = ₩6,240,000

기본문제 03 외화사채와 외화거래의 보고

공인회계사 12

<공통자료>

다음 "1. 환율 정보"와 "2. 기타 정보"는 모든 물음에 공통적으로 적용되는 것이며, 각 물음은 독립적이다.

1. 환율 정보(연중 유의한 환율 변동은 없음)
   - 20×1년 1월 1일 : ¥100 = ₩1,100
   - 20×1년 연중 평균 : ¥100 = ₩1,150
   - 20×1년 12월 31일 : ¥100 = ₩1,200
   - 20×2년 4월 1일 : ¥100 = ₩1,080
   - 20×2년 1월 1일 ~ 4월 1일 평균: ¥100 = ₩1,140
   - 20×2년 12월 31일 : ¥100 = ₩1,050
   - 20×2년 연중 평균 : ¥100 = ₩1,125

2. 기타 정보
   - (주)갑의 수익과 비용은 매년 평균적으로 발생하고, 법인세효과는 없는 것으로 가정한다.
   - 엔화(¥)로 외화사채의 상각표 작성 시 소수점 이하 금액은 반올림한다.
   - 답안 작성 시 손실에 해당하는 항목은 금액 앞에 (-)를 표시하고, 손익에 미치는 영향이 없는 경우에는 "영향 없음"으로 표시한다.

물음 1

원화(₩)가 기능통화인 (주)갑은 20×1년 초에 엔화(¥)로 표시된 외화사채를 발행하였다. 외화사채의 발행 조건이 다음과 같을 때 <공통자료>를 이용하여 아래 물음에 답하시오.

- 외화사채의 액면금액: ¥100,000
- 표시(액면)이자율: 연 12%
- 만기일: 20×3년 말
- 이자지급시기: 매년 말 1회 지급
- 발행 시 동종 사채에 대한 시장이자율: 연 10%
- 외화사채의 발행금액: ¥104,973

(1) 동 외화사채와 관련하여 20×1년 말 현재 (주)갑의 재무상태표에 보고될 외화사채 장부금액은 얼마인지 계산하시오.

(2) (주)갑은 20×2년 4월 1일에 동 외화사채를 경과이자를 포함하여 ₩1,150,000에 전액 상환하였다. 동 외화사채와 관련하여 (주)갑이 20×2년도 포괄손익계산서 작성 시 인식하는 ① 이자비용과 ② 환율변동으로 인한 손익, ③ 상환손익은 각각 얼마인지 계산하시오. 단, 이자비용과 외화사채 장부금액에 대한 환율변동효과를 먼저 인식한 후 기능통화로 환산된 금액을 기준으로 상환손익을 계산하시오. 이자비용 계산 및 사채할증발행차금 상각은 월할 계산한다.

물음 2

원화(₩)가 기능통화인 (주)갑은 20×1년 초에 활성시장에서 엔화(¥)로 표시된 외화지분상품(취득원가 ¥100,000)을 취득하여 기타포괄손익공정가치측정금융자산으로 분류하였다. 20×1년 말과 20×2년 말 현재 동 외화지분상품의 공정가치는 각각 ¥105,000과 ¥110,000이다. 동 외화금융상품이 20×2년도 (주)갑의 포괄손익계산서상 ① 당기손익과 ② 기타포괄손익에 미치는 영향은 각각 얼마인지 <공통자료>를 이용하여 계산하시오.

물음 3

원화(₩)가 기능통화인 (주)갑은 20×1년 말에 엔화(¥)가 기능통화인 해외종속기업 (주)ABC(지분율 100%)가 발행한 장기외화채권(액면금액 ¥100,000, 표시이자율 연 10%, 액면발행)을 취득하여 상각후원가측정금융상품으로 분류하였다. 동 상기외화채권은 '해외사업장에 대한 순투자'의 일부에 해당하는 화폐성항목이다. 이 경우 동 외화금융상품이 20×2년도 (주)갑의 연결포괄손익계산서상 ① 당기손익과 ② 기타포괄손익에 미치는 영향은 각각 얼마인지 <공통자료>를 이용하여 계산하시오.

해답

물음 1

(1) 20×1년 말 외화사채의 장부금액: ¥103,470 × ₩12 = ₩1,241,640

[외화기준상각표]

일자	장부금액	유효이자(10%)	액면이자	상각액
20×1년 초	¥104,973			
20×1년 말	103,470	¥10,497	¥12,000	¥1,503
20×2년 말	101,817	10,347	12,000	1,653
20×3년 말	100,000	10,183*	12,000	1,817
계		¥31,027	¥36,000	¥4,973

* 단수차이 조정

(2)

구분	회계처리
20×2. 4. 1.	(차) 이자비용 29,489[*1] (대) 미지급이자 32,400[*2] 사채 4,959[*3] 외환차익 2,048 *1 $¥10,347 \times \frac{3}{12} \times ₩11.4 = ₩29,489$ *2 $¥12,000 \times \frac{3}{12} \times ₩10.8 = ₩32,400$ *3 $¥1,653 \times \frac{3}{12} \times ₩12 = ₩4,959$ (차) 사채 123,668[*4] (대) 외화환산이익 123,668 *4 $(¥103,470 - ¥1,653 \times \frac{3}{12}) \times (₩10.8 - ₩12) = ₩(123,668)$ (차) 사채 1,113,013[*5] (대) 현금 1,150,000 미지급이자 32,400 사채상환손실 4,587 *5 $(¥103,470 - ¥1,653 \times \frac{3}{12}) \times ₩10.8 = ₩1,113,013$

① 이자비용: ₩29,489

② 환율변동으로 인한 손익: ₩2,048 + ₩123,668 = ₩125,716(환율변동이익)

③ 상환손익: ₩(4,587)(사채상환손실)

물음 2 기타포괄손익공정가치측정금융자산의 외화환산

① 당기손익: ₩0

② 기타포괄손익: ¥110,000 × ₩10.5 − ¥105,000 × ₩12 = ₩(105,000)

물음 3 해외사업장에 대한 순투자

① 당기손익: ₩0

② 기타포괄손익: ¥100,000 × ₩10.5 − ¥100,000 × ₩12 = ₩(150,000)

기본문제 04 해외사업장의 외화환산과 해외사업장에 대한 순투자

공인회계사 11

(주)지배는 20×8년 1월 1일에 미국에 소재하고 있는 (주)종속의 보통주 지분 80%를 $2,500(₩3,000,000 상당액)에 취득하면서 지배력을 획득하였다. 취득 당시 (주)종속의 자본항목은 자본금 $2,000와 이익잉여금 $1,000로 구성되어 있다. (주)지배의 기능통화와 표시통화는 원화(₩)이며, (주)종속의 기능통화는 US$이다. 또한 US$는 초인플레이션 경제의 통화에 해당하지 않는다.

(1) 20×8년도 (주)종속의 재무상태표와 포괄손익계산서는 다음과 같다.

재무상태표

20×8년 12월 31일 현재

과목	금액	과목	금액
현금	$600	매입채무	$800
수취채권	1,800	장기차입금	1,300
재고자산	1,200	자본금	2,000
유형자산	2,400	기타포괄손익누계액	500
		이익잉여금	1,400
자산총계	$6,000	부채와 자본총계	$6,000

포괄손익계산서

20×8년 1월 1일부터 20×8년 12월 31일까지

과목	금액
매출액	$20,000
매출원가	(18,000)
매출총이익	2,000
기타비용	(1,400)
금융원가	(100)
법인세비용	(100)
당기순이익	400
기타포괄이익	500
총포괄이익	$900

(2) (주)종속의 수익과 비용은 평균적으로 발생한다고 가정하며, 기타포괄이익은 20×8년 12월 31일에 발생한 재평가잉여금으로 법인세효과를 차감한 순액이다.

(3) 20×8년의 환율정보는 다음과 같다.
- 20×8년 1월 1일: US$1 = ₩1,200
- 20×8년 평균: US$1 = ₩1,100
- 20×8년 12월 31일: US$1 = ₩1,050

물음 1

20×8년 12월 31일 (주)지배가 연결재무제표를 작성하기 위해 (주)종속의 재무제표를 (주)지배의 표시통화로 환산하면서 발생하는 외환차이를 계산하시오. 단, 손실의 경우에는 금액 앞에 (-)표시를 하시오.

물음 2

20×8년 12월 31일 (주)지배의 표시통화로 작성되는 연결재무제표에 계상되는 영업권을 계산하시오. 단, 20×8년 1월 1일 현재 (주)종속의 자산과 부채의 공정가치는 장부금액과 동일하며, 영업권의 20×8년도 손상차손은 없다.

물음 3

(주)종속의 장기차입금 $1,300 중 $600은 20×8년에 (주)지배로부터 차입한 것이며, 차입 당시의 환율은 US$1 = ₩1,150이었다. 동 거래와 관련하여 (주)지배는 20×8년 말 기능통화로 작성된 별도재무상태표에 ₩630,000의 장기대여금을 계상하고 있다. (주)지배는 동 장기대여금이 예측할 수 있는 미래에 결제될 가능성이 낮다고 판단하고 있다. (주)지배가 별도재무제표를 이용하여 연결포괄손익계산서를 작성할 때 어떠한 회계처리를 고려하여야 하는지 그 금액을 포함하여 2줄 이내로 기술하시오.

해답

물음 1

20×8년 12월 31일 (주)종속의 재무제표를 (주)지배의 표시통화로 환산하면서 발생하는 외환차이: (−)₩470,000

재무상태표

		외화($)	환율	원화(₩)
현금		600	1,050	630,000
수취채권		1,800	1,050	1,890,000
재고자산		1,200	1,050	1,260,000
유형자산		2,400	1,050	2,520,000
		6,000		6,300,000
매입채무		800	1,050	840,000
장기차입금		1,300	1,050	1,365,000
자본금		2,000	1,200	2,400,000
이익잉여금	기초	1,000	1,200	1,200,000
	당기순이익	400	1,100	440,000
기타포괄손익누계액	당기기타포괄손익	500	1,050	525,000
	해외사업환산손실		대차차액	(470,000)
		6,000		6,300,000

별해

재무상태표

순자산 = ($6,000 − $2,100) × ₩1,050 = ₩4,095,000	자본금 = $2,000 × ₩1,200 = ₩2,400,000 기초이익잉여금 = $1,000 × ₩1,200 = ₩1,200,000 당기순이익 = $400 × ₩1,100 = ₩440,000
해외사업환산손실 = ₩470,000	기타포괄손익 = $500 × ₩1,050 = ₩525,000

물음 2

20×8년 말 영업권: $2,500 × ₩1,050 − $3,000 × 80% × ₩1,050 = ₩105,000

물음 3

해외사업장에 대한 순투자의 일부인 화폐성 항목인 장기대여금에서 발생하는 외화환산손실은 연결포괄손익계산서를 작성할 때 기타포괄손익으로 회계처리하며, 그 금액은 ₩(60,000)(= ₩630,000 − $600 × ₩1,150)이다.

해설

해외사업장의 취득으로 발생하는 영업권과 자산·부채의 장부금액에 대한 공정가치 조정액은 해외사업장의 자산·부채로 본다. 따라서 이러한 영업권과 자산·부채의 장부금액에 대한 공정가치 조정액은 해외사업장의 기능통화로 표시하고 마감환율로 환산한다.

기본문제 05 기능통화 작성 재무제표의 표시통화 환산

공인회계사 13

달러화($)가 기능통화인 (주)한국은 보고목적용으로 원화(₩)를 표시통화로 하여 재무제표를 작성하고 있다. 20×2년 (주)한국의 기능통화로 작성된 시산표는 다음과 같다.

<20×2년 요약 시산표>

과목	금액	과목	금액
현금	$1,200	유동부채	$1,000
재고자산	1,800	장기차입금	1,200
유형자산	2,400	자본금	2,000
투자자산	600	이익잉여금	1,000
매출원가	2,000	매출	3,500
기타비용	700		

<달러화($) 대비 원화(₩)의 환율 정보>

일자	환율
20×2년 1월 1일	$1 = ₩1,100
20×2년 평균	$1 = ₩1,080
20×2년 12월 31일	$1 = ₩1,050

(주)한국의 수익과 비용은 연중 균등하게 발생하므로 편의상 평균환율을 적용하여 환산하고, 이익잉여금을 제외한 자본 항목은 해당 거래일의 환율을 적용하여 환산한다. 달러화와 원화 모두 초인플레이션 경제에서의 통화가 아니며 20×2년 중 중요한 환율변동은 없다고 가정한다.

물음 1

20×2년 중 자본금의 변동은 없었으며, 20×1년 말 원화(₩)로 표시된 재무상태표상 자본금과 이익잉여금은 각각 ₩2,200,000과 ₩830,000이다. 단, 이하에서 사용되는 '환산차이'는 기업의 경영성과와 재무상태를 기능통화가 아닌 표시통화로 환산함에 따라 생기는 외환차이를 의미한다.

(1) (주)한국이 원화(₩)로 표시되는 재무제표를 작성할 때 발생하는 환산차이는 재무제표상 어떤 항목으로 보고되는지 제시하시오.

(2) 20×2년 (주)한국의 원화(₩)로 표시된 재무제표에 보고되는 다음 항목의 금액을 계산하시오. 단, 환산차이의 경우 손실에 해당하면 금액 앞에 (-)를 표시하시오.

순자산	①
자본금	②
이익잉여금	③
환산차이	④

물음 2

기능통화의 정의를 제시하고, 보고기업의 기능통화 결정 시 고려할 사항 중 2가지를 제시하시오.

해답

물음 1

1. 표시통화재무제표를 작성할 때 발생하는 환산차이는 기타포괄손익으로 인식한다.
2. **환산차이**

순자산	① ₩3,990,000
자본금	② ₩2,200,000
이익잉여금	③ ₩1,694,000
환산차이	④ ₩96,000

① 순자산: ($1,200 + $1,800 + $2,400 + $600 − $1,000 − $1,200) × ₩1,050 = ₩3,990,000
② 자본금: ₩2,200,000
③ 이익잉여금(기초 + 당기순이익): ₩830,000 + ($3,500 − $2,000 − $700) × ₩1,080 = ₩1,694,000
④ 환산차이: ₩3,990,000 − (₩2,200,000 + ₩1,694,000) = ₩96,000

별해

재무상태표

차변	대변
순자산 = ($6,000 − $2,200) × ₩1,050 = ₩3,990,000	자본금 = ₩2,200,000 기초이익잉여금 = ₩830,000 당기순이익 = $800 × ₩1,080 = ₩864,000 해외사업환산이익 = ₩96,000

물음 2

1. **기능통화의 정의**
   기능통화란 영업활동이 이루어지는 주된 경제 환경, 즉 주로 현금을 창출하고 사용하는 환경의 통화를 말한다.
2. 기능통화를 결정할 때는 우선적으로 다음의 사항을 고려한다.
   (1) 재화와 용역의 공급가격에 주로 영향을 미치는 통화(흔히 재화와 용역의 공급가격을 표시하고 결제하는 통화)
   (2) 재화와 용역의 공급가격을 주로 결정하는 경쟁요인과 법규가 있는 국가의 통화
   (3) 재화를 공급하거나 용역을 제공하는 데 드는 노무원가, 재료원가와 그 밖의 원가에 주로 영향을 미치는 통화(흔히 이러한 원가를 표시하고 결제하는 통화)

기본문제 06 해외종속기업의 외화환산 및 연결

A회사는 20×1년 1월 1일 B회사의 의결권이 있는 보통주 60%를 $500에 취득하였다. B회사 취득 시 B회사의 순자산의 장부금액은 $800(자본금 $600, 이익잉여금 $200)이며, 순자산의 장부금액과 공정가치는 일치하였다. 회사는 비지배지분에 대한 영업권을 인식하지 않는다고 가정한다.

(1) 한국의 A회사와 미국의 B회사의 20×1년 12월 31일 현재의 재무상태표와 20×1년의 포괄손익계산서는 다음과 같다.

재무상태표

20×1년 12월 31일

자산	A회사	B회사	부채 및 자본	A회사	B회사
현금및현금성자산	₩400,000	$200	매입채무	₩550,000	$800
매출채권	600,000	600	장기차입금	1,000,000	200
재고자산	600,000	400	자본금	2,000,000	600
장기대여금	160,000		이익잉여금	560,000	400
B회사투자주식	350,000				
토지	2,000,000	800			
	₩4,110,000	$2,000		₩4,110,000	$2,000

포괄손익계산서

20×1년 1월 1일부터 20×1년 12월 31일까지

	A회사	B회사
매출액	₩3,000,000	$1,400
매출원가	(2,800,000)	(1,200)
매출총이익	₩200,000	$200
외화환산이익	20,000	
기타수익	78,800	200
기타비용	(40,000)	(200)
당기순이익	₩258,800	$200

(2) A회사는 20×1년 1월 1일에 B회사에 $200를 장기대여하였는데, 이는 예측할 수 있는 미래에 결제될 가능성이 없으며, 포괄손익계산서에 계상된 외화환산이익 ₩20,000은 이 장기대여금에 대한 것이다.

(3) B회사의 토지는 회사설립일에 취득한 것이다.

(4) 20×1년에 A회사는 B회사에 상품 $400(매출총이익률 20%)을 판매하였으며 B회사의 기말재고에는 A회사에서 매입한 상품 $200이 포함되어 있다.

(5) 매출, 매입, 기타수익, 기타비용은 연간 균등하게 발생하였다.

(6) 20×1년의 환율은 다음과 같고 법인세효과는 무시한다.

1월 1일: ₩700 평균환율: ₩750 12월 31일: ₩800

물음 1

종속기업의 재무제표를 기능통화인 원화로 환산하시오.

물음 2

20×1년 연결재무상태표에 표시될 다음 금액을 계산하시오.

(1) 영업권

(2) 재고자산

(3) 장기대여금

물음 3

20×1년 연결포괄손익계산서에 표시될 다음 금액을 계산하시오.

(1) 매출원가

(2) 비지배지분순이익

(3) 해외사업환산손익

해답

물음 1

1. 포괄손익계산서

포괄손익계산서

	외화($)	환율	원화(₩)
매출액	1,400	750	1,050,000
매출원가	(1,200)	750	(900,000)
매출총이익	200		150,000
기타수익	200	750	150,000
기타비용	(200)	750	(150,000)
당기순이익	200		150,000
해외사업환산이익			90,000
총포괄이익			240,000

2. 재무상태표

재무상태표

	외화($)	환율	원화(₩)
현금및현금성자산	200	800	160,000
매출채권	600	800	480,000
재고자산	400	800	320,000
토지	800	800	640,000
	2,000		1,600,000
매입채무	800	800	640,000
장기차입금	200	800	160,000
자본금	600	700	420,000
기초이익잉여금(×1년 초)	200	700	140,000
이익잉여금(당기순이익)	200	750	150,000
해외사업환산이익		대차차액	90,000
	2,000		1,600,000

물음 2

(1) 영업권: ($500 − $800 × 60%) × ₩800 = ₩16,000
(2) 재고자산: ₩600,000 + ₩320,000 − ₩32,000 = ₩888,000
(3) 장기대여금: ₩160,000 + ₩0 − ₩160,000 = ₩0

물음 3

(1) 매출원가: ₩2,800,000 + ₩900,000 − ₩300,000 + ₩30,000 = ₩3,430,000
(2) 비지배지분순이익: ₩150,000 × 40% = ₩60,000
(3) 해외사업환산손익: 종속기업의 해외사업환산이익 ₩90,000 + 영업권의 환산 ₩2,000 − 내부거래(하향)의 환산 ₩2,000 + 해외사업장에 대한 순투자 ₩20,000 = ₩110,000

해설

1. 20×1. 12. 31. 연결조정분개

(1) 투자주식과 자본계정의 상계제거

구분	회계처리
① 취득시점의 투자·자본 상계	(차) 자본금(B) 420,000 (대) 투자주식 350,000 이익잉여금(B) 140,000*1 비지배지분 224,000*3 영업권 14,000*2 *1 20×1년 초 이익잉여금 *2 영업권: ($500 − $800 × 60%) × ₩700 = ₩14,000 *3 비지배지분: (₩420,000 + ₩140,000) × 40% = ₩224,000
② 영업권의 환산	(차) 영업권 2,000*4 (대) 해외사업환산이익(OCI) 2,000 *4 ($500 − $800 × 60%) × (₩800 − ₩700) = ₩2,000

저자견해

영업권의 환산에서 발생하는 해외사업환산손익

영업권을 마감환율로 환산함에 따라 연결재무제표를 작성하는 과정에서 발생하는 해외사업환산이익은 종속기업의 순자산의 증가 또는 감소와 무관하며, 지배기업이 종속기업을 취득할 때 추가로 지급한 금액이므로 지배기업에 전액 귀속시켜야 한다. 따라서 저자는 영업권의 환산에서 발생하는 해외사업환산손익은 지배기업 소유주귀속분과 비지배지분으로 구분하지 않고 전액 지배기업에 귀속시켜야 한다는 견해를 가지고 있다.

(2) 채권·채무 상계제거

구분	회계처리
③ 채권·채무 상계제거	(차) 장기차입금 160,000 (대) 장기대여금 160,000 (차) 외화환산이익(NI) 20,000* (대) 해외사업환산이익(OCI) 20,000 * 해외사업장에 대한 순투자의 일부인 화폐성 항목에서 발생하는 외환차이는 연결재무제표상 기타포괄손익으로 대체해야 함

(3) 내부거래제거

구분	회계처리
④ 당기 미실현손익 제거(하향)	(차) 매출 300,000*1 (대) 매출원가 300,000 *1 \$400 × ₩750 = ₩300,000 (차) 매출원가 30,000*2 (대) 재고자산 32,000*3 해외사업환산이익(OCI) 2,000*4 *2 \$200 × 20% × ₩750(평균환율) = ₩30,000(하향거래) *3 \$200 × 20% × ₩800(마감환율) = ₩32,000(하향거래) *4 하향거래와 관련된 해외사업환산이익이므로 전액 지배기업에 귀속시킴

저자견해

내부거래의 환율 적용

재고자산의 내부거래에 따른 미실현손익을 제거할 때 종속기업의 재고자산은 마감환율을 적용하며, 매출액과 매출원가에 대해서는 거래일의 환율(또는 평균환율)을 적용해야 한다. 이러한 환율적용의 차이가 발생함에 따라 재고자산과 매출원가의 당기 미실현손익을 제거하면 상계 후에 잔액이 남게 되며 이를 해외사업환산이익(기타포괄손익)으로 인식하도록 문제의 해답을 제시하였다. K-IFRS에 해외종속기업의 연결과 관련하여 내부거래의 환율적용에 대한 명시적 규정이 없으므로 다양한 의견이 있을 수 있다고 판단된다.
참고로 US-GAAP(미국회계기준)에서는 해외종속기업의 연결과정에서 발생하는 내부거래의 미실현손익은 해당 내부거래가 발생한 시점의 환율(또는 평균환율과 같은 근사치 사용)을 기준으로 내부거래를 제거하도록 규정하고 있다. 만약 문제에 이와 같은 언급이 명시된다면 [④ 당기 미실현손익 제거(하향)]의 연결조정분개는 다음과 같다.

(차) 매출 300,000*1 (대) 매출원가 300,000

*1 \$400 × ₩750(평균환율) = ₩300,000

(차) 매출원가 30,000*2 (대) 재고자산 30,000*3

*2 \$200 × 20% × ₩750(평균환율) = ₩30,000(하향거래)
*3 \$200 × 20% × ₩750(평균환율) = ₩30,000(하향거래)

(4) 비지배지분순이익 계상

구분	회계처리
⑤ 비지배지분 순이익 계상	(차) 이익잉여금 60,000 (대) 비지배지분 60,000*1 *1 ₩150,000 × 40% = ₩60,000
⑥ 비지배기타 포괄이익 계상	(차) 해외사업환산이익(자본) 36,000 (대) 비지배지분 36,000*2 *2 ₩90,000 × 40% = ₩36,000

2. 연결정산표

연결정산표

구분	A회사	B회사	합계	연결조정분개		연결 재무제표
				차변	대변	
<차변: 자산, 비용>						
현금및현금성자산	400,000	160,000	560,000			560,000
매출채권	600,000	480,000	1,080,000			1,080,000
재고자산	600,000	320,000	920,000		④ 32,000	888,000
장기대여금	160,000	–	160,000		③ 160,000	0
투자주식	350,000	–	350,000		① 350,000	0
토지	2,000,000	640,000	2,640,000			2,640,000
영업권	–	–	–	① 14,000 ② 2,000		16,000
매출원가	2,800,000	900,000	3,700,000	④ 30,000	④ 300,000	3,430,000
기타비용	40,000	150,000	190,000			190,000
차변합계	6,950,000	2,650,000	9,600,000			8,804,000
<대변: 부채, 자본, 수익>						
매입채무	550,000	640,000	1,190,000			1,190,000
장기차입금	1,000,000	160,000	1,160,000	③ 160,000		1,000,000
자본금	2,000,000	420,000	2,420,000	① 420,000		2,000,000
이익잉여금	301,200*	140,000*	441,200	① 140,000 ⑤ 60,000		241,200
해외사업환산이익	–	90,000	90,000	⑥ 36,000 ④ 2,000	② 2,000 ③ 20,000	74,000
비지배지분	–	–	–		① 224,000 ⑤ 60,000 ⑥ 36,000	320,000
매출액	3,000,000	1,050,000	4,050,000	④ 300,000		3,750,000
외화환산이익	20,000	–	20,000	③ 20,000		0
기타수익	78,800	150,000	228,800			228,800
대변합계	6,950,000	2,650,000	9,600,000	1,184,000	1,184,000	8,804,000

* 재무상태표에 이익잉여금은 기말이익잉여금 잔액으로 표시되어 있기 때문에 수익과 비용을 추가로 반영하면 잔액시산표의 차변과 대변 합계가 일치하지 않는 문제가 발생하므로 잔액시산표에 이익잉여금은 당기순이익을 제외한 금액으로 표시해야 한다.

3. 연결재무상태표

연결재무상태표

20×1년 12월 31일 현재

현금및현금성자산	560,000	매입채무	1,190,000
매출채권	1,080,000	장기차입금	1,000,000
재고자산	888,000	자본	
토지	2,640,000	지배기업소유주귀속	
영업권	16,000	자본금	2,000,000
		이익잉여금	600,000
		해외사업환산이익	74,000
		비지배지분	320,000
	5,184,000		5,184,000

4. 연결포괄손익계산서

포괄손익계산서

20×1년 1월 1일부터 20×1년 12월 31일까지

매출액	3,750,000
매출원가	(3,430,000)
매출총이익	320,000
기타수익	228,800
기타비용	(190,000)
당기순이익	358,800
기타포괄손익	
해외사업환산이익	110,000*
총포괄이익	468,800
당기순이익의 귀속	
지배기업소유주	298,800
비지배지분	60,000
총포괄손익의 귀속	
지배기업소유주	372,800
비지배지분	96,000

* 종속기업의 해외사업환산이익 ₩90,000 + 영업권의 환산 ₩2,000 − 내부거래(하향)의 환산 ₩2,000 + 해외사업장에 대한 순투자 ₩20,000 = ₩110,000

5. 연결당기순이익과 연결총포괄이익

(1) 연결당기순이익

비지배지분 귀속분: ₩150,000 × 40% =	₩60,000
지배기업소유주 귀속분: ₩358,800 − ₩60,000 =	298,800
연결당기순이익	₩358,800

(2) 연결총포괄이익

비지배지분 귀속분: ₩60,000 + ₩90,000 × 40% =	₩96,000
지배기업소유주 귀속분: ₩468,800 − ₩96,000 =	372,800
연결총포괄이익	₩468,800

6. 해외종속기업 등의 외화환산

(1) 해외사업을 연결 또는 지분법을 적용하여 보고기업의 재무제표에 포함되도록 하기 위해서는 해외사업장의 경영성과와 재무상태를 보고기업의 표시통화로 환산해야 함

(2) 해외사업장에 대한 순투자

① 해외사업장에 대한 채권·채무 중에서 예측할 수 있는 미래에 결제할 계획이 없고 결제될 가능성이 낮은 화폐성항목은 실질적으로 그 해외사업장에 대한 순투자(해외사업장의 순자산에 대한 보고기업의 지분 해당 금액)로 봄(예 장기채권, 대여금)

② 위 ①에서 언급한 해외사업장에 대한 채권·채무는 보유한 기업이 연결실체의 종속기업일 수 있음

③ 보고기업의 해외사업장에 대한 순투자의 일부인 화폐성항목에서 생기는 외환차이는 보고기업의 별도재무제표나 해외사업장의 개별재무제표에서 당기손익으로 적절하게 인식함. 그러나 보고기업과 해외사업장을 포함하는 재무제표(예 해외사업장이 종속기업인 경우의 연결재무제표)에서는 이러한 외환차이를 처음부터 기타포괄손익으로 인식하고 관련 해외사업장에 대한 순투자의 처분시점에 자본에서 당기손익으로 재분류함

기본문제 07 해외종속기업의 연결

공인회계사 21

대한민국 소재 기업인 (주)대한[기능통화와 표시통화는 원화(₩)]은 20×1년 초 일본에 소재하는 (주)동경[기능통화는 엔화(¥)]의 주식 80%를 ¥48,000에 취득하여 지배기업이 되었다. 다음의 <자료>를 이용하여 물음에 답하시오.

<자료>

1. 다음은 (주)대한과 (주)동경의 20×1년 요약 별도(개별)재무제표이다.

계정과목	20×1년	
	(주)대한	(주)동경
매출	₩1,000,000	¥60,000
(매출원가)	(700,000)	(30,000)
기타수익	200,000	10,000
(기타비용)	(300,000)	(20,000)
당기순이익	₩200,000	¥20,000
제자산	500,000	60,000
종속기업투자	480,000	-
토지	300,000	20,000
총자산	₩1,280,000	¥80,000
부채	780,000	10,000
자본금	300,000	40,000
이익잉여금	200,000	30,000
총부채와자본	₩1,280,000	¥80,000

2. 지배력 취득일 현재 토지를 제외한 (주)동경의 순자산 장부금액은 공정가치와 일치한다. 지배력 취득일 현재 (주)동경의 토지 공정가치는 ¥22,000이다.
3. (주)대한은 종속기업투자에 따른 영업권 이외에 다른 영업권은 없다. 영업권에 대한 손상 검토를 수행한 결과 손상징후는 없다.
4. (주)대한의 제자산 중에는 20×1년 초 지분인수와 함께 (주)동경에 무이자로 장기 대여한 ¥10,000이 포함되어 있다. 동 대여금은 예측할 수 있는 미래에 결제계획이나 결제될 가능성이 낮아서 사실상 (주)동경에 대한 순투자의 일부를 구성한다.
5. (주)대한의 (주)동경에 대한 대여금에서 신용손실이 발생하거나 유의한 신용위험 변동에 따른 채무불이행 위험은 없는 것으로 판단하였다. 대여금 이외에 20×1년 중 (주)대한과 (주)민국 간의 내부거래는 없다.
6. 20×1년 일자별 환율(₩/¥)은 다음과 같다.

(환율: ₩/¥)

20×1. 1. 1.	20×1. 12. 31.	20×1년 평균
10.0	10.3	10.2

7. 기능통화와 표시통화는 초인플레이션 경제의 통화가 아니며, 위 기간에 환율의 유의한 변동은 없었다. 연결재무제표 작성 시 비지배지분은 종속기업의 식별가능한 순자산의 변동과 관련된 경우 순자산의 공정가치에 비례하여 배분한다.

물음 1

(주)동경의 재무제표를 (주)대한의 표시통화로 환산하면서 발생하는 외환차이(기타포괄손익)금액을 계산하시오. 외환차이가 차변금액인 경우 해당 금액 앞에 (-)를 표시하시오.

외환차이(기타포괄손익)	①

물음 2

(주)대한의 (주)동경에 대한 대여금에서 발생하는 외화환산차이에 대해 기업회계기준서 제1021호 '환율변동효과'에 따른 (주)대한의 ① 별도(개별)포괄손익계산서와 ② 연결포괄손익계산서상 표시방법에 대해 약술하시오.

별도(개별)포괄손익계산서	①
연결포괄손익계산서	②

물음 3

(주)대한의 20×1년도 연결재무제표에 표시되는 다음의 금액을 계산하시오. 염가매수차익이 발생하는 경우 괄호 안에 금액[예 (1,000)]을 기재하고, 외환차이가 차변금액인 경우에는 해당 금액 앞에 (-)를 표시하시오.

영업권(염가매수차익)	①
외환차이(기타포괄손익)	②

해답

물음 1

외환차이(기타포괄손익)	① ₩17,000

① 외환차이(기타포괄손익)

재무상태표

순자산 = (¥80,000 − ¥10,000) × ₩10.3 = ₩721,000	자본금 = ¥40,000 × ₩10 = ₩400,000 기초이익잉여금 = ¥10,000 × ₩10 = ₩100,000 당기순이익 = ¥20,000 × ₩10.2 = ₩204,000 해외사업환산이익 = ₩17,000

물음 2

1. 정답

별도(개별)포괄손익계산서	① ₩3,000[= ¥10,000 × (₩10.3 − ₩10)]을 당기손익으로 인식함
연결포괄손익계산서	② ₩3,000을 기타포괄손익으로 인식함

2. 해외사업장에 대한 순투자

① 해외사업장에 대한 채권·채무 중에서 예측할 수 있는 미래에 결제할 계획이 없고 결제될 가능성이 낮은 화폐성항목은 실질적으로 그 해외사업장에 대한 순투자(해외사업장의 순자산에 대한 보고기업의 지분 해당 금액)로 봄(예 장기채권, 대여금)

② 위 ①에서 언급한 해외사업장에 대한 채권·채무는 보유한 기업이 연결실체의 종속기업일 수 있음

③ 보고기업의 해외사업장에 대한 순투자의 일부인 화폐성항목에서 생기는 외환차이는 보고기업의 별도재무제표나 해외사업장의 개별재무제표에서 당기손익으로 적절하게 인식함. 그러나 보고기업과 해외사업장을 포함하는 재무제표(예 해외사업장이 종속기업인 경우의 연결재무제표)에서는 이러한 외환차이를 처음부터 기타포괄손익으로 인식하고 관련 해외사업장에 대한 순투자의 처분시점에 자본에서 당기손익으로 재분류함

물음 3

1. 정답

영업권(염가매수차익)	① ₩65,920
외환차이(기타포괄손익)	② ₩22,520

① 영업권(염가매수차익): [¥48,000 − (¥50,000 + ¥2,000) × 80%] × ₩10.3 = ₩65,920

② 외환차이(기타포괄손익): ₩17,000(해외사업환산손익) + ₩600(토지 환산) + ₩1,920(영업권 환산) + ₩3,000(해외사업장에 대한 순투자) = ₩22,520

2. 포괄손익계산서

포괄손익계산서

	외화(¥)	환율	원화(₩)
매출액	60,000	10.2	612,000
매출원가	(30,000)	10.2	(306,000)
매출총이익	30,000		306,000
기타수익	10,000	10.2	102,000
기타비용	(20,000)	10.2	(204,000)
당기순이익	20,000		204,000
해외사업환산이익			17,000
총포괄이익			221,000

3. 재무상태표

재무상태표

	외화(¥)	환율	원화(₩)
제자산	60,000	10.3	618,000
토지	20,000	10.3	206,000
	80,000		824,000
부채	10,000	10.3	103,000
자본금	40,000	10	400,000
기초이익잉여금(×1 초)	10,000	10	100,000
이익잉여금(당기순이익)	20,000	10.2	204,000
해외사업환산이익		대차차액	17,000
	80,000		824,000

4. 20×1. 12. 31. 연결조정분개

[투자주식과 자본계정의 상계제거]

구분	회계처리
① 취득시점의 투자·자본 상계	(차) 자본금(B) 400,000 (대) 투자주식 480,000 이익잉여금(B) 100,000*1 비지배지분 104,000*4 토지 20,000*2 영업권 64,000*3 *1 20×1년 초 이익잉여금 *2 토지: ¥2,000 × ₩10 = ₩20,000 *3 영업권: [¥48,000 − (¥50,000 + ¥2,000) × 80%] × ₩10 = ₩64,000 *4 비지배지분: (₩500,000 + ₩20,000) × 20% = ₩104,000
② 토지의 환산	(차) 토지 600* (대) 해외사업환산이익(OCI) 600 * ¥2,000 × (₩10.3 − ₩10) = ₩600
③ 영업권의 환산	(차) 영업권 1,920* (대) 해외사업환산이익(OCI) 1,920 * [¥48,000 − (¥50,000 + ¥2,000) × 80%] × (₩10.3 − ₩10) = ₩1,920

저자견해

영업권의 환산에서 발생하는 해외사업환산손익

영업권을 마감환율로 환산함에 따라 연결재무제표를 작성하는 과정에서 발생하는 해외사업환산이익은 종속기업의 순자산의 증가 또는 감소와 무관하며, 지배기업이 종속기업을 취득할 때 추가로 지급한 금액이므로 지배기업에 전액 귀속시켜야 한다. 따라서 저자는 영업권의 환산에서 발생하는 해외사업환산손익은 지배기업 소유주귀속분과 비지배지분으로 구분하지 않고 전액 지배기업에 귀속시켜야 한다는 견해를 가지고 있다.

[채권·채무 상계제거]

구분	회계처리
④ 채권·채무 상계제거	(차) 장기차입금 103,000 (대) 장기대여금 103,000 (차) 외화환산이익(NI) 3,000* (대) 해외사업환산이익(OCI) 3,000 * 해외사업장에 대한 순투자의 일부인 화폐성항목에서 발생하는 외환차이는 연결재무제표상 기타포괄손익으로 대체해야 함

[비지배지분순이익 계상]

구분	회계처리
⑤ 비지배지분순이익 계상	(차) 이익잉여금 40,800 (대) 비지배지분 40,800* * ₩204,000 × 20% = ₩40,800
⑥ 비지배기타포괄이익 계상	(차) 해외사업환산이익(자본) 3,520 (대) 비지배지분 3,520* * (₩17,000 + ₩600) × 20% = ₩3,520

고급문제 01 투자외화사채의 외화환산

공인회계사 17

(주)한국의 기능통화는 원화이다. 다음에 제시되는 물음은 각각 독립적이다. 단, 영향을 묻는 경우에는 금액 앞에 증가(+) 또는 감소(−)를 표기하고, 손익을 묻는 경우에는 금액 앞에 이익(+) 또는 손실(−)을 표시하시오.

※ 다음은 물음 1과 물음 2에 대한 공통자료이다.

<공통자료>

(1) (주)한국은 20×1년 1월 1일에 (주)일본이 발행한 외화사채(B)를 ¥8,969에 취득하였다.

(2) 외화사채(B) 정보는 다음과 같다.

- 액면금액: ¥10,000
- 발행일: 20×1년 1월 1일
- 만기일: 20×3년 12월 31일(만기 3년)
- 액면이자율: 4%(매년 말 지급조건)
- 취득시점의 시장(유효)이자율: 8%
- 20×1년 말 현재 공정가치: ¥9,400

(3) 환율정보는 다음과 같다.

- 20×1년 1월 1일: ₩10/¥
- 20×1년 평균: ₩11/¥
- 20×1년 12월 31일: ₩12/¥

물음 1

(주)한국이 위 외화사채(B)를 상각후원가측정금융자산으로 분류한 경우, 동 사채와 관련하여 20×1년도 포괄손익계산서에 보고할 ① 이자수익과 ② 환율변동손익을 각각 계산하시오. 단, 외화기준 이자금액을 소수점 첫째 자리에서 반올림하여 정수로 산출한 후에 기능통화 환산을 수행하시오.

물음 2

(주)한국이 위 외화사채(B)를 기타포괄손익공정가치측정금융자산으로 분류한 경우, 동 사채와 관련하여 20×1년도 포괄손익계산서에 보고할 ③ 기타포괄손익공정가치측정금융자산평가손익을 계산하시오. 단, 외화기준 이자금액을 소수점 첫째 자리에서 반올림하여 정수로 산출한 후에 후속측정을 수행하시오.

물음 3

(주)한국이 위 외화사채(B)를 당기손익공정가치측정금융자산으로 분류한 경우, 동 사채와 관련하여 20×1년도 포괄손익계산서에 보고할 ④ 당기손익공정가치측정금융자산평가손익을 계산하시오. 단, 외화기준 이자금액을 소수점 첫째 자리에서 반올림하여 정수로 산출한 후에 후속측정을 수행하시오.

해답

물음 1

① 이자수익: ¥8,969 × 8% × ₩11/¥ = ₩7,893
② 환율변동손익: ₩82 + ₩18,573 = ₩18,655

1. 외화기준상각표

일자	장부금액	유효이자(8%)	액면이자(4%)	상각액
20×1년 초	¥8,969			
20×1년 말	9,287	¥718	¥400	¥318
20×2년 말	9,630	743	400	343
20×3년 말	10,000	770	400	370
계		¥2,231	¥1,200	¥1,031

2. 회계처리

구분	회계처리			
20×1. 1. 1.	(차) 상각후원가측정금융자산	89,690[*1]	(대) 현금	89,690
	*1 ¥8,969 × ₩10 = ₩89,690			
20×1. 12. 31.	(차) 현금	4,800[*2]	(대) 이자수익	7,893[*3]
	상각후원가측정금융자산	3,175[*4]	외환차익	82
	*2 ¥400 × ₩12 = ₩4,800 *3 ¥8,969 × 8% × ₩11 = ₩7,893 *4 (¥8,969 × 8% − ¥400) × ₩10 = ₩3,175			
	(차) 상각후원가측정금융자산	18,573[*5]	(대) 외화환산이익	18,573
	*5 (¥8,969 × 1.08 − ¥400) × (₩12 − ₩10) = ₩18,573			

물음 2

③ 기타포괄손익공정가치측정금융자산평가손익: ¥9,400 × ₩12/¥ − (¥8,969 × 1.08 − ¥400) × ₩12/¥ = ₩1,362

구분	회계처리			
20×1. 1. 1.	(차) 기타포괄손익공정가치측정금융자산	89,690[*1]	(대) 현금	89,690
	*1 ¥8,969 × ₩10 = ₩89,690			
20×1. 12. 31.	(차) 현금	4,800[*2]	(대) 이자수익	7,893[*3]
	기타포괄손익공정가치측정금융자산	3,175[*4]	외환차익	82
	*2 ¥400 × ₩12 = ₩4,800 *3 ¥8,969 × 8% × ₩11 = ₩7,893 *4 (¥8,969 × 8% − ¥400) × ₩10 = ₩3,175			
	(차) 기타포괄손익공정가치측정금융자산	18,573[*5]	(대) 외화환산이익	18,573
	*5 (¥8,969 × 1.08 − ¥400) × (₩12 − ₩10) = ₩18,573			
	(차) 기타포괄손익공정가치측정금융자산	1,362[*6]	(대) 기타포괄손익공정가치측정금융자산평가이익(OCI)	1,362
	*6 ¥9,400 × ₩12 − (¥8,969 × 1.08 − ¥400) × ₩12 = ₩1,362			

물음 3

④ 당기손익공정가치측정금융자산평가손익: ¥9,400 × ₩12/¥ − (¥8,969 × 1.08 − ¥400) × ₩12/¥ = ₩1,362

구분	회계처리				
20×1. 1. 1.	(차) 당기손익공정가치측정금융자산	89,690*1	(대)	현금	89,690
	*1 ¥8,969 × ₩10 = ₩89,690				
20×1. 12. 31.	(차) 현금	4,800*2	(대)	이자수익	7,893*3
	당기손익공정가치측정금융자산	3,175*4		외환차익	82
	*2 ¥400 × ₩12 = ₩4,800 *3 ¥8,969 × 8% × ₩11 = ₩7,893 *4 (¥8,969 × 8% − ¥400) × ₩10 = ₩3,175				
	(차) 당기손익공정가치측정금융자산	18,573*5	(대)	외화환산이익	18,573
	*5 (¥8,969 × 1.08 − ¥400) × (₩12 − ₩10) = ₩18,573				
	(차) 당기손익공정가치측정금융자산	1,362*6	(대)	당기손익공정가치측정금융자산평가이익(NI)	1,362
	*6 ¥9,400 × ₩12 − (¥8,969 × 1.08 − ¥400) × ₩12 = ₩1,362				

해설

1. 기업이 투자외화사채를 취득하였을 경우 다음과 같이 회계처리해야 한다.
   (1) 발행시점: 투자외화사채를 취득한 경우에는 취득시점에 취득일의 환율로 환산한다.
   (2) 상각표: 유효이자율법에 의한 상각표를 외화기준으로 작성한다.
   (3) 결산시점: 외화기준으로 회계처리를 수행한 후 외화환산 절차를 수행한다. 당기 이자수익은 평균환율로 환산하며, 현금수입 이자부분은 이자수령일의 환율을 적용한다. 마지막으로 투자외화사채의 장부금액은 보고기간 말 현재의 환율로 환산하며, 대차차액인 환율변동효과는 당기손익으로 인식한다.
2. 여기서 유의할 점은 투자외화사채의 경우는 금융상품의 분류에 따라 상각후원가측정금융자산, 당기손익공정가치측정금융자산, 기타포괄손익공정가치측정금융자산으로 구분된다는 것이다. 위의 회계처리를 수행한 후 상각후원가측정금융자산은 화폐성 항목이므로 추가적인 공정가치변동손익을 인식할 필요가 없다. 한편, 당기손익공정가치측정금융자산은 위의 환율변동손익을 인식한 후 추가적인 공정가치변동분을 당기손익으로 인식하는 회계처리를 추가해야 한다. 그러나 기타포괄손익공정가치측정금융자산은 위의 환율변동손익을 인식한 후 추가적인 공정가치변동분을 기타포괄손익으로 인식해야 한다.
3. **투자외화사채 회계처리 요약**

구분	환율변동효과	공정가치변동분
상각후원가측정금융자산	당기손익으로 인식	발생하지 않음
당기손익공정가치측정금융자산	당기손익으로 인식	당기손익으로 인식
기타포괄손익공정가치측정금융자산	당기손익으로 인식	기타포괄손익으로 인식

cpa.Hackers.com

해커스 회계사 IFRS 김원종 재무회계연습 2

회계사 · 세무사 · 경영지도사 단번에 합격!
해커스 경영아카데미 cpa.Hackers.com

출제경향

주요 주제	중요도
1. 매매목적	★
2. 공정가치위험회피	★★★★
3. 현금흐름위험회피	★★★★★
4. 이자율스왑	★★★★
5. 위험회피회계의 재조정	★★★
6. 위험회피회계의 중단	★★★

필수문제 리스트

구분		필수문제 번호
동차생	기본문제	1, 4, 5, 6, 7, 8, 9
	고급문제	1, 5
유예생	기본문제	1, 3, 4, 5, 6, 7, 8, 9
	고급문제	1, 2, 5

* 주관식 문제풀이에 앞서 각 Chapter의 주요 주제별 중요도를 파악해볼 수 있습니다.
* 시험 대비를 위해 꼭 풀어보아야 하는 필수문제를 정리하여 효율적으로 학습할 수 있습니다.

Chapter 06

파생상품

기본문제 01　통화선도(1)

12월 말 결산법인인 A회사는 20×1년 10월 1일에 통화선도의 계약을 체결하였다. 다음에 제시되는 4가지 상황에서 선도계약을 이용하고 있으며, 통화선도와 관련된 계약내용은 다음과 같다.

(1) 통화선도계약정보
- 계약체결일: 20×1년 10월 1일
- 계약기간: 6개월(20×1. 10. 1. ~ 20×2. 3. 31.)
- 계약조건: $1,000을 ₩1,000/$(통화선도환율)에 매입함

(2) 환율정보

일자	현물환율(₩/$)	통화선도환율(₩/$)
20×1. 10. 1.	980	1,000(만기 6개월)
20×1. 12. 31.	1,020	1,050(만기 3개월)
20×2. 3. 31.	1,100	-

(3) 다음에 제시되는 4가지 상황은 서로 독립적이며, 현재가치의 평가는 생략하기로 한다.

[상황 1] A회사가 $의 가치가 상승할 것으로 판단하여 투기목적으로 통화선도계약을 체결하였다.

[상황 2] A회사는 20×1. 10. 1.에 재고자산을 $1,000에 매입하여, 20×2. 3. 31.에 구입대금을 지급할 예정이다. A회사가 매입채무의 환율변동위험을 회피하기 위하여 통화선도계약을 체결하였다.

[상황 3] A회사는 20×2. 3. 31.에 재고자산을 $1,000에 매입하는 확정계약을 20×1. 10. 1.에 체결하였다. A회사가 확정계약에서 발생할 수 있는 환율변동위험을 회피하기 위하여 통화선도계약을 체결하였다.

[상황 4] A회사는 20×2. 3. 31.에 재고자산을 $1,000에 구입할 계획을 가지고 있으며, 예상생산량을 고려할 때 구입거래가 이루어질 것이 거의 확실하다. A회사가 예상거래에서 발생할 수 있는 환율변동위험을 회피하기 위하여 통화선도계약을 체결하였다.

물음 1

[상황 1] ~ [상황 4]로 인하여 20×1년도와 20×2년도 포괄손익계산서상 당기손익에 미치는 영향을 계산하시오. 단, 당기손익에 계상될 금액이 없는 경우에는 '해당 없음'이라고 표시해야 한다.

물음 2

[상황 3]과 [상황 4]에서 20×2. 3. 31.에 A회사가 재고자산의 취득원가로 계상할 금액은 각각 얼마인가?

물음 3

[상황 4]에서 20×1년도와 20×2년도에 포괄손익계산서상 기타포괄손익에 미치는 영향을 계산하시오.

물음 4

[상황 1] ~ [상황 4] 중에서 그 성격상 한국채택국제회계기준에 규정되어 있는 파생상품 위험회피회계의 적용 대상이 되지 않는 경우를 지적하고 그 이유를 4줄 이내로 약술하시오.

해답

물음 1

[상황 1]

1. **20×1년도 당기손익에 미치는 영향**: ₩50,000
   20×1년 통화선도평가이익: $1,000 × (₩1,050 − ₩1,000) = ₩50,000
2. **20×2년도 당기손익에 미치는 영향**: ₩50,000
   20×2년 통화선도거래이익: $1,000 × (₩1,100 − ₩1,050) = ₩50,000

별해

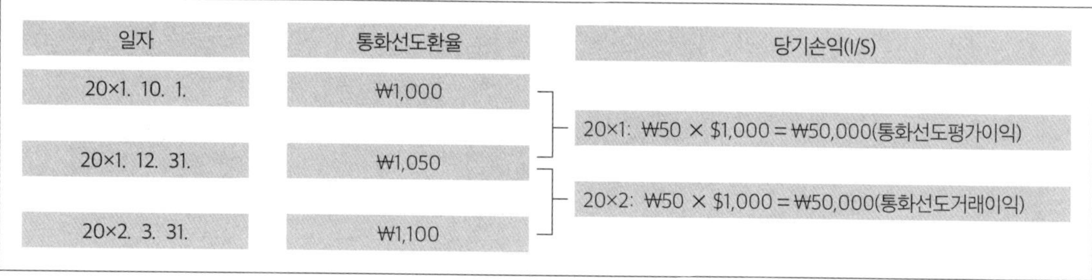

[상황 2]

1. **20×1년도 당기손익에 미치는 영향**: ① + ② = ₩10,000
   ① 20×1년 외화환산손실: $1,000 × (₩1,020 − ₩980) = ₩(40,000)
   ② 20×1년 통화선도평가이익: $1,000 × (₩1,050 − ₩1,000) = ₩50,000
2. **20×2년도 당기손익에 미치는 영향**: ① + ② = ₩(30,000)
   ① 20×2년 외환차손: $1,000 × (₩1,100 − ₩1,020) = ₩(80,000)
   ② 20×2년 통화선도거래이익: $1,000 × (₩1,100 − ₩1,050) = ₩50,000

별해

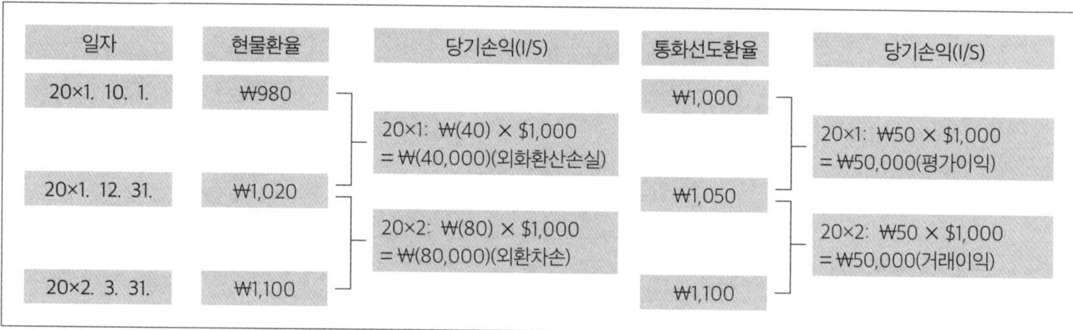

[상황 3]

1. **20×1년도 당기손익에 미치는 영향**: ① + ② = ₩0
   ① 20×1년 확정계약평가손실: $1,000 × (₩1,000 − ₩1,050) = ₩(50,000)
   ② 20×1년 통화선도평가이익: $1,000 × (₩1,050 − ₩1,000) = ₩50,000
2. **20×2년도 당기손익에 미치는 영향**: ① + ② = ₩0
   ① 20×2년 확정계약평가손실: $1,000 × (₩1,050 − ₩1,100) = ₩(50,000)
   ② 20×2년 통화선도거래이익: $1,000 × (₩1,100 − ₩1,050) = ₩50,000

별해

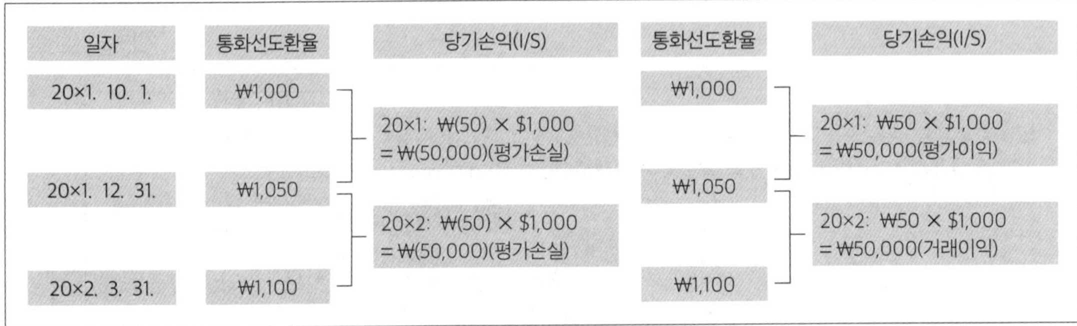

[상황 4]

1. **20×1년도 당기손익에 미치는 영향**: ₩10,000
2. **20×2년도 당기손익에 미치는 영향**: ₩(10,000)

별해

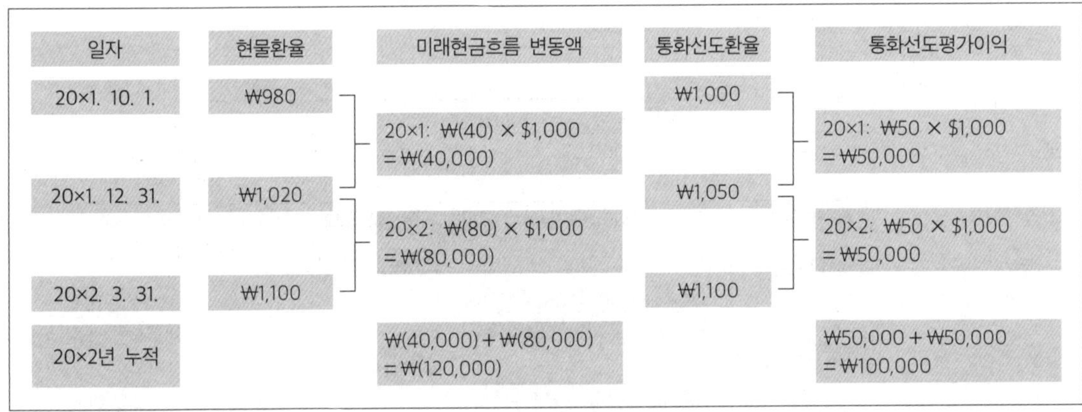

구분	20×1년	20×2년	20×2년 누적
파생상품평가이익(손실)	₩50,000	₩50,000	₩100,000
예상거래의 현금흐름변동	₩(40,000)	₩(80,000)	₩(120,000)
위험회피에 효과적인 부분(기타포괄손익)	₩40,000	₩60,000	₩100,000
위험회피에 비효과적인 부분(당기손익)	₩10,000	₩(10,000)	₩0

물음 2

[상황 3]
20×2. 3. 31.에 A회사가 재고자산의 취득원가로 계상할 금액
$1,000(확정계약 외화금액) × ₩1,000(계약체결 시 통화선도환율) = ₩1,000,000

[상황 4]
20×2. 3. 31.에 A회사가 재고자산의 취득원가로 계상할 금액
$1,000(예상거래 외화금액) × ₩1,000(계약체결 시 통화선도환율) = ₩1,000,000

물음 3

[상황 4]
1. 20×1년도 기타포괄손익에 미치는 영향: ₩40,000
2. 20×2년도 기타포괄손익에 미치는 영향: ₩60,000

물음 4

[상황 1]은 위험회피대상항목이 존재하고 있지 않으므로 매매목적으로 파생상품을 이용하고 있다. 따라서 위험회피회계를 적용할 필요가 없다.

해설

1. [상황 1] 회계처리

구분	회계처리
20×1. 10. 1.	N/A
20×1. 12. 31.	(차) 통화선도자산 50,000[*1] (대) 통화선도평가이익(NI) 50,000 *1 $1,000 × (₩1,050 − ₩1,000) = ₩50,000
20×2. 3. 31.	(차) 현금($) 1,100,000[*2] (대) 현금(₩) 1,000,000 통화선도자산 50,000 통화선도거래이익(NI) 50,000[*3] *2 $1,000 × ₩1,100 = ₩1,100,000 *3 $1,000 × (₩1,100 − ₩1,050) = ₩50,000

2. [상황 2] 회계처리

구분	위험회피대상항목(매입채무)	위험회피수단(통화선도)
20×1. 10. 1.	(차) 재고자산 980,000[*1] (대) 매입채무 980,000 *1 $1,000 × ₩980 = ₩980,000	N/A
20×1. 12. 31.	(차) 외화환산손실(NI) 40,000[*2] (대) 매입채무 40,000 *2 $1,000 × (₩1,020 − ₩980) = ₩40,000	(차) 통화선도자산 50,000[*1] (대) 통화선도평가이익(NI) 50,000 *1 $1,000 × (₩1,050 − ₩1,000) = ₩50,000
20×2. 3. 31.	(차) 매입채무 1,020,000[*3] 외환차손(NI) 80,000 (대) 현금($) 1,100,000[*4] *3 $1,000 × ₩1,020 = ₩1,020,000 *4 $1,000 × ₩1,100 = ₩1,100,000	(차) 현금($) 1,100,000[*2] (대) 현금(₩) 1,000,000 통화선도자산 50,000 통화선도거래이익(NI) 50,000[*3] *2 $1,000 × ₩1,100 = ₩1,100,000 *3 $1,000 × (₩1,100 − ₩1,050) = ₩50,000

3. [상황 3] 회계처리

구분	위험회피대상항목(확정계약)	위험회피수단(통화선도)
20×1. 10. 1.	N/A	N/A
20×1. 12. 31.	(차) 확정계약평가손실(NI) 50,000*1 (대) 확정계약부채 50,000 *1 $1,000 × (₩1,000 − ₩1,050) = ₩(50,000)	(차) 통화선도자산 50,000*1 (대) 통화선도평가이익(NI) 50,000 *1 $1,000 × (₩1,050 − ₩1,000) = ₩50,000
20×2. 3. 31.	(차) 확정계약평가손실(NI) 50,000*2 (대) 확정계약부채 50,000 (차) 재고자산 1,000,000 확정계약부채 100,000 (대) 현금($) 1,100,000*3 *2 $1,000 × (₩1,050 − ₩1,100) = ₩(50,000) *3 $1,000 × ₩1,100 = ₩1,100,000	(차) 현금($) 1,100,000*2 (대) 현금(₩) 1,000,000 통화선도자산 50,000 통화선도거래이익(NI) 50,000*3 *2 $1,000 × ₩1,100 = ₩1,100,000 *3 $1,000 × (₩1,100 − ₩1,050) = ₩50,000

4. [상황 4] 회계처리

구분	위험회피대상항목(예상거래)	위험회피수단(통화선도)
20×1. 10. 1.	N/A	N/A
20×1. 12. 31.	N/A	(차) 통화선도자산 50,000*1 (대) 현금흐름위험회피적립금(OCI) 40,000*2 통화선도평가이익(NI) 10,000 *1 $1,000 × (₩1,050 − ₩1,000) = ₩50,000 *2 Min[①, ②] = ₩40,000 ① 수단: $1,000 × (₩1,050 − ₩1,000) = ₩50,000 ② 대상: $1,000 × (₩1,020 − ₩980) = ₩40,000
20×2. 3. 31.	(차) 재고자산 1,000,000 현금흐름위험회피적립금(자본) 100,000 (대) 현금($) 1,100,000* * $1,000 × ₩1,100 = ₩1,100,000	(차) 현금($) 1,100,000*3 통화선도거래손실(NI) 10,000 (대) 현금(₩) 1,000,000 통화선도자산 50,000 현금흐름위험회피적립금(OCI) 60,000*4 *3 $1,000 × ₩1,100 = ₩1,100,000 *4 누적기준 Min[①, ②] − ₩40,000 = ₩60,000 ① 수단: $1,000 × (₩1,100 − ₩1,000) = ₩100,000 ② 대상: $1,000 × (₩1,100 − ₩980) = ₩120,000

기본문제 02 매매목적 파생상품: 통화선도

12월 말 결산법인인 A회사는 20×1년 10월 1일에 통화선도의 계약을 체결하였다. 통화선도와 관련된 계약내용은 다음과 같다.

(1) 통화선도계약정보
- 계약체결일: 20×1년 10월 1일
- 계약기간: 6개월(20×1. 10. 1.~20×2. 3. 31.)
- 계약조건: $1,000을 ₩1,000/$(통화선도환율)에 매입함

(2) 환율정보

일자	현물환율(₩/$)	통화선도환율(₩/$)
20×1. 10. 1.	1,020	1,000(만기 6개월)
20×1. 12. 31.	1,130	1,100(만기 3개월)
20×2. 3. 31.	1,200	–

물음 1

A회사가 $의 가치가 상승할 것으로 판단하여 투기목적으로 통화선도계약을 체결하였다면, 각 일자에 수행할 회계처리를 나타내시오. 단, 현재가치의 평가는 생략하기로 한다.

물음 2

A회사의 통화선도계약이 20×1년도와 20×2년도 당기손익에 미치는 영향을 계산하시오.

물음 3

10%의 현가계수가 $1/(1.1)^{90/365} = 0.97677$이라면 현재가치를 고려하여 A회사가 수행할 회계처리를 나타내시오.

해답

물음 1

구분	회계처리
20×1. 10. 1.	N/A
20×1. 12. 31.	(차) 통화선도자산 100,000*1 (대) 통화선도평가이익(NI) 100,000 *1 $1,000 × (₩1,100 − ₩1,000) = ₩100,000
20×2. 3. 31.	(차) 현금($) 1,200,000*2 (대) 현금(₩) 1,000,000 통화선도자산 100,000 통화선도거래이익(NI) 100,000*3 *2 $1,000 × ₩1,200 = ₩1,200,000 *3 $1,000 × (₩1,200 − ₩1,100) = ₩100,000

물음 2 20×1년도와 20×2년도 당기손익에 미치는 영향

① 20×1년 통화선도평가이익: $1,000 × (₩1,100 − ₩1,000) = ₩100,000
② 20×2년 통화선도거래이익: $1,000 × (₩1,200 − ₩1,100) = ₩100,000

<u>별해</u>

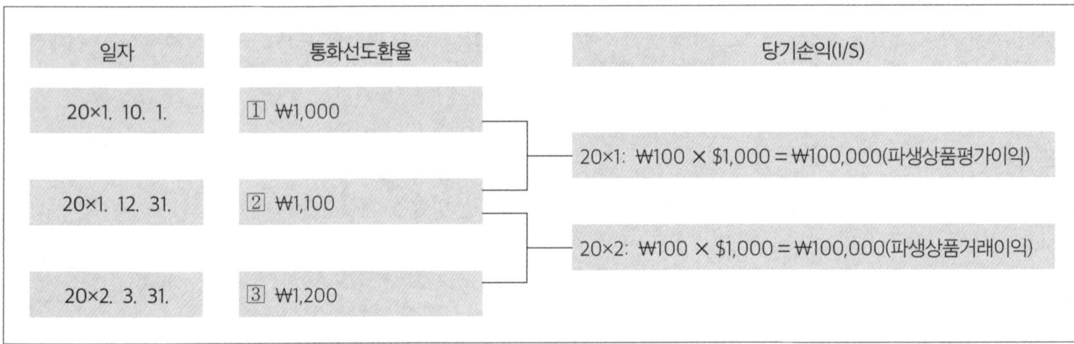

물음 3

구분	회계처리
20×1. 10. 1.	N/A
20×1. 12. 31.	(차) 통화선도자산 97,677*1 (대) 통화선도평가이익(NI) 97,677 *1 $1,000 × (₩1,100 − ₩1,000) × 0.97677 = ₩97,677
20×2. 3. 31.	(차) 현금($) 1,200,000*2 (대) 현금(₩) 1,000,000 통화선도자산 97,677 통화선도거래이익(NI) 102,323*3 *2 $1,000 × ₩1,200 = ₩1,200,000 *3 $1,000 × (₩1,200 − ₩1,000) − ₩97,677 = ₩102,323

<u>해설</u>

물음 1 과 물음 3 의 회계처리에서 보듯이 통화선도 거래의 공정가치를 측정함에 있어 현재가치를 고려한 경우와 고려하지 않은 경우의 두 보고기간 동안 회사가 인식할 총 손익효과는 ₩200,000으로 동일하며, 손익의 귀속시기만 차이가 난다.

기본문제 03 통화선도: 공정가치위험회피 & 현금흐름위험회피(1)

공인회계사 14 수정

<공통자료>

(주)한국은 20×1년 10월 1일에 재고자산을 6개월 후 $1,000에 구입하는 계약을 체결하였다. 동 일자에 (주)한국은 동 재고자산 구입계약의 환율변동으로 인한 위험을 회피하기 위해서 계약만기 시 $1,000을 수취하고 ₩1,100,000을 지급하는 조건의 통화선도계약을 체결하고 위험회피수단으로 지정하였다. 통화선도계약의 계약기간은 6개월(20×1년 10월 1일부터 20×2년 3월 31일까지)이며, 현물환율과 통화선도환율은 다음과 같다.

일자	현물환율(₩/$)	통화선도환율(₩/$)
20×1. 10. 1.	₩1,080	₩1,100(만기 6개월)
20×1. 12. 31.	1,120	1,150(만기 3개월)
20×2. 3. 31.	1,200	–

단, <공통자료>에 제시된 재고자산 구입계약과 통화선도계약은 위험회피회계 적용을 위한 조건을 충족하는 것으로 가정하고, 현재가치평가는 고려하지 않는다. 각 물음은 독립적이다.

물음 1

<공통자료>에 제시된 재고자산 구입계약은 법적 강제력을 가지는 계약으로서 확정계약에 해당된다. (주)한국이 공정가치위험회피회계를 적용하는 경우 위험회피대상항목과 위험회피수단에 대한 회계처리가 20×1년 말 재무상태표상 자본에 영향을 미치는 금액을 구하시오. 단, 감소의 경우에는 금액 앞에 (–)를 표시하시오.

물음 2

<공통자료>에 제시된 재고자산 구입계약은 법적 강제력은 없지만 발생가능성이 매우 높은 예상거래에 해당되며, 20×2년 3월 31일에 동 예상거래와 통화선도거래는 해당 계약대로 발생하였다. 20×1년 12월 31일 및 20×2년 3월 31일에 (주)한국의 위험회피수단에 대한 회계처리가 포괄손익계산서의 각 항목에 영향을 미치는 금액을 구하시오. 단, 감소의 경우에는 금액 앞에 (–)를 표시하시오.

항목	20×1년 12월 31일	20×2년 3월 31일
기타포괄손익	①	③
당기순이익	②	④

물음 3

<공통자료>에 제시된 재고자산 구입계약은 법적 강제력은 없지만 발생가능성이 매우 높은 예상거래에 해당한다. 20×2년 3월 31일에 재고자산 구입 예상거래와 통화선도거래는 계약대로 발생하였으며, (주)한국은 동 재고자산을 20×2년 중에 모두 ₩1,500,000에 외부로 판매하였다. 매출거래 시 회계처리(계속기록법 적용)를 제시하시오.

해답

물음 1

1. 20×1년 말 재무상태표상 자본에 영향을 미치는 금액: ₩50,000 + ₩(50,000) = ₩0
2. 각 연도별 당기손익에 미치는 영향

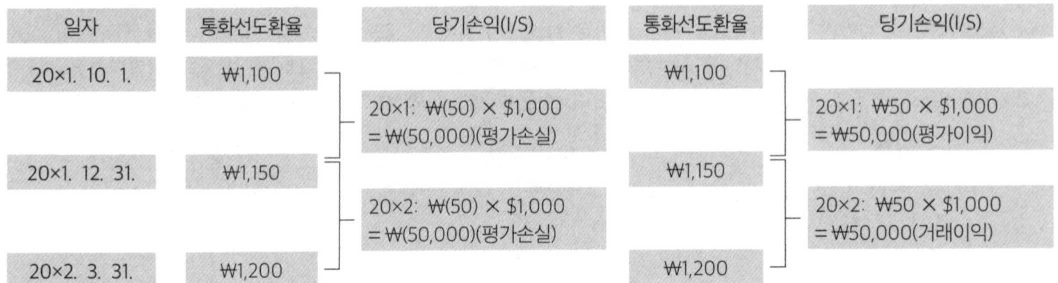

일자
통화선도환율
당기손익(I/S)
통화선도환율
딩기손익(I/S)
20×1. 10. 1.
₩1,100
20×1: ₩(50) × $1,000 = ₩(50,000)(평가손실)
₩1,100
20×1: ₩50 × $1,000 = ₩50,000(평가이익)
20×1. 12. 31.
₩1,150
20×2: ₩(50) × $1,000 = ₩(50,000)(평가손실)
₩1,150
20×2: ₩50 × $1,000 = ₩50,000(거래이익)
20×2. 3. 31.
₩1,200
₩1,200

3. 회계처리

구분	위험회피대상항목(확정계약)	위험회피수단(통화선도)
20×1. 10. 1.	N/A	N/A
20×1. 12. 31.	(차) 확정계약평가손실(NI) 50,000*1 (대) 확정계약부채 50,000 *1 $1,000 × (₩1,100 − ₩1,150) = ₩(50,000)	(차) 통화선도자산 50,000*1 (대) 통화선도평가이익(NI) 50,000 *1 $1,000 × (₩1,150 − ₩1,100) = ₩50,000
20×2. 3. 31.	(차) 확정계약평가손실(NI) 50,000*2 (대) 확정계약부채 50,000 (차) 재고자산 1,100,000 확정계약부채 100,000 (대) 현금($) 1,200,000*3 *2 $1,000 × (₩1,150 − ₩1,200) = ₩(50,000) *3 $1,000 × ₩1,200 = ₩1,200,000	(차) 현금($) 1,200,000*2 (대) 현금(₩) 1,100,000 통화선도자산 50,000 통화선도거래이익(NI) 50,000*3 *2 $1,000 × ₩1,200 = ₩1,200,000 *3 $1,000 × (₩1,200 − ₩1,150) = ₩50,000

물음 2

항목	20×1년 12월 31일	20×2년 3월 31일
기타포괄손익	① ₩40,000	③ ₩60,000
당기순이익	② ₩10,000	④ (−)₩10,000

1. 각 연도별 당기손익과 기타포괄손익에 미치는 영향

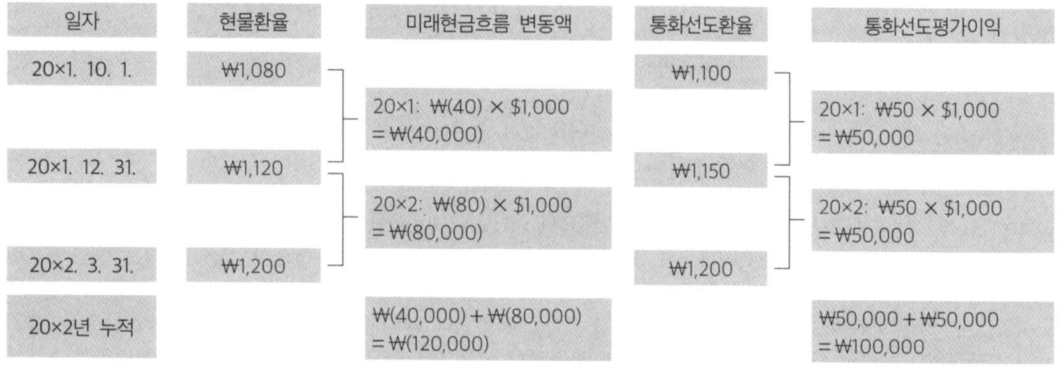

구분	20×1년	20×2년	20×2년 누적
파생상품평가이익(손실)	₩50,000	₩50,000	₩100,000
예상거래의 현금흐름변동	₩(40,000)	₩(80,000)	₩(120,000)
위험회피에 효과적인 부분(기타포괄손익)	₩40,000	₩60,000	₩100,000
위험회피에 비효과적인 부분(당기손익)	₩10,000	₩(10,000)	₩0

2. 회계처리

구분	위험회피대상항목(예상거래)	위험회피수단(통화선도)
20×1. 10. 1.	N/A	N/A
20×1. 12. 31.	N/A	(차) 통화선도자산 50,000*1 (대) 현금흐름위험회피적립금(OCI) 40,000*2 통화선도평가이익(NI) 10,000 *1 $1,000 × (₩1,150 − ₩1,100) = ₩50,000 *2 Min[①, ②] = ₩40,000 ① 수단: $1,000 × (₩1,150 − ₩1,100) = ₩50,000 ② 대상: $1,000 × (₩1,120 − ₩1,080) = ₩40,000
20×2. 3. 31.	(차) 재고자산 1,100,000 현금흐름위험회피적립금(자본) 100,000 (대) 현금($) 1,200,000* * $1,000 × ₩1,200 = ₩1,200,000	(차) 현금($) 1,200,000*3 통화선도거래손실(NI) 10,000 (대) 현금(₩) 1,100,000 통화선도자산 50,000 현금흐름위험회피적립금(OCI) 60,000*4 *3 $1,000 × ₩1,200 = ₩1,200,000 *4 누적기준 Min[①, ②] − ₩40,000 = ₩60,000 ① 수단: $1,000 × (₩1,200 − ₩1,100) = ₩100,000 ② 대상: $1,000 × (₩1,200 − ₩1,080) = ₩120,000

물음 3

구분	회계처리			
20×2. 3. 31.	(차) 재고자산	1,100,000	(대) 현금	1,200,000
	현금흐름위험회피적립금(자본)	100,000		
20×2년 매출 시	(차) 현금	1,500,000	(대) 매출	1,500,000
	(차) 매출원가	1,100,000	(대) 재고자산	1,100,000

기본문제 04 통화선도: 공정가치위험회피 & 현금흐름위험회피(2)

공인회계사 18

(주)대한은 금 가공업체이며 금 매입 시세의 변동성 위험에 노출되어 있다. (주)대한과 주채권은행은 신용관리를 위해 매 회계연도 말 기준으로 부채비율(총부채 ÷ 총자본)이 1.50을 초과하지 않을 것을 요구하는 부채약정을 맺고 있다.

> 20×1년 9월 1일에 (주)대한은 생산에 투입할 원재료인 금 100온스(oz)를 온스당 $1,200에 매입하는 확정계약을 체결했으며 실제 금 인수일은 20×2년 3월 1일이다. 계약일로부터 인수일까지 6개월 동안 (주)대한은 향후 $당 원화 환율의 상승(원화 평가절하)을 예상했다. 이에 금 매입 확정계약의 외화위험을 회피하기 위해 20×1년 9월 1일에 $120,000를 $당 ₩1,100에 매수하는 통화선도계약을 체결했다. 계약체결일 현재의 현물환율(₩/$)은 ₩1,060이고 통화선도환율(₩/$)은 ₩1,100이다. 선도거래 관련 결산 회계처리 효과를 반영하기 직전 (주)대한의 총부채는 ₩16,000,000이고, 총자본은 ₩14,000,000이다.

물음 1

위 제시된 자료와 관계없이 한국채택국제회계기준(K-IFRS)상 확정계약(위험회피대상)의 외화위험에 적용할 수 있는 위험회피회계에는 무엇이 있는지 모두 제시하시오.

물음 2

20×1년 9월 1일에 (주)대한이 선택할 가능성이 더 큰 위험회피회계는 무엇인지 이유와 함께 간략하게 설명하시오.

물음 3

20×1년 12월 31일 만기 2개월을 앞둔 상황에서 예상대로 현물환율(₩/$)은 ₩1,110으로, 통화선도환율(₩/$)은 ₩1,150으로 상승했다.

20×1년 12월 31일 결산·마감 후 물음 2에 따라 선택한 위험회피회계와 선택하지 않은 위험회피회계별로 (주)대한의 부채비율을 계산하시오. 단, 부채비율은 소수점 아래 셋째 자리에서 반올림하여 둘째 자리까지 표시하시오. (예 5.608은 5.61로 표시)

구분	부채비율(총부채 ÷ 총자본)
선택한 위험회피회계	①
선택하지 않은 위험회피회계	②

해답

물음 1

확정계약의 외화위험회피에서 공정가치위험회피회계나 현금흐름위험회피회계를 선택적으로 적용할 수 있다. 왜냐하면 확정계약의 외화위험회피에서 통화선도 등을 위험회피수단으로 이용하게 되면 현금흐름위험과 공정가치위험을 모두 회피할 수 있기 때문이다.

물음 2

(주)대한이 선택할 가능성이 더 큰 위험회피회계는 현금흐름위험회피회계이다. 왜냐하면 (주)대한은 주채권은행은 신용관리를 위해 매 회계연도 말 기준으로 부채비율이 1.50을 초과하지 않아야 하는데 공정가치위험회피회계를 적용하면 확정계약부채가 증가하여 부채비율이 증가하지만, 현금흐름위험회피회계를 적용하면 자산과 자본이 증가하여 부채비율이 감소하기 때문이다.

물음 3

구분	부채비율(총부채 ÷ 총자본)
선택한 위험회피회계	① 0.8
선택하지 않은 위험회피회계	② 1.57

1. **선택한 위험회피회계**: 현금흐름위험회피회계

(1) 회계처리

구분	위험회피대상항목(확정계약)	위험회피수단(통화선도)
20×1. 9. 1.	N/A	N/A
20×1. 12. 31.	N/A	(차) 통화선도자산 6,000,000*1 (대) 현금흐름위험회피적립금(OCI) 6,000,000*2 *1 $120,000 × (₩1,150 − ₩1,100) = ₩6,000,000 *2 Min[①, ②] = ₩6,000,000 ① 수단: $120,000 × (₩1,150 − ₩1,100) = ₩6,000,000 ② 대상: $120,000 × (₩1,150 − ₩1,100) = ₩6,000,000

(2) 부채비율: ₩16,000,000 ÷ (₩14,000,000 + ₩6,000,000) = 0.8

2. **선택하지 않은 위험회피회계**: 공정가치위험회피회계

(1) 회계처리

구분	위험회피대상항목(확정계약)	위험회피수단(통화선도)
20×1. 9. 1.	N/A	N/A
20×1. 12. 31.	(차) 확정계약평가손실(NI) 6,000,000* (대) 확정계약부채 6,000,000 * $120,000 × (₩1,100 − ₩1,150) = ₩(6,000,000)	(차) 통화선도자산 6,000,000* (대) 통화선도평가이익(NI) 6,000,000 * $120,000 × (₩1,150 − ₩1,100) = ₩6,000,000

(2) 부채비율: (₩16,000,000 + ₩6,000,000) ÷ (₩14,000,000 + ₩6,000,000 − ₩6,000,000) = 1.57

기본문제 05 해외사업장순투자의 위험회피회계

12월 말 결산법인인 A회사는 20×1년 초에 지분 100%를 출자하여 미국에 있는 현지법인인 B회사를 설립하였다. 자금조달을 위하여 외화차입금 $500을 차입하였으며, 이는 전부 미국에 있는 B회사의 지분을 취득을 위하여 사용하였다. A회사의 기능통화와 표시통화는 원화이며, B회사의 기능통화는 미국달러화이다.

(1) 20×1년 환율정보는 다음과 같다.

일자	환율(₩/$)
20×1년 1월 1일	1,000
20×1년 평균	1,100
20×1년 12월 31일	1,200

(2) B회사의 결산일 현재 시산표는 다음과 같다.

시산표

B회사 20×1년 12월 31일 (단위: $)

차변	금액	대변	금액
자산	1,200	부채	500
비용	800	자본금	500
		수익	1,000
합계	2,000	합계	2,000

물음 1

해외사업장 B회사의 20×1년 말 시산표를 A회사의 표시통화인 원화로 환산하시오.

물음 2

외화차입금을 해외사업장순투자의 위험회피수단으로 지정하지 않았을 경우 연결조정분개를 나타내시오.

물음 3

외화차입금을 해외사업장순투자의 위험회피수단으로 지정하였을 경우 연결조정분개를 나타내고, 연결재무제표에 계상될 기타포괄손익을 계산하시오.

해답

물음 1

시산표

B회사	20×1년 12월 31일		(단위: ₩)
자산: $1,200 × ₩1,200 =	1,440,000	부채: $500 × ₩1,200 =	600,000
비용: $800 × ₩1,100 =	880,000	자본금: $500 × ₩1,000 =	500,000
		수익: $1,000 × ₩1,100 =	1,100,000
		해외사업환산이익(OCI)	120,000
합계	2,320,000	합계	2,320,000

물음 2

1. A회사의 차입금에 대한 회계처리

구분	회계처리					
20×1. 1. 1.	(차)	현금	500,000	(대)	차입금	500,000[*1]
	*1 $500 × ₩1,000 = ₩500,000					
	(차)	투자주식	500,000	(대)	현금	500,000
20×1. 12. 31.	(차)	외화환산손실(NI)	100,000[*2]	(대)	차입금	100,000
	*2 $500 × (₩1,200 − ₩1,000) = ₩100,000					

2. 연결조정분개

구분	회계처리					
20×1. 12. 31.	(차)	자본금	500,000[*]	(대)	투자주식	500,000
	* $500 × ₩1,000 = ₩500,000					

3. 외화차입금을 해외사업장순투자의 위험회피수단으로 지정하지 않았을 경우에는 외화차입금과 관련된 외화환산손실 ₩(100,000)이 연결재무제표의 연결당기순이익에 영향을 미치게 되므로 연결당기순이익의 왜곡을 발생시킬 수 있다.

물음 3

1. A회사의 차입금에 대한 회계처리

구분	회계처리
20×1. 1. 1.	(차) 현금 500,000 (대) 차입금 500,000*1 *1 $500 × ₩1,000 = ₩500,000 (차) 투자주식 500,000 (대) 현금 500,000
20×1. 12. 31.	(차) 외화환산손실(NI) 100,000*2 (대) 차입금 100,000 *2 $500 × (₩1,200 − ₩1,000) = ₩100,000

2. 20×1. 12. 31. 연결조정분개

구분	회계처리
투자주식과 자본계정의 상계제거	(차) 자본금 500,000 (대) 투자주식 500,000*1 *1 $500 × ₩1,000 = ₩500,000
외화환산손실 기타포괄손실로 대체	(차) 외화환산적립금(OCI) 100,000*2 (대) 외화환산손실(NI) 100,000 *2 Min[₩100,000, ₩120,000] = ₩100,000(위험회피에 모두 효과적임)

3. **연결재무제표에 계상될 기타포괄손익**: (1) + (2) = ₩20,000
   (1) 해외사업환산이익: ₩120,000
   (2) 외화환산적립금: ₩(100,000)

4. 외화차입금을 해외사업장순투자의 위험회피수단으로 지정한 경우에는 외화차입금과 관련된 외화환산손실 ₩(100,000) 중 위험회피에 효과적인 부분이 외화환산적립금의 과목으로 기타포괄손익으로 인식된다. 따라서 외화환산적립금 ₩100,000의 기타포괄손실과 해외사업장 재무제표 환산 시 발생하였던 해외사업환산이익 ₩120,000의 기타포괄이익이 서로 상쇄되어 차입금에 대한 외화환산손실이 연결당기순이익에 미치는 영향을 제거할 수 있다.

기본문제 06 이자율스왑: 공정가치위험회피 & 현금흐름위험회피

공인회계사 12

20×1년 6월 30일에 (주)분당은 만기 3년의 차입금 ₩10,000,000을 연 7% 고정금리로 차입하였다. 고정이자율은 차입일 당시의 LIBOR에 (주)분당의 신용위험을 고려 1%를 가산하여 결정되었다. 같은 날 경쟁업체인 (주)화성은 만기 3년의 차입금 ₩10,000,000을 변동금리로 차입하였다. 변동이자율은 차입일 당시의 LIBOR에 (주)화성의 신용위험을 고려 1%를 가산하여 결정되었으며, 이후 반년마다 LIBOR에 가산금리를 적용하여 조정된다. 동시에 (주)분당과 (주)화성은 다음과 같은 만기 3년의 이자율 스왑거래를 체결하였다. (주)분당은 차입금 원금 ₩10,000,000에 대해 (주)화성으로부터 고정이자율 연 6%를 수취하고 6개월 LIBOR에 상당하는 변동이자율을 (주)화성에게 지급한다. 이자율스왑 정산과 관련한 이자는 매해 12월 31일 및 6월 30일에 지급하며, 이를 결정하는 LIBOR는 매기간 초 확정된다. 즉, 12월 31일 스왑결제에 적용될 변동이자율은 6월 30일의 6개월 LIBOR에 의해 결정된다. 차입금과 관련한 이자율스왑의 위험회피효과는 100%이며, 차입 후 1년간 6개월 LIBOR와 이에 근거한 (주)분당의 이자율스왑의 공정가치는 다음과 같다.

일자	6개월만기 LIBOR(연 이자율)	(주)분당의 이자율스왑 공정가치
20×1. 6. 30.	6%	₩0
20×1. 12. 31.	7%	(222,591)
20×2. 6. 30.	5%	185,855

물음 1

한국채택국제회계기준은 위에 제시된 이자율스왑과 같은 파생상품을 이용해 회피할 수 있는 위험을 (a) 공정가치위험 그리고 (b) 현금흐름위험으로 크게 구분하고 있다. 위의 스왑거래를 통하여 (주)분당과 (주)화성이 각각 회피하고자 하는 위험은 이 두 위험 중 무엇인지 다음의 양식에 따라 제시하시오.

구분	스왑거래를 통해 회피하고자 하는 위험
(주)분당	①
(주)화성	②

물음 2

20×1년 7월 1일부터 20×2년 6월 30일까지 차입금 및 스왑과 관련하여 (주)분당과 (주)화성이 지급하여야 할 순이자비용은 각각 얼마인지 계산하시오.

구분	차입금 및 스왑 관련 순이자비용
(주)분당	①
(주)화성	②

물음 3

(주)분당이 위험회피회계를 적용하였을 경우, 위 차입금 및 스왑거래가 20×2년 1월 1일부터 20×2년 6월 30일까지 회계기간의 (주)분당의 재무제표에 미친 영향을 계산하되, 손실이나 감소는 (-)로 표시한다.

당기손익에 미친 영향	①
기타포괄손익에 미친 영향	②

물음 4

(주)화성이 위험회피회계를 적용하였을 경우, 위 차입금 및 스왑거래가 20×2년 1월 1일부터 20×2년 6월 30일까지 회계기간의 (주)화성의 재무제표에 미친 영향을 계산하되, 손실이나 감소는 (-)로 표시한다.

당기손익에 미친 영향	①
기타포괄손익에 미친 영향	②

물음 5

(주)분당과 (주)화성이 각각 위험회피회계를 적용하였을 경우, 20×2년 6월 30일 현재 보유 중인 차입금의 장부금액을 계산하시오.

(주)분당의 차입금 장부금액	①
(주)화성의 차입금 장부금액	②

해답

물음 1

구분	스왑거래를 통해 회피하고자 하는 위험
(주)분당	① 공정가치위험
(주)화성	② 현금흐름위험

① (주)분당은 고정금리조건의 차입금이므로 자산과 부채의 공정가치가 변동될 위험에 익스포저되어 있다. 즉, 고정금리조건의 경우에는 시장이자율의 변동에 의하여 자산과 부채의 공정가치가 변동한다. 이러한 경우에는 고정금리수취 및 변동금리지급의 이자율스왑계약을 통하여 공정가치 변동위험을 회피할 수 있다.

② (주)화성은 변동금리조건의 차입금이므로 시장이자율의 변동에 따라 향후 수취하거나 지급할 미래현금흐름의 변동위험에 익스포저되어 있다. 이러한 경우에 변동금리수취 및 고정금리지급의 이자율스왑계약을 통하여 현금흐름위험을 회피할 수 있다.

물음 2

구분	차입금 및 스왑 관련 순이자비용
(주)분당	① ₩750,000
(주)화성	② ₩700,000

① ₩350,000 + ₩400,000 = ₩750,000

② ₩350,000 + ₩350,000 = ₩700,000

1. (주)분당의 순이자비용

일자	차입금이자 고정금리지급 (7%)	이자율스왑		실질부담이자비용 (LIBOR + 1%)
		고정금리수취 (6%)	변동금리지급 (LIBOR%)	
20×1. 6. 30.	–	–	–	–
20×1. 12. 31.	(–)₩350,000	(+)₩300,000	(–)₩300,000	(–)₩350,000
20×2. 6. 30.	(–)₩350,000	(+)₩300,000	(–)₩350,000	(–)₩400,000
20×2. 12. 31.	(–)₩350,000	(+)₩300,000	(–)₩250,000	(–)₩300,000

2. (주)화성의 순이자비용

일자	차입금이자 변동금리지급 (LIBOR + 1%)	이자율스왑		실질부담이자비용 (7%)
		변동금리수취 (LIBOR%)	고정금리지급 (6%)	
20×1. 6. 30.	–	–	–	–
20×1. 12. 31.	(–)₩350,000	(+)₩300,000	(–)₩300,000	(–)₩350,000
20×2. 6. 30.	(–)₩400,000	(+)₩350,000	(–)₩300,000	(–)₩350,000
20×2. 12. 31.	(–)₩300,000	(+)₩250,000	(–)₩300,000	(–)₩350,000

물음 3

당기손익에 미친 영향	① (－)₩400,000
기타포괄손익에 미친 영향	② ₩0

① 20×2년 1월 1일부터 20×2년 6월 30일까지 당기손익에 미치는 영향: ㉠＋㉡＋㉢＋㉣＝₩(400,000)
   ㉠ 차입금 이자비용: ₩(350,000)
   ㉡ 이자율스왑 순수취: ₩300,000(고정금리수취)＋(－)₩350,000(변동금리지급)＝₩(50,000)
   ㉢ 차입금평가손실: ₩10,185,855(20×2. 6. 30. 공정가치)－₩9,777,409(20×1년 말 공정가치)＝₩(408,446)
   ㉣ 이자율스왑평가이익: ₩185,855(20×2. 6. 30. 공정가치)－₩(222,591)(20×1년 말 공정가치)＝₩408,446
② 20×2년 1월 1일부터 20×2년 6월 30일까지 기타포괄손익에 미치는 영향: ₩0

별해

공정가치위험회피회계의 이자율스왑은 차입금과 이자율스왑의 계약금액이 동일할 경우에는 차입금평가손익과 이자율스왑평가손익이 정확하게 상쇄되어 '₩0'이 된다. 따라서 당기손익에 미치는 영향은 원 차입금의 고정금리 지급금액과 이자율스왑의 순수취금액을 합산한 실질부담이자비용과 같다. 따라서 다음과 같이 쉽게 계산할 수 있다.

일자	차입금이자 고정금리지급 (7%)	이자율스왑		실질부담이자비용 (LIBOR＋1%)
		고정금리수취 (6%)	변동금리지급 (LIBOR%)	
20×2. 6. 30.	(－)₩350,000	(＋)₩300,000	(－)₩350,000	(－)₩400,000

물음 4

당기손익에 미친 영향	① (－)₩350,000
기타포괄손익에 미친 영향	② (－)₩408,446

① 20×2년 1월 1일부터 20×2년 6월 30일까지 당기손익에 미치는 영향: ㉠＋㉡＝₩(350,000)
   ㉠ 차입금 이자비용: ₩(400,000)
   ㉡ 이자율스왑 순수취: ₩350,000(변동금리수취)＋(－)₩300,000(고정금리지급)＝₩50,000
② 20×2년 1월 1일부터 20×2년 6월 30일까지 기타포괄손익에 미치는 영향: ₩(408,446)
   현금흐름위험회피적립금: ₩(185,855)(20×2. 6. 30. 공정가치)－₩222,591(20×1년 말 공정가치)＝₩(408,446)

별해

현금흐름위험회피회계의 이자율스왑은 차입금과 이자율스왑의 계약금액이 동일할 경우에는 차입금평가손익은 발생하지 아니하고 이자율스왑평가손익은 모두 위험회피에 효과적이므로 기타포괄손익으로 인식된다. 따라서 당기손익에 미치는 영향은 원 차입금의 변동금리 지급금액과 이자율스왑의 순수취금액을 합산한 실질부담이자비용과 같다. 따라서 다음과 같이 쉽게 계산할 수 있다.

일자	차입금이자 변동금리지급 (LIBOR＋1%)	이자율스왑		실질부담이자비용 (7%)
		변동금리수취 (LIBOR%)	고정금리지급 (6%)	
20×2. 6. 30.	(－)₩400,000	(＋)₩350,000	(－)₩300,000	(－)₩350,000

물음 5

(주)분당의 차입금 장부금액	① ₩10,185,855
(주)화성의 차입금 장부금액	② ₩10,000,000

① (주)분당의 공정가치위험회피회계의 이자율스왑에서 차입금은 고정이자율 조건이므로 공정가치가 변동된다.

② (주)화성의 현금흐름위험회피회계의 이자율스왑에서 차입금은 변동이자율 조건이므로 공정가치의 변동은 없으므로 기말 차입금의 잔액은 ₩10,000,000으로 변동이 없다.

해설

1. (주)분당의 회계처리

구분	위험회피대상항목(차입금)			위험회피수단(이자율스왑)		
20×1. 6. 30.	(차) 현금	10,000,000		N/A		
	(대) 차입금		10,000,000			
20×1. 12. 31.	(차) 이자비용(NI)	350,000		N/A		
	(대) 현금		350,000			
	(차) 차입금	222,591		(차) 이자율스왑평가손실(NI)	222,591	
	(대) 차입금평가이익(NI)		222,591	(대) 이자율스왑		222,591
20×2. 6. 30.	(차) 이자비용(NI)	350,000		(차) 이자비용(NI)	50,000	
	(대) 현금		350,000	(대) 현금		50,000
	(차) 차입금평가손실(NI)	408,446		(차) 이자율스왑	408,446	
	(대) 차입금		408,446	(대) 이자율스왑평가이익(NI)		408,446

2. (주)화성의 회계처리

구분	위험회피대상항목(차입금)			위험회피수단(이자율스왑)		
20×1. 6. 30.	(차) 현금	10,000,000		N/A		
	(대) 차입금		10,000,000			
20×1. 12. 31.	(차) 이자비용(NI)	350,000		N/A		
	(대) 현금		350,000			
				(차) 이자율스왑	222,591	
				(대) 현금흐름위험회피적립금(OCI)		222,591
20×2. 6. 30.	(차) 이자비용(NI)	400,000		(차) 현금	50,000	
	(대) 현금		400,000	(대) 이자비용(NI)		50,000
				(차) 현금흐름위험회피적립금(OCI)	408,446	
				(대) 이자율스왑		408,446

기본문제 07 통화선도(2)

공인회계사 22

※ 다음의 각 물음은 독립적이다.

대한민국 소재 기업인 (주)대한은 12월 말 결산법인이다. 답안을 작성할 때 당기순이익이나 기타포괄이익 등이 감소하는 경우 금액 앞에 (-)를 표시하시오.

물음 1

(주)대한은 20×1년 11월 30일 미국으로부터 상품 $200을 수입하고 수입일의 환율을 적용하여 매입채무를 인식하였다. (주)대한은 동 수입 거래대금을 3개월 후에 미국달러($)로 지급하기로 하였다. 회사의 재무담당자는 환율변동위험에 대비하기 위해 3개월 후에 $200을 ₩1,230/$에 매입하는 통화선도계약을 체결하였다. 위의 거래들이 (주)대한의 20×1년 및 20×2년의 당기순이익에 미치는 영향을 각각 계산하시오. 단, 통화선도의 현재가치 평가는 생략한다.

일자	현물환율	선도환율*
20×1. 11. 30.	₩1,200/$	₩1,230/$
20×1. 12. 31.	₩1,250/$	₩1,270/$
20×2. 2. 28.	₩1,300/$	-

* 선도환율은 만기가 20×2년 2월 28일이다.

20×1년도 당기순이익에 미치는 영향	①
20×2년도 당기순이익에 미치는 영향	②

물음 2

(주)대한은 20×3년 3월 31일에 $300의 상품을 해외로 수출할 계획이며, 거래대금은 미국달러($)로 수령하려고 한다. (주)대한은 위의 수출과 관련된 환율변동위험에 대비하기 위해 20×2년 9월 30일에 6개월 후 $300을 ₩1,380/$에 매도하는 통화선도계약을 체결하였다. 다음의 <요구사항>에 답하시오.

<요구사항 1>

(주)대한이 이 통화선도계약을 위험회피수단으로 지정(요건충족 가정)한 경우 이 통화선도계약이 (주)대한의 20×2년과 20×3년의 기타포괄이익과 당기순이익에 미치는 영향을 각각 계산하시오. 단, 상품의 수출로 인한 매출인식과 위험회피적립금의 재분류조정에 따른 영향은 고려하지 않는다. 통화선도의 현재가치 평가는 생략한다.

일자	현물환율	선도환율*
20×2. 9. 30.	₩1,400/$	₩1,380/$
20×2. 12. 31.	₩1,380/$	₩1,350/$
20×3. 3. 31.	₩1,340/$	-

* 선도환율은 만기가 20×3년 3월 31일이다.

20×2년도 당기순이익에 미치는 영향	①
20×2년도 기타포괄이익에 미치는 영향	②
20×3년도 당기순이익에 미치는 영향	③
20×3년도 기타포괄이익에 미치는 영향	④

<요구사항 2>

(주)대한은 20×3년 3월 31일에 $300의 상품이 예정대로 수출되어 매출을 인식하였다. 이에 따라 위험회피적립금을 재분류조정하려 한다. 이 재분류조정이 20×3년도 당기순이익에 미치는 영향을 계산하시오. 단, 매출인식의 영향은 고려하지 않는다.

20×3년도 당기순이익에 미치는 영향	①

물음 3

(주)대한은 20×0년 말에 상품(취득가액 CNY5,000)을 외상으로 매입하였으나, 20×1년 말까지 매입대금을 상환하지 못하였다. (주)대한의 기능통화는 달러화($)이고 표시통화는 원화(₩)라고 가정한다. 환율자료는 다음과 같다.

일자	환율($/CNY)	환율(₩/$)
20×0. 12. 31.	$0.23/CNY	₩1,200/$
20×1. 12. 31.	$0.20/CNY	₩1,250/$

20×1년 말에 (주)대한이 재무제표를 작성하면서 외화표시 매입채무를 표시통화로 환산할 경우 당기순이익, 기타포괄이익 그리고 총포괄이익에 미치는 영향을 각각 계산하시오.

20×1년도 당기순이익에 미치는 영향	①
20×1년도 기타포괄이익에 미치는 영향	②
20×1년도 총포괄이익에 미치는 영향	③

해답

물음 1

20×1년도 당기순이익에 미치는 영향	① ₩(2,000)
20×2년도 당기순이익에 미치는 영향	② ₩(4,000)

① 20×1년도 당기손익에 미치는 영향: ㉠ + ㉡ = ₩(2,000)

㉠ 20×1년 외화환산손실: $200 × (₩1,200 − ₩1,250) = ₩(10,000)

㉡ 20×1년 통화선도평가이익: $200 × (₩1,270 − ₩1,230) = ₩8,000

② 20×2년도 당기손익에 미치는 영향: ㉠ + ㉡ = ₩(4,000)

㉠ 20×2년 외환차손: $200 × (₩1,250 − ₩1,300) = ₩(10,000)

㉡ 20×2년 통화선도거래이익: $200 × (₩1,300 − ₩1,270) = ₩6,000

별해

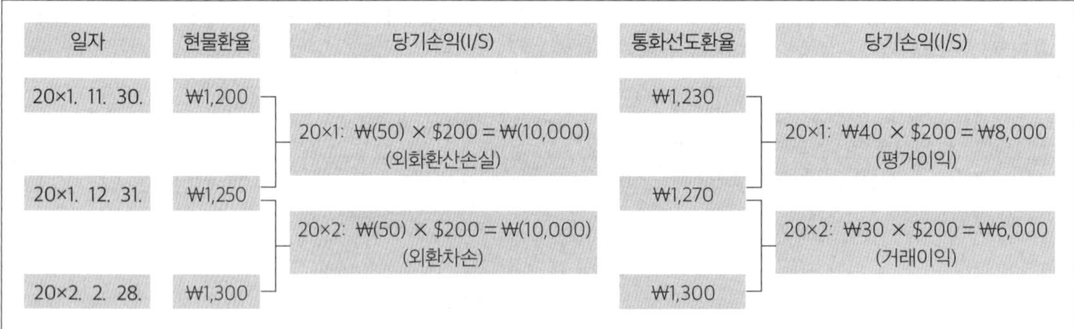

일자
현물환율
당기손익(I/S)
통화선도환율
당기손익(I/S)
20×1. 11. 30.
₩1,200
₩1,230
20×1: ₩(50) × $200 = ₩(10,000)
(외화환산손실)
20×1: ₩40 × $200 = ₩8,000
(평가이익)
20×1. 12. 31.
₩1,250
₩1,270
20×2: ₩(50) × $200 = ₩(10,000)
(외환차손)
20×2: ₩30 × $200 = ₩6,000
(거래이익)
20×2. 2. 28.
₩1,300
₩1,300

물음 2

<요구사항 1>

20×2년도 당기순이익에 미치는 영향	① ₩3,000
20×2년도 기타포괄이익에 미치는 영향	② ₩6,000
20×3년도 당기순이익에 미치는 영향	③ (−)₩3,000
20×3년도 기타포괄이익에 미치는 영향	④ ₩6,000

별해

구분	20×2년	20×3년	20×3년 누적
파생상품평가이익(손실)	₩9,000	₩3,000	₩12,000
예상거래의 현금흐름변동	₩(6,000)	₩(12,000)	₩(18,000)
위험회피에 효과적인 부분(기타포괄손익)	₩6,000	₩6,000	₩12,000
위험회피에 비효과적인 부분(당기손익)	₩3,000	₩(3,000)	₩0

<요구사항 2>

20×3년도 당기순이익에 미치는 영향	① ₩12,000

일자	회계처리			
20×3. 3. 31.	(차) 현금	402,000	(대) 매출	402,000
	(차) 위험회피적립금	12,000	(대) 매출	12,000

물음 3

20×1년도 당기순이익에 미치는 영향	① ₩187,500
20×1년도 기타포괄이익에 미치는 영향	② (−)₩57,500
20×1년도 총포괄이익에 미치는 영향	③ ₩130,000

구분	회계처리			
기능통화	(차) 매입	$1,150[*1]	(대) 매입채무	$1,150
	*1 CNY5,000 × $0.23 = $1,150			
	(차) 매입채무	$150[*2]	(대) 외화환산이익	$150
	*2 CNY5,000 × ($0.2 − $0.23) = $(150)			
표시통화	(차) 매입채무	130,000[*3]	(대) 외화환산이익	187,500[*4]
	해외사업환산손실(OCI)	57,500[*5]		
	*3 CNY5,000 × $0.2 × ₩1,250 − CNY5,000 × $0.23 × ₩1,200 = ₩(130,000) *4 ($1,150 − $1,000) × ₩1,250 = ₩187,500 *5 ₩187,500 − ₩130,000 = ₩57,500			

기본문제 08 파생상품 종합

※ 다음의 각 물음은 독립적이다.

물음 1

(주)대한은 전기차용 배터리를 생산 및 판매하는 회사이다. (주)대한은 20×2년 3월 말에 100개의 배터리를 국내 전기차 제조사들에게 판매할 가능성이 매우 높은 것으로 예측하였다. (주)대한은 배터리의 판매가격 하락을 우려하여 20×1년 12월 1일에 선도계약을 체결하고, 이를 위험회피수단으로 지정하였다. 관련 정보는 다음과 같다.

- 선도거래 계약기간: 20×1년 12월 1일 ~ 20×2년 3월 31일(만기 4개월)
- 선도거래 계약내용: 결제일에 100개의 배터리에 대해 선도거래 계약금액(개당 ₩12,000)과 시장가격의 차액이 현금으로 결제된다.
- 현물가격 및 선도가격 정보

일자	현물가격(개당)	선도가격(개당)
20×1. 12. 1.	₩13,000	₩12,000(만기 4개월)
20×1. 12. 31.	12,500	11,300(만기 3개월)
20×2. 3. 31.	10,500	

- 배터리의 개당 제조원가는 ₩10,000이고, 판매와 관련하여 다른 비용은 발생하지 않는다.

예측과 같이, (주)대한은 20×2년 3월 말에 배터리를 판매하였다. (주)대한이 위 거래에 대해 현금흐름위험회피회계를 적용하는 경우 (주)대한의 20×2년도 당기순이익에 미치는 영향은 얼마인가? 단, 파생상품 평가손익 계산 시 화폐의 시간가치는 고려하지 않으며, 배터리 판매가 당기순이익에 미치는 영향은 포함한다.

물음 2

(주)대한은 20×1년 11월 1일에 보유하고 있는 재고자산의 시가가 하락할 위험을 회피하기 위해 동 재고자산을 다음과 같은 조건으로 판매하는 선도계약을 체결하였다.

- 계약기간: 20×1년 11월 1일부터 20×2년 3월 1일까지
- 계약조건: 20×2년 3월 1일이 만기인 선도가격에 재고자산 100개를 판매

다음은 (주)대한의 재고자산 100개에 대한 시가와 선도가격이다. 단, 재고자산 100개의 원가는 ₩35,000이다.

일자	시가	선도가격 (만기 20×2. 3. 1.)
20×1. 11. 1.	₩51,000	₩50,000
20×1. 12. 31.	48,750	48,000
20×2. 3. 1.	47,000	-

(주)대한은 20×2년 3월 1일에 재고자산 100개를 외부로 시가에 판매하였다.

상기 위험회피거래와 관련하여 (주)대한이 20×1년과 20×2년에 인식할 다음의 항목을 계산하시오. 단, 위험회피 적용요건을 모두 충족하며, 파생상품평가손익 계산 시 현재가치 적용은 생략한다. 손실의 경우에는 (−)를 숫자 앞에 표시하시오.

연도	항목	금액
20×1년	파생상품평가손익	①
	재고자산평가손익	②
20×2년	파생상품평가손익	③
	재고자산평가손익	④
	매출총손익	⑤

※ 아래 사례는 위 물음들과 독립적이다.

12월 말 결산법인인 A회사는 20×1년 10월 1일에 주식선도의 계약을 체결하였다. 주식선도와 관련된 계약내용은 다음과 같다.

(1) 주식선도계약정보
- 계약체결일: 20×1년 10월 1일
- 계약기간: 6개월(20×1. 10. 1. ~ 20×2. 3. 31.)
- 계약조건: 주식 1주를 ₩100,000(주식선도가격)에 매도함

(2) 주식의 공정가치와 주식선도가격정보

일자	주식의 공정가치	주식선도가격
20×1. 10. 1.	₩105,000	₩100,000(만기 6개월)
20×1. 12. 31.	94,000	90,000(만기 3개월)
20×2. 3. 31.	80,000	-

물음 3

A회사는 20×1. 10. 1에 주식 1주를 ₩105,000에 매입하여, 기타포괄손익공정가치측정금융자산으로 분류하였다. A회사는 주식의 공정가치가 하락할 위험을 회피하기 위하여 주식선도계약을 체결하였다면, 각 일자에 수행할 회계처리를 나타내시오. 단, 동 계약은 위험회피 적용조건을 모두 충족하였으며, 현재가치의 평가는 생략하기로 한다.

물음 4

A회사의 주식 매입과 주식선도 계약이 20×1년도와 20×2년도 기타포괄손익에 미치는 영향을 계산하시오.

해답

물음 1

1. **20×2년도 당기순이익에 미치는 영향**: (1) + (2) + (3) + (4) = ₩180,000 증가
   (1) 매출: 100개 × ₩10,500 = ₩1,050,000
   (2) 매출원가: 100개 × ₩10,000 = ₩(1,000,000)
   (3) 현금흐름위험회피적립금 재분류조정: ₩150,000
   (4) 파생상품평가손실: ₩(20,000)

2. **회계처리**

구분	위험회피대상항목(예상거래)	위험회피수단(배터리선도)
20×1. 12. 1.	N/A	N/A
20×1. 12. 31.	N/A	(차) 배터리선도자산 70,000*1 (대) 현금흐름위험회피적립금(OCI) 50,000*2 파생상품평가이익(NI) 20,000 *1 100개 × (₩12,000 − ₩11,300) = ₩70,000 *2 Min[①, ②] = ₩50,000 ① 수단: 100개 × (₩12,000 − ₩11,300) = ₩70,000 ② 대상: 100개 × (₩13,000 − ₩12,500) = ₩50,000
20×2. 3. 31.	(차) 현금 1,050,000*1 (대) 매출 1,050,000 (차) 매출원가 1,000,000*2 (대) 재고자산 1,000,000 (차) 현금흐름위험회피적립금(OCI) 150,000 (대) 매출(NI) 150,000 *1 100개 × ₩10,500 = ₩1,050,000 *2 100개 × ₩10,000 = ₩1,000,000	(차) 현금 150,000*3 파생상품평가손실(NI) 20,000 (대) 배터리선도자산 70,000 현금흐름위험회피적립금(OCI) 100,000*4 *3 100개 × (₩12,000 − ₩10,500) = ₩150,000 *4 누적기준 Min[①, ②] − ₩50,000 = ₩100,000 ① 수단: 100개 × (₩12,000 − ₩10,500) = ₩150,000 ② 대상: 100개 × (₩13,000 − ₩10,500) = ₩250,000

물음 2

1. 정답

연도	항목	금액
20×1년	파생상품평가손익	① ₩2,000
	재고자산평가손익	② ₩13,750
20×2년	파생상품평가손익	③ ₩1,000
	재고자산평가손익	④ (−)₩1,750
	매출총손익	⑤ ₩0

① 20×1년 파생상품평가손익: ₩50,000 − ₩48,000 = ₩2,000
② 20×1년 재고자산평가손익: ₩48,750 − ₩35,000 = ₩13,750
③ 20×2년 파생상품평가손익: ₩48,000 − ₩47,000 = ₩1,000
④ 20×2년 재고자산평가손익: ₩47,000 − ₩48,750 = ₩(1,750)
⑤ 20×2년 매출총손익: ₩47,000 − ₩47,000 = ₩0

2. 회계처리

구분	위험회피대상항목(재고자산)	위험회피수단(재고자산 선도)
20×1. 10. 1.	(차) 재고자산 16,000[*1] (대) 재고자산평가이익 16,000 *1 ₩51,000 − ₩35,000 = ₩16,000	N/A
20×1. 12. 31.	(차) 재고자산평가손실 2,250[*2] (대) 재고자산 2,250 *2 ₩48,750 − ₩51,000 = ₩(2,250)	(차) 선도자산 2,000[*1] (대) 선도평가이익 2,000 *1 ₩50,000 − ₩48,000 = ₩2,000
20×2. 3. 31.	(차) 재고자산평가손실 1,750[*3] (대) 재고자산 1,750 (차) 현금 47,000 매출원가 47,000 (대) 매출 47,000 재고자산 47,000 *3 ₩47,000 − ₩48,750 = ₩(1,750)	(차) 현금 3,000[*2] (대) 선도자산 2,000 선도평가이익 1,000[*3] *2 ₩50,000 − ₩47,000 = ₩3,000 *3 ₩48,000 − ₩47,000 = ₩1,000

3. 보유 중인 재고자산에 대하여 공정가치위험회피회계를 적용하는 경우 선도계약체결시점에 위험회피대상인 재고자산에 대하여 공정가치 평가를 수행하여야 한다. 이러한 위험회피를 통하여 회사가 인식하는 손익은 선도가격 ₩50,000과 재고자산의 원가 ₩35,000의 차이 ₩15,000이다.

물음 3

구분	위험회피대상항목 (지분상품인 기타포괄손익공정가치측정금융자산)	위험회피수단 (주식선도)
20×1. 10. 1.	(차) 기타포괄손익공정가치측정금융자산 105,000 (대) 현금 105,000	N/A
20×1. 12. 31.	(차) 기타포괄손익공정가치측정금융자산평가손실(OCI) 11,000[*1] (대) 기타포괄손익공정가치측정금융자산 11,000 *1 ₩94,000 − ₩105,000 = ₩(11,000)	(차) 주식선도자산 10,000[*1] (대) 주식선도평가이익(OCI) 10,000 *1 ₩100,000 − ₩90,000 = ₩10,000
20×2. 3. 31.	(차) 기타포괄손익공정가치측정금융자산평가손실(OCI) 14,000[*2] (대) 기타포괄손익공정가치측정금융자산 14,000 (차) 현금 80,000 (대) 기타포괄손익공정가치측정금융자산 80,000 *2 ₩80,000 − ₩94,000 = ₩(14,000)	(차) 현금 20,000 (대) 주식선도자산 10,000 주식선도거래이익(OCI) 10,000[*2] *2 ₩90,000 − ₩80,000 = ₩10,000

물음 4

1. **20×1년도 기타포괄손익에 미치는 영향: ①+② = ₩(1,000)**
   ① 20×1년 기타포괄손익공정가치측정금융자산평가손실: ₩94,000 − ₩105,000 = ₩(11,000)
   ② 20×1년 주식선도평가이익: ₩100,000 − ₩90,000 = ₩10,000
2. **20×2년도 기타포괄손익에 미치는 영향: ①+② = ₩(4,000)**
   ① 20×2년 기타포괄손익공정가치측정금융자산평가손실: ₩80,000 − ₩94,000 = ₩(14,000)
   ② 20×2년 주식선도거래이익: ₩90,000 − ₩80,000 = ₩10,000

별해

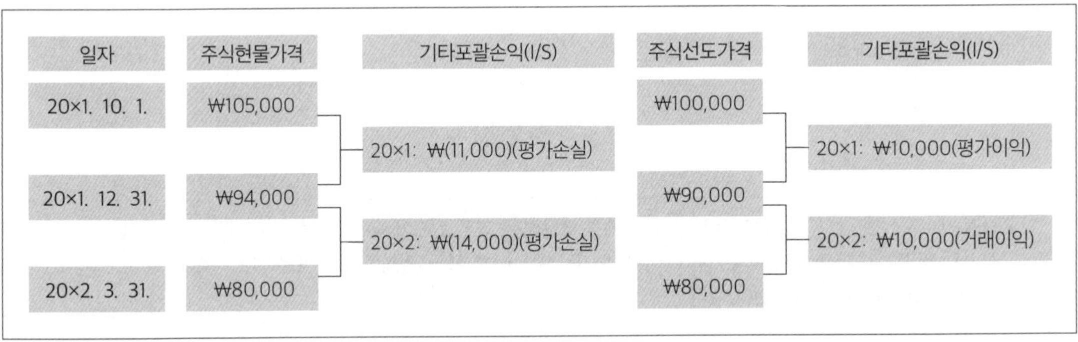

해설

1. 공정가치의 변동을 기타포괄손익에 표시하기로 선택한 지분상품의 위험회피수단의 손익은 기타포괄손익으로 인식한다.
2. 위험회피대상항목이 공정가치변동을 기타포괄손익에 표시하기로 선택한 지분상품인 경우에는 그 금액을 기타포괄손익에 남겨두는데, 기타포괄손익에 표시하기로 선택한 지분상품인 경우에는 위험회피대상항목과 위험회피수단의 손익을 대칭적으로 기타포괄손익으로 인식하여 기타포괄손익에 미치는 영향을 상쇄시키기 위함이다.

기본문제 09 이자율스왑과 통화선도 및 위험회피회계의 중단

공인회계사 20

※ 다음의 각 물음은 독립적이다.

물음 1

다음의 <자료 1>을 이용하여 <요구사항>에 답하시오.

<자료 1>

1. (주)대한은 차입금의 시장이자율 변동에 따른 위험을 회피하기 위한 위험회피회계 요건을 충족하여 위험회피회계를 적용하였다.
2. 차입금 정보
   - 차입일: 20×1년 1월 1일(만기 3년)
   - 차입금액: ₩10,000
   - 차입금리: 차입일의 LIBOR(연 5%)에 연 1%의 신용위험을 가산하여 결정된 연 6% 고정금리조건이며 매년 말에 이자지급 조건이다.
3. 이자율스왑 정보(지정된 위험회피수단)
   - 계약체결일: 20×1년 1월 1일(만기 3년)
   - 계약금액: ₩10,000
   - 계약내용: 연 5% 고정이자를 수취하고 변동이자율 LIBOR를 지급하며, 매년 말에 이자를 정산하고 이를 결정하는 LIBOR는 매년 초 확정된다.
   - 장기차입금과 이자율스왑의 공정가치는 무이표채할인법에 의하여 산정하며 이자율스왑의 공정가치는 다음과 같다.

일자	LIBOR	이자율스왑 공정가치(₩)
20×1. 1. 1.	5%	-
20×1. 12. 31.	6%*	(181)
20×2. 12. 31.	3%	192

* 20×1. 12. 31.과 20×2. 1. 1.의 LIBOR는 동일함

<요구사항 1>

차입금과 이자율스왑 관련 거래가 (주)대한의 20×1년 부채와 20×2년 자산에 미치는 영향을 계산하시오. 단, 감소하는 경우 (-)를 숫자 앞에 표시하시오.

20×1년 부채에 미치는 영향	①
20×2년 자산에 미치는 영향	②

<요구사항 2>

(주)대한은 20×2년 1월 1일 차입금액 ₩10,000을 지급하는 조건으로 조기상환하게 되어 위험회피회계의 적용조건을 충족하지 못하게 되었으며 위험회피회계 전체를 중단한 경우, 차입금과 이자율스왑 관련 거래가 (주)대한의 20×1년과 20×2년 당기순이익에 미치는 영향을 계산하시오. 단, 감소하는 경우 (-)를 숫자 앞에 표시하시오.

20×1년 당기순이익에 미치는 영향	①
20×2년 당기순이익에 미치는 영향	②

물음 2

다음의 <자료 2>를 이용하여 <요구사항>에 답하시오.

<자료 2>

1. (주)민국은 확정계약의 외화위험회피를 위한 위험회피회계 요건을 충족하여 현금흐름위험회피회계를 적용하였다.
2. 확정계약 정보
   - 기계장치를 $2,000에 취득하는 계약이다.
   - 계약체결일: 20×1년 12월 1일
   - 인도일(대금지급일): 20×2년 3월 31일
3. 통화선도 및 환율정보(지정된 위험회피수단)
   - 계약체결일: 20×1년 12월 1일
   - 계약내용: $2,000를 달러당 ₩1,080에 매수하는 계약이며 만기 청산 시 차액결제된다.
   - 만기일: 20×2년 3월 31일
   - 동 거래와 관련된 환율정보는 다음과 같다.

일자	현물환율(₩/$)	통화선도환율(₩/$)
20×1. 12. 1.	1,070	1,080(만기 4개월)
20×1. 12. 31.	1,130	1,110(만기 3개월)
20×2. 3. 31.	1,100	-

<요구사항 1>

확정계약과 통화선도 관련 거래가 (주)민국의 20×1년 기타포괄이익과 20×2년 자산에 미치는 영향을 계산하시오. 단, 감소하는 경우 (-)를 숫자 앞에 표시하시오.

20×1년 기타포괄이익에 미치는 영향	①
20×2년 자산에 미치는 영향	②

<요구사항 2>

(주)민국이 20×2년 1월 1일 확정계약의 해지로 인하여 위험회피회계의 적용조건을 충족하지 못하게 되었으며 위험회피회계 전체를 중단한 경우, 확정계약과 통화선도 관련거래가 (주)민국의 20×1년과 20×2년 당기순이익에 미치는 영향을 계산하되, 감소하는 경우 (-)를 숫자 앞에 표시하시오. 단, 기타포괄손익으로 인식한 현금흐름위험회피적립금누계액을 당기손익으로 재분류하는 경우에 해당한다.

20×1년 당기순이익에 미치는 영향	①
20×2년 당기순이익에 미치는 영향	②

해답

물음 1

<요구사항 1>

1. 정답

구분	금액
20×1년 부채에 미치는 영향	① ₩10,000
20×2년 자산에 미치는 영향	② (−)₩508

2. 각 연도별 순현금흐름의 계산

일자	차입금이자 고정금리지급(6%)	이자율스왑		실질부담이자비용 (LIBOR+1%)
		고정금리수취(5%)	변동금리지급(LIBOR)	
20×1. 12. 31.	(−)₩600	(+)₩500	(−)₩500	(−)₩600
20×2. 12. 31.	(−)₩600	(+)₩500	(−)₩600	(−)₩700
20×3. 12. 31.	(−)₩600	(+)₩500	(−)₩300	(−)₩400

3. 회계처리

구분	위험회피대상항목(차입금)			위험회피수단(이자율스왑)		
20×1. 1. 1.	(차) 현금	10,000		N/A		
	(대) 차입금		10,000			
20×1. 12. 31.	(차) 이자비용(NI)	600		N/A		
	(대) 현금		600			
	(차) 차입금	181		(차) 이자율스왑평가손실(NI)	181	
	(대) 차입금평가이익(NI)		181	(대) 이자율스왑		181
20×2. 12. 31.	(차) 이자비용(NI)	600		(차) 이자비용(NI)	100	
	(대) 현금		600	(대) 현금		100
	(차) 차입금평가손실(NI)	373		(차) 이자율스왑	373	
	(대) 차입금		373	(대) 이자율스왑평가이익(NI)		373

4. 20×1년 부채에 미치는 영향

차입금의 증가 ₩10,000 + 차입금의 감소 ₩(181) + 이자율스왑(부채)의 증가 ₩181 ➲ ₩10,000 증가

5. 20×2년 자산에 미치는 영향

현금의 감소 ₩(700) + 이자율스왑(자산)의 증가 (₩373 - ₩181) ➲ ₩(508) 감소

<요구사항 2>

1. 정답

20×1년 당기순이익에 미치는 영향	① (-)₩600
20×2년 당기순이익에 미치는 영향	② ₩92

2. 위험회피수단이 소멸·매각·종료·행사된 경우에 해당하여 위험회피관계가 적용조건을 충족하지 않는 경우에만 전진적으로 위험회피회계를 중단한다. 즉, 현금흐름위험회피에서 매매목적으로 회계처리를 적용하면 된다.

3. 회계처리

구분	위험회피대상항목(차입금)	위험회피수단(이자율스왑)
20×1. 1. 1.	(차) 현금 10,000 (대) 차입금 10,000	N/A
20×1. 12. 31.	(차) 이자비용(NI) 600 (대) 현금 600 (차) 차입금 181 (대) 차입금평가이익(NI) 181	N/A (차) 이자율스왑평가손실(NI) 181 (대) 이자율스왑 181
20×2. 1. 1.	(차) 차입금 9,819 부채상환손실(NI) 181 (대) 현금 10,000	N/A
20×2. 12. 31.	N/A	(차) 이자비용(NI) 100 (대) 현금 100 (차) 이자율스왑 373 (대) 이자율스왑평가이익(NI) 373

4. 20×1년 당기순이익에 미치는 영향

이자비용 ₩(600) + 차입금평가이익 ₩181 + 이자율스왑평가손실 ₩(181) ➲ ₩(600) 감소

5. 20×2년 당기순이익에 미치는 영향

부채상환손실 ₩(181) + 이자비용 ₩(100) + 이자율스왑평가이익 ₩373 ➲ ₩92 증가

물음 2

<요구사항 1>

1. 정답

20×1년 기타포괄이익에 미치는 영향	① ₩60,000
20×2년 자산에 미치는 영향	② (–)₩60,000

(1) 20×1년도 당기손익에 미치는 영향: ₩0

(2) 20×1년도 기타포괄손익에 미치는 영향: Min[①, ②] = ₩60,000

① 수단: $2,000 × (₩1,110 – ₩1,080) = ₩60,000

② 대상: $2,000 × (₩1,110 – ₩1,080) = ₩60,000

(3) 20×2년 자산에 미치는 영향: 통화선도 자산의 감소 ₩(60,000)

별해

구분	20×1년	20×2년	20×2년 누적
파생상품평가이익(손실)	₩60,000	₩(20,000)	₩40,000
예상거래의 현금흐름변동	₩(60,000)	₩20,000	₩(40,000)
위험회피에 효과적인 부분(기타포괄손익)	₩60,000	₩(20,000)	₩40,000
위험회피에 비효과적인 부분(당기손익)	₩0	₩0	₩0

2. 회계처리

구분	위험회피대상항목(확정계약)	위험회피수단(통화선도)
20×1. 12. 1.	N/A	N/A
20×1. 12. 31.	N/A	(차) 통화선도자산 60,000[*1] (대) 현금흐름위험회피적립금(OCI) 60,000 *1 $2,000 × (₩1,110 – ₩1,080) = ₩60,000
20×2. 3. 31	(차) 기계장치 2,160,000 현금흐름위험회피적립금(자본) 40,000 (대) 현금($) 2,200,000[*] * $2,000 × ₩1,100 = ₩2,200,000	(차) 현금($) 2,200,000[*2] 현금흐름위험회피적립금(OCI) 20,000[*3] (대) 현금(₩) 2,160,000 통화선도자산 60,000 *2 $2,000 × ₩1,100 = ₩2,200,000 *3 $2,000 × (₩1,100 – ₩1,110) = ₩(20,000)

<요구사항 2>

1. 정답

20×1년 당기순이익에 미치는 영향	① 없음
20×2년 당기순이익에 미치는 영향	② ₩40,000

(1) 20×1년 당기순이익에 미치는 영향: ₩0

(2) 20×2년 당기순이익에 미치는 영향: ₩60,000 + ₩(20,000) = ₩40,000

2. 회계처리

구분	위험회피대상항목(확정계약)	위험회피수단(통화선도)
20×1. 12. 1.	N/A	N/A
20×1. 12. 31.	N/A	(차) 통화선도자산 60,000[*1] (대) 현금흐름위험회피적립금(OCI) 60,000 *1 $2,000 × (₩1,110 − ₩1,080) = ₩60,000
20×2. 1. 1.	N/A	(차) 현금흐름위험회피적립금(OCI) 60,000 (대) 통화선도평가이익(NI) 60,000
20×2. 3. 31.	N/A	(차) 현금($) 2,200,000[*2] 통화선도평가손실(NI) 20,000[*3] (대) 현금(₩) 2,160,000 통화선도자산 60,000 *2 $2,000 × ₩1,100 = ₩2,200,000 *3 $2,000 × (₩1,100 − ₩1,110) = ₩(20,000)

3. 위험회피수단이 소멸·매각·종료·행사된 경우에 해당하여 위험회피관계가 적용조건을 충족하지 않는 경우에만 전진적으로 위험회피회계를 중단한다. 즉, 현금흐름위험회피에서 매매목적으로 회계처리를 적용하면 된다.

고급문제 01 해외사업장투자위험회피

공인회계사 16

<공통 자료>

(주)한국은 20×1년 10월 1일에 미국에 있는 종속기업 (주)NY에 US$1,000을 대여하였다. 동 일자에 (주)한국은 동 대여금과 관련된 환율변동위험을 회피하기 위하여 다음과 같은 통화선도계약을 체결하는 방안을 고려하고 있다.

(1) 계약기간: 6개월(20×1. 10. 1. ~ 20×2. 3. 31.)

(2) 계약조건: US$1,000을 ₩1,150/US$(통화선도환율)에 매도

(3) 환율에 대한 정보는 아래와 같다.

일자	현물환율(₩/US$)	통화선도환율(₩/US$)
20×1. 10. 1.	₩1,120	₩1,150(만기 6개월)
20×1. 12. 31.	₩1,080	₩1,100(만기 3개월)

(주)한국의 기능통화 및 표시통화는 원화(₩)이며, (주)NY의 기능통화는 미국 달러화(US$)이다.

아래의 세 가지 독립적인 각 상황에 대하여, 20×1년 (주)한국의 연결재무제표에 계상될 (1) 당기순이익과 (2) 기타포괄이익의 금액을 아래 답안 양식에 따라 각각 원화(₩)로 제시하시오. 모든 상황에 대하여, (주)한국과 (주)NY 모두 20×1년 중 위 대여 및 통화선도 거래와 관련된 것을 제외한 다른 당기손익 및 기타포괄손익 항목은 없었다고 가정한다. 이자와 현재가치 평가는 고려하지 않는다. 손실의 경우에는 금액 앞에 '(-)'를 표시하고, 해당 금액이 없는 경우에는 '0'으로 표시하시오.

<(주)한국의 연결재무제표>

구분	(1) 당기순이익	(2) 기타포괄이익
(상황 1)	①	②
(상황 2)	③	④
(상황 3)	⑤	⑥

(상황 1) (주)한국은 위 대여금을 예측할 수 있는 미래에 회수할 계획이 없고 회수될 가능성도 낮다. 즉, 동 대여금을 (주)NY에 대한 순투자로 본다. 또한, (주)한국은 <공통 자료>에 제시된 통화선도계약을 체결하지 않았다.

(상황 2) (주)한국은 위 대여금을 20×2년 3월 31일에 회수할 예정이다. 즉, 동 대여금을 (주)NY에 대한 순투자로 보지 않는다. 또한, (주)한국은 <공통 자료>에 제시된 통화선도계약을 체결하지 않았다.

(상황 3) (주)한국은 위 대여금을 20×2년 3월 31일에 회수할 예정이다. 즉, 동 대여금을 (주)NY에 대한 순투자로 보지 않는다. 한편 (주)한국은 대여금과 관련된 환율변동위험을 회피하기 위하여 <공통 자료>에 제시된 통화선도계약을 20×1년 10월 1일에 체결하였다.

해답

<(주)한국의 연결재무제표>

구분	(1) 당기순이익	(2) 기타포괄이익
(상황 1)	① ₩0	② (−)₩40,000
(상황 2)	③ (−)₩40,000	④ ₩0
(상황 3)	⑤ ₩10,000	⑥ ₩0

(상황 1)

1. **(주)한국의 20×1년 회계처리**

구분	회계처리			
20×1. 10. 1.	(차) 대여금	1,120,000	(대) 현금	1,120,000*1
	*1 $1,000 × ₩1,120 = ₩1,120,000			
20×1. 12. 31.	(차) 외화환산손실(NI)	40,000*2	(대) 대여금	40,000
	*2 $1,000 × (₩1,080 − ₩1,120) = (−)₩40,000			

2. **(주)한국의 20×1년 연결조정분개**

구분	회계처리			
20×1. 12. 31.	(차) 해외사업환산손실(OCI)	40,000*	(대) 외화환산손실(NI)	40,000
	* 보고기업과 해외사업장을 포함하는 연결재무제표에서는 외화환산손실을 기타포괄손익으로 대체함			

3. **당기순이익**: (−)₩40,000 + ₩40,000 = ₩0
4. **기타포괄이익**: (−)₩40,000
5. 기업이 해외사업장으로부터 수취하거나 해외사업장에 지급할 화폐성 항목 중에서 예측할 수 있는 미래에 결제할 계획이 없고 결제될 가능성이 낮은 항목은 실질적으로 그 해외사업장에 대한 순투자의 일부로 회계처리한다.
6. 보고기업의 해외사업장에 대한 순투자의 일부인 화폐성 항목에서 생기는 외환차이는 보고기업의 별도재무제표나 해외사업장의 개별재무제표에서 당기손익으로 적절하게 인식한다. 그러나 보고기업과 해외사업장을 포함하는 재무제표(예 해외사업장이 종속기업인 경우의 연결재무제표)에서는 이러한 외환차이를 처음부터 기타포괄손익으로 인식하고 관련 순투자의 처분시점에 자본에서 당기손익으로 재분류한다.

(상황 2)

1. **(주)한국의 20×1년 회계처리**

구분	회계처리			
20×1. 10. 1.	(차) 대여금	1,120,000	(대) 현금	1,120,000*1
	*1 $1,000 × ₩1,120 = ₩1,120,000			
20×1. 12. 31.	(차) 외화환산손실(NI)	40,000*2	(대) 대여금	40,000
	*2 $1,000 × (₩1,080 − ₩1,120) = (−)₩40,000			

2. **(주)한국의 20×1년 연결조정분개**: 동 대여금을 해외사업장에 대한 순투자로 보지 않으므로 연결조정분개는 수행하지 아니한다.
3. **당기순이익**: (−)₩40,000
4. **기타포괄이익**: ₩0
5. 해외사업장 순투자에 해당하지 않으므로 (주)한국의 별도재무제표에서 당기손익으로 인식한 환율변동손실 ₩40,000이 별도의 연결조정 없이 연결재무제표에 인식되고 기타포괄손익에 미치는 영향은 없다.

(상황 3)

1. (주)한국의 20×1년 회계처리

구분	회계처리				
20×1. 10. 1.	(차) 대여금	1,120,000	(대)	현금	1,120,000[*1]
	*1 \$1,000 × ₩1,120 = ₩1,120,000				
20×1. 12. 31.	(차) 외화환산손실(NI)	40,000[*2]	(대)	대여금	40,000
	*2 \$1,000 × (₩1,080 − ₩1,120) = (−)₩40,000				

2. (주)한국의 20×1년 통화선도 회계처리

구분	회계처리				
20×1. 10. 1.	N/A				
20×1. 12. 31.	(차) 통화선도	50,000[*]	(대)	통화선도평가이익(NI)	50,000
	* \$1,000 × (₩1,150 − ₩1,100) = ₩50,000				

3. 당기순이익: (−)₩40,000 + ₩50,000 = ₩10,000

4. 기타포괄손익: ₩0

고급문제 02 해외사업장순투자위험회피와 연결회계

공인회계사 15

<공통자료>를 토대로 물음에 답하시오.

12월 말 결산법인인 P사(표시통화 및 기능통화: ₩)는 20×1년 1월 1일 $310,000를 차입하여 S사(기능통화: $) 지분의 80%를 취득하였다. 비지배지분은 S사의 식별가능한 순자산공정가치에 비례하여 결정한다. 취득 당시 S사 순자산 장부금액은 $300,000(자본금 $200,000, 이익잉여금 $100,000)이었다.

<공통자료>

1. 취득 당시 공정가치와 장부금액의 차이가 발생한 항목은 다음과 같다.

항목	장부금액	공정가치	비고
재고자산	$80,000	$85,000	20×2년 기중 전액 외부 판매

2. S사의 연도별 당기순이익과 배당금 지급 내역은 다음과 같다.

구분	20×1년	20×2년
당기순이익	$40,000	$75,000
배당금지급액	30,000	40,000

3. 환율정보

일자	환율(₩/$)
20×1년 1월 1일	1,000
20×1년 평균	1,100
20×1년 배당금지급시점	1,070
20×1년 12월 31일	1,050
20×2년 1월 1일	1,050
20×2년 평균	1,150
20×2년 배당금지급시점	1,000
20×2년 12월 31일	1,200

4. 내부거래 정보: 전액 현금거래이다.

거래일	20×2년 1월 1일
자산	재고자산
판매회사	S사
외부매입원가(장부금액)	$15,000
내부판매액	$20,000
내부거래이익	$5,000
매입회사	P사
외부판매 여부	20×2년에 전액 내부보유

5. P사와 S사의 20×2년 12월 31일 시산표는 다음과 같다.

차변 항목	P사(단위: ₩)	S사(단위: $)
현금	80,000,000	75,000
외상매출금	277,500,000	80,000
재고자산	216,000,000	90,000
토지	96,000,000	40,000
기계장치	624,000,000	260,000
종속기업투자지분	310,000,000	–
매출원가	368,000,000	160,000
감가상각비	46,000,000	20,000
외화환산손실	46,500,000	–
잡비	103,500,000	45,000
합계	**2,167,500,000**	**770,000**

대변 항목	P사(단위: ₩)	S사(단위: $)
외상매입금	240,000,000	100,000
차입금	(주*)372,000,000	100,000
자본금	480,000,000	200,000
미처분이익잉여금	385,500,000	70,000
매출	658,000,000	300,000
배당금수익	32,000,000	–
합계	**2,167,500,000**	**770,000**

(주*) 이 차입금은 전액 S사 취득을 위한 외화차입금이며, 외화환산손실은 전액 외화차입금의 환산과정에서 발생하였다.

6. S사의 외화재무제표를 원화로 환산할 때 적용환율은 다음과 같다.

상황	적용환율
내부거래 제거 시	내부거래 발생 시 환율
배당금 관련	배당금 지급 시 환율
공정가치차이조정의 후속 회계처리 시	해당 자산(부채)의 최초 취득 시의 환율
기타 당기손익항목	평균환율

물음 1

20×1년 1월 1일 외화차입금 $310,000를 해외사업장순투자의 위험회피수단으로 지정하지 않았다고 가정하는 경우 20×2년 12월 31일 P사의 연결재무제표상 아래 항목의 금액을 구하시오. 단, 연결포괄손익계산서상 손실인 경우 금액 앞에 '(-)'를 표시하시오.

재무제표	계정과목	금액
연결재무상태표	재고자산	①
	영업권	②
	해외사업환산차이	③
	비지배지분	④
연결포괄손익계산서	외화환산이익	⑤
	당기순이익	⑥
	비지배지분순이익	⑦
	매출	⑧
	매출원가	⑨

물음 2

20×2년에는 해당 차입금이 해외사업장순투자와 관련한 위험회피효과의 조건을 충족한다고 가정한다. 20×2년 12월 31일 P사의 연결재무제표상 아래 항목의 금액을 구하시오. 단, 연결포괄손익계산서상 손실 혹은 기타포괄손익누계액의 잔액이 차변인 경우 '(-)'를 숫자 앞에 표시하시오.

재무제표	계정과목	금액
연결재무상태표	기타포괄손익누계액	①
연결포괄손익계산서	외화환산이익	②
	당기순이익	③

물음 1

1. 정답

재무제표	계정과목	금액
연결재무상태표	재고자산	① ₩318,750,000
	영업권	② ₩79,200,000
	해외사업환산차이	③ ₩57,880,000
	비지배지분	④ ₩81,750,000
연결포괄손익계산서	외화환산이익	⑤ (−)₩46,500,000
	당기순이익	⑥ ₩170,000,000
	비지배지분순이익	⑦ ₩15,200,000
	매출	⑧ ₩982,000,000
	매출원가	⑨ ₩541,250,000

① 재고자산: ₩216,000,000 + $90,000 × ₩1,200 − $5,000 × ₩1,050(내부거래 상향) = ₩318,750,000

② 영업권: ($310,000 − $305,000 × 80%) × ₩1,200 = ₩79,200,000

③ 해외사업환산차이: ₩55,850,000 × 80% + ₩13,200,000(영업권 환산차이) = ₩57,880,000

④ 비지배지분

20×2년 말 S사 순자산장부금액	₩414,000,000
20×2년 말 내부거래 상향 미실현손익 잔액	
재고자산	(5,250,000)
20×2년 말 S사 순자산공정가치	₩408,750,000
비지배지분율	× 20%
20×2년 말 비지배지분	₩81,750,000

⑤ 외화환산이익: ₩(46,500,000)

⑥ 당기순이익

	P사	S사	합계
보고된 당기순이익	₩126,000,000	₩86,250,000	₩212,250,000
투자차액의 상각			
재고자산	−	(5,000,000)	(5,000,000)
내부거래제거			
배당금수익	(32,000,000)	−	(32,000,000)
재고자산(상향)	−	(5,250,000)	(5,250,000)
연결조정 후 당기순이익	₩94,000,000	₩76,000,000	₩170,000,000

∴ 연결당기순이익: ₩94,000,000 + ₩76,000,000 = ₩170,000,000

⑦ 비지배지분순이익: (₩86,250,000 − ₩5,000,000 − ₩5,250,000) × 20% = ₩15,200,000

⑧ 매출: ₩658,000,000 + $300,000 × ₩1,150 − $20,000 × ₩1,050(내부거래 상향) = ₩982,000,000

⑨ 매출원가: ₩368,000,000 + $160,000 × ₩1,150 + ₩5,000,000(투자차액상각) − $20,000 × ₩1,050(내부거래 상향) + $5,000 × ₩1,050(내부거래 상향) = ₩541,250,000

2. 20×2년 말 S사 재무상태표 표시통화 환산

재무상태표

	외화($)	환율	원화(₩)
순자산	310,000	1,050	325,500,000
	310,000		325,500,000
자본금	200,000	1,000	200,000,000
기초이익잉여금(×1년 초)	100,000	1,000	100,000,000
이익잉여금(×1년 배당)	(30,000)	1,070	(32,100,000)
이익잉여금(당기순이익)	40,000	1,100	44,000,000
해외사업환산이익		대차차액	13,600,000
	310,000		325,500,000

3. 20×2년 말 S사 재무제표 표시통화 환산

(1) 포괄손익계산서

포괄손익계산서

	외화($)	환율	원화(₩)
매출	300,000	1,150	345,000,000
매출원가	(160,000)	1,150	(184,000,000)
감가상각비	(20,000)	1,150	(23,000,000)
잡비	(45,000)	1,150	(51,750,000)
당기순이익	75,000		86,250,000
해외사업환산이익			55,850,000
총포괄이익			142,100,000

(2) 재무상태표

재무상태표

	외화($)	환율	원화(₩)
현금및현금성자산	75,000	1,200	90,000,000
외상매출금	80,000	1,200	96,000,000
재고자산	90,000	1,200	108,000,000
토지	40,000	1,200	48,000,000
기계장치	260,000	1,200	312,000,000
	545,000		654,000,000
외상매입금	100,000	1,200	120,000,000
장기차입금	100,000	1,200	120,000,000
자본금	200,000	1,000	200,000,000
기초이익잉여금(×1년 초)	100,000	1,000	100,000,000
이익잉여금(×1년 NI)	40,000	1,100	44,000,000
이익잉여금(×1년 배당)	(30,000)	1,070	(32,100,000)
이익잉여금(×2년 배당)	(40,000)	1,000	(40,000,000)
이익잉여금(당기순이익)	75,000	1,150	86,250,000
해외사업환산이익		대차차액	55,850,000
	545,000		654,000,000

4. 20×2년 말 연결조정분개

(1) 배당금수익 취소분개

구분	회계처리					
배당금수익 취소분개	(차)	배당금수익	32,000,000	(대)	이익잉여금(S)	40,000,000
		비지배지분	8,000,000			

(2) 투자주식과 자본계정의 상계제거

구분	회계처리					
취득시점의 투자·자본 상계	(차)	자본금(S)	200,000,000	(대)	투자주식	310,000,000
		이익잉여금(S)	100,000,000*1		비지배지분	61,000,000*3
		재고자산	5,000,000			
		영업권	66,000,000*2			
	*1 20×1년 초 이익잉여금 *2 영업권: ($310,000 − $305,000 × 80%) × ₩1,000 = ₩66,000,000 *3 비지배지분: ₩305,000,000 × 20% = ₩61,000,000					
영업권의 환산	(차)	영업권	13,200,000*4	(대)	해외사업환산이익(자본)	3,300,000
					해외사업환산이익(OCI)	9,900,000
	*4 ($310,000 − $305,000 × 80%) × (₩1,200 − ₩1,000) = ₩13,200,000					
취득시점 이후 자본변동	(차)	이익잉여금(S)	11,900,000*5	(대)	이익잉여금(P)	9,520,000
					비지배지분	2,380,000
	*5 $40,000 × ₩1,100 − $30,000 × ₩1,070 = ₩11,900,000					
	(차)	해외사업환산이익(자본)	13,600,000	(대)	해외사업환산이익(자본)	9,520,000
					비자배지분	2,380,000
당기 투자차액의 상각	(차)	매출원가	5,000,000*6	(대)	재고자산	5,000,000
	*6 ($85,000 − $80,000) × ₩1,000 = ₩5,000,000					

(3) 내부거래제거

구분	회계처리					
당기 미실현손익 제거(상향)	(차)	매출	21,000,000*1	(대)	매출원가	21,000,000
	*1 $20,000 × ₩1,050(20×2년 1월 1일 환율) = ₩21,000,000					
	(차)	매출원가	5,250,000*2	(대)	재고자산	5,250,000
	*2 $5,000 × ₩1,050(20×2년 1월 1일 환율) = ₩5,250,000					

(4) 비지배지분순이익 계상

구분	회계처리					
비지배지분 순이익 계상	(차)	이익잉여금	15,200,000	(대)	비지배지분	15,200,000*1
	*1 (₩86,250,000 − ₩5,000,000 − ₩5,250,000) × 20% = ₩15,200,000					
비지배기타포괄 이익 계상	(차)	해외사업환산이익(자본)	8,450,000	(대)	비지배지분	8,450,000*2
	*2 ₩42,250,000 × 20% = ₩8,450,000					

물음 2

1. 정답

재무제표	계정과목	금액
연결재무상태표	기타포괄손익누계액	① ₩0
연결포괄손익계산서	외화환산이익	② ₩11,380,000
	당기순이익	③ ₩227,880,000

① 기타포괄손익누계액: ₩57,880,000 − ₩57,880,000 = ₩0
② 외화환산이익: (−)₩46,500,000 + ₩57,880,000 = ₩11,380,000
③ 당기순이익: ₩170,000,000 + ₩57,880,000 = ₩227,880,000

2. 해외사업장순투자위험회피 회계

(1) 위험회피대상
20×2년 해외사업환산이익 누적액: ₩55,850,000 × 80% + ₩13,200,000(영업권 환산차이) = ₩57,880,000(지배기업 지분에 해당액 80%를 고려하여 풀이하는 것에 유의해야 함)

(2) 위험회피수단
20×2년 차입금 외화환산손익 누적액: $310,000 × (₩1,000 − ₩1,200) = (−)₩62,000,000(위험회피에 효과적인 부분은 누적기준으로 판단함)

(3) 위험회피에 효과적인 부분: Min[₩57,880,000, ₩62,000,000] = ₩57,880,000

(4) 20×2년 연결조정분개

구분	회계처리					
해외사업장순투자	(차)	해외사업환산이익(OCI)	57,880,000	(대)	외화환산손실(NI)	46,500,000
					외화환산이익(NI)	11,380,000

해설

1. 이 문제의 경우 자산 · 부채의 장부금액에 대한 공정가치 조정액을 해당 자산(부채)의 최초 취득 시의 환율을 적용하도록 출제되었다. 따라서 자산 · 부채의 장부금액에 대한 공정가치 조정액을 마감환율로 환산할 필요가 없음에 유의하여야 한다.
2. 해외사업장순투자의 위험회피회계

구분	내용
정의	해외사업장의 순자산에 대한 보고기업의 지분해당액을 지배기업의 표시통화로 재무제표를 환산하는 과정에 발생하는 환율변동위험을 회피하기 위하여 파생상품을 사용하는 위험회피
회계처리	① 위험회피수단의 손익 중 위험회피에 효과적인 부분: 기타포괄손익 ② 위험회피수단의 손익 중 위험회피에 비효과적인 부분: 당기손익 ③ 위험회피에 효과적인 부분과 관련된 위험회피수단의 누적손익은 해외사업장을 처분하거나 일부를 처분할 때 재분류조정으로 자본에서 당기손익으로 재분류함

고급문제 03 풋옵션

공인회계사 15 수정

20×1년 1월 1일, (주)갑은 (주)을의 주식 100주를 ₩300,000에 취득하고 기타포괄손익공정가치금융자산으로 분류하였다. 같은 날, (주)갑은 (주)을 주식의 공정가치하락위험을 회피하기 위하여 주식 100주에 대하여 100개의 차액결제형 풋옵션을 매입하였다. (주)갑은 기준서에 따라 이 풋옵션의 내재가치와 시간가치를 구분하고 내재가치의 변동만을 위험회피수단으로 지정한 후, 시간가치의 변동은 제외하여 위험회피관계를 정의하였다. 풋옵션의 만기는 20×2년 12월 31일이며 행사가격은 ₩2,500이고, 만기 이전에 행사할 수 없다. (주)갑은 풋옵션을 만기에 행사하였다. 20×2년 12월 31일 현재 (주)갑은 (주)을의 해당 주식을 보유하고 있다. (주)을의 주식 및 풋옵션 공정가치의 변화는 다음과 같다.

일자	(주)을 주식가격(주당)	풋옵션가격(개당)
20×1년 1월 1일	₩3,000	₩100
20×1년 12월 31일	2,500	50
20×2년 12월 31일	2,000	500

기타포괄손익공정가치측정금융자산으로 분류된 (주)을의 주식과 위 차액결제형 풋옵션과 관련하여 (주)갑이 인식해야 할 아래 항목의 금액을 구하시오(단, 포괄손익계산서상 손실 혹은 기타포괄손익누계액의 잔액이 차변인 경우 '(−)'를 숫자 앞에 표시하시오).

구분	계정과목	금액
20×1년 포괄손익계산서	당기순이익	①
20×1년 말 재무상태표	기타포괄손익누계액	②
20×2년 포괄손익계산서	당기순이익	③
20×2년 말 재무상태표	기타포괄손익누계액	④

해답

구분	계정과목	금액
20×1년 포괄손익계산서	당기순이익	① ₩0
20×1년 말 재무상태표	기타포괄손익누계액	② (-)₩55,000
20×2년 포괄손익계산서	당기순이익	③ ₩0
20×2년 말 재무상태표	기타포괄손익누계액	④ (-)₩60,000

1. 각 연도 말 풋옵션의 공정가치의 변동내역

일자	공정가치	내재가치	시간가치
20×1년 초	₩10,000	₩0	₩10,000
20×1년 말	₩5,000	₩0	₩5,000
20×2년 말	₩50,000	₩50,000	₩0

2. 각 연도별 회계처리

(1) 20×1년

구분	회계처리					
20×1년 초	(차)	파생상품	10,000	(대)	현금	10,000
20×1년 말	(차)	기타포괄손익공정가치측정금융자산평가손실(OCI)	50,000	(대)	기타포괄손익공정가치측정금융자산	50,000
		파생상품평가손실(OCI)(시간가치)	5,000		파생상품	5,000

(2) 20×2년

구분	회계처리					
20×2년 말	(차)	기타포괄손익공정가치측정금융자산평가손실(OCI)	50,000	(대)	기타포괄손익공정가치측정금융자산	50,000
	(차)	파생상품	45,000	(대)	파생상품평가이익(OCI)(내재가치)	50,000
		파생상품평가손실(OCI)(시간가치)	5,000			
	(차)	현금	50,000	(대)	파생상품	50,000

해설

1. 조건을 충족하는 금융상품은 전체를 위험회피수단으로 지정하는 것이 원칙이다. 다음의 경우에만 예외적으로 금융상품의 일부를 위험회피수단으로 지정할 수 있다.
   (1) 옵션계약의 내재가치와 시간가치를 구분하여 내재가치의 변동만을 위험회피수단으로 지정하고 시간가치의 변동은 제외하는 경우
   (2) 선도계약에서 선도요소와 현물요소를 구분하고 선도계약의 현물요소의 공정가치 변동만을 위험회피수단으로 지정하는 경우. 이와 비슷하게 외화 베이시스 스프레드는 분리하여 위험회피수단으로 지정하지 않을 수 있다.
   (3) 전체 위험회피수단의 비례적 부분(예 명목금액의 50%)을 위험회피관계에서 위험회피수단으로 지정하는 경우. 그러나 위험회피수단의 잔여 만기 중 일부 기간에서만 생긴 공정가치의 일부 변동을 위험회피수단으로 지정할 수 없다.
2. 기타포괄손익공정가치측정금융자산(지분상품)의 위험회피대상항목의 공정가치 변동분과 위험회피수단으로 지정된 옵션의 내재가치 변동분은 기타포괄손익으로 인식한다.
3. 옵션계약의 내재가치와 시간가치를 구분하고 옵션의 내재가치 변동만을 위험회피수단으로 지정하는 경우에 거래 관련 위험회피대상항목의 위험을 회피하는 옵션의 공정가치 중 시간가치 변동에서 위험회피대상항목과 관련된 부분을 기타포괄손익으로 인식하고 자본의 별도 항목에 누적한다.
4. 옵션계약의 내재가치와 시간가치를 구분하고 옵션의 내재가치 변동만을 위험회피수단으로 지정하는 경우에 옵션의 시간가치는 다음과 같이 회계처리한다.
   (1) 옵션으로 위험회피하는 위험회피대상항목의 유형별로 옵션의 시간가치를 구분한다.
   ① 거래 관련 위험회피대상항목
   ② 기간 관련 위험회피대상항목
   (2) 거래 관련 위험회피대상항목의 위험을 회피하는 옵션의 공정가치 중 시간가치 변동에서 위험회피대상항목과 관련된 부분을 기타포괄손익으로 인식하고 자본의 별도 항목에 누적한다.
   (3) 기간 관련 위험회피대상항목의 위험을 회피하는 옵션의 공정가치 중 시간가치 변동에서 위험회피대상항목과 관련된 부분을 기타포괄손익으로 인식하고 자본의 별도 항목에 누적한다.

고급문제 04 주식선도: 매입선도

20×1년 7월 1일에 A회사는 B회사에게 현금 ₩110,000(주당 ₩110)을 지급하는 대가로 B회사로부터 A회사의 유통보통주식 1,000주의 당일 공정가치를 수취하는 계약을 체결하였다. 다음은 선도계약과 관련된 자료이다. A회사의 주식선도에 적용될 시장이자율은 10%이다.

(1) 계약일: 20×1년 7월 1일
(2) 만기일: 20×2년 6월 30일
(3) A회사 주식의 시장가격

구분	20×1년 7월 1일	20×1년 12월 31일	20×2년 6월 30일
주당 시장가격	₩100	₩120	₩115

(4) A회사 선도계약의 공정가치

구분	20×1년 7월 1일	20×1년 12월 31일	20×2년 6월 30일
선도계약의 공정가치	₩0*1	₩15*2	₩5*3

*1 ₩100 − ₩110 ÷ (1 + 10%) = ₩0
*2 ₩120 − ₩110 ÷ (1 + 10%) × (1 + 10% × 6/12) = ₩15
*3 ₩115 − ₩110 = ₩5

물음 1

A회사가 B회사와 체결한 당해 계약이 현금으로 차액결제되는 경우 A회사의 20×1년 재무상태표에 (1) 자산에 미치는 영향, (2) 자본조정에 미치는 영향을 각각 계산하시오.

물음 2

A회사가 B회사와 체결한 당해 계약이 주식으로 차액결제되는 경우 A회사의 20×1년 재무상태표에 (1) 자산에 미치는 영향, (2) 자본조정에 미치는 영향을 각각 계산하시오.

물음 3

A회사가 B회사와 체결한 당해 계약이 주식으로 총액결제되는 경우 A회사의 20×1년 재무상태표에 (1) 자산에 미치는 영향, (2) 자본조정에 미치는 영향을 각각 계산하시오. 단, 20×1년 7월 1일 현재 1년 후 현금흐름 ₩110,000의 현재가치는 ₩100,000이며, 20×1년과 20×2년에 금융부채와 관련하여 인식할 이자비용은 각각 ₩5,000이다.

해답

물음 1

(1) 자산에 미치는 영향: ₩15,000
(2) 자본조정에 미치는 영향: ₩0

1. **회계처리**

구분	회계처리				
20×1. 7. 1.	N/A				
20×1. 12. 31.	(차) 주식선도(자산)	15,000	(대)	주식선도평가이익(NI)	15,000*1
	*1 ₩15 × 1,000주 = ₩15,000				
20×2. 6. 30.	(차) 주식선도평가손실(NI)	10,000*2	(대)	주식선도(자산)	10,000
	*2 ₩5 × 1,000주 − ₩15 × 1,000주 = ₩(10,000)				
	(차) 현금	5,000*3	(대)	주식선도(자산)	5,000
	*3 ₩115 × 1,000주 − ₩110,000 = ₩5,000				

2. A회사는 20×1년 7월 1일에 회사에게 주식선도와 관련하여 지급할 금액은 확정되어 있으나 B회사로부터 수취할 대가가 확정되지 않았으므로 금융자산(주식매도선도일 경우는 금융부채)으로 분류해야 한다.

물음 2

(1) 자산에 미치는 영향: ₩15,000
(2) 자본조정에 미치는 영향: ₩0

1. **회계처리**

구분	회계처리				
20×1. 7. 1.	N/A				
20×1. 12. 31.	(차) 주식선도(자산)	15,000	(대)	주식선도평가이익(NI)	15,000*1
	*1 ₩15 × 1,000주 = ₩15,000				
20×2. 6. 30.	(차) 주식선도평가손실(NI)	10,000*2	(대)	주식선도(자산)	10,000
	*2 ₩5 × 1,000주 − ₩15 × 1,000주 = ₩(10,000)				
	(차) 자기주식(자본조정)	5,000*3	(대)	주식선도(자산)	5,000
	*3 ₩115 × 1,000주 − ₩110,000 = ₩5,000				

2. A회사는 20×1년 7월 1일에 B회사에게 주식선도와 관련하여 지급할 금액은 확정되어 있으나 B회사로부터 수취할 대가가 확정되지 않았으므로 금융자산(주식매도선도일 경우는 금융부채)으로 분류해야 한다. 단, 계약일에 선도계약의 공정가치가 ₩0이라 회계처리를 수행하지 않았을 뿐이며 향후 공정가치 평가를 수행하여 회계처리한다.

물음 3

(1) 자산에 미치는 영향: ₩0
(2) 자본조정에 미치는 영향: ₩(100,000)

1. 회계처리

구분	회계처리					
20×1. 7. 1.	(차)	기타자본(자본조정)	100,000	(대)	금융부채	100,000
20×1. 12. 31.	(차)	이자비용	5,000	(대)	금융부채	5,000
20×2. 6. 30.	(차)	이자비용	5,000	(대)	금융부채	5,000
	(차)	금융부채	110,000	(대)	현금	110,000
	(차)	자기주식(자본조정)	100,000	(대)	기타자본(자본조정)	100,000

2. A회사는 20×1년 7월 1일에 B회사에게 주식선도와 관련하여 지급할 금액이 확정되어 있으며, 수량도 확정되어 있으므로 자기지분상품매입계약을 지분상품으로 분류하고 지급할 대기의 현재가치를 금융부채로 인식한다. 난, 금융부채의 현재가치와 지급할 대가의 차이는 계약기간 동안 유효이자율법에 의하여 이자비용으로 인식해야 한다.

고급문제 05 현금흐름위험회피회계의 재조정

공인회계사 23

아래의 <자료>를 이용하여 각 물음에 답하시오.

<자료>

1. 20×1년 12월 1일 (주)대한은 제품의 원재료인 구리 100톤을 20×2년 2월 28일에 매입하기로 하였고, 제품의 예상 판매량 및 생산량 등을 고려할 때 실제 매입거래가 발생할 가능성이 거의 확실하다.
2. 20×1년 12월 1일에 (주)대한은 구리의 시장가격변동 위험에 대비하기 위해, 구리 100톤의 선도계약가격(₩195,000/톤)과 만기 시장가격의 차액을 현금으로 수수하는 조건의 선도계약을 체결하였다. 동 선도계약의 만기는 20×2년 2월 28일이며, 해당 선도계약은 위험회피에 효과적이다.
3. 구리의 현물가격 및 선도가격은 다음과 같고, 현재가치 평가는 고려하지 않는다. 20×1년 12월 31일과 20×2년 초의 선도가격은 동일하다.

일자	현물가격(₩/톤)	선도가격(₩/톤)
20×1년 12월 1일	190,000	195,000
20×1년 12월 31일	197,000	210,000
20×2년 2월 28일	205,000	-

물음 1

위 거래가 20×1년에 (주)대한의 당기순이익 및 기타포괄이익에 미치는 영향을 계산하시오. 단, 영향이 없는 경우에는 '0'으로 표시하며, 당기순이익 및 기타포괄이익이 감소하는 경우 금액 앞에 (-)를 표시하시오.

당기순이익에 미치는 영향	①
기타포괄이익에 미치는 영향	②

물음 2

20×2년 초 (주)대한의 경영진은 위험회피에 비효과적인 부분을 줄이기 위해, 구리 20톤에 대한 선도계약을 위험회피수단의 지정에서 제외하였다. 이러한 조정은 이미 존재하는 위험회피관계의 위험회피대상항목이나 위험회피수단의 지정된 수량을 위험회피효과에 관한 요구사항에 부합하도록 위험회피비율을 유지하기 위한 조정에 해당한다. 다른 위험관리목적이 동일하게 유지되고 있다면, ① 20×2년 초 위험회피수단 지정에서 제외된 선도계약을 적절한 금융자산으로 분류한 후 그 금액을 계산하고, ② 위험회피수단 지정에서 제외되지 않은 선도계약에 대해 20×2년 2월 28일 인식해야 할 기타포괄손익을 계산하시오. 단, 기타포괄손실의 경우 금액 앞에 (-)를 표시하시오.

금융자산 분류와 그 금액	①
기타포괄손익	②

물음 3

기업회계기준서 제1109호 '금융상품'에서 규정하고 있는 위험회피회계의 적용 조건에는 '위험회피관계는 위험회피효과에 관한 요구사항을 모두 충족한다'는 조건이 있다. 동 기준서에서 규정하고 있는 위험회피회계를 적용하기 위한 위험회피효과에 관한 요구사항 세 가지는 무엇인지 기술하시오.

해답

물음 1

1. 정답

당기순이익에 미치는 영향	① ₩800,000
기타포괄이익에 미치는 영향	② ₩700,000

별해

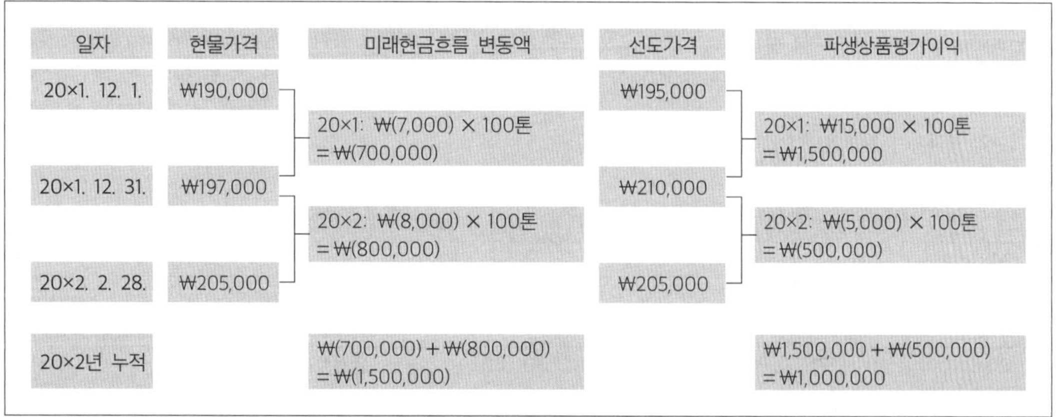

구분	20×1년	20×2년	20×2년 누적
파생상품평가이익(손실)	₩1,500,000	₩(500,000)	₩1,000,000
예상거래의 현금흐름변동	₩(700,000)	₩(800,000)	₩(1,500,000)
위험회피에 효과적인 부분(기타포괄손익)	₩700,000	₩300,000	₩1,000,000
위험회피에 비효과적인 부분(당기손익)	₩800,000	₩(800,000)	₩0

2. 회계처리

구분	위험회피대상항목(예상거래)	위험회피수단(선도)
20×1. 12. 1.	N/A	N/A
20×1. 12. 31.	N/A	(차) 원재료선도자산 1,500,000[*1] (대) 현금흐름위험회피적립금(OCI) 700,000[*2] 파생상품평가이익(NI) 800,000 *1 100톤 × (₩210,000 − ₩195,000) = ₩1,500,000 *2 Min[①, ②] = ₩700,000 ① 수단: 100톤 × (₩210,000 − ₩195,000) = ₩1,500,000 ② 대상: 100톤 × (₩197,000 − ₩190,000) = ₩700,000

물음 2

1. 정답

금융자산 분류와 그 금액	① 당기손익공정가치측정금융자산 ₩300,000
기타포괄손익	② ₩240,000

① 20×2년 1월 1일 금융자산 분류와 그 금액

$$당기손익공정가치측정금융자산 = ₩1,500,000 \times \frac{20톤}{100톤} = ₩300,000$$

② 20×2년 2월 28일 기타포괄손익: $₩300,000 \times \frac{80톤}{100톤} = ₩240,000$

2. 위험회피수단의 수량 감소는 파생상품은 계속 보유하지만 파생상품의 일부만을 위험회피관계의 위험회피수단으로 유지하는 경우일 수 있다. 이러한 경우는 위험회피관계에서 더 이상 필요 없는 수량을 계속 보유하면서 위험회피수단의 수량을 줄여서만 재조정이 달성될 수 있는 경우에 발생할 수 있다. 그러한 경우에는 위험회피에 지정되지 않은 파생상품의 일부분은 당기손익-공정가치 측정 항목으로 회계처리될 것이다.

3. 회계처리

일자	회계처리					
20×1. 12. 1.	N/A					
20×1. 12. 31.	(차)	원재료선도자산	1,500,000	(대)	현금흐름위험회피적립금(OCI)	700,000
					파생상품평가이익(NI)	800,000
20×2. 1. 1.	(차)	당기손익공정가치측정금융자산	300,000	(대)	원재료선도자산	300,000
		현금흐름위험회피적립금(OCI)	160,000		파생상품평가이익(NI)	160,000
20×2. 2. 28.	(차)	파생상품평가손실(NI)	640,000	(대)	원재료선도자산	400,000
					현금흐름위험회피적립금(OCI)	240,000

물음 3

위험회피관계는 다음의 위험회피효과에 관한 요구사항을 모두 충족한다.

(1) 위험회피대상항목과 위험회피수단 사이에 경제적 관계가 있다.

(2) 신용위험의 효과가 위험회피대상항목과 위험회피수단의 경제적 관계로 인한 가치 변동보다 지배적이지 않다.

(3) 위험회피관계의 위험회피비율은 기업이 실제로 위험을 회피하는 위험회피대상항목의 수량과 위험회피대상항목의 수량의 위험을 회피하기 위해 기업이 실제 사용하는 위험회피수단의 수량의 비율과 같다.

해커스 회계사 IFRS 김원종 재무회계연습

2 | 고급회계

개정 2판 1쇄 발행 2025년 2월 5일

지은이	김원종
펴낸곳	해커스패스
펴낸이	해커스 경영아카데미 출판팀

주소	서울특별시 강남구 강남대로 428 해커스 경영아카데미
고객센터	02-537-5000
교재 관련 문의	publishing@hackers.com
학원 강의 및 동영상강의	cpa.Hackers.com

ISBN	979-11-7244-745-8 (13320)
Serial Number	02-01-01